KB039099

세 계 화 시 대
한국 자본주의
진단과 대안

국립중앙도서관 출판시도서목록(CIP)

세계화 시대 한국 자본주의 : 진단과 대안 / 기획: 참여사회연구소
; 엮은이: 이병천. -- 파주 : 한울, 2007
　　p. ;　　cm

ISBN　978-89-460-3797-7　93320

320.911-KDC4

330.9519-DDC21　　　　　　　　　　CIP2007002657

세계화 시대 한국 자본주의

진단과 대안

참여사회연구소 기획

이병천 엮음

민주화 이후
자본주의 발전의 경로와 한국적 길

이병천

민주화 이후 자본주의 발전의 경로에 대하여

올해는 1987년 6월 항쟁 스무 돌이 되고, 민주항쟁 그리고 6·29 선언을 통해 우리가 자유의 공기를 마시며 살게 된 지 20년이 되는 해이다. 또 1997년 IMF 위기 이후 구조조정의 격랑이 한국 사회경제를 뒤덮은 지 10년째가 되는 해이기도 하다. 이 책은 민주화 이후 20년과 위기 이후 10년이 중첩되는 시점에서, 한국 사회경제의 현 단계를 다각도로 진단하고, 경제성장과 민주주의, 사회 - 생태적 진보가 같이 나아갈 수 있는 새로운 대안과 좌표를 모색하고 있는 책이다.

우리의 문제는 민주화 이후 한 나라 자본주의 발전의 다양한 경로 또는 패턴에서 한국적 길이 어떤 조건에서 출현하여 어떤 특징을 보이고 있는가, 또 어떤 모순과 균열 요인을 갖고 있으며 어떤 발전의 전망을 갖고 있는가, 그리고 어떤 새로운 대안적 길을 개척할 수 있는가 하는 것들이다. 그런데 우리는 민주화 이후 자본주의 발전의 경로라는 이 주제에 대해 접근하는 어떤 이론적 분석틀을 가지고 있는가. 이론사적으로 어떤 기성의 분석틀이 완비되어 있는 것 같지는 않다. 이 점을 염두에 두면서, 우리는 민주화 이후 한 나라 자본주의 발전의 경로가 대체로 아래와 같은 몇 가지 요인에 의해 좌우되는 것이 아닌가 생각한다.

첫째, 정치적 민주화 이행이 이루어지는 방식이다. 주류적인 민주화 이행론에 따르면, 정치적 영역에 제한된 민주주의는 돈의 권력이 지배하는 자본주의적 경제관계와 더불어 공존하고 거기에 속박되는 것이 틀림없으나, 민주주의 이행은 자본제적 경제관계(소유관계, 생산관계, 분배관계)의 변화를 정치적 민주화와 함께 동시적인 과제로 올리게 되면 성공하기가 어렵다는 것이다. 그래서 자유화와 민주화 그 다음으로 '사회화' 단계를 제시한다. 정치적 민주화와 경제적 사회화를 같이 이루려고 하면 정치적 민주화 이행 자체가 어렵다는 논리 자체를 거부하기는 그리 쉽지 않다. 문제는 이 이론이 정치적 민주화 이행을 전략적 게임의 관점에서 바라보다 보니 이 게임을 규정하고 있는 정치적·사회경제적인 거시구조적 틀 또는 맥락을 놓치고 있다는 것이다. 그런데 이 거시구조적 틀은 이행기에 민주주의가 제도화되는 과정, 그리고 그 이후 진로와 '사회화' 의제을 규정하는 압도적인 힘으로 작용한다. 따라서 민주화이후 자본주의 발전의 경로를 규정하는 기본 조건으로서, 단지 전략적 게임이 아니라 거시구조적 틀에 규정받으면서 정치적 민주화 이행이 어떤 방식으로 이루어졌는지를 살펴야 한다.

둘째, 위와 관련되는 문제인데 민주화 이행과 후속되는 공고화가 특히 어떤 자본주의 구체제 유산과 대면하고 있는지 하는 것이 문제가 된다. 근대화 이론에서 주장하는 대로 우리는 한 나라의 민주주의는 산업화 성공 이후에 살아남을 가능성이 높아진다는 주장을 받아들일 수 있을 것이다. 그러나 이행과 발전의 정치경제학은 단지 자본주의 산업화가 아니라 그 패턴에 관심을 가져야만 한다. 권위주의 산업화 시기 자본주의도 시장경제임에는 분명하나 그것은 성장 실적을 중심적인 정당성 원리로 하는 재량주의적 **특권경제**다. 따라서 특권적·재량주의적인 자본주의 산업화의 특수한 패턴과 거기에 응축되어 있는 권력관계와 계급관계, 따라서 그 정치적·물질적 이해관계가 민주화 이행과 공고화의 조건 및 방식을 어떻게 규정하게 되는지를 파악해야 한다. 그뿐 아니라 권력 - 계급관계와 유기적 연관성을 가지면서도 그것과 또 별개의 수준으로서, 역사적 제도주의에서 가르치는 바 선행시기 자본주의 발전의 **제도형태**가 발휘하는 경로의존적인 힘이 어떤 것인지, 따라서 민주화 이후 **제도 이행** 또는 새로운 제도 진화를 위해 어떤 과제를 갖게 되는지를 검토해야 할 것이다.

셋째, 또 다른 중요한 변수로서 이념의 문제가 있다. 이념은 마르크스가 말한 대로 경제적 토대에 의해 규정되는 상부구조의 측면도 분명히 갖고 있으나, 그 자체로서 독자적인 물질적 힘이기도 하다. 그것은 한 사회의 통합을 가능케 하며 이를 특정한 발전방향으로 끌고 가는 독자적인 심급이다. 권위주의 산업화 이후 사회의 개혁은 권위주의로부터 정치적 민주화와 더불어, 사회경제적 신질서 형성을 위한 개혁이라는 '이중적 전환'의 과제를 갖는다. 따라서 정치적 민주화 이행 이후 특권적 산업화 경제를 어떤 자본주의 신질서, 어떤 룰(rule), 즉 규칙에 기반을 둔 시장경제로 개혁할 것인가 하는 문제가 존재한다. 이에 대해 우리는 대강 세 가지 기본 경로를 설정할 수 있을 것이다.

1) 정치적 민주화 이후에도 여전히 새로운 경기 규칙의 정립보다 성장만 잘하면 된다, 경쟁력만 높이면 된다는 식의 재량주의적 성장주의가 지배하는 길이 열려 있다.

2) 그것이 아니라 자유경쟁 규율과 사유재산권의 정립을 최우선 가치로

하는 시장 자유주의의 룰이 세워질 수 있다.

3) 이와 다른 방향으로 "이제는 참여다, 이제는 복지다"라는 사회경제적 민주주의 룰이 세워질 수 있다.

위의 세 가지 경로의 여러 변형태가 있을 수 있다. 여하튼 '어떤 룰인가'에 따라 특권적 산업화 이후 신경제질서는 다양하게 나타날 것이다. 이런 다양성은 비교역사적 시각에서 보아도 발견된다. 이런 이행의 다양성의 사고에 설 때 우리는 주류 좌파와 시장주의가 기묘하게 공유하기도 하는 '중상주의에서 자유주의로'라는 오랜, 단선적 진화론을 벗어나야 한다.

여러 경로의 진화 방식을 결정함에 있어서 권력 - 계급관계가 중요함은 두말할 것도 없다. 그러나 민주화 시기를 주도하는 정권의 경제개혁 정책이념과 그 하위 수준에서 경제 이행의 전략(빅뱅이냐 점진주의냐)이 지대한 영향을 미친다. 더 크게는 민주주의 이념의 문제가 있다. 자본 권력의 특권적 자유를 보장하고 거기에 포획되는 소유자 민주주의의 길이냐, 아니면 '인민의 자기통치'를 실현하는 참여민주주의, 사회경제 영역을 시민적 소통과 인민주권의 원리, 평등과 더불어 사는 공적 연대성의 원리 위에 올려놓는 사회경제적 민주주의의 길이냐 하는 것이다. 이같이 경제정책과 민주주의 이념에 따라 '어떤 시장인가', 미국식 모델인가 유럽식 모델인가, 한국식 또는 동아시아식 모델인가 아니면 어떤 제3의 길인가 등이 좌우될 것이다.

넷째, 세계시장으로의 개방방식의 문제를 빠트릴 수 없다. 이는 통상적으로는 발전론에서 이행전략의 한 구성요소로 다루지만, 세계화 시대에 이 문제가 갖는 비중이 워낙 크기 때문에 특별히 방점을 찍어 다루어야 한다. 세계화 시대 개방의 요구는 당연히 바깥에서 외압으로 오기도 하지만, 치열한 입지경쟁 압력에 놓인 국민국가의 자발적 전략적 선택의 문제이기도 하다. 전면 개방이냐 관리된 개방이냐, 어떤 범위·순서·속도의 개방이냐 하는 문제가 대두된다. 개방의 이익, 곧 선진적 기술과 경영기법, 생산적 자본의 유입, 경쟁규율, 넓은 해외시장 등을 확보하는 것은 경제성장과 선진화에서 필수적이라 하겠다. 그러나 세계화 시대 개방의 효과는 뛰어나게 이중적이며 개방의 불이익을 결코 망각해서는 안 된다. 맹목적 개방은 경제 주권의 잠식, 취약부문 및 계층에 대한 타격, 국민경제의 내발적 분업관계의 탈구화(脫臼化, dislocation), 거시경제의 불안정 등을 초래함으로써 나라 경제 발전의 경로를 왜곡시키고 탈주시킨다. 또 무분별한 개방은 제도와 관행을 국제자본과 패권국의 요구에 맞게 개조하도록 강요받아 이루어지거나, 자진해서 그런 방향으로의 개편을 위해 활용된다. 따라서 발전전략의 일부인 개방전략이 거꾸로 발전전략의 전 방향을 좌우하고, 우선순위에서 보다 중요한 여러 발전 과제들을 '구축하는 효과(crowding out effect)'를 낳을 수 있다(로드릭).

민주화·세계화와 자본주의 발전의 한국적 길: 민주주의와 시장경제의 '병행발전'론을 넘어서

그러면 민주화 이후 한국의 자본주의 발전은 어떤 경로를 걷고 있는가. 경제적 전환은 어떤 성과를 거두었으며, 어떤 새로운 모순과 과제를 안게 되었는가. 우리는 어떤 다른 대안들을 제시할 수 있는가. 국내외 연구를 통틀어보아도 민주화 이후 한국 자본주의를 어떻게 볼 것인가에 대해서는 그 이전 권위주의 개발자본주의 시기에 보는 바와 같은 수준의 대략적 동의 같은 것을 찾기는 퍽 어려운 실정이다. 예컨대 1997년의 경제위기, 그리고 IMF와 김대중 정부의 합작에 의한 구조조정'혁명'은 민주화 이후 한국 자본주의의 향방은 물론이거니와, 한국 민주주의의 전반적 진로의 면에서도 1987년 민주화 체제에 근본적 변질을 가져오는 결정적으로 중요한 사건이었다. 1997년은 정치적 민주화의 수준에서는 야당으로 정권 교체가 이루어진 해였지만, 경제개혁의 수준에서 보면 한국경제가 세계화 시대, 개방과 경쟁 시대의 격랑 속에 본격적으로 편입되고 또 그것이 민주화의 진로에 족쇄를 채우게 된 해이기도 하다. 그렇지만 위기 요인, 구조조정의 성격과 결과에 대해 전혀 상반되는 견해들이 엄연히 존재한다. 이후 재벌개혁의 성격, 의미, 개혁 대안을 둘러싸고 국내 학계, 시민단체 사이에서 벌어졌던 논쟁들에서도 견해 차이는 매우 컸다.

민주화 20년을 마무리할 시점에 와서 경제·사회적으로 다면적인 양극화와 '민생'의 고통 문제, 투자부진과 성장동력 약화 문제가 심각하게 대두되고, 이들 문제가 갖는 무게 때문에 노무현 정부는 보수야당에 정권을 넘겨주게 될 위기적 상황에 처하게 되었다. 또 이 정부는 양극화 극복과 동반성장의 비책이자 경제 선진화를 위한 거의 유일한 충격 요법이라고 하면서 돌진적으로 한미 FTA를 추진하게 되고, 그리하여 사회경제정책에서 보수 세력과 중도 세력 간 실질적 연정이 이루어질 정도의 사태에 이르게 되었다. 그런 후에야 이제 사람들은 한국 자본주의라는 배가 어디로 가고 있는지에 대해 눈을 씻고 다시 쳐다보고 있는 것 같다.

그러나 여전히 민주화와 세계화 시대 한국 자본주의의 길에 대한 진단은 많은 쟁점을 갖고 있다. 널리 알려진 바와 같이 한국 경제, 그리고 한국 민주주의가 **정상적 개혁 코스**로 가고 있다고 보는 견해가 있다. 이 견해는 국내외를 통틀어 주류적 견해인데, 김대중 정부 시기 1년 만에 IMF 위기를 조기 졸업했다고 축배를 들고 할 때는 설득력이 있는 것처럼 보이기도 했다. 이는 1997년 위기 이후 10년을 이끈 김대중 - 노무현 정부가 내세우고 있고, 적지 않은 유관 학자들이 이 견해를 편다. 이에 따르면 지난 10년은 '잃어버린 10년'이 아니라 '되찾은 10년'으로서, 정치적·절차적 민주주의뿐만 아니라 사회경제적 개혁에서도 민주정부는 성공했으며, 적어도 여러 제약 조건을 감안하면 별로 나쁘지 않은 성과를 거두었다는 것이다. 한국경제의 투명성과 책임성은 월등하게 높아졌다. 사회복지도 꾸준히 개선되었다. 투자율과 성장률도 결코 낮다고 폄하할 일만은 아니다. 수출이 잘되고 있고 무엇보다 주가가 유례없이 치솟고 있다. 우리는 이 견해를 '민주주의와 시장경제(그리고 생산적 복지)의 병행발전'론(이하 병행발전론)이라고 불러도 좋겠는데, 민주화 시기 정치적 민주주의의 진전이 사회경제개혁에서 차단되기는커녕 오히려 관철되고 통합적으로 병행 추진되었다고 하면서, 총체적으로 한국의 민주화는 정상적 개혁 경로로 가고 있다고 보는 것이다.

그러나 다음과 같은 질문은 어떤가. 만약 병행발전론대로 사회경제개혁을 포함하여 한국의 민주화가 전반적으로 '정상 궤도'로 가고 있다면, 왜 다시 보수 야당에 정권을 내주어야 할 정도로 심각한 위기 상황을 맞게 된 것인가. 여기에 대해서도 이들은 답변을 준비하고 있다. 우리는 지금 '전환의 계곡' 안에 있다는 대답이 그것이다. 즉 지금의 문제는 선진국으로 가는 이행기에서 불가피하게 수반되는 진통, 또는 일종의 산고(産苦)나 '성장통' 같은 것이다. 그래서 과도기적인 성장통을 이겨내면 선진 복지사회로 갈 수 있다는 것이다. 참여정부는 한손으로 한미 FTA를 추진하면서 다른 한 손으로 그것과 상충하는 <비전 2030>을 내놓고 있는데, 이것이 만약 그냥 한번 그려본 홍보용 도상연습이 아니라면, '이행기 성장통'론에 입각한 비전이라는 해석이 가능하다.

'성장통' 논의와는 조금 다르긴 하지만 분단체제론적 답변이 있다. 이들의 경우에 가장 중요한 변수는 한반도 전체 분단체제가 부과하는 제약이다. 분단체제론은 분단의 의미와 제약을 너무 몰역사화시켜 과대평가한다는 생각이 많이 들지만, 여하튼 이 담론에서 보자면, 김대중-노무현 정부가 추진한 경제개혁과 복지 제고는 성공적이며 충분히 적극적으로 평가해야 마땅하다는 것이다. 이런 병행발전론에 대해서 아래와 같이 두 방향에서 비판이 제기된다.

하나의 방향은 '오른쪽으로부터 비판'이다. 이 보수적 방향에서의 비판 중 가장 경직된 것은 한국 자본주의의 오늘의 곤란이 지난 10년간 집권 정부의 정책이 자유민주주의와 시장경제의 원칙에서 이탈하여 좌파적으로 경도되었기 때문에 일어났다고 주장하는 것이다. 다름이 아니라 결과적 평등주의가 문제이며, 과도한 규제가 문제이며, 사적 소유권이 불분명하고 불투명한 것이 문제라는 것이다. 따라서 해법은 복지를 줄이고 노동시장을 더 유연화하고 시장 법치를 강화하는 것이다. 또 기업의 자유로운 활동을 옥죄고 있는 여러 규제를 대폭 완화하고 개방을 확대 심화시켜야 한다. 그렇게 하면 투자가 살아날 것이고, 이것이 성장 동력을 회복시키고 일자리도 창출하고 복지 능력도 높일 것이라는 주장이다. 이런 비판은 일종의 한국판 대처주의라 할 수 있겠다.

그렇지만 우리는 또 다른 보수주의의 흐름에 주목해야 할 것이다. 이 흐름은 성장주의, 규제완화로 선회해야 한다고 보고 있는 점에서는 별다른 차이가 없다. 그러나 '큰 시장, 작은 정부'를 모토로 내세우는 시장만능주의가 아니라, 성장을 위한 국가의 보다 적극적인, 촉진적 역할이라는 점에서 '국가가 할 일'을 훨씬 강조한다. 이 보수주의는 세계화 시대, 시장의 시대 개발주의의 변형태라고 해도 좋을 것이다. 우리가 보건대 이명박의 보수주의가 이런 지향을 갖고 있다.

다른 하나의 비판은 병행발전론의 왼쪽으로부터 나오는 것인데, 위와는 정반대다. 이 진보적 방향의 비판에 따르면 사회 복지가 좀 증대된 것은 사실이라 해도 전례 없는 고용파괴와 불안정, 사회적 양극화가 일어났고 이에 따라 복지 수요가 폭발적으로 증가했다는 것이다. 따라서 한편으로 고용불안과 양극화, 그에 따른 민생의 고통, 다른 한편으로 이를 따르지 못하는 취약한 사회복지 간에 심각한 간극 또는 모순이 생겨났고, 이것이 민주화 이후 민주주의 자체를 위기에 빠트렸다는 것이다. 이를 폴라니가 『대전환』에서 피력한 논리를 빌려 말한다면, 고삐 풀린 자본제적 시장이 노동력·토지·금융을 무리하게 가공 상품화시켜 살림살이 터전을 파괴시킨 것이고, 이에 대해 다시 시장의 재규제와 새로운 복지연대를 요구하는 사회의 보호적 대항운동이 전개되기에 이른 상황이라고 해도 좋겠다.

고용이 불안정하고 복지가 미약하고 참여가 배제되어도, 만약 과거와 같은 고성장세가 지속되고 계속 새로운 일자리가 창출된다면 그 모순은 완화되고 지연될 수도 있을 것이다. 그리고 아마 이것이 지금 보수 야당이 제출하고 있는 새로운 선진화 기획(그 지속가능성 여부는 알 수 없다)의 실체일지도 모른다. 국민들이 이명박의 보수적 신개발주의에 기대를 거는 이유일지 모른다. 여하튼 참여정부 시기는 성장세조차 예전에 비해 현저히 떨어졌다. 그뿐만 아니라 수출과 소수 재벌 중심의 성장체제, 그리고 자본이 자유로이 해외로 이탈할 수 있는 상황에서 지배세력은 더 많은 특권, 더 많은 규제완화와 유연화, 개방화를 요구할 수 있게 되었다. 그 동전의 이면에서 국민 대중이 생존권과 삶의 질 개선을 요구할 수 있는 입지는 훨씬 더 좁아졌다. 이런 현상은 개발 연대에도 없던, 한국 현대경제사상 초유의 일이 아닐 수 없다.

독재 대 정치적 민주화의 수준과 별개로, 경제 실적의 수준에 초점을 맞추고 보라. 권위주의 개발국가 시대 저복지 아래서도 고성장과 일자리 창출이 병행 발전하던 시스템은 파괴되었다. 그러나 세계화 시대 한국경제에서 고용은 파괴되고 복지는 여전히 낙후되어 있으며 성장은 감속기로 접어들었다. 그러니 민생이 고통스러운 것은 당연하지 않은가. 이런 마당에 어떻게 한국경제와 민주주의가 '정상 코스'로 가고 있다거나, 현재의 고통은 선진화의 '성장통'이라거나, 현재의 위기는 '성공의 위기'라거나 하는 말이 가능한가 하고 묻게 되는 것이다. 민주화시대 시대정신이 뒤틀리게 된 요인은 일차적으로 민주정부 안에서 찾아야 하지 않을까 싶다.

따라서 민주주의와 시장경제의 병행발전론에 대한 왼쪽으로부터의 비판은 민주화시대 민주주의가 사회경제적 민주화에 실패했다고 본다. 그렇지만 문제는 단지 그것만은 아니다. 오히려 사회경제적 민주화를 가능케 하고 그것과 병행 발전할 수 있는 지속가능한 대안적 성장체제를 구축하는 데 실패했다는 것, 이 점을 주목해보아야 할 것이다.

편자는 이 책을 민주화 이후 한국 자본주의 발전에 대해 주류적 견해를 대변하는 민주주의와 시장경제의 '병행발전'론에 대해 '왼쪽에서 비판'의 관점에서 엮어보려고 했다. 그렇다고는 해도 수록된 글 간에는 크고 작은 여러 견해 차이가 있다. 그뿐만 아니라 차이 이상으로 분명한 대립도 있다. 그래서 이 책은 경제구조변화 전반을 다룬 제1부, 분야별 주제를 다룬 제2부와 함께, 별도로 제3부 논쟁편을 만들었다. 이 책은 참여사회연구소가 발간하는 반년간지 ≪시민과 세계≫에 수록된 글들(제7호 「위기 이후의 위기」 주제기획, 제3호부터 9호까지의 <한국자본주의 개혁논쟁> 연속 특집)을 수정 보완한 것이며 새로 정준호의 글 한 편이 추가되었다. 독자들은 이 한 권의 책에서 세계화 시대 1997년 위기와 구조조정을 거치면서 나타난 한국 자본주의 담론의 중요한 갈래들을 거의 대부분 만날 수 있을 것이다. 그것만으로도 이 책은 충분한 의미를 가진다고 본다. 그리고 이후 한미 FTA 시대의 한국 자본주의 연구를 위해 디딤돌의 역할도 할 수 있을 것이다.

이 책이 이런 정도로 만들어질 수 있었던 것은 거의 전적으로 글을 써준 필자들의 호의 덕분이다. 모두가 한결같이 바쁜 분들일 뿐 아니라 글을 기고할 때는 특히 더 그러했다. 이정우, 장상환, 이근, 김상조, 강수돌,

장하준 교수, 임원혁 박사를 비롯하여 모든 필자들께 진심으로 감사의 말씀을 드린다. 이 책은 『다시 대한민국을 묻는다』에 이어 도서출판 한울 김종수 사장의 호의와 편집부의 노고에 힘입어 발간되었다. 김종수 사장과 편집부 여러분께 다시 한 번 감사의 뜻을 전한다.

2007년 8월 15일 광복의 날에

이 병 천

차례

제3부 **논쟁**

제 1 부

경 제 구 조 의
전 환 과   대 안

양극화의 함정과 민주화의 깨어진 약속
동반성장의 시민경제 대안을 찾아서

이병천

1. 탈냉전 '정상국가'로의 이행의 양면성, 민주화의 깨어진 약속과 '선진한국'의 허상

1) 민주화의 역설, 참여정부의 허약성과 보수적 안착

민주화의 시대는 커다란 역설의 시대다. 우리는 1987년을 분기점으로 분명 민주화의 시대로 들어왔고 이른바 탈냉전 '정상국가'(조희연, 2004)로 나아가는 도정에 있다. 총칼로 무장하고 자의적으로 폭력을 행사하던 정치적 독재권력은 역사의 뒤안길로 사라졌다. 그렇지만 민주주의 이행을 주도한 근본동력이었던 아래로부터의 대중의 행동과 발언, 집단적 열정은 찾을 길이 없고 그것이 지향하던 참여민주 복지사회의 길은 요원하다. 우리 경제는 지금 다면적인 파행적 양극화의 함정에 빠져 있고 이 땅에 애착을 갖고 인간답게, 시민의 일원으로서 살아가고자 발버둥치고 있는 보통사람들의 삶의 근거와 터전은 뿌리 뽑히고 있다. 계급계층적 불평등과 국민경제 재생산 연관의 분절 및 불균형이 심화됨으로써 국민 대중의 삶의 불안과 미래에 대한 불투명이 개발연대 이래 오늘처럼 심각하게 느껴진 때가 있었던가 싶다. 민주화의 시대에 살고 있다고 하지만 이는 다분히 허울로 여겨진다. 민주화의 사회경제적인, 실질적 내용을 채워나간 것은 경제적 자유화와 '기업 하기 좋은 나라' 그리고 자본의 세계화에 대한 무분별한 편승이었으며, 이 소용돌이 속에 새롭게 동원되면서 국민대중의 인간과 시민으로서의 삶의 권리는 구석으로 밀려났다.

민주화 이후 무엇보다 1997년 위기와 구조조정을 전환점으로 한국은 노동대중의 배제와 낙후된 복지 위에서 1원 1표의 돈의 등가 원칙을 세우고 주로 국제금융자본과 재벌의 이익에 봉사하는 시스템을 구축하기 위한 '신자유주의 수동혁명'(이병천, 2002) 또는 '시장민주주의'의 길을 걷고 있다. 이런 이행기 한국 자본주의, '두 국민'으로의 분열을 조장하는 '주식회사 한국'의 기획과 마주하면서 우리는 다음과 같은 물음을 갖게 된다. 과연 누가 민주화의 과실을 독차지하고 있는가. '주식회사 한국'의 길은 어떤 사회적 합의와 정당성에 기반을 두고 있는가. '우리 안의 타자'를 대량으로 확대재생산하는 저복지 - 양극화, 안정성 없는 유연화의 길, '노동의 위기'를 조장하는 사회경제적 기반이 취약한 민주주의(최장집, 2005)는 과연 순탄하게 지속될 수 있을까. 거기에는 어떤 암초와 균열요인이 내재되어 있는가. 그리고 시민사회는 이에 대해 어떤 새로운 전향적 대안을 제시할 수 있는가.

그런데 한국의 국정 최고책임자는 지금으로부터 2년이 훨씬 지난 2005년 연두기자회견에서 큰 포부를 밝힌 적이 있다. 바야흐로 '선진경제'와 '선진한국'을 이야기할 때가 되었다는 것이다. 우리는 어느새 선진국 문턱에 바짝 다가서 있으며, 이대로 가면 2008년경에는 국민소득 2만 달러 시대가 열리고 2010년에는 선진경제에 진입하여, 다음 정부 출범 때는 선진한국호의 열쇠를 넘겨줄 수도 있다고 했다. 그러면서 대기업 정규직 노조에 화살을 겨냥하여 양보를 요구한 반면, 재계에 대해서는 사회적 책임에서 면제시키면서 기업하기 좋은 나라를 만들어주겠다고 했다. 회견에 대해 재계와 보수언론, 심지어 보수야당도 입을 맞추어 환영하고 칭찬했다. 경제에 '올인'하겠다는 의지를 보였고, 안정적인 국정운영이 기대된다는 것이다. 이즈음 참여정부는 '자유 - 보수 동의' 위에서 앞선 정부가 걸어갔던 길, 즉 '시장의 요구'에 포획되면서 '사회적 요구'로부터 등을 돌리는 길로 '안정적으로' 진입했던 것이다.

그런데 우리는 2005년 상반기가 참여정부의 행보에서 매우 중요한 전환적 시기임에 주목해야 한다. 노 대통령이 한미 FTA 추진을 결정한 것은 9월이지만, 그에 앞서 3월에 이미 대외경제장관회의에서 미국과의 우선적인 FTA 추진이 필요하다는 결론이 내려졌고 이후 모든 회의 안건을 비밀에 부치기 시작한 것이다(유태환, 2006: 198~199). 그뿐만 아니라 상반기까지 이미 국내 제도 및 관행의 미국화와 국내 시장의 비즈니스 허브화, 전면 개방과 거대 경제권을 지향하는 동시다발적이며 포괄적인 높은 수준의 FTA 등 선진통상국가론의 골격도 마련하고 있었다(이병천, 2006a: 196~197).

참여정부의 정책기조가 한미 FTA를 돌진적 방식으로 추진하기에 앞서 이미 이즈음부터 확실히 보수 안정화 또는 시장화로 안착한 데는 다음과 같은 몇 가지 요인이 복합적으로 작용했다고 생각된다. 첫째, 오늘의 한국 경제 상황은 1997년 위기와 구조개편을 통해 만들어진 신자유주의 수동혁명의 진로, 이 과정에서 짜여진 국가 - 글로벌 시장, 국가 - 사회, 자본 - 노동 관계들의 기본틀의 연장선상에 놓여 있다. 그래서 김대중 정부 시기로부터 물려받은 신자유주의 구조개혁의 모순들이 표면화되고 확대·심화되면서 노무현 경제의 앞길을 규정했다. 저투자 - 저성장, 사회경제적 양극화 그리고 금융 종속과 자본 이탈의 병행이라는 '삼중고'는 김대중 정부가

물려준 유산이기 때문에 분명히 현 정부만 탓할 일은 아니다. 특히 국민의 정부는 부동산, 금융 등의 분야에서 대대적인 규제 완화와 경기부양책을 폈기 때문에 참여정부가 그 부담을 안게 된 측면이 있다.

그러나 현 정부는 '삼중고'를 초래한 정책요인과 권력 - 계급 관계 제도 형태들에 대한 근본적인 반성을 결여한 채 이를 답습했음을 지적해야 한다. 무엇보다도 집권 초기에 이전 정부보다 전향적인 면모를 보였던 성장분배 선순환과 사회통합적 노사관계 패러다임 등은, 그것이 빈말이 아니기 위해서는 재벌과 국제금융자본의 동맹에 대한 새로운 규율기제 수립과 노동시민권과 사회적 시민권의 획기적인 신장, 그리고 이를 위한 불가결한 조건으로서 강한 민주적 권위의 구축이 요구되었던 것인데, 노무현 정부는 그럴 의지를 보이지 않았고 너무 쉽고 안이한 길로 빠져 들었던 것이다.

둘째, 이전 김대중 정부 시기에도 노사정위원회와 복지증대책 등 표준적 신자유주의와는 다소 다른 정책요소가 있었던 것은 사실이다. 그러나 이전 정부는 '민주주의와 시장경제의 병행발전' 패러다임과 영미식 기업 - 금융 구조개혁론 간에 정책논리의 상호일관성을 가졌다. 그런데 노무현 정부의 경우는 그렇지가 못하다. 초기에 현 정부가 내세운 성장과 분배의 선순환 및 사회통합적 노사관계 구상은 다분히 유럽식 사회적 시장경제로의 방향성을 가진 것이라 할 수 있다. 그리고 이는 기업 - 금융 구조에서 그에 상응한 이해당사자 자본주의로의 제도개혁을 요구한다. 현 정부가 애초에 이 같은 제도적 상호보완성 또는 통합성의 조건에 대해 얼마나 정확한 자기이해를 가졌었는지 의문이다. 자신이 무엇을 하려고 하는지, 그 목표를 위해서는 어떤 제도개혁이 뒷받침되어야 하는지에 대해 얼마나 잘 알고 있었는지 의문스럽다.

셋째, 현 정부는 김대중 정부와 마찬가지로 영미식 스탠더드를 추종하는 시장개혁론, 개방＝선(善)의 등식 그리고 투기자본인지 생산적 투자자본인지를 묻지 않는 무분별한 외자 유입론에서 벗어나 있지 않다. 세계화의 도전 속에서 국경을 어떤 식으로 관리해야 하는지, 한국과 같이 이미 과도하게 개방된 경제가 세계화 충격에 대응하려면 어떤 새로운 국내적·국민적 조절기제를 갖추어야 하는지, 세계화 시대에도 불구하고 자본과 기업의 소유 및 지배 구조 측면에서 어떤 국민적 기초를 수립해야 하는지에 대해 이 정부는 집권 기간 동안 결코 진지한 고민과 논의를 보여준 적이 없었다. 한국의 제도적·문화적 조건에 기반을 둔 '비교제도우위'를 확보하기 위해, 국민경제의 안정적인 동반 균형 성장과 복지국가의 길을 위해 어떤 새로운 제도개혁과 사회적 합의, 새로운 '코리안 스탠더드'가 필요한지에 대해 진지한 고민을 볼 수 없는 것은 두말할 것도 없다.

2) 선성장 후분배 2만 달러의 신동원주의 '선진화'론, 성장의 질과 대중의 삶의 질 배제, 2만 달러의 다양성

GDP 총량을 나라 경제의 발전목표로 제시하여 각국이 서로 다투고 이를 위해 국민을 내몰아 온 것은 국가 - 자본 동맹이 반복하여 구사해온 오랜 동원주의적 경쟁력 담론이다. 다시 우리는 '참여정부'라는 문패를 내건 정부 시기에 2만 달러 선진국 담론을 만났다. 국민소득 2만 달러 선진국론은 원래 삼성의 작품인데 참여정부가 이를 받은 것이다.[1] 물론 이 정부가 성장분배의 조화와 사회통합을 멀리하고 보수안정화의 길로 선회한 것은 2만 달러를 한국경제호의 지표점으로 삼았기 때문은 아니고 사정은 그 반대다. 그렇지만 자기목적화된 총량지표는 성장이 우리 삶에 갖는 근본적인 의미, 성장의 구조와 그 질적 내용, 총량지표와 국민대중의

---

[1] 삼성 재벌과 참여정부의 관계에 대한 글로는 박상훈(2007: 147~154)이 유익하다.

삶의 질 간의 괴리 문제 등을 주변적으로 처리하고, 수치의 물신숭배를 조장하기 때문에 비판적 검토가 필요하다.2

　2만 달러 선진국지표 담론에 따르면 이런 식이다. 한국은 10년째 1만 달러대의 함정에 갇혀 있다. 이 함정에서 벗어나기 위해서는 성장을 우선하고 분배를 뒤로 돌려야 한다. 규제를 더욱 완화하고 개방을 확대해야 한다. 이를 통해 재벌의 투자유인을 높이고 외자가 대대적으로 유입되도록 해야 한다. 그래서 결국 국민은 영문을 잘 알 길 없는 목표를 위해 동원되어야 한다는 것이다. 보수적 성장우선 - 규제완화론은 국민소득 2만 달러 목표만이 아니라, 경제 살리기와 일자리 창출을 위한 기본대책으로도 제시되었다. 그렇지만 우리는 물어보아야 한다. 왜 국민소득 2만 달러 국가인가. 왜 2만 달러이면 선진국인가. 2만 달러가 먼저인가, 선진국이 먼저인가. 무엇을 두고 선진국이라고 하는가.3

　● 평균치에 속아서는 안 된다. 높은 평균치는 얼마든지 극심한 불평등과 양립할 수 있다. 현 상태라면, 한편에서 소수의 과잉성장 - 과잉소유 - 과잉소비와 다른 한편에서 다수의 빈곤과 계급적 불평등, 다시 말해 사회경제적 양극화 모순이 확대·심화되고 중간층이 쪼그라드는 형태로 2만 달러에 이를 가능성이 아주 높다.

　● 고용안정과 생활임금, 사회복지, 자유시간 그리고 환경의 질이 배제된다. 무엇보다 사람이 배제된다. 양적 성장에서 '질적 성장'으로의 이행에서 결정적으로 중요한 것은 생산 및 투자와 인간능력 신장 간의 동반성장, 경제성장과 인간능력 개발 간의 포지티브 피드백 작용이다. 그런데 경제활동을 투자 아니면 소비 행위로 간주하는 국민소득회계체계에서는 투자나

2　이에 대한 포괄적인 검토는 블럭(1994: 171~208), 홀스테드·코브(2001) 참조.
3　1인당 GDP를 기준으로 한 국가그룹 구분에 대해서는 이근(2005: 48) 참조.

소비로 보기 어려운 교육, 의료 등 인간능력 증진을 위한 기본지출은 적절히 반영되지 않는다.[4] 이는 국민소득회계만이 아니라 기업회계에서도 마찬가지다.

● 이처럼 성장의 양이 아니라 성장의 질과 대중의 삶의 질을 관심의 중심에 두고 보면, 2만 달러 국가군에도 큰 다양성이 존재한다는 사실, 미국과 함께 일본 같은 나라가 속해 있는가 하면 여러 유럽 국가가 이 그룹에 있음을 보게 된다. 따라서 2만 달러라는 총량 크기에 집착할 것이 아니라 2만 달러 국가그룹이 어떻게 다양한 성장 과정과 방식, 질적 내용으로 2만 달러에 도달했는지에 대해, 다시 말해 '성장의 질(quality of growth)'에 주목해야 한다.

● 그중에서도 북유럽 나라들을 비롯하여 유럽 다수의 강소국들이 2만 달러 국가군에 속해 있는 사실을 주목할 필요가 있다. 이들 나라는 사회적 합의와 세계화의 충격에 대응하는 독자적인 국내적 조절기제를 구축함으로써 성장, 양질의 일자리, 보편적 복지의 선순환을 달성한, 개방과 연대가 같이 가는 사회적 시장의 강소국들이다. 그리고 이들 나라가 아니라 해도 2만 달러 그룹으로 진입한 나라들이 공통적으로 보여주는 바는, 이미 1만 달러 시기의 경제구조와 성장요인에서 탄탄한 내수 부문(투자와 소비)이 경제의 안전판 역할을 함과 동시에 성장동력으로 작용했다는 사실이다.

● 그뿐 아니라 국민소득 1만 달러 국가군에서도 큰 다양성이 나타난다. 영국 같은 나라가 있는가 하면, 이와 아주 대조적인 그리스·스페인·이탈리아 같은 나라가 있고, 캐나다·오스트레일리아·뉴질랜드 같은 나라도 있다.

---

4 블럭(1994: 193~194, 215), 토니(1988: 190~194) 참조. 후생경제학의 선구자 피구 (A. C. Pigou)는 오래 전에 이렇게 말한 바 있다. "모든 투자 가운데 가장 중요한 것은 인민의 건강, 지능 및 성격에 대한 투자이다. 이 분야의 '절약'을 제창하는 것은 범죄행위가 될 것이다"(토니, 1988: 190).

<표 1-1> 한국과 대만의 혁신경제 이행 비교

한국	국가의 후퇴와 재벌의 일방적 주도, 취약한 중소기업	급진적 자유화
대만	국가 부문의 높은 비중과 적극적 역할, 튼튼한 중소기업	점진적 자유화

● 멀리 갈 것 없이 동아시아지역 쪽으로 눈을 돌려 대만을 보자. 요즈음
2만 달러 선진국론에서는 대만은 1만 달러 저성장 함정에 빠져 있다고
하여 한국과 같이 한 묶음에 집어넣어 나쁜 모범으로 예시된다. 그렇지만
이는 잘못된 인식이다. 대만이 동아시아 위기의 소용돌이에 휘말리지 않았
다는 것은 간단히 볼 문제가 아니다. 대만의 금융자유화 길은 한국과
달랐다(Thurbon, 2001; Dent, 2002; 2003). 대만은 통제되고 점진적인 자유화
노선, '재규제를 동반한 자유화(Liberization with Re-Regulation)' 접근을 취해
투기성 펀드 자금의 유입과 국내자본의 대외유출에 대한 적절한 통제를
수립했으며, 튼튼한 중소기업의 기반을 갖고 혁신경제 이행을 위해 국가가
지속적으로 투자를 유도하고 줄곧 성장 - 안정 - 분배 사이의 균형을 중시하
는 경로를 보여주었다. 이는 중소기업의 발육부진 속에서 재벌체제의 돌출
적 비대, 내부제도 정비와 재구축 없이 돌진적이고 무분별한 자유화로 치달
아 양극화의 함정에 빠진 채 성장제일 - 규제완화만을 외쳐대고 있는 한국에
비해 훨씬 우월한, 동아시아에서 혁신체제 이행의 한 유형을 보여준다.

2. 이행기 한국 자본주의를 둘러싼 제견해
   : '두 갈래 민주주의'와 신자유주의 수동혁명, 그 너머

1997년 위기와 구조조정을 거치면서 한국경제는 격변했다. 구조조정의

터널을 통과함으로써 지난날의 개발자본주의 구체제는 결정적으로 해체되었고 한국경제는 새 경로에 올라탔다. 그런데 변모된 한국 자본주의가 어떤 성격을 가지고 있으며 그 발전전망이 어떠한지에 대해서 여러 견해가 엇갈리고 있다. 일찍이 1997년의 위기와 구조조정 개시 때 노정된 바 있는 이견들은 재벌개혁논쟁, 복지개혁논쟁 그리고 현 단계 저성장과 양극화 문제를 보는 견해의 차이로 나타나고, 대선 국면에서의 참여정부 5년, 민주정부 10년, 민주화 20년 전반에 대한 평가로까지 이어지고 있다. 위기 이후 이행기 한국 자본주의 성격과 발전전망에 대한 다양한 논의는 '제2차 한국 사회구성체 논쟁'이라 부름직하다. 우리가 보기에 이행기론의 갈래는 대략 다음 네 가지 견해로 나누어볼 수 있을 것 같다. 시장민주주의론, 혼합성격론, 신개발주의, 사회경제적 민주주의와 동반성장론이 그것이다.

1) 시장민주주의론 또는 민주주의와 시장경제의 병행발전론(A)

위기 이후 지금까지 한국경제 구조개혁을 주도해온 패러다임은 주주가치 또는 주주주권을 중심으로 사적 소유권이 정립되고 자유경쟁과 전면개방의 시장규칙에 기반을 둔, 그런 의미의 투명성과 책임성이 갖추어진 자본주의 모델, 즉 영미식 모델을 표준으로 삼았다. 이 시스템은 돈의 등가를 기본가치로 삼는다는 의미에서 주주민주주의 또는 시장민주주의라 할 수 있다(open market rule-based shareholder capitalism, market democracy).[5]

---

5 워싱턴 컨센서스의 개정증보판이라고도 할 수 있다. 개정판은 원판 10개항에 새로 제도개혁을 수반한 시장지향정책, 금융자유화에 대한 대비, 사회안전망프로그램 등 세 측면을 중심으로 10개항(기업지배구조, 반부패, 유연한 노동시장, 국제금융표준의 준수, 사회적 안전망, 빈곤감소목표 설정 등)을 추가한 것이다. 양자의 차이에 대해서는 Rodrick (2004) 참조.

재벌총수의 사실상의 이사제도, 사외이사제도, 소액주주 권리 강화, M&A 시장 허용 등을 통한 재벌개혁, 금융 분야에서 자본시장 빅뱅 그리고 BIS 자기자본비율 및 수익성 논리를 중심으로 한 은행 부문의 개편, 비정규직을 양산한 노동시장의 유연화, 공공 부문의 사유화, 글로벌 시장으로의 전면개방 등은 한국경제를 영미식 모델로 구조 개편하는 골격이다.

한국과 같은 동아시아 개발자본주의를 빅뱅방식으로 급격하게 영미식 모델로 개편하는 것은 한 나라 경제와 민주주의의 운명이 걸린 큰 모험이자 위험한 길이 아닐 수 없다. 어떻게 이런 빅뱅 모험을 하게 된 것일까. 물론 외부적으로 한국을 국제금융자본의 신흥시장(emerging market)으로 확보하기 위한 IMF - 국제금융자본 - 미국재무부 지배 복합체가 가해온 외압이 중요한 요인이다. 그렇지만 언제나 그렇듯이 외압이 내재화되는 방식이 문제다. 외압은 국내세력연합(domestic coalition)과의 결합을 통해서 내재화되고 관철된다. 탈개발독재 집권 자유주의 개혁파의 경제개혁 이념과 정책기조가 IMF의 구조조정논리와 기본선에서 대차가 없었다는 사실에 주목해야 한다. 김대중 정부의 민주주의와 시장경제의 병행발전론의 실체가 그러했다. '병행발전론'은 자유주의의 핵심명제라 할, 민주주의와 시장자본주의 원리 사이, 정치적 자유화와 경제적 자유화 사이의 내재적 합치와 보완성의 명제에 서 있다. 그래서 현대한국경제사상 처음으로 영미식 모델을 준거로 하여 투명성과 책임성을 가진 시장경제를 수립하고자 했고, 또 거기에 선진혁신경제로 가는 새로운 활로가 열릴 것으로 보았던 것이다.[6] 이런 인식에서는 민주화시대 사적 소유권의 확립이라고 하는 것이 얼마나 반민주적이며, 자본의 일방적인 자유와 무책임 체제를 구축하는 것인지는 자각되지 않는다.[7] 부동산, 교육을 비롯하여 한국적 조건에서

---

6 자세한 검토는 이병천(1998) 참조.

보통 사람들의 삶의 질곡이 되어 있는 영역의 공공성 제고와 같은 당대의 시급한 과제가 저 구석으로 밀려나게 된다는 것에 생각이 미칠 리가 없는 것 또한 당연하다 하겠다(유철규, 2005: 38~39; 정상호, 2007: 160~161). 참여정부의 개혁론도, 집권 초 짧은 시기 다소 굴절을 보이긴 했으나, 김대중 정부의 궤도 위에 놓여 있다.8 그뿐만 아니라 주주가치 신자유주의 연합은 정부관료, 재벌, 언론, 유력 제도권 시민단체, 학계 할 것 없이 우리 사회 전반에 아주 광범하게 퍼져 있다. 낡은 자유방임 수구파를 제외한 개혁파의 대다수가 이 동맹에 가담해 있다고 해도 과언이 아닐 것이다.

이런 구도 속에서 현 정부는 한국경제가 안고 있는 문제의 성격을 '혁신과 통합'의 새로운 고도단계로 도약하기 위해 과도기적으로 치를 수밖에 없는 진통, '전환의 계곡'에서 불가피하게 수반되며 그래서 참고 견뎌내야 하는 일종의 '성장통' 같은 것으로 보았다. 그래서 이 과도기적인 '성장통'을 이겨내기만 하면 한국경제는 선진혁신경제로 이행하여 성장엔진의 활력을 회복하고, "삶의 질이 높은 나라, 고르게 잘사는 나라"가 도래할 것이라고 주장하는 것이다.

그런데 한국경제의 영미식 모델로의 개편은 영미 '표준'모델과는 여전히 차이가 있고 이질적 요소들이 가미된 혼합적 성격을 가지고 있는 것이 사실이다. 특히 노사정위원회, 복지개혁 그리고 재벌체제 등에서 그러하다. 이 때문에 1997년 이후 한국경제의 변화를 기본적으로 '정상적' 개혁가도로 가고 있다고 보는 점에서는 주류 시장민주주의 패러다임과 견해를

---

7 이 지점을 정확히 짚은 글로는 유철규(2002)를 보라.

8 덜 주목받고 있지만, 참여정부 대통령 경제보좌관을 지낸 조윤제(2006)를 현 정부의 경제노선을 대변하는 대표적인 글로 들고 싶다.

같이하면서도 이행기 한국경제와 영미식 '표준'모델과의 거리를 특별히 강조하는 견해가 존재한다.

2) 영미식 표준모델과의 거리, 혼합적 다중성론 또는 복지국가건설론(B)

영미식 표준모델과 달리, 한국모델에서는 노사정위원회라는 이른바 '사회적 합의' 제도가 도입되었다. 또한 레이거노믹스나 대처리즘에서는 국가복지의 축소가 전형적임에 반해 한국모델에서는 국민기초생활보장제도의 도입, 사회보험의 적용확대 등 복지증대가 나타났다. 그뿐만 아니라 이와는 성격이 다른 것인데, 정부는 영미식 스탠더드를 준거로 삼아 외국자본에 대한 국적자본의 역차별을 초래하면서까지 재벌체제의 주주자본주의로의 개편을 단행하고자 했지만 재벌과 타협하고 그것에 의존했다. 이런 상황을 놓고 일부 논자들은 1997년 이후 한국의 사회경제와 정부정책을 신자유주의적 성격으로 파악할 수 없다고 주장한다.

1997년 이후 한국 자본주의에는 신자유주의·구자유주의·사회민주주의·개발주의의 여러 다양한 요소가 뒤섞여 있고, 따라서 거기에는 아무런 지배적 경향을 발견할 수 없다고 보는 견해가 있다(김기원, 2000). 다중적 성격을 인정해야 하며 또 그래야만 시민사회운동이 개입하여 전향적 개혁을 이루어낼 여지도 찾을 수 있다는 것이다. 특히 경제·경영 학자들, 시민단체들 사이에서 가장 큰 쟁점이 된 것은 재벌개혁의 성격과 그 의미이다. 주주주권론의 관점에서 재벌개혁과 공정시장경제 정립을 주장해온 사람들은 재벌총수의 소유와 지배 간의 괴리를 근거로 재벌체제가 여전히 지속되고 있고 따라서 한국경제 또한 여전히 종래의 재벌자본주의 성격을 탈피하지 못하고 있다고 본다. 그러나 이는 1997년 이후 주주가치의 전반적 확산, 그리고 국제금융자본과 연합한 재벌체제의 성격 변모를 보지 않는다. 그뿐 아니라 이들은 소유와 지배의 괴리 이상으로 재벌집단의 문제는 그 자체가 하나의 거대자본 권력체라는 사실, 이 권력체의 사회적 책임의 면피라는 사실을 흔히 간과한다.

재벌개혁과 더불어 또 하나의 큰 쟁점은 복지개혁이다. 임혁백(2000)은 김기원의 병렬적 다중성론에서 한발 더 나아가 정책패러다임이나 현실개혁 모두에서 1997년 이후 한국은 명실상부하게 '민주적 시장경제'의 길을 지향하고 있다고 주장했다. 한국은 세계화 시대에 유례없이 복지국가를 건설하는 길로 가고 있다는 것이다. 그는 거시경제 안정화와 구조조정 정책이 신자유주의적 성격을 갖고 있음을 인정하긴 하지만, 그 공동체 파괴효과는 사회민주주의적 사회정책에 의해 상쇄되었다고 본다.[9] 그런데 복지개혁의 성격 문제에 대해서는 복지전공자들 사이에서 본격적 논쟁이 벌어졌고 다양한 견해가 개진되었다. 이 논쟁에서 대표적 논자 중 한 사람인 김연명(2002)은 복지에 대한 국가책임이 강화되었고 이는 신자유주의를 넘어서는 것이라는 견해('국가책임강화론')를 제시한 바 있다.

그러나 이 같은 논의는 김대중 정부 시기 복지개혁의 의미를 과장하고 있다. 오히려 그것은 복지를 가장 필요로 하는 계층을 배제해왔다는 의미에서 보면 '배제의 복지'의 성격을 가지고 있다고 해야 옳다.[10] 한국의

---

9 임혁백은 필자와 같이 참여한 한 토론회에서는 신자유주의는 레이건 정부나 대처 정부 시기처럼 복지국가 후퇴기의 선진자본주의에만 적용되어야 한다는 주장을 편 적도 있다(김형기 편, 2002: 82~88).

10 의료보장의 경우 조세로 운영되는 국민보건서비스(NHS) 방식이 아닌 의료보험 방식이고, 노후소득보장의 경우 소득비례연금은 있으나 기초연금은 없으며, 실업보장의 경우 실업보험은 있으나 실업부조는 없고, 육아수당도 근로경력이 있어야 주어진다. 보편주의적 가족수당이나 주택수당, 공공보육, 고등교육의 무상교육은 거론조차 되지 않았다. 기본적으로 근로연계방식으로 짜여 있다. 그러면서 비정규직 노동자는 기본사회보험 적용에서 제외되어 있다. 이에 대해서는 남찬섭(2002; 2005); 양재진(2003, 2004a) 참조.

복지제도는 사회적 시민권이 아니라 기여를 바탕으로 하고 있어 틀 자체가 보편주의적 방향에서 일탈해 있고, 방대한 비정규직 노동자, 중소기업 노동자 그리고 자영업자들을 수혜대상에서 배제하거나 주변화하고 있음에 주목해야 한다.

3) '절반의 신자유주의' 비판, 신개발주의(C)

앞의 A, B의 견해는 1997년 이후 한국 자본주의가 기본적으로 '정상적' 개혁경로로 가고 있다고 본다. 반면 1997년 이후 개혁경로를 비판적 시각에서 보는 견해들이 있다. 비판적이라 해도 상반되는데, 하나는 신개발주의(C)이고 다른 하나는 사회경제적 민주주의의 관점이다(D). 한국경제를 영미식 시스템으로 개편해서 과연 고소득국으로 갈 수 있겠는가, 새로운 국가경쟁력과 성장동력을 구축할 수 있겠는가 하는 질문이 나올 수 있다.

신장섭과 장하준(2004)(C-1)에 따르면 1997년 이후 구조개혁은 경제 성장사상 유례없을 만큼 한국경제를 급진적 빅뱅 방식으로 영미식 주주자 본주의로 개편하는 것이었다. 그렇지만 이런 개혁조치는 전통적 한국 개발 경제모델을 잘못 이해한 데서 비롯된 것이다. 그리고 영미식 시스템으로의 구조조정은 한국경제의 성장활력에 치명적 손상을 주고 성장도 분배도 모두 악화시키는, 자기파괴적인 것이다. 따라서 이들은 국가의 재활성화, 재벌의 장점 살리기 등 국가 - 재벌 - 은행의 연계시스템을 핵심으로 하는 이전 개발모델의 장점을 계승하는 '두 번째 단계 추격시스템'을 구축해야 한다고 주장한다. 그렇지만 국내에서 신개발주의를 대표하는 것은 삼성경제연구소의 견해(C-2)라 할 것이다(삼성경제연구소, 2004; 정문건·손민중, 2004). 삼성의 2만 달러 선진국론의 핵심은 제도론적으로는 재벌 주도 개발주의와 영미식 시스템의 혼합이다. 삼성연구소의 견해는 신장섭·장하준의 견해와 유사하지만 중요한 차이도 있다. C-1은 개발국가의 재벌유도, 국경관리 등 구개발주의를 계승하는 성격이 강하지만 C-2는 재벌 주도 - 시장국가론이다. 또한 이 연구소는 일찍부터 강소국론을 주장해왔다(≪한겨레 21≫, 552호, 2005; 김성홍·우인호·이건희, 2003: 106~112). 그런데 이는 안정적 경영권보장 등 재벌의 이해로 걸러낸 한국식 강소국론이다. 유럽 강소국체제의 핵심인 이해당사자 복지자본주의의 핵심내용은 거세되었다.

이들의 논의에서는 추격이 무엇을 위한 추격인지, 2만 달러가 무엇을 위한 2만 달러인지가 불분명하다. 신장섭과 장하준에서는 노동 없는 성장모델, 노동 없는 구조조정모델, 노동 없는 '두 번째 단계의 추격시스템'이 이야기되고 있을 뿐이다. 또한 재벌개혁이 한국경제에 큰 비용을 안겨주고 단기주의 폐해를 낳은 것은 사실이긴 하지만, 한국경제의 모순구조를 다분히 외자와 재벌의 대립구도를 중심으로 바라보는 견해 그리고 파국론적 함축을 갖는 비관주의에 대해서는 동의할 수 없다(이병천, 2004a; 윤상우, 2005). 오히려 국제금융자본과 재벌의 동맹이 주도하면서 양극화와 후진적 복지 속에서 작동하고 있는 '주식회사 한국'의 신성장체제에 주목해야 할 것이다. 삼성경제연구소 또한 재벌 주도, 노동배제적인 두 번째 단계 추격론을 벗어나 있지 않다. 구조조정의 신자유주의적 성격을 비판하지만 그 절반만 본다. 여기서는 사회구성원들이 어떤 권리와 책임의 규칙에 대한 사회적, 국가적 수준의 합의 위에서 시장행동에 종사하고 성장에 헌신해야 하는지가 문제로 되지 않는다. 한국경제 구조개혁에서 민주화가 어떤 시대적 의미를 갖는지가 전혀 문제로 되지 않는다. 우리가 경제적 전환과 정치적 전환이라는 '이중전환(Dual Transitions)'의 시기에 살고 있다는 것, 새로운 시장경제는 새로운 민주적 시민권 계약 속에 착근되어야 한다는 시대인식이 결여되어 있다. 성장제일주의와 경쟁력 강화를 위한 동원의 논리가 되풀이되고 있다.

4) '두 갈래 민주주의'와 신자유주의 수동혁명, '양 날개 민주주의'와 동반성장의 시민자본주의(D)

오늘의 한국경제 격변은 1987년 이후 민주화의 귀결과 그 함축이라는 관점에서 바라볼 필요가 있다. 그리고 민주화의 의미를 단지 절차적 민주화가 아니라 사회경제적 시민권의 확보라는 관점에서 파악할 필요가 있다. 그럴 때 한국의 민주화는 단순히 탈냉전 '정상화'와 '정상국가'로의 이행, 민주주의와 시장경제 간의 조화로운 병행발전으로 나타나지 않는다. 그것은 정치적 민주화와 경제적 자유화가 모순적으로 결합되면서 충돌하는 '두 갈래 민주주의'로서, 즉 1인 1표 정치적 민주주의와 주주주권을 핵심으로 하는 1원 1표 '귀족제 자본주의(aristocratic capitalism)'(켈리, 2003: 50~52)의 두 갈래로 찢어진 과정으로서, 후자에 의해 전자가 잠식되고 포획되는 과정으로 나타난다.

기존의 개발독재모델은 '성장기적'도 낳았지만 후발발전사상 유례없이 심대한 이중구조적 모순과 취약성을 내포하고 있는 '극단의 모델'이었다. 고도의 집중 및 다면적 이중구조적 불균형(비스마르크 - 메이지 모델의 특성)과 세계시장에 높은 의존에 따른 불안정(유럽 소국개방모델의 특성)을 한 몸에 지니고 있었다. 우리가 보기에 한국경제의 신자유주의적 재편은 이 같은 개발독재모델 중층모순의 발전적 해소와 극복이 아니라 그간 누적된 이중구조적·외향적 모순의 증폭·심화의 과정으로 나타난다. 급속히 심화되는 사회경제적 양극화와 외향화는 이 같은 과정의 집중적 표현이다(이병천, 2003; 2006b).[11]

---

11 비교정치사회학의 시각에서 볼 때 중요한 점은 독일·스웨덴 모델 — 물론 양자 간에도 중대한 차이가 있지만 — 에서는 리버럴 세력이 취약하고 분열되어 있었으며 사회민주세

최장집(2002; 2005)은 한국민주주의의 성격을 사회적 시민권이 결여된 노동배제적 민주주의로 규정하면서 다면적인 '노동의 위기'에 그것이 응축되어 있다고 파악한다. 그에 따르면 사태의 진행은 불가피한 과정이 아니었다. 민주정부들은 사회경제적 민주적 전환을 이룰 수 있는 능력을 가지고 있었음에도 불구하고 이를 스스로 포기했다. 그 결과 자기기반도 약화시켰고, 실질적 민주주의를 발전시키는 데 총체적으로 실패했다. 노무현 정부에 와서도 '집권엘리트 - 경제관료 - 삼성그룹' 간의 결합이 만들어지면서 별다른 진전은 없었다. 그렇지만 그에게서 이미 변하고 있는 유럽 복지국가가 곧 우리의 대안이 될 수는 없다. 최장집은 현실적 대안으로 재벌기업의 오너십 보호와 노동자의 사회적 시민권 획득 간의 교환을 포함한, 대타협을 통한 사회협약을 말한다. 그것은 "민주적인 부르주아 우위와 사민주의적 헤게모니 양자 사이의 어느 지점"이 될 것이다. 이같은 진단과 대안은 공감이 가는 부분이 많다. 그렇지만 토론이 개방되어야 할 부분이 없지 않다.

첫째, 신자유주의 지배체제의 핵심에 노동의 위기가 존재함은 두말할 것이 없지만 그 구조와 조건, 신경제질서의 논리를 더 파헤쳐야 할 것이다. 최장집은 뚜렷한 설명 없이 "우리의 현실에서 신자유주의적 독트린을 수용하고 IMF 개혁패키지를 이행하는 것은 불가피했다"라고 말한다(최장집, 2002: 177). 또 세계과하 반노동적임과 동시에 '반재벌적인 효과'를 가졌다고 보면서 동시에 민주화로 인해 재벌체제가 강화되었다고 말한다(최장집, 2002: 165, 167). 여기서는 IMF 구조조정이 민주화 이후 한국사회의

력이 조기에 대중운동으로 성장한 반면 한국모델은 리버럴 세력이 강력했고 사회민주세력은 매우 취약했다는 사실이다. 이것이 개발단계 이후 자본주의 진화의 다양성을 가져오는 중요한 요인이다.

계급 간 힘 관계에 대해 가져다주는 결정적인 반전효과, 그 반민주적 효과가 충분히 강조되지 않고 있다고 여겨진다. 또 이때 세계화의 반재벌적 효과와 재벌체제 강화 간의 연관성이 더 밝혀져야 한다. 주주 주권 논리와의 연계 속에서 재벌체제가 어떤 식으로 변모했는지를 파악할 필요가 있다. 단지 '집권엘리트 - 경제관료 - 삼성그룹' 간의 결합만이라면, 이런 지배체제는 1997년 이전에도 발견할 수 있을 것이다. 따라서 민주정부가 밀고 가고, 미국 패권과 월 가를 등에 업고 진입한 국제금융자본이 추동하는 주주 가치의 논리가 어떻게 신재벌체제와 연계되면서 한국식 신자유주의 지배체제를 작동시키고 있는지를 파악할 필요가 있다.

둘째, 민주정부의 성격과 관련된 문제가 있다. 그는 김영삼 정부는 시민사회의 보수적 부문과 냉전반공주의를 공유함으로써 헤게모니적 기반을 갖는 정부였던 반면, 김대중 정부는 '헤게모니 없는 정부'라고 말한다(최장집, 2002: 194). 냉전반공주의의 두터운 참호를 생각할 때 이해할 수 있는 견해다. 그러나 신자유주의 대치선을 놓고 보면 민주정부의 헤게모니 문제는 다르게 보인다. 필자는 1997년 이후 한국의 민주정부는 이전의 냉전개발독재 보수혁명에 이어 새로운 탈냉전 시장 보수혁명, 즉 '신자유주의 보수혁명'을 추진해왔으며 그 수준에서는 헤게모니—물론 이는 불안정한 것이다—를 발휘해온 정부라고 생각한다(이병천, 2002). 따라서 '두 갈래 민주주의'를 밀고 가는 탈냉전 자유민주정부의 모순적이고 분열적인 양면성, 한국사회의 진보와 보수 구도에서 가지는 그 역사적 위상과 역할을 더 정확히 포착할 필요가 있다.

셋째, 최장집의 대안은 신자유주의와 구사민주의 사이에 자리하는 기든스식의 '제3의 길'과는 정확히 어떤 지점이 다른지 묻게 된다. 대안은 구체적이어야 한다는 인식과 절실한 호소에는 충분히 공감한다. 그렇지만 복지국가 후퇴를 내재적으로 불가피한 과정으로 파악하면서 현실적인 대안을 주장하므로 이런 의문을 가지게 된다. 기든스식 제3의 길조차 한국에는 단절적 전환을 필요로 할 것이다. 그리고 그런 길은—누구도 확언할 수 없으나— 그 이상을 요구하는 진보적인 사회적 동력과 압박이 있을 때 타협의 소산으로 비로소 나타나지 않을까 한다. 따라서 나는 '두 갈래 민주주의'와 민주화의 깨어진 약속 저편으로 사회경제적 시민권과 정치적 시민권의 상보적 발전, 사회통합적 복지자본주의와 국민경제의 내발적 선순환을 추구하는 '양 날개 민주주의'와 시민경제의 대안적 기획은 "현실적이 되려면 불가능한 것을 요구하라"라고 하는 아래로부터의 급진적 시민민주주의의 정신을 견지할 필요가 있다고 생각한다.

3. '주식회사 한국'의 삼각동맹과 신성장체제, 프리드먼과 홉스의 동맹: 주주 이익 극대화, 외향적 수출 주도, 자본종속 - 이탈의 두 국민 분열모델

1) '주식회사 한국'의 삼각동맹과 신성장체제의 출현

(1) 신자유주의 '주식회사 한국'의 지배구조 분석에서 우선 중요한 것은 국가, 재벌 그리고 국제금융자본 간의 상호연관을 정확히 파악하는 일이다. 우리는 그간 이 지배구조 인식에서 많은 어려움에 부딪혔고 혼란에 빠지기도 했다. 주주자본주의를 주주자본=금융자본과 산업자본 간의 대립 혹은 또 달리 외자와 재벌 간의 대립을 중심으로, 다시 말해 자본분파 간의 대립을 중심으로 해서 파악하는 견해는 그 대표적인 경우다. 앞서 말했듯이 '절반의 신자유주의'라 할 이 견해는 신자유주의가 새로운 자본연합의 프로그램, 특권적인 계급지배 프로그램임을 망각하는 것이다. 다른 한편

신자유주의를 주주 이익 극대화를 추구하는 자유금융시장 독재와의 유기적 관계 없이 단지 자본과 노동관계 중심으로 파악하는 경우도 있다. 이는 국제금융자본이 주도하는 주주주권 신자유주의 아래 새롭게 짜인 계급 - 민족관계의 복잡성과 국민경제의 재생산연관을 보지 못하게 한다.

그러면 한국의 신자유주의 지배구조를 어떻게 파악하는 것이 좋을까. 그것은 국제금융자본, 재벌 그리고 자유주의 정부를 삼자동맹의 구도로 파악하는 것이다. 이 삼각동맹 피라미드의 관제고지에는 미국 패권주의와 월 가의 룰이면서 한국정부가 이를 내면화한 주주가치 극대화와 글로벌 경쟁규범을 선도하는 국제금융자본이 자리 잡고 있다. 그리고 재벌 또한 주주이익 극대화 방향으로 선회하면서 국제금융자본과 파트너십을 형성한다. 국제금융자본과 재벌 간의 자본연합, 국경을 넘는 금융자본과 산업자본 간의 과두제적 계습연합의 결정적 주도권이야말로 1997년 이래 구축된 '주식회사 한국'의 최대의 결과로 손꼽아야 한다. 이 연합구도에서 '국적'재벌은 국제금융자본과 경쟁하고 이해가 대립되기도 한다. 그렇지만 주된 측면은 나라 경제 안마당에서 자본지배연합에 종속된 노동계급과 민중 그리고 중소 약체자본과 대면해서 국제금융자본과 '적응적 파트너십' 형태의 '계급적 우애'와 지배연대를 형성하고, 이에 편승하여 규제완화와 노동의 배제적 유연화를 추진하게 된 것, 더 나아가 자본운동의 자유로운 세계화를 추구하면서 국민적 부르주아지의 성격이 약화되게 된 것이다. 여기서 자유주의 개혁정부는 대내외적으로 자율성을 가져야 할 국가능력을 포기하고 국경을 넘은 자본연합에 의존하면서 노동을 '관리'하는 역할을 수행한다. 이 반주변부 시장주의 경쟁국가는 자본자유화와 주주주권 규범을 '주식회사 한국'의 표준으로 받아들임으로써 글로벌 금융세력이 국민경제에 내재화되는 정치경제적 매개자=안내자 역할을 수행한다 (Tiberghien, 2002). 그렇지만 또한 그것의 다른 한쪽 발은 성장과 국가경쟁력 증강을 위해 재벌의 힘에 기반을 두고 있다.

국제금융자본 - 재벌 - 반주변부 시장국가의 삼각동맹은 지속 가능할 것인가. 어떠한 헤게모니블록도 특정한 성장모델의 성공적 구축과 작동 없이는 지속 불가능하다. 새로운 성장체제의 '경제적 토대'를 갖지 못한 지배블록은 단기적인 약탈체제이거나 단지 억압적인 체제로 끝날 것이다. '주식회사 한국'의 삼각동맹은 새로운 성장체제를 구축하는 데 성공했는 가, 거기에는 어떤 균열과 위기 요인이 내재되어 있는가. 한쪽에서는 현재의 어려움을 '선진경제, 선진한국'으로 가는 길의 이행기 '성장통' 정도로 치부하는 주류적 견해가 있다. 다른 한편 이 같은 근거 없는 주류낙관주의를 공박하기 위해서지만, 과장된 비관론, 특히 외자지배에 종속된 경제에 대한 파국론적 견해도 있다. 그렇지만 사태의 진실은 이 양자 사이에 놓여 있다. 이와 관련하여 다음 두 가지 사실을 인식하는 것이 중요하다.

첫째, 1997년 위기가 설비자본의 '과잉투자' 위기 성격을 갖고 있었다는 것이다. 한국경제는 정치적 민주화 이행과 거의 유사한 시점인 1980년대 중반 이후 후발산업화를 넘어 재벌 주도에 의해 혁신경제 이행의 길로 나섰다. 이 과정에서 내부적으로는 재벌이 국가의 규제와 규율에 저항하고 무분별한 자유화와 개방을 요구하면서 세계경영의 길로 나섰던 것 그리고 외부적으로는 미국 - 국제금융자본 - IMF 복합체의 외압에 밀려 대외적 통제력을 상실한 것, 이 내외압력의 합력으로 인해 위기를 맞은 것이다. 재벌이 주도하는 혁신경제 이행의 길은 브라질을 비롯한 중남미 중진국들 과 대조적일 뿐 아니라, 후발산업화 국가군의 혁신경제 이행에서 외자 주도의 '통합지향' 유형(integrationists)과 대조적인 국적자본 주도의 '자립지 향' 유형(independents)에 속한다(암스덴, 2002; Amsden, 2001: chap. 9; Keller and Samuels eds., 2003: 108~109). 둘째, 1997년 이후 한국경제가 본격적으로 자본의 세계화 질서 속으로 깊숙이 편입되는 신자유주의적 재편을 겪음과 동시에, 세계 속의 'IT 강국'으로 부상했다는 사실에 주목하지 않으면 안 된다. 이 두 가지 양상에서 우리는 한국경제가 신자유주의적 양극화 속에서 독특한, 파행적이고 불안정한 혁신경제 이행의 길로 내딛었다는 생각을 하게 된다.

따라서 신자유주의적 양극화 경향을 보인다는 의미에서 한국은 중남미와 닮은꼴로 가고 있다고 할 수 있지만, 어디까지나 이는 사태의 반면이다. 한국경제와 중남미경제 간에는 경제기초 여건과 성과에서 아주 큰 차이가 있음을 결코 간과할 수 없다. 예컨대 알기 쉽게 한국과 브라질을 비교해보자. 브라질은 룰라 정부 아래서도 여전히 오랜 국제수지적자의 늪에서 탈피하지 못하고 있다. 외채이자 상환을 위해 국채를 대량 발행하고 있으며, 이에 따른 고이자가 산업투자 유인에 큰 족쇄로 되고 있다. 이와 대조적으로 한국은 수출이 폭발적·돌출적으로 증가하고 경상수지는 1997년 위기 이전의 적자상태가 반전되어 흑자행보를 지속하고 있다. 외환보유고가 넘쳐나고 한국의 미국 국채보유가 세계 4위라 할 정도다. 금리는 일본과 유사한 '제로금리' 수준이다. 이 같은 사실은 한국경제의 기초체력이 브라질에 비해 월등히 우월함을 반증한다.

(2) 종래의 개발자본주의 성장체제는 개발국가의 대내외적인 자율성, 산업정책과 금융통제에 기초하여 국가와 재벌 간에 규율을 내포한 협력적 연계 형성, 투자 주도 - 성장 지향의 축적체제, 국가통제하의 금융자본과 산업자본 간의 비시장적 연계 그리고 노동에 대한 배제적 동원과 온정주의적 고용보장 등을 핵심 구성요소로 하는 것이었다. 그러면 이 개발주의 성장체제는 신자유주의 한국경제에서는 어떻게 변모되는가. 국가는 대내외적 자율성을 잃고 국가 - 재벌 - 은행, 국가 - 재벌 - 노동 간 개발주의적

협력과 통제, 동원관계들은 해체·파괴된다. 국가, 자본 그리고 노동의 관계, 자본과 노동의 계급관계가 근본적으로 자본의 자유로운 요구 중심으로 재편된다. '기업 하기 좋은 나라'란 곧 이를 말한다. 그렇지만 중요한 것은 단지 자본과 노동관계의 재편 이상으로 기업경영의 논리가 단기수익성과 유동성을 추구하는 금융시장의 주주가치 '규율'에 편입되어 거기에 적응·밀착된다는 사실이다. 그리고 노동자는 유연화된 자유노동시장 속으로 굴러 떨어져 상호경쟁에 직면하면서 자본의 일방적 지배와 주주가치논리에 끌려들어 간다. 그리하여 나라 경제가 국제금융자본과 국적재벌자본 분파 간의 지배연합의 규제완화와 유연화 요구 중심으로 재편되고, 거기에 종속된 새 성장=축적 시스템이 작동하게 된다. 아래에서 이를 좀 더 자세히 살펴보자.

① 자본의 자유로운 국경 이동과 금융의 시장화에 의해 경제시스템의 제도적 위계에서 관제고지는 글로벌 시장의 일부가 된 금융시장으로 옮겨 갔다. 국경의 관리가 무장해제된 국내금융시장은 국제금융자본의 요구가 국민경제에 내재화되는 기본통로가 된다. 금융자본의 2대 기본논리, 즉 자본의 책임성과 인내성을 탈각한 단기투기적 수익성과 유동성의 요구를 감당하지 못하는 기업, 무엇보다 월가의 기준에 미달하는 약체 중소기업은 도태되고 버려진다. 이같이 약탈적 국제금융자본의 요구에 의한 약체 국적 산업자본의 박탈과 배제는 '종속적 금융화'가 빚는 중대한 결과다. 그러나 금융자본의 논리가 일방적으로 산업자본을 규정하는 관계에 있는 것은 결코 아니다. 핵심 우량대기업—민영화된 대기업을 포함하여—을 중심으로 국가와 노동을 자본의 요구에 배타적으로 종속시키는 국제금융자본과 독점적 산업자본 간 새로운 형태의 결합과 유착이 형성되고, 이 과두지배복합체가 배제적, 낮은 길(low road)의 신자유주의 양극화 성장체제를 작동시키는 기축이 된다.

② 주주가치의 증식은 기업과 사회의 여타 이해당사자들, 즉 노동자·지역사회·하청기업의 희생과 배제 위에서 이루어진다. 그중에서도 결정적인 것은 두말할 것도 없이 자본과 노동 간 계급관계의 근본적 변화다. 시장국가가 국경을 넘는 자본의 소유권과 경영권을 안정적으로 보장함으로써 자본의 자유로운 축적활동을 위한 새로운 유인과 규율기제가 마련된다. 비정규직을 대량 양산하는 노동시장의 급속한 수량적 유연화와 자본종속적 '노동규율'이 정립되었다. 노동자의 고용과 임금은 자본권력의 자유로운, 유연한 조정변수로 전락했다. 다른 한편 노동시장 유연화, 고용불안정, 소득과 부의 불평등, 그에 따른 삶의 미래에 대한 전반적 불안은 소비 부진을 낳는다. 따라서 새로운 성장체제는 소비 부진에 따른 투자 부진의 악순환에 빠져든다.

③ 기업의 재무구조가 크게 개선되었고 경영방식도 새롭게 변화되었다. 위기 이전의 차입 중심, 외형성장 위주의 경영은 자본시장의 규율 아래 들어가 수익성과 안정성을 중시하는 경영으로 전환했다. 자본과 노동의 관계 또한 자본시장이 개재됨으로써 새롭게 변화했다. 금융의 시장화는 노동시장의 유연화를 요구한다. 주가는 노동유연화를 먹고 사는 것이다. 그럼으로써 자본시장의 감시가 내부통제 중심이던 기업경영에 규율효과를 발휘하고, 이것이 다시 노동의 배제적 유연화를 부르는 체제가 작동하기에 이르렀다.

④ 영미식 주주자본주의에서 노동자는 동시에 투자자로 나타난다. 노동자는 노동시장에서는 순수한 상품으로 전락하지만 금융시장에서는 투자자=소자산가이며, 그 투자자의 이해는 주주가치에 연동된다. 가계부채 - 금융이득 - 가계소비 - 수요 - 투자로 이어지는 성장회로가 '선진' 신자유주의의 동의적 기반이다. 한국도 이 길로 진입은 했다. 그러나 한국의 금융시장은 국제자본에 의해 절취(截取)된 종속적 시장이며 국내의 동의기

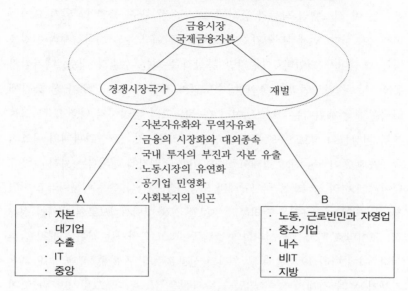

〈그림 1-1〉 '주식회사 한국'의 삼각동맹과 성장체제

금융시장
국제금융자본

경쟁시장국가 — 재벌

· 자본자유화와 무역자유화
· 금융의 시장화와 대외종속
· 국내 투자의 부진과 자본 유출
· 노동시장의 유연화
· 공기업 민영화
· 사회복지의 빈곤

A
· 자본
· 대기업
· 수출
· IT
· 중앙

B
· 노동, 근로빈민과 자영업
· 중소기업
· 내수
· 비IT
· 지방

반은 아직까지는 미약한 상태다.[12] 자본시장 자체가 얕고 불안정하다(유경 원, 2004). 무엇보다 연기금의 주식시장 투입이 문턱을 넘지 않았다. 이는 한국식 신자유주의의 미성숙의 핵심징표이며, 본래적 신자유주의로 가는 관문이기도 하다.

2) 양극화와 탈민족화의 함정

신자유주의 성장체제가 출현, 작동하고 있다고 보는 우리의 견해는 한국

---

[12] 국내 가계의 부동산과 금융자산 보유 비율은 77 : 20이다. 미국 39 : 58, 일본 62 : 35에 비해 현저히 높다(2006년 5월 기준). 한국의 개인금융자산 구성비는 다음과 같다. 현금 및 예금 47.8%, 주식 17.4%, 펀드 7.4%, 보험 및 연금 23.2%, 기타 1.4%(2007년 3월 기준)(《한겨레신문》, 2007. 7. 26, 9면).

경제에 대한 지배적인 낙관론과도, 통상적인 비판 - 비관론과도 다른 것이다. 우리는 이 시스템의 작동과 동시에 그 모순적 구조, 균열 및 위기 요인을 파헤쳐야 한다. 언제부터인가 '양극화'라는 말이 오늘날 한국경제의 곤경을 짚는 핵심어가 되었다. 그렇지만 통상적 논의는 수출과 내수, 대기업과 중소기업, 첨단산업과 전통산업, 수도권과 지방 그리고 근로자 상호 간에 양극화가 존재한다는 식으로 여러 현상을 고립·분리시켜 나열할 뿐 그들 부분 현상들이 상호 어떤 유기적 연관성을 갖는지, 그 연관관계의 구조적 총체가 만들어내는 전체 경제시스템이 어떤 것인지에 대해서는 보지 못한다. 나아가 오히려 양극화는 국가규제와 노동시장 유연성 부족 때문이라고 하면서 정규직과 비정규직을 갈라놓고 양자를 경쟁·대립시킴으로써 대기업 정규직노조야말로 한국경제 선진화의 걸림돌이라고 몰아가는 것이 지배적 담론이다. 이에 따라 1997년 이후 추진된 신자유주의 구조개혁체제, IMF 체제 자체가 우리 경제의 덫이 되었다는 사실은 실종된다. 그렇지만 바로 이 IMF 체제에서 ① 투자 부진과 양극화, 자본의 대외이탈과 외향적 축적 경향의 심화 ② 고용파괴와 불안정, 빈곤과 계급불평등의 심화 ③ 국민경제 재생산연관의 분절 심화 ④ 금융의 탈민족화와 산업금융시스템의 파괴 등 파행적 현상이 빚어졌다.

축적체제의 골격을 구성하는 잉여가치의 생산 및 분배 방식과 국민경제의 재생산구조=분업연관의 두 측면을 중심으로 볼 때, 신자유주의적 자본축적은 두 국민으로의 양극분열형 또는 모래시계형의 모습을 보인다. 즉 그 거시축적회로는 나라 경제 피라미드의 상층부를 차지하고 있는 일부 우량대자본과 고소득 상층부를 중심으로 돌아가고 또 부단히 국외로 누출될 뿐, 국민적 확산메커니즘을 갖지 못한다. 그것은 국민대중의 삶의 개선과 유리되고 단절된다. 그리하여 한편으로 GDP의 총량지표로 표현되는 지역적·지리적 의미의 '국민경제'의 양적 성장, 다른 한편으로 다수 민족구성원의 생활상의 요구 및 삶의 질 증진을 위한 안정적 터전이 되는 '실체적 경제(substantive economy)'로서의 '민족경제'의 발전 사이의 괴리가 확대·심화되는 현상, 즉 경제시스템 전반의 '탈민족화' 현상이 초래되고 있다.

(1) 투자 부진, 투자 및 자본의 양극화, 단기주의 압력, 자본의 대외이탈[13]

위기 이전에는 과잉투자가 문제였으나 위기 이후의 문제는 투자부진이다. 1987~1996년 연 13.0%로 증가하던 투자는 위기 이후 1998~2006년 연 1.7% 증가하는 데 그쳤다. 우선 투자의 산업집중도가 극도로 심화되었다. IT 업종이 차지하는 투자비중이 54.3%, 그 설비투자증가율은 9.7%에 달한다. 둘째, 자본집중의 진전과 그에 따른 대기업 - 중소기업 간 투자의 극심한 양극화 현상이 일어났다. 2000년 벤처 붐과 2002년 소비 붐에 따른 투자급증시기를 제외하면 중소기업 설비투자의 침체가 지속되고 있다. 자유금융시장의 단기수익성 및 유동성의 압박, 대기업의 착취, 글로벌 경쟁과 아웃소싱 압박을 이겨내지 못한 중소기업, 그리고 중견기업의 투자부진과 도태에 주목해야 한다.[14] 셋째, 부채비율은 세계 일류 수준으로 낮아졌다. 그러나 금융유동성 논리가 지배하고 위험파트너십체제가 파괴됨으로써 투자의 위험성을 과도하게 인식하고 투자성향이 전반적으로 보수화되었다. 상장대기업에서도 장기투자보다 단기수익성실적이 갖는 중요성이 커졌다. 투자를 꺼리고 거액의 현금을 쌓아두는 행태를 보인다. 넷째, 대기업·중소기업 할 것 없이 해외이전이 가속화되고 국적자본의 대외이탈과 외향적 축적이 진행되고 있는 것 또한 국내투자 부진의 중요한 요인이다.

---

13 한국산업은행(2001; 2005; 2006)에 의존했다.

14 대기업투자 부진이 과장된 점에 대해서는 홍종학(2005)을 보라.

<표 1-2> 설비투자, 소비, 수출의 증가율(%)

	2002	2003	2004	2005
설비투자(산업은행 설비투자조사)	-4.5	12.1	29.7	8.1
대기업	-3.4	27.4	45.9	8.7
중소기업	44.0	-3.4	3.8	-9.8
설비투자(한국은행 국민계정)	7.5	-1.2	3.8	5.1
민간소비	7.9	-1.2	-0.3	3.2
수출	13.3	15.6	19.6	8.5

자료: 한국산업은행(2006)

<표 1-3> 제조업 설비투자 자금 조달 구성 추이(%)

	1980~1989	1990~1997	1998~2000	2001~2005
외부자금	64.9	72.0	43.0	18.3
주식과 회사채	14.1	22.4	21.7	6.0
금융기관차입	35.7	31.0	15.0	109.5
기타	15.1	18.6	6.3	1.8
내부자금	35.1	28.2	57.0	81.7

자료: 한국산업은행(2006)

(2) 빈곤과 계급불평등 심화, 고용 없는 성장과 비정규직 양산

경제·사회 양극화의 한복판에 사회계급, 계층 간 분배 양극화, 두 국민으로의 심각한 분열 현상이 자리 잡고 있다. 국제금융자본과 재벌의 과두지배체제 및 이들의 가치증식을 위해 국민대중의 일방적 희생이 강요되는 불공평하고 불합리한 배제적 성장시스템이 출현했다. 소득불평등을 측정하는 대표지수인 지니계수는 연평균으로 1990~1997년 0.286에서 1998~2004에는 0.314로 높아졌다. 가처분소득 기준으로 우리나라의 지니계수는 0.358 인데, 이는 불평등도가 매우 높은 미국의 0.335(1986)나 영국의 0.303(1986)보다 높으며, 빈곤율(중위소득의 40% 이하 계층의 비중) 또한 11.5(2000)로 미국의 10.8(2000), 영국의 5.7(1999)보다 더 높다(유경준, 2003).

그렇지만 다른 각도에서 한국은행의 추계가 보여주는 가계와 기업의
양극화 추이는 가히 충격적이다. 외환위기를 전후한 1990~ 1997년과
2000~2004년의 상황을 비교하면, 개인소득(임금소득+소규모자영업자 소
득) 증가율은 7.0%에서 2.4%로 급감한 반면 기업소득증가율은 6.5%에서
18.9%로 급증했고, 노동소득분배율은 81.6%에서 74.7%로 급감한 반면
자본소득분배율은 18.4%에서 25.3%로 급증했다. 2004년만 떼어서 보면
이 경향은 한층 심화되고 있다. 국민계정통계로 보아도 노동소득분배율은
2003년 59.8%에서 2004년 58.8%로 떨어졌다.

　　거시분배지표의 악화 속에 고용 없는 성장과 고용 질의 악화-비정규직의
폭발적 증대로 나타난 노동시장의 양극화 현상이 담겨 있다. 2004년 상장사
전체 순익의 80% 이상을 차지하는 매출 상위 50대 기업의 경우, 5년 전에
비해 매출은 67%, 순이익은 215% 증가했으나 고용은 오히려 0.4% 감소했
다. 사정은 공기업의 경우도 유사하다(≪중앙일보≫, 2005. 4. 5). 재벌 집단에
서 고용 없는 성장 경향은 일자리 창출을 위해 더 많은 규제완화-노동시장
유연화를 요구하는 재벌의 논리가 허구임을 폭로한다. 한국식 비정규직은
워낙 변칙적 현상임을 강조해야 한다. 유럽처럼 파트타이머가 하나의 고용형
태로 확립된 것이 아니고 정규직 노동 자리를 비정규직이 대체하고 있다.
그러면서 노동조건과 복지수혜에서 근본적 차별이 자행되고 있다. 유럽과는
비교할 것도 없고 심지어 고용안정성이 선진국 중 최저수준인 미국보다
더 낮을 정도다(정이환 외, 2003: 429~432). 나아가 소득과 부의 분배 악화는
교육투자의 소득계층 간 격차를 심화시켜 빈부격차의 대물림과 '학벌계급'
사회의 재생산을 초래하며, 가난이 질병을 낳고 질병이 가난을 낳는 빈곤과
질병의 악순환을 일으키고 있다.[15]

---

15 그뿐 아니라 빈곤과 계급불평등의 심화는 '사회자본'을 붕괴시키고 활력 있는 시민적

<표 1-4> 가계와 기업 소득 양극화의 장기 추세

	1980년대	1990~1997	2000~2004	2004(추정)
경제성장률	8.7	7.9	5.6	4.7
개인소득증가율[1]	10.6	7.0	2.4	2.6
기업소득증가율	7.8	6.5	18.9	38.7
노동소득분배율[2]	81.9	81.6	74.7	68.4
자본소득분배율	18.1	18.4	25.3	31.6

자료: 한국은행, 『가계와 기업의 성장양극화 현상』(2005).

주: 1) 임금소득＋소규모자영업자 소득.

2) 소규모자영업자 소득을 노동소득으로 간주.

(3) 재벌 주도-외향적 수출 주도 성장, 국민경제 재생산연관의 분절화

IT 산업이 수출을 주도하고 경제성장의 수출의존도는 날로 높아지고 있지만 이전의 수출증가-투자증가 - 고용확대 - 소비촉진의 고리는 끊어졌다. IT 수출 강국은 동시에 그 핵심부품을 수입에 의존하는 허리가 병든 경제다. 부품소재산업이 최종재산업의 수출성과가 내수로 파급되는 주요한 경로일 뿐 아니라 동산업의 주된 생산주체가 중소기업이라는 사실 그리고 중소기업이 고용창출의 주된 부문이라는 점을 생각할 때, 수출 - 내수고리 단절, 재생산연관 분절 심화의 중심에는 부품소재산업 육성 실패 문제가 있다(김현정, 2005; 이덕재, 2004). 1984~1990년과 1991~2002년을 비교해보면 기술발전, 수요기반 확충 등에서는 혁신요건을 일부 갖추긴 했으나 산업 연관관계는 1990년대 이후 현저히 악화되어 성장에 부정적으로 작용했다. 1995년 이후 생산유발계수, 부가가치유발계수, 수입유발계수, 고용유발계수 모두가 전반적 악화 경향을 보인다(한국은행 금융경제연

참여와 정치·문화적 민주주의 발전의 길을 가로막는다. 이와 관련하여 '선발' 미국의 곤경은 '후발' 한국의 어두운 미래에 대한 좋은 교훈이 된다(Putnam, 2000).

<표 1-5> 국민경제 산업 연관의 추이

	1980	1990	1995	2000	2003
생산유발계수	1.96	1.988	1.867	1.870	
부가가치유발계수	0.629	0.692	0.698	0.633	0.582
수입유발계수		0.308	0.302	0.367	
취업유발계수(명/10억 원)		31.94	22.32	15.66	

자료: 한국은행(2003).

<표 1-6> GDP 지출항목별 구성비 추이

	1980	2000	2003	2004
가계소비	61.8	52.9	52.6	50.4
고정투자	32.0	29.5	28.4	28.0
총수출	32.1	40.8	37.9	44.1

자료: 한국은행, 해당 연도 국민계정.

구원, 2004; 한국은행, 2003; 김동석, 2003).[16]

이 같은 현상은 1980년대 중엽 이후 시작된 재벌 주도 혁신 기반 경제로의 시작이 근본적 곤란과 결함을 가지고 있었으며 국민경제 재생산연관 제고와 내발적 성장을 향한 산업정책은 거의 실종되었음을 말한다. 그런데 이와 관련하여 주목할 것은 환율 - 외환 정책의 양면적 효과다(김희식·장동구, 2003; 윤석현, 2004; 조동철, 2005; 조혜경, 2007; 전창환, 2007). 위기 이후 산업정책이 있었다고 한다면 아마 그것은 원화절상 압력을 모면하기 위한 외환시장 개입과 이를 통한 수출부양정책일 것이다. 이 개입정책이 신자유주의 구조조정의 파괴적 결과와 국내 유효수요 부족을 수출증강을 통해 돌파하

---

[16] 설비투자에서 외국산 기계류가 차지하는 비중은 1995년 35.8%에서 2000년 37.0%, 2003년 40.9%, 2004년 49.3%로 높아졌다.

고 이것이 다시 수출과 내수의 양극화 악순환을 확대재생산하는 재벌 주도
- IT 주도 - 수출 주도의 성장체제를 확립시켰다. 그리고 이 성장체제에
소수 우량기업을 중심으로 국제금융자본이 결합되어 있다. 이것이 1997년
이후 양극화 성장체제의 핵심적 작동방식이며, 정부의 달러 사재기와 수출부
양정책은 수출 - 내수 양극화 경향을 한층 심화시켰던 것이다. 또한 한국
정부는 외환보유액과 미국 국채 등 달러자산에 대한 투자가 급증하고 그로
인해 막대한 국가적 손해를 보고 국민에 부담을 안겨주면서도 달러화 하락이
불러올 수출부진과 경기침체 때문에 달러를 포기하기도 어려운 딜레마에
빠졌다.

(4) 금융구조: 금융의 탈민족화와 산업금융시스템의 파괴, 제도적 부정
합 또는 탈구

천문학적 공적 자금을 투입하여 '관치금융'을 청산하고 빅뱅식으로 '선진
적'인 개방적 시장금융체제를 수립하겠다고 시도한 금융개혁은 거의 실패한
것으로 판단된다. 금융의 공공성을 파괴하고 수익성원리 중심으로 재편하고
자 한 시도, 금융의 중심축을 급진적으로 은행에서 자본시장 중심으로 이동
시키려 한 시도, 전면개방과 외자의 무차별지배를 허용한 것, BIS 비율
규제를 금과옥조로 받아들인 것 그리고 금융기관 간의 무차별 통합을 통한
대형화와 이를 통해 효율화를 시도한 것, 이 모든 시도의 대차대조표는
아주 어둡다.

• 주식시장과 은행, 증권사 할 것 없이 국제금융자본의 지배와 위험수위
를 넘은 금융주권의 침해가 진행되었다. IMF의 스탠리 피셔마저도 한국이
은행 등 국보급자산을 외국 단기자본에 헐값에 매각하는 것은 이해할
수 없다고 하면서 개방정책에 궤도수정이 필요하다고 걱정할 정도다. 특히
한국 증시는 국제금융자본의 '투자낙원'이라 해도 과언이 아니다(≪중앙일

<표 1-7> 상장회사 배당금총액 상위사와 자사주취득 상위사

(단위: 10억 원, %)

배당금 순위	배당금	배당 성향	시가 배당률	외국인 배당금	비중	자사주 취득 순위	자사주 취득
삼성전자	1563.9	14.5	2.3	982.4	62.8	삼성전자	6,143.9
SK텔레콤	758.2	50.7	5.2	410.2	54.1	SK텔레콤	4,465.1
한국전력공사	724.2	25.1	4.2	224.0	30.9	KT	4,159.5
POSCO	644.3	16.8	4.2	483.3	75.0	POSCO	1,357.2
KT	632.3	50.4	6.9	417.8	66.1	KT&G	486.2
S-Oil	400.3	42.5	7.1	262.9	65.7	현대중공업	405.0
신한금융	347.9	33.1	3.3	145.4	41.8	기아자동차	388.8
현대자동차	326.8	18.3	2.2	165.9	50.8	현대자동차	355.1
KT&G	237.3	50.2	5.0	156.7	66.0	현대상선	250.0
LG전자	234.9	15.2	2.5	100.8	42.9	삼성SDI	189.5
SK	232.4	14.2	2.9	127.4	54.8	한국전력공사	180.0
국민은행	168.6	30.4	1.4	140.8	83.6	케이티비네트워크	173.9
한국가스공사	141.6	43.8	6.0	21.2	15.0	INI스틸	166.2
하나은행	131.8	9.8	2.9	98.6	74.8	SK	150.0
삼성SDI	131.5	17.7	2.8	54.8	41.7	한진해운	149.3
현대모비스	127.7	18.4	2.4	54.9	43.0	대림산업	136.2
기아자동차	121.2	17.5	3.2	44.3	36.6	삼성화재해상보험	135.7
우리금융지주	119.5	9.2	1.8	13.9	11.6	S-Oil	112.8
LG화학	110.0	20.5	3.6	41.9	38.1	금강고려화학	103.4
KTF	99.7	35.1	2.3	17.5	17.6	한국가스공사	100.0

주: 배당금은 2004년, 자사주취득은 2000년~2004년 8월.

자료: 증권선물거래소.

보, 2004. 10. 22).

• 한국의 주식시장은 산업자금의 공급창구가 아니라 그 유출창구가

<표 1-8> 삼성전자의 배당과 자사주매입 추이

(단위: 10억 원)

	2000	2001	2002	2003	2004
순이익	6,015	2,947	7,052	5,959	10,787
배당지급	509	339	913	887	1,564
자사주매입	534	-	1,500	2,028	3,792
총배당성향(%)	17.3	11.0	34.0	49.0	50.0

되었다. 상장사들 스스로가 수년간 우리 증시의 일관된 최대 순매수세력이 되고 있다. 2001년 이후 증시에서 조달한 자금보다 배당과 자사주 매입 등을 통해 유출되는 규모가 2배 이상에 달한다. 자사주 매입은 주가부양과 경영권 방어의 두 마리 토끼를 잡는 효과적인 수단이다. 적립식 펀드를 통한 개인들의 시장 진입도 현저히 늘어나고 있다.

● 은행은 소비자금융에 치중하여 국내저축과 국내투자의 연계관계가 단절되고, 금융의 단기투기적 부동화가 심화되고 있다. BIS 비율 규제 자체가 그 성격상 산업금융을 가로막고 소비자금융을 조장하는 규제방식이다. 자본시장의 문을 넘지 못하는 중소·중견 기업의 산업금융 그리고 지역금융이 막히고 있다.

● 한국경제에서 자유화되고 개방된 금융은 이미 경제시스템의 부분영역이 아니다. 그것은 신자유주의 시스템의 관제고지이며 국제금융자본의 요구를 한국경제에 내재화하고 관철시키는 기본통로다. 정부가 추진하는 금융 허브 기획은 이 같은 상황을 다시 새 단계로 일신시킬 것이다.

4. 양 날개 민주주의, 동반성장과 사회통합의 시민경제 대안

1) 1987년 보수적 민주화체제 = '두 갈래 민주주의'를 넘어 '양 날개 민주주의'로

우리는 앞에서 2005년이라는 시점이 참여정부가 미국과 한미 FTA 추진을 결정하고 선진통상국가전략을 마련한 시점, 그럼으로써 그 정책기조가 확실히 보수안정화 또는 시장화로 안착한 시점이라고 지적한 바 있다. 그런데 이 시점은 동시에 시민사회에서 적극적으로 대안정책 모색에 노력을 기울였던 시기이기도 하다. '희망 제안'은 그 대표적인 예이다. 이 제안에서는 우리 사회 희망 만들기를 위해 세 가지를 호소했다. 사람 중심의 경제사회 발전을 위한 새로운 패러다임을 구축하여 지속 가능하고 고용과 성장이 함께 가는 공동체를 만들 것, 사회적 일자리 창출 프로젝트를 시행하여 양극화 문제를 해소하는 계기를 만들 것, 차이와 다양성을 인정하고 상생의 공동체를 만드는 사회협약을 만들 것 등이다. 그리고 그 실현을 위해 정부와 정치권에 대해서는 법·제도·정책대안을 제시할 것, 기업에 대해 사람 덜어내기 경영방식을 지양하고 사람 중심의 경영체제, 학습체제를 통한 지식노동자 양성, 중소기업과 동반상생체제의 구축 등 인간적이며 생산적인 경영패러다임을 구축할 것 그리고 노동조합에 대해서는 과도한 임금인상 요구를 자제하고 기업과 함께 과로해소 및 산재예방, 일자리 나누기, 평생학습에 참여할 것 등을 촉구했다.

'희망 제안'은 우리 사회의 양극화 해소, 동반성장과 사회통합을 위해 매우 전향적인 방향성을 갖고 있는 것이 사실이다. 사람 덜어내기 - 비용절감 - 비정규직 양산 방식에서 노동시간 단축 - 일자리 나누기 - 학습 증진 - 생산성 향상 방식으로 전환은 지금까지 양극화 성장제일주의 낮은 길(low road)의 낡은 전략에서 동반성장과 사회통합을 이루는 높은 길(high road)의 뉴패러다임으로 가는 중요한 의미를 담고 있다. 이는 정부가 추구하는 '주식회사 한국'의 신동원주의 기획, 신자유주의 수동혁명의 기획을 넘어설 뿐만 아니라 기왕의 제도권 시민사회단체에서 추진해온 소시민적 경제개혁운동과도 방향성을 달리한다. 소액주주운동을 비롯하여 시민단체의 기왕의 경제개혁운동은 기업의 책임성과 투명성 제고를 위해 긍정적 의의가 없는 것은 아니었지만 그 주관적 의도와 내부사정은 어떻든 간에 주주이익 극대화 자본주의의 수위를 넘는 것이 아니었다. 그것은 신자유주의 수동혁명을 추진하는 한 구성부분의 역할을 담당하기도 했다. 그 반면 '희망 제안'은 우리 경제사회의 양극화 현상이 승자독식의 논리에 근거를 둔 신자유주의정책에서 비롯되었으며, 현행 경제운영의 패러다임이 경제의 구조적 문제와 사회 양극화 현상을 심화시키고 있다고 인식했다. 이는 1997년 위기 이후 구조조정이 초래한 우리 문제의 성격을 정확히 진단하고 있는 것이다. 이런 의미에서 나는 '희망 제안'이 시민사회 사회경제개혁운동의 새 방향을 보여주는 의미를 가진다고 생각하는 것이다. 그러나 몇 가지 우려되는 바도 없지 않다.

첫째, '희망 제안'의 핵심부분은 기업 측의 노동시간 단축 - 일자리 나누기 - 학습근무 수용과 노동 측의 과도한 임금인상 자제 수용을 교환하는 사회협약의 체결에 있다 하겠는데, 이 제안이 기업 측과 노동 측에 얼마나 수용될 수 있을지 하는 것이 문제다. 무엇보다 제안참여자의 구성에서 재계대표는 한 자리를 차지하고 있으면서 노동계대표는 배제되어 있다. 이는 제안의 공평성과 신뢰성에 큰 손상을 준다. 한국 시민사회 공론 주도자들이 노동을 어떤 눈으로 보고 있는지, 의혹을 사기에 마땅한 부분이다.

둘째, '희망 제안'은 기업인들에 대한 사회적 처우가 미흡하다고 하면서 기업 하기 좋은 나라를 만들어야 하고, 기업에 대한 사회인식 전환이 있어야 한다고 말한다. 이는 일부 기업—대표적 기업으로는 유한 킴벌리를 들 수 있다—에 대해서는 타당성이 있다. 사회협약에 기업 측의 동참을 이끌어내기 위해 기업 측을 격려·배려하는 발언으로 볼 수도 있다. 그렇지만 시민사회 공론 주도자들의 '희망 제안' 어디에서도 오늘날 경제사회발전 뉴패러다임의 핵심이라 할 기업의 이해당사자 책임과 사회적 책임 또는 시민적 책임이라는 핵심어를 찾아볼 수 없고, 그러면서 기업인에 대한 사회적 처우가 미흡하다는 주장을 전면에 내세우는 것은 모순적이고 어불성설이다.

셋째, 유럽 강소국들이 사회협약을 추진하여 분열과 대립을 극복하고 번영을 이루었다고 하면서 스웨덴, 네덜란드 그리고 아일랜드 등을 예로 들고 있다. 그러나 보수언론지상에서도 흔히 보곤 하는 것이지만, 이들 나라를 같은 범주로 묶는 것은 잘못이다. 왜냐하면 스웨덴·네덜란드가 유럽식 이해당사자 자본주의에 속한다면 아일랜드는 영미식 주주자본주의에 속하기 때문이다. 또 네덜란드가 유연안정성의 노동-복지 연계의 길로 나아갔다면, 스웨덴은 이와 달리 공공 부문 고용확대의 길을 추구했다는 큰 차이도 있다. 시민사회에서 이 같은 자본주의의 다양성과 발전유형의 차이에 둔감해서는 곤란하다.

넷째, 이런 까닭에 '희망 제안'이 앞으로 한국식 시장경제모형에 대한 합의로 나아가야 한다고 말하고 있지만, 과연 그 실체적 내용이 무엇이 될지 모호하고 불투명하다. '희망 제안' 말고도 우리는 여러 곳에서 한국은 영미형과 유럽형의 단점을 모두 극복하는 '제3의 길'을 추구해야 한다는 말을 듣곤 한다. 이 말은 그럴듯하게 들리기도 하지만 양극화-'약한 복지' 함정에 빠진 '주식회사 한국'의 파행적인 상황을 호도할 수도 있다. 우리의 생각에 자유시장 주주자본주의냐 이해당사자 협력-복지 자본주의냐 하는 문제는 시민사회의 희망 제안과 진보적 좌표 설정에서 우회할 수 없는 선택이다.

'희망 제안'은 재벌과 투기적 외국자본의 너무 많은 권리와 너무 적은 책임 그리고 국민대중의 너무 많은 책임과 너무 적은 권리의 비대칭성이라고 하는 특권적 '귀족자본주의' 상황을 타파하고 이해당사자의 권리와 책임이 상응하는 새로운 시민권의 계약을 수립해야 할 과제를 우회하고 있다. 나는 오늘의 시점에서 우리의 시민적 대안은 '희망 제안'보다 더 호흡이 길고 멀리 보는 새로운 전망과 비전을 가져야 한다고 생각한다.[17] 한국 사회경제 뉴패러다임의 희망 만들기는 1980년 5월과 1987년 6월의 열망을 잠재우면서 사회경제적 시민권을 박탈하고 영미식 주주자본주의의 길로 나아간 1987년 보수적 민주화체제, 1997년 신자유주의체제에 대한 발본적 반성 위에 서는 것이어야 한다. 즉 그것은 정치적 민주화와 경제적 자유화의 자기모순에 처하고 후자에 의해 전자가 잠식되고 봉쇄됨으로써 사회경제적 삶의 토대가 결여된 절반의 민주주의, 양극화와 탈민족화의 함정에 빠진 '두 갈래 민주주의'를 넘어서야 하며, 사회경제적 시민권과 정치적 시민권의 상보적 발전과 국민경제의 내발적 선순환을 이루는 '양 날개 민주주의'의 기획이 되어야 한다.

참여정부의 근본적인 결함은 1987년 보수적 민주화, 무엇보다 김영삼 정부의 '세계화' 노선 이후 그리고 1997년 위기와 구조조정을 결정적 전환점으로 하는 '주식회사 한국'의 신자유주의 수동혁명노선에 대한 발본적 반성이 결여되어 있다고 하는 것, 그럼으로써 허울뿐인 참여를 말하고 있다는 것이다. '특권귀족제 주주자본주의'를 넘어 이해당사자의 시민적 참여와 책임경제의 비전을 세우고 이를 실현 가능케 하는 발전모델을 모색하는 일은 이 정부의 의제에서 배제되었다. 이 같은 경과 속에서 한국의 자본주의

---

17 이병천(2005a)를 함께 참조할 것.

는 지금까지 '민주주의와 더불어 사는 법'을 배운 적이 없었다(유철규, 2005). 역사가 짧다는 것만이 이유는 아니다. 비록 짧은 역사라 해도 그럴 기회는 없지 않았다. 스스로 그 기회를 버렸다고 하는 것이 옳을 것이다. 그렇지만 한국 자본주의의 미래는 시민적 계몽의 길을 받아들이는 사회통합적 책임자 본주의로서만 안정적이고 지속적인 발전이 가능할 것이다.

2) 동반성장과 사회통합의 시민경제 대안

양극화와 탈민족화의 함정에 빠져 있는 '주식회사 한국' 경제가 사회통 합적 책임자본주의로 가는 길은 멀다. 양자 사이에는 깊은 간극이 패어 있다. 개발독재로부터 물려받은 이중구조적 불균형과 취약성이 누적되어 있다. 구체적으로 우리는 어떤 민주적 재개혁정책과 제도설계를 통해, 국제금융자본 - 재벌 - 시장경쟁국가의 삼각동맹 아래 양극화와 탈민족화 의 축적 경향을 보이고 있는 나라 경제의 진로를 바꾸어놓을 수 있을까. 물론 개별 정책과 제도들이 모두 문제가 된다. 그렇지만 중요한 것은 이들 개별 구성요소가 하나의 시스템으로서 통합되어 내적 정합성을 갖고 작동할 수 있는 발전모델의 사고다. 특히 소국 세계화의 충격과 대외적 취약성에 대응하고, 노자관계를 비롯하여 국내적 갈등을 적절히 조절할 수 있는 제도적 조절체계와 사회적 타협=합의 체제를 구축하는 일이 매우 중요하다. 구체적으로 다음과 같은 일이 중요하게 제기된다.

• 제도형태들 간의 분절과 부정합 상태를 극복하고 새로운 제도적 보완 성과 '비교제도우위'가 작동하는 시스템을 구축하는 일
• 고삐 풀린 무책임자본의 활동에 이해당사자 및 사회적 책임성의 견지 에서 민주적·사회적 재규제를 도입하는 일
• 사회적 합의를 이루어 갈등을 조절하고 협력적 선순환경제를 이루는

일, 그 필수 선결조건으로서 무분별한 노동시장 유연화와 낙후된 복지 간의 비대칭성을 극복하고 안정성을 바탕으로 한 유연성의 보편주의 복지체제를 수립하는 일, 그리하여 경제와 인간능력 간의 동반성장을 이루는 일

• 개방의 이익을 적극 확보하면서도 그 불이익과 위험을 통제하고, 수출 - 내수 간 양극화와 탈민족화 경향이 평등주의적 내수확장으로 반전되도록 '전략적 개방'의 민족경제를 수립하는 일

(1) 자율적인 제도적 보완시스템과 '비교제도우위'의 재구축: 관문으로 서의 금융

제도의 재설계는 경제 전반에 관련되어 있는 것이지만, '주식회사 안국' 의 제도적 파행성에서 관제고지이자 최대의 아킬레스건은 금융이고, 재벌 문제조차 상당 부분은 금융제도와 연계되어 있는 만큼 금융제도의 재설계 가 시민적 대안의 관문이 될 것이라 생각한다. 금융 분야에서 단기투기적 유동성 논리가 지배함으로써 중소·중견 산업자본이 도태되고 산업금융시 스템이 파괴되었다. 한편으로 국제금융자본의 투자자이해 및 소액주주의 자산적 개인주의가, 다른 한편으로 노동시민의 이해 및 지속 가능한 국민경 제 발전의 요구 사이에 심각한 상충관계가 나타나게 되었다. 그리고 국적자 본의 경영불안정과 국민경제의 전반적 불안정, 국부유출 현상 등이 초래되 었다.

• 세계화 시대에도 여전히 국경은 중요하다. 금융의 탈민족화가 더 이상 진전되지 않도록 방어선을 세우고, 투기적 외자의 자유로운 활동을 걸러내 고 국민경제 충격을 완화하는 적절한 규제장치를 마련해야 한다. 미국식 스탠더드에도 한참 못 미치고 실효성도 적은 '5% 룰'을 둘러싸고 국수주의 라는 소리를 들어야 했던 딱한 처지에서 벗어나야 한다. 필요할 때는

외자에 대한 차별도 가할 수 있는 주체적 세계화의 자세를 가져야 한다.[18]

● 연기금에 의한 은행인수, 금융지주회사, 금융전업기업군제도 등을 통해 재벌로부터 독립된 강력한 국적금융자본의 축을 세워나가야 한다. 우리은행 등 공적 자금 투입 은행의 섣부른 민영화는 재검토해야 한다.

● 금융의 투기적 유동성을 통제함으로써 금융의 산업헌신(commit- ment) 시스템을 수립하고 국내 저축과 투자의 연계를 회복해야 한다. 이는 무분별하게 자유화된 금융의 재규제(financial reregulation) 조치를 필수적으로 요구한다. 한국을 비롯한 동아시아 모델과 북유럽 노르딕 모델은 장기간 금융유동성에 대한 국가 통제의—소유형태는 다양하지만— 은행 중심 체제를 통해 금융의 산업헌신을 확보하고 이를 통해 산업구조 전환을 달성할 수 있었다는 데 공통점을 보였다. 이 강점을 살려야 한다. 머니게임에 몰두하는 은행은 불건전하며 산업금융에 종사하는 은행이 건전한 은행이라는 룰과 관행을 정립해야 한다. 이를 위해 금융당국은 은행의 BIS 비율 규제(글로벌 스탠더드라는 이름의 미국식 스탠더드)를 탄력적으로 운영해야 한다. BIS 비율 규제의 경직적 운용은 거품을 사전 체크할 수 없을 뿐 아니라, 거품붕괴 후 신용수축도 가속화시킨다. 보다 적극적으로 투기적 부동산 대출의 제한, 중소·중견 기업에 대한 산업대출, 지역대출, 저소득서민 대출의 비율 등을 중심으로 은행규제지침을 자산구성에 기초한 규제로 전환을 도모해야 한다.[19]

● 금융시스템을 빅뱅 방식으로 자본시장 중심으로 유도한 그간의 전략

---

18 삼성경제연구소(2005)조차 외국자본의 활동에 대해 선별적 규제조치를 강구해야 한다고 소리를 높인 적이 있다. 외국인 지분을 20%대로 낮추어야 안정적 성장이 가능하다는 제안도 나왔다(이종윤, 2005).

19 이는 유별난 조치가 아니다. 미국에서조차 오래 전에 지역재투자법(CRA)에 의해 유사한 규제조치를 수행하고 있다.

은 오도된 것이다. 은행과 자본시장, 벤처캐피탈 그리고 새로운 공적 금융기관과 연대은행 등이 상호보완작용을 하는 다원적·중층적 금융체제를 발전시켜야 한다.

(2) 재벌개혁 대안: '시민기업' 또는 '동반자기업'으로 거듭나기, 확대된 책임성과 기업집단

한국경제의 무책임 자본주의로서의 성격은 겨우 3~4%의 소수지분밖에 가지고 있지 않은 총수가 기업집단 전체의 지배권을 자의적으로 행사하고 나아가 나라 경제의 성장이 그런 소수재벌의 '책임 없는 통치권(rights of control without accountability)' 체제의 성과에 매달려 있다는 사실에 응축되어 있다. 그런데 어떠한 책임자본주의로의 이행인가가 문제다. 지금까지 특권적·무책임 통치권을 개혁한다고 하면서 주주주권에 대한 책임성의 이름으로, 다시 말해 기업의 목적은 주주가치에 봉사하는 것이고 외국자본은 성격 여하간에 다다익선이라는 구조조정의 철학 아래 진행된 재벌개혁은 무엇을 초래했는가. 결국 국제금융자본과 재벌총수의 사적 지배력의 상호 의존적 결탁을 초래하면서 기업과 국민경제 여타 이해당사자들은 배제하고 양극화와 종속화를 가져옴으로써 뒷문으로 무책임 자본주의로서의 성격을 심화시켰다. 무분별한 외자지배의 진전이 재벌총수의 경영권마저 위협하자 외자지배에 대해 총수의 경영권을 옹호하는 것이 곧 국민경제를 방어하는 것이라는 논리까지 나오기에 이르렀다. 그렇지만 뚜렷한 시민적·공적 책임성의 부과 없이 외자지배를 구실로 총수의 사적 지배력을 강화시키는 것은 특권적 신홉스주의의 논리에 지나지 않는다.

딜레마에 빠진 재벌개혁의 대안은 한국경제의 진로에서 버려진 카드, 용도폐기된 이해당사자 참여와 협력의 책임자본주의를 어떤 방식으로든 살려내는 길밖에 없다. 물론 주주—외국자본을 포함한다—는 이해당사자

의 기본 구성부분이 된다. 그러나 이사회의 구성에서 주주의 자리를 35%, 노동자가 35% 그리고 채권자로서의 주거래은행·기관투자가 등을 비롯한 여타 이해당사자를 30% 정도로 하는 삼분할 안이 적절하다(Block, 1992).20 이렇게 해서 재벌이 지금까지의 주주 이익 극대화 지향 및 국제금융자본의 요구와 거리를 두고 노동자, 하청중소기업, 지역사회 등 여타 이해당사자와 협력 - 공생 관계에 들어가는 사회적 '시민기업' 또는 '동반자기업'(Aglietta et Reberioux, 2004: 64~69)으로 거듭날 때 비로소 논란 많은 재벌의 경영권 보호와 역사적 대타협, 노사정 사회적 합의의제의 실마리도 풀릴 것이다. 그리고 이 같은 기업의 이해당사자 책임과 사회적 책임, 지역공동체에 대한 책임은 마땅히 법률로 정해야 한다.21 그런데 한국적 특수사안으로 특별히 주목해야 할 것은 향후 매우 중요한 기관투자가 역할을 하게 될 국민연금의 역할 문제다. 오늘날 참여경제의 대안은 기업수준에서 노동자 참여와 더불어 금융수준에서 임노동자의 집단적 저축기금 운영에의 참여라는 두 수준에서 이루어져야 하는데(Aglietta et Reberioux, 2004), 한국의 경우 국민연금 운영에 당사자참여 그리고 이를 위한 지배구조 개편 문제가 특별히 중요하다(조영철, 2004: 234~236). 그래야만 노동시민의 이해와 투자자 이해 간의 상충에서 비롯되는 곤경을 풀 수 있는 길도 열린다.

20 그런데 기업경영에는 책임 있는 경영자, CEO 권위(authority)의 존재가 필수적이다. 인적·물적 능력의 조직화, 학습 그리고 혁신을 주도하는 중심적 경영자 없는 이해당사자의 단순집합은 기업경영을 혼란에 빠뜨리고, 이해당사자 유착 또는 지속적 성장 없는 빈곤의 평등화를 낳기 십상이다. 통상적 이해당사자 자본주의론에는 이 문제에 대한 인식이 취약하다.

21 기업의 사회공헌을 사회적 책임과 같은 것으로 보아서는 안 된다. 단순한 사회공헌은 노동자를 제대로 대우하고 좋은 일자리를 창출하고 참여를 보장하는 일, 부품업체와 협력하는 일, 환경보전에 힘쓰는 일 등을 포함하지 않는다(≪한겨레신문≫ 2005. 4. 15).

위와 같은 대안은 1주 1표의 '주주민주주의' 안과 다른 것이지만, 그 논리의 연장선상에서 기업집단을 해체하자는 독립경영체제안과도 다르다. 이해당사자 협력자본주의는 그것을 뒷받침하는 기업조직 없이는 작동할 수 없고 지속 불가능하다. 따라서 기업집단을 법인격으로 인정하는 새로운 법률이 도입되어야 한다.[22] 독립경영안은 네트워크 소유관계가 널리 발달된 유럽과 아시아의 기업조직 발전사에 비추어볼 때 비역사적이고 비현실적일 뿐 아니라 책임성에 대한 왜소한 이해에 입각해 있다. 소유와 인적 연계, 장기거래관계로 연결되는 네트워크조직은 독립기업 단위의 주주책임성을 넘어선 '확대된 책임성(extended accountability)'의 관념에 정당성의 기초를 두고 있다.

재벌개혁에 대한 우리의 시민적 대안은 새로운 시민적 소유권의 철학에 기반을 둔다. 그것은 1997년 IMF의 개입에 편승하는 과정에서 정립된 디제이노믹스로 불리는 김대중 정부의 민주주의와 시장경제의 병행발전론의 구조조정철학, 즉 자유로운 사유재산권의 정립과 자유 경쟁 시장규율이 한국경제의 책임자본주의로의 전환의 관건이라는 철학, 기업의 주인은 주주라는 주주주권의 철학을 거부하는 것이다.[23] 시민경제의 대안은 기업은 공적·사회적 제도로서 그 활동과 소유권 행사는 시민사회의 인준에 착근되어야 한다는 것, 헌신(commitment) 없는 단기투기적이고 유동적인 소유, 기능 없는 소유(functionless property)는 무책임하며 그 배타적 권리주장은 부당하다는 것, 가치의 창조는 내부와 외부 이해당사자들의 집단적 협력의 소산이라는 견해에 선다. 그리하여 기업의 내외부, 현실적·잠재적

---

22 이에 대해서는 김상조(2007: 744~745), 복지국가SOCIETY정책위원회(2007: 275~278) 참조.

23 자세한 검토는 이병천(1998) 참조.

이해당사자의 참여와 소통, 권한과 책임의 공유, 위험부담을 감수하는 헌신 - 협력 - 학습 - 혁신이라는 기능적 활동에 우선적 발언권과 청구권을 부여해야 한다고 주장한다. 이것이 민주공화주의 또는 사회공화주의의 경제철학이다(이병천, 2004b; Simon, 1991; Hutton, 1996; 1999; Aglietta et Reberioux, 2004: 53~72; White, 1999: 169; 켈리, 2003; Lazonick: 1990: 68~77; 케인스, 1985: 380~381). 우리는 이 철학이 대한민국의 제헌헌법, 그리고 1987년 헌법 정신에도 부합한다고 생각한다.

(3) 노동과 복지, 경제와 인간능력 간의 동반성장: 안정성을 바탕으로 한 유연성과 시빅 미니멈으로서 보편적 복지, 사회통합적 동반성장과 다중 활동사회의 근간으로서의 인간능력의 신장

1997년 구조조정 이후 그리고 참여정부에 와서도 개선된 흔적이 보이지 않는 '주식회사 한국'의 부조리는 노동시장의 빅뱅적 수량적 유연화와 낙후된 복지 간의 심각한 비대칭성, 그에 따른 갈등과 긴장이다. 1997년 위기는 개발자본주의가 물려준 어두운 유산으로서 사회적 안전망의 부실과 공백을, 그리하여 위기 부담과 고통이 약자층에 집중되면서 사회 갈등을 고조시킨다는 사실을 여지없이 드러냈다(센, 2001). 그 위에 정부는 노동시장 경직성과 강성노조가 한국경제 선진화의 장애라면서, 그리고 유럽복지국가 후퇴기에 나타난 '근로복지'론을 선취하여 노동시장의 급진적 유연화를 단행했던 것이다. 위기와 구조조정의 부담은 고스란히 다수 대중의 고통으로 안겨졌다(조흥식, 2005). 소득 및 부의 분배조건에서 원천적 불평등이 재생산되는 틀을 그대로 두면서 다수 사회구성원들을 무산자의 처지로, 돈의 지배와 시장경쟁 속에 마구 몰아넣는 것은 곧 생존권의 위기를 낳는다. 분배정의의 원리에 어긋남은 물론, 사회통합적 혁신경제의 가능성과 잠재력도 고갈시킨다. 민주 시민사회는 근로대중이 생활상의 기본적

욕구를 온전히 충족시킬 수 있도록 불평등이 축소되는 조건 아래서만 시장을 경제의 중심 조절원리로 자리 잡게 해야 한다.

현하 지배적 조류가 되어 있는 일방적 규제완화와 유연화를 통한 '일자리 창출' 담론은 대기업의 고용 없는 성장 앞에서 명백한 허구임이 폭로된다. 차별과 낙후된 복지 위에 더 많은 노동빈민을 양산하는 방식은 사회적 갈등과 긴장을 더 높인다. 이는 이름 모를 각종 육체적·정신적 질병을 낳고 범죄와 자해 행위를 조장하며 치안 대책과 비용 급증을 요구할 것이다. 사회가 험악해지고 불안정하고 갈등관리가 곤란해지면 성장 자체도 곤란해진다.

노동과 복지 분야에서 시민적 대안은 분명하다. 그것은 안정성을 높이는 일을 최우선과제로 하는 것, 안정성을 바탕으로 한 유연성체제를 수립하여 '안정성장(growth with security)'의 길로 가는 것이다. 비정규노동 남용을 규제하고 차별을 금지하며, 보편적 복지를 수립하는 것이다.24 미국식 '신자유주의 신경제'가 아니라 네덜란드와 덴마크가 선도한 고용·혁신·평등을 병행 발전시킨 '사회적 시장 신경제'의 길은 그 대표적인 예가 된다. 공공 부문이 취약한 한국의 경우는 여기에 스웨덴에서 보는 바와 같이 공공서비스 부문과 사회적 서비스, 사회적 일자리 부문을 대대적으로 창출하는 방식을 결합시켜야 한다.25 강조하고자 하는 것은 우리가 생각하는 노동과 복지에서 개혁대안은 단지 사회적 보호의 유럽적 전통에 미국식

---

24 이에 대해서는 복지국가SOCIETY 정책위원회(2007) 참조.

25 공공서비스는 협소한 경제학적 공공재 관념(시장실패론)이 아니라 시티즌십의 보장이라는 관점에서 제기되어야 한다. 공공서비스의 사유화는 '민주주의의 사유화'를 낳고 있다(Andreani, 2003). 노동과 복지를 중심으로 세계화의 도전에 대한 유럽 사회적 시장경제의 다양성을 국별로 체계적으로 검토하고 있는 연구로는 Scharpf and Schmidt eds. (2000) 참조.

유연성을 결합하는 식의 '제3의 길'을 넘어선다는 것이다.[26] 그것은 다음과 같은 점에서 그러하다.

• 사회투자국가론은 교육·훈련을 통한 '인적 자본' 개발이 빈곤과 배제 문제에 대한 해법이 될 수 있다고 보고 이것으로 보편적 복지를 대체하려는 경향이 있다. 그러나 이는 안이한 낙관주의일 뿐 아니라 특히 한국과 같은 경우는 빈곤과 불평등을 확대·심화시키게 된다(Esping-Anderson et al., 2002; 이공순, 2005; 이병천, 2007). 유럽에서 근로복지론이 대두되었던 것은 낮은 빈곤율과 높은 실업률, 높은 사회안전망 수준에 기반을 둔 것이지만 한국은 국민기초생활보장법과 사회보험의 적용률이 지극히 낮다. 이러한 상황에서 제기되는 사회투자국가론은 그 기본 성격상 사회정책을 성장주의 경제정책에 종속시키는 담론이다.

그런데 복지 평등주의를 논할 때는 '무엇의 평등인가' 하는 문제를 재검토해야 한다. 우리는 인간과 시민의 능력신장(empowerment)의 관점에서 사회구성원에게 자산의 분배와 사회적 기회의 접근에서 기본적 평등을 제공해야 한다고 주장한다. 유럽의 경우조차 기왕의 복지정책은 자산소유의 원천적 불평등을 용인하면서 사후적 소득재분배로 대처하는 방식이 중심이었다.

그러나 우리는 사후적 분배복지를 넘어 자산기반 복지 또는 자산재분배 복지의 길로 나아가야 한다. 자산기반 복지는 성장주의, 시장적 가치를 넘어서는 삶의 방식, 욕구와 선(goods)의 다원성을 확보하고 발전시키기 위해서도 필요하다. 중립적인 재화의 공정한 분배에만 관심을 기울이는 전통적인 '단순 평등'주의로부터 새로운 '복합 평등'주의로의 전환이 있어

---

26 엉거(R. M. Unger, 1998: 48~52)에게서 도움을 받았다.

야 한다.[27]

● 오늘날의 시민적 진보정치는 단순히 고용의 안정을 주장하는 것으로 그쳐서는 안 된다. 대기업 - 정규직의 기득권 참호를 유지하면서 내부자와 외부자의 이중구조를 확대재생산하는, 독일로 대표되는 전통 유럽 대륙식 사회적 시장경제를 넘어서야 한다. 한국의 경우도 낙후된 복지 - 양극화는 주로는 국가 - 자본 연합, 국제금융자본 - 재벌 연합에 대한 노동세력의 힘의 절대적 열세에 기인한다. 그러나 거기에 대기업 정규직 중심의 기업별 노동운동이 노동시장의 분단 그리고 기여를 전제로 하는 사회보험과 기업 복지 중심 복지체제 형성에 일조했다(양재진, 2004b). 이 상황을 타파하기 위해서는 적극적 유연화의 도전을 받아들이면서 국가가 노동자와 일반 시민의 학습과 혁신 능력을 신장하는 능동적인 역할을 수행해야 한다. 그리하여 노동, 복지, 교육이 서로 유기적으로 연결, 통합되는 '한국형 3-fare(일자리 복지, 사회안전망, 학습 복지)' 혁신 체제를 창안하도록 해야 한다.[28]

● 최저임금의 인상과 연대임금정책이 요구된다. 이를 위해 중요한 것은 대기업 정규직의 임금인상 자제가 중소기업과 비정규직 노동자의 임금인 상으로 연계되도록 하는 메커니즘을 확보하는 것이다(김유선, 2005).
이렇게 하여 가장 중요한 목표로서 경제와 인간능력 간의 동반성장과

---

27 마이클 왈쩌, 정원섭 외 옮김, 『정의와 다원적 평등』(철학과 현실사, 1999). 자산기반 복지 또는 자산재분배 복지정책을 도입하여 '자산소유 민주주의'로 나아가자는 논의로는 '시빅 미니멈(civic minimum)'의 대안론을 들 수 있다(White, 2003).

28 교육개혁의 발상전환과 시민적 대안에 대해서는 김상봉(2004); 정진상(2004) 참조.

선순환 체제를 수립해야 한다. 노동과 복지 개혁을 통해 공급과 수요 양 측면에서 성장의 국민적 확산메커니즘을 재구축하는 일, 나아가 유급휴가 프로그램의 확대 등을 통해 자유시간과 자기계발시간을 늘려 사회구성원 에게 삶의 시간 주권을 되돌려주는 일, 그리하여 문화·학습·정치 생활에서 아래로부터 풀뿌리 자치력과 연대력이 피어오르게 하는 것이야말로 전통 생산주의적 사민주의와 임노동 중심 사회(wage-based society)를 넘어 사회 통합적 동반사회, '다중활동사회(multi-active society)'로 가는 관건이 될 것이다.

(4) 대기업과 중소기업, 중앙과 지방의 균형발전을 위한 신산업정책: 국민경제 내생적 분업연관 제고, 고용 동반성장, 중국위협의 기회로의 전환, 내셔널 미니멈의 확보

다면적 양극화의 함정 속에는 대기업과 중소기업의 양극화 문제가 있다. 부품소재산업을 중심으로 하는 중소기업의 발전, 그에 따른 대기업 - 중소 기업의 협력적 동반성장과 균형 잡힌 산업구조는 국민경제의 내발적 분업 연관을 두텁게 하여 지속 가능한 혁신 주도 성장의 토대를 구축할 뿐만 아니라, 성장과 고용의 동반성장을 가능케 하는 데도 핵심적인 과제다. 그뿐만 아니라 그것은 한중무역의 성격상 새 용으로 부상한 중국의 위협을 기회로 전환시킬 수 있게 하는 분업적 기초도 된다. 세 마리 토끼를 잡을 수 있는 프로젝트가 걸려 있는 셈이다. 흥미로운 것은 국민소득 2만 달러 선진국이 바로 이 측면에서 산업적 기초를 갖고 있다는 사실이다. 기계부품 수출입이 그 단적인 지표이다. 2만 달러 고소득국은 동시에 기계류 순수출 국으로 나타나고 있다.29 개발자본주의 이래 누적된 이 중소기업 발육부진

---

29 1985~1995년 기간 중 GDP 2만 달러 이상 선진그룹은 기계부품무역에서 평균

의 함정에 대한 치유책은 무엇인가.

•지금까지의 근시안적, 단기성장·성과 위주의 정책을 지양하고 장기적인 산업경쟁력 확충정책을 수립해야 한다. 또한 기초과학과 원천기술의 토대 그리고 고급인력의 육성 없이 새로운 첨단성장산업만을 좇아가는 방식을 더 이상 반복해서는 안 된다.

• 완제품 - 부품소재업체 간 다면적인 협력·동반성장 관계를 수립해야 한다. 이것을 어떻게 가능케 할 것인가. 말만 무성하지 험난한 일이다. 왜냐하면 글로벌 아웃소싱이 폭증하고 있기 때문이다. 또 부품 수입을 완전 개방시켜놓은 상태다. 이런 조건을 빌미로 삼아 대기업은 납품단가 인하 등으로 중소기업을 협박하고 횡포를 부리는 것이 일상사다. 중소기업의 63%가 대기업과 수급관계에 있고 매출액의 80%가 모기업 납품을 통해 이루어지는 상황에서 '납품공정거래제도'의 수립과 엄정한 관리·감독은 대기업 - 중소기업 간 동반성장의 불가결한 조건이다. 그러나 보다 적극적으로, 부품소재업체들은 규모가 영세하고 자체 기술개발능력이 취약하므로 적절한 통합을 통한 경쟁력강화와 함께, 수급기업 간 협력을 통해 공동 기술개발이 이루어지게 해야 할 것이다. 이를 위한 정부의 지원과 투자의 유도, 감시가 신산업정책의 중요한 내용이 되어야 한다(김현정, 2005).

• 만약 가능하다면, 글로벌 소싱과 무분별한 수입개방을 선별적으로 규제하고 부품소재 사용에서 국산화율을 의무화하는 방안까지도 검토해 보아야 한다.

80억 달러의 흑자를 보였고, 한국보다 소득수준이 높은 1만 달러 이상 그룹은 대략 균형을 보인 반면, 한국은 2000년에 45억 달러의 적자를 보였다. 기초소재 핵심부품의 해외의존도가 높으면서도 고소득국에 진입한 나라들이 없지는 않다. 그러나 이 나라들은 1차산업의 경쟁력이 월등히 높거나 관광산업의 비중이 높다(이근 편, 2005: 59, 72).

• 월가 기준에 시달리고 있는 중소기업의 금융 접근장벽을 낮추어주어야 한다. 은행의 산업금융 역할과 위험파트너십 회복, 혁신지향 벤처 중소기업에 대한 금융지원체제의 재구축, 새로운 공적 금융기관의 창설 등이 필요하다.

• 대기업 - 중소기업 동반성장은 중앙 - 지방 균형발전과제와 겹쳐 있다. 지금 세계화 시대 경쟁은 개별기업 간 경쟁에서 기업군 간 경쟁으로, 나아가 혁신 네트워크 중심의 입지경쟁으로 나아가고 가고 있다. 이 관점에서 본다면 지역 혁신 클러스트 조성과 지역 혁신체제 수립은 일단은 올바른 정책방향이 된다. 그렇지만 기존 수도권 중심으로 국가경쟁력을 강화하려는 관성의 힘이 너무 강하고, 반면 대부분의 지방은 대학을 비롯해서 혁신 능력이 취약하고 또 매우 불균형하다. 그뿐만 아니라 지역 혁신체제 및 클러스터 조성정책은 지역 균형발전정책이 되기에는 원천적 한계가 있다. 내셔널 미니멈의 확고한 보장과 인프라 구축, 재정력 균등화 등을 통해 지역 간 격차를 시정함이 없이는 지방경제의 활성화과 지역주민의 삶의 증진은 요원하다. 지역에 뿌리 내린 고유의 전통산업의 구조고도화 전략, 지방의 산업금융, 무엇보다 빈사상태에 있는 지방은행을 살리고 지방은행과 기업 간의 협력체제를 회복하는 일 그리고 지역 수준의 공공부문과 사회적 기업을 확충하는 일 등이 필요하다(박경, 2005; 강현수·정준호, 2004).[30]

---

[30] 나아가 세계화와 유동화에서 지역화와 풀뿌리 공동체 자율로 가기 위한 비전과 전략이 필요한데, 이와 관련해서는 제리 멘더·에드워드 골드스미스 편(2001); Shuman, (1998); 세계화국제포럼(2003); 월든 벨로(2004) 참조. 근래 노마드주의가 유행이지만 유목민은 마냥 떠돌아다닐 수는 없고 정착민이 되어야 할 텐데, 그렇다면 정착할 거주처 또는 터전인 지역과 나라 공동체를 어떻게 재창조하고 가꾸어갈지 하는 문제를 우회할 수 없다. 장소의 정치-사회경제학(new economics of place against the perils of mobility)의

5. 맺음말

우리는 이 글에서 한국의 민주주의 이행이 하나의 단일한 과정이 아니라 분열된, 양면성을 지닌 과정임을 보여주고자 했다. 자유주의 개혁파는 탈냉전 정치경제체제 전환과정을 단지 '정상국가'로의 전환, 민주주의와 시장경제의 보완적 병행발전으로 제시한다. 우리는 이와 대척점에 서서, 그것을 정치적 민주화와 경제적 자유화의 '두 갈래 민주주의' 간의 충돌로서, 정치적 민주주의와 신자유주의 보수혁명의 두 갈래가 모순적으로 중첩되어 있는 과정으로 파악했다. 그러면서 새롭게 민주주의를 재개혁하고 사회경제적 민주주의와 정치적 민주주의가 병행 발전하는 '양 날개 민주주의'의 관점에서 민주화 이후 민주주의의 위기를 넘어 산업평화와 복지연대를 통해 내수확장과 동반성장으로 가는 대항헤게모니 시민경제 대안을 제시해보고자 했다. 그러나 그 정치적 조건이 문제다.

우리가 말하는 시민경제모델의 실현가능성은 자유주의 개혁파의 '정상국가' 노선으로부터 그 전략적 포지션에서 크게 벗어나 있지 않은 개혁적 시민운동의 발본적 방향전환과 시민불복종운동의 활성화, 대기업 정규직 중심의 기업별 노조운동의 극복과 비정규직 등 주변 노동자운동의 활성화, 노동 내부연대와 노동-시민운동 연대의 새 틀 짜기 등, 이 땅의 시민사회운동이 어떻게 자본 세계화 시대에서 진정한 대중운동으로 새롭게 거듭나는가, 새로운 시민적 진보정치를 창안하는가에 달려 있다.

사고가 긴요하다. 제도가 중요한 만큼이나 '장소가 중요하다(place matters)'.

❖ 참고문헌

강현수·정준호. 2004. 「세계의 지역혁신 사례분석」. ≪응용경제≫, 제6권 2호. 한국응용경제학회.

김기원. 2000. 「김대중 정부의 구조조정정책」. 서울대 민교협 심포지엄.

김동석. 2003. 『산업연관표를 이용한 수출의 부가가치 유발효과 분석』. 한국개발연구원.

김상봉. 2004. 『학벌사회』. 한길사.

김상조. 2007. 『삼성공화국: 경제질서와 민주주의에 대한 위협』. 한국사회포럼 2007 자료집.

김성홍·우인호·이건희. 2003. 『개혁 10년』. 김영사.

김연명 편. 2002. 「한국복지국가 성격논쟁 1」. 인간과복지.

김유선. 2005. 「노동소득분배구조 개선을 위한 정책과제」. 『2004 사회경제학계 공동학술대회; 한국노동자의 임금실태와 임금정책』. 후마니타스.

김현정. 2005. 『우리나라 부품소재산업의 경쟁력 현황과 정책과제』. 한국은행.

김형기 편. 2002. 『21세기 한국의 대안적 발전모델』. 한울.

김희식·장동구. 2003. 「환율 변동의 경제적 효과와 시사점「. 함정호 엮음.『한국경제의 선택』해남.

남찬섭. 2002. 「복지개혁 및 복지체제 성격논쟁의 논점과 향후 논의방향」. ≪사회복지정책≫, 제14집.

_____. 2005. 「한국복지국가의 성과와 한계: 연대적 복지의 가능성」. ≪복지동향≫, 75호. 참여연대 사회복지위원회.

리프킨, J. 2001. 『소유의 종말』. 민음사.

멘더, 제리·에드워드 골드스미스 편. 2001. 『위대한 전환: 다시 세계화에서 지역화로』. 동아일보사.

박 경. 2005. 「균형정책인가 신성장정책인가」. 대안연대회의 9차 정책포럼.

박상훈. 2007. 「1단계 민주화의 종결」. ≪민주사회와 정책연구≫, 11호 상반기.

벨로, 월든. 2004. 『탈세계화』. 잉걸.

복지국가SOCIETY정책위원회. 2007. 『복지국가혁명』. 이성재 역. 밈.

블럭, 프레드. 1994. 『포스트산업사회』. 법문사.

삼성경제연구소. 2004. 「국민소득 2만 달러로 가는 길」.

_____. 2005. 「대외자본 개방의 허와 실」.

세계화국제포럼. 2003. 『더 나은 세계는 가능하다』. 필맥.

센, A. 2001. 『자유로서의 발전』. 세종서적.

신장섭·장하준. 2004. 『주식회사 한국의 구조조정』. 창비.

암스덴, A. 2002. 「후발산업화 모델의 전개」. 이일영 외. 『개방화 속의 동아시
아』. 한울.

양재진. 2003. 「노동시장 유연화와 한국복지국가의 선택」. ≪한국정치학회
보≫, 37집/3호.

_____. 2004a. 「노동운동양식과 한국복지국가의 성격」. 『동아시아 복지국가
의 기원과 구조에 관한 정치경제학적 비교연구』. 한국정치학회 2004
하계학술회의 발표논문.

_____. 2004b. 『노동운동양식과 한국복지국가의 성격: 왜 한국의 강성노조는
복지국가 건설에 나서지 않는가』. 한국정치학회 2004 하계학술회의
발표논문.

유경원. 2004. 『우리나라 가계의 금융자산 선택결정요인』. 한국은행.

유경준. 2003. 『소득분배 국제비교를 통한 복지정책의 방향』. KDI 정책포럼
제167호.

유철규. 2002. 「신자유주의」. 김수행·신정완 편. 『현대 마르크스경제학의 쟁점
들』, 제9장. 서울대 출판부.

_____. 2005. 「국민경제 해체의 위기구조」. 최장집 편. 『위기의 노동』. 후마니
타스.

유태환. 2006. 「한미 FTA정책의 비판적 검토」. ≪시민과세계≫, 9호.

윤상우. 2005. 「신자유주의적 구조조정의 구조조정을 위하여」, ≪시민과세

계≫, 7호.

윤석현. 2004. 「환율과 설비투자 간 동태적 관계변화 분석」. ≪한국은행 조사 통계월보≫, 7월.

이공순. 2005. 「노무현 정부의 참여복지정책: 근로연계복지정책을 중심으로」. 빈곤해결을 위한 사회연대.

이근 편. 2005. 『중진국 함정과 2만 불 전략』. 이투신서.

이덕재. 2004. 「위기 이후 설비투자동향과 축적론적 함의」. 『위기 이후 한국 자본주의』. 풀빛.

이병천. 1998. 「디제이노믹스는 우리의 희망인가」. ≪당대비평≫, 5호.

_____. 2002. 「민주주의이행과 시장의 시대」. ≪시민과세계≫, 2호.

_____. 2003. 「개발독재의 정치경제학과 한국의 경험」. 『개발독재와 박정희 시대』. 창비.

_____. 2004a. 「주식회사 한국 모델에서 이해당사자 한국모델로」. ≪서평문화≫, 제56집/겨울호. 한국간행물윤리위원회.

_____. 2004b. 「공화국과 자본주의」. ≪시민과세계≫, 6호.

_____. 2004c. 「이행기 한국의 시장경제와 동반성장의 뉴패러다임」. 한국사회경제학회 학술대회.

_____. 2005a. 주식회사 한국의 함정과 새 희망의 조건: 사회협약에서 시민권 계약으로」. ≪참여사회≫, 2월.

_____. 2005b. 「자유화, 양극화 시대의 무책임 자본주의」. ≪아세아연구≫, 48/3.

_____. 2006a. 「한미 FTA 서비스 부문 개관」. 『한미 FTA 국민보고서』. 그린비.

_____. 2006b. 「개발자본주의론 서설」. 신정완 외. 『우리 안의 보편성』. 한울.

_____. 2007. 「개방과 연대가 만나는 한국적 길은 있는가」. ≪비평≫, 14. 봄호.

이종윤. 2005. 「한일경제개혁과 경제활성화에 관한 비교분석」. 대외경제정책연구원.

임혁백. 2000. 「신자유주의? 질서자유주의? 제3의 길?: 민주주의 시장경제 병행발전 그리고 생산적 복지」. ≪다리≫, 제2호/여름.

전창환. 2007. 「원화절상압력의 딜레마와 외환보유액 증가의 경제적 비용」. ≪동향과전망≫, 69호. 봄.

정문건·손민중. 2004. 『새 한국형 경제운용시스템을 찾아서』. 삼성경제연구소.

정상호. 2007. 「진보의 대중화와 대중의 진보화를 위한 제안」. ≪한국의 전망≫, 통권 5호.

정이환 외. 2003. 『노동시장 유연화와 노동복지』. 인간과복지.

정진상. 2004. 『국립대 통합네트워크』. 책세상.

조동철. 2005. 「환율변동이 수출 및 내수에 미치는 영향」, 경제학 공동학술대회.

조영철. 2004. 「위기 이후 구조재편의 문제점과 대안적인 정책방안」, 『위기 이후 한국 자본주의』.

조윤제. 2006. 「한국경제: 어떻게 보고 어떻게 대응할 것인가」. 한국금융연구원.

조혜경. 2007. 「미중 주도하의 세계경제 성장구조와 신자유주의적 함정」. 『세계화 시대 한국 자본주의』. 한울.

조흥식. 2005. 「빈곤의 심화와 사회복지: 정책대안」. ≪시민과세계≫, 7호.

조희연. 2004. 『비정상성에 대한 저항에서 정상성에 대한 저항으로』. 아르케.

최장집. 2002. 『민주화 이후의 민주주의』. 후마니타스.

최장집 편. 2005. 『위기의 노동』. 후마니타스.

케인스, J. M. 1985. 『고용, 이자 및 화폐의 일반이론』. 조순 옮김. 비봉출판사.

켈리, M. 2003. 『자본의 권리는 하늘이 내렸나』. 이소출판사.

토니, R. H. 1988. 『평등』. 한길사.

한국산업은행. 2001. 『국내산업의 설비투자: 90년대 동향과 중장기 전망』.

_____. 2005. 『국내 설비투자의 부진과 시사점』.

_____. 2006. 『한국의 설비투자: 외환위기 이후의 동향과 전망』.

한국은행. 2003. 『2000년 산업연관표로 본 우리나라의 경제구조』.

한국은행 금융경제연구원. 2004. 『성장잠재력 변동요인의 동태적 분석』.

홀스테드, 테드·클리보드 코브. 2001. 「성장의 새로운 척도를 마련해야 하는 이유」. 『위대한 전환』. 동아일보사.

홍종학. 2005. "대기업 투자가 줄었다는 건 거짓이었다." 4. 21. ≪오마이뉴스≫. http://www.ohmynews.com.

"기업, 선행 넘어 사회적 책임을." 2005. 4. 15. ≪한겨레신문≫.

"'투자' 눈뜬 개인 포트폴리오…증시 '성장동력'으로." 2007. 7. 26. ≪한겨레 신문≫ 9면

"불안하지 않은 대통령." 2005. 3. ≪한겨레 21≫, 551호.

"떠오르는 지식패권, 삼성경제연구소." 2005. 3. 29. ≪한겨레 21≫, 552호.

"한국증시는 투자의 낙원." 2004. 10. 22. ≪중앙일보≫.

"핵심 부분 외는 아웃소싱 공기업 등 '군살빼기' 가속." 2004. 4. 5. ≪중앙일보≫.

≪한겨레 21≫ 2004. 10. 21

Aglietta, M. et A. Reberioux. 2004. *Derives du Capitalisme Financier*. Paris: Albin Michel.

Amsden, A. 2001. *The Rise of the Rest*. Oxford University Press. chap. 9.

Andreani, T. 2003. *La Privatisation des Services Publics Est une Privatisation de la Démocratié*. Actual Marx 34.

Block, F. 1992. "Capitalism without Class Power." *Politics and Society*, vol. 20 / no. 3, Sep.

_____. 1996. *The Vampire State*, The New Press.

Block, F. and J. Manza. 1997. "Could We End Poverty in a Post-industrial society? The Case for a Progressive Income Tax." *Politics and Society*, vol. 25, no. 4, Dec.

Conceicao, P. et al.. 2003. *Innovation, Competence Building and Social Cohesion in Europe-toward a Learing Society.* Edward Elgar.

Dent, C. M. 2002. The Foreign Economic Policies of Singapore, South Korea and Taiwan. Edward Elgar.

_____. 2003. "Transnational Capital, the State and Foreign Economic Policy: Singapore, South Korea and Taiwan." *Review of International Political Economy,* vol. 10 / no. 2.

Dowding, K. et al.. 2003. *The Ethics of Stakeholding.* Palgrave Macmillan.

Esping-Anderson, G. et al.. 2002. *Why We Need a New Welfare State.* Oxford University Press.

Hutton, W. 1996. *The State We're In.* Vintage.

_____. 1999. *The Stakeholding Society.* Cambridge. Polity Press.

Keller, W. W. and R. J. Samuels(eds.). 2003. *Crisis and Innovation.* Cambridge University Press.

Lazonick, W. 1990. *Competitive Advantage on the Shop Floor.* Harvard University Press.

Levine, D. P. 1995. *Wealth and Freedom.* Cambridge University Press.

Lundvall, Bengt-Ake. 2002. *Innovation, Growth and Social Cohesion.* Edward Elgar.

Parijs, P. V.(ed.). 1992. *Arguing for Basic Income.* Verso.

Putnam, R. D. 2000. *Bowling Alone: The Collapse and Revival of American Democracy,* Simon and Schuster.

Rodrick, D. 2004. "Growth Strategies." in *Handbook of Economic Growth.* 2005. Vol. 1. Part A. Ch. 14. Elsevier.

Rodrigues, M. J.(ed.). 2002. *The New Knowledge Economy in Europe.* Edward Elgar.

Scharpf, F. W. and V. A. Schmidt(eds.). 2000. *Welfard and Work in the Open Economy,* vol. 1-2, Oxford University Press.

Simon, W. H. 1991. "Social- Republican Property." *UCLA Law Review,* vol.

38/no. 6, Aug.

Shuman, M. H. 1998. *Going Local: Creating Self-reliant Communities in a Global Age.* The Fress Press.

Tiberghien, Yves. 2002. "Political Mediation of Global Financial Forces: The Politics of Structural Reforms in Japan and South Korea." Paper prepared for presentation at the ISA Annual Convention, March 24~27. New Orleans.

Thurbon, E. 2001. "Two Paths to Financial Liberlaization: South Korea and Taiwan." *The Pacific Review,* vol. 14 / no. 2.

White, S. 1999. "Rights and Responsibilities: A Social Democratic Perspective." A. Gamble and T. Wright(eds.). *New Social Democracy.* Blackwell Publishers.

_____. 2003. *Civic Minimum: On the Rights and Obligations of Economic Citizenship.* Oxford University Press.

Unger, R. M. 1998. *Democracy Realized: The Progressive Alternative.* Verso.

양극화냐 동반성장이냐?

이정우

1. 머리말: 양극화의 원인

1960년대 이후 우리나라는 국내적으로는 국민들의 높은 교육열과 근면, 대외적으로는 남보다 앞선 수출 주도형 성장을 바탕으로 단기간에 압축성장을 이룩해냈다. 세계은행은 이를 두고 자원빈국이 경제성장을 한 대표적인 성공 사례로 높이 평가했다. 그러나 1997년의 외환위기로 압축성장의 이면에 숨어 있던 문제점이 일거에 드러났다. 되돌아보면 외환위기 이전 수십 년간 회사의 흥망과 이윤창출의 원천은 값싸고 근면한 노동력, 정부가 제공한 금융·세제 및 무역정책상의 각종 지원과 특혜에 사실상 힘입은 바 컸었다. 이와 같은 '발전국가' 체제의 배후에는 독점과 특권, 부패와 정경유착이 동전의 양면처럼 도사리고 있었음을 부정할 수 없다.

그러나 1980년대 후반 폭발한 민주화운동은 그러한 경제체제를 뒤흔든 중요한 정치·사회적 계기가 되었다. 당시의 정치적 민주주의에 대한 국민적 열망과 요구는 다수 노조의 설립과 정치세력화를 동반했고, 값싼 노동력을 위한 발전국가의 노동탄압은 이제 더 이상 성장을 위한 손쉬운 수단이 될 수 없었다. 그 대신 고용 및 임금의 유연화 같은 노동시장에서의 시장기능이 점차 강조되면서 임금 및 고용안정성의 양극화가 보다 복합적인 양상으로 나타나기 시작했다. 대기업 중심의 점차 강화되는 하청계열화, 낮은 노조조직률과 대기업노조 중심의 노동운동은 그러한 경향을 강화하는 데 일조했다.

또한 자산시장에서도 양극화가 확대된 사실은 주목할 만하다. 사실 외국 문헌에서는 박정희 개발독재 시기의 경제적 성과에 대해 긍정적으로 평가하는 경향이 있는데, 이는 당시의 비교적 양호한 소득분배를 근거로 한다. 한국은 세계은행에 의해 고도성장과 공평한 분배를 동시에 성공시킨 '동아시아의 기적'으로 칭송되었다. 그러나 그러한 평가는 겉으로 드러난 자료만을 감안했을 뿐 자산시장, 특히 부동산 소유에서의 심각한 불평등을 감안하지 않은 한계를 지니고 있다. 부동산 보유가 극심하게 편중된 가운데, 개발독재 시기였던 1963~1979년에 전국 땅값이 무려 180배 이상 상승했으니, 그 과정에서 벌어진 부익부 빈익빈은 자명하다. 그것도 모자라 경기가 침체다 싶을 때마다 단기주의에 사로잡힌 역대 정부들이 내놓았던 부동산시장 부양정책으로 주기적인 지가급등이 있었으니, 내 집 마련을 위해 비싼 이자를 물어가며 전세금을 마련하느라 허리띠를 졸라맨 집 없는 서민·중산층의 고통은 미루어 짐작하고도 남음이 있다. 부동산개발이나 1980~1990년대의 과열 주식시장, 벤처거품 등에 따른 이익은 주로 소수에게 독점된 채 국민 다수가 그 손실을 떠안아야 했다.

1997년 외환위기는 한국사회·경제의 기본틀을 바꿔버린 결정적 계기였다. IMF·세계은행은 외환위기의 원인으로 시장에 대한 광범위한 국가개입과 노동시장의 경직성을 지목했다. 국민의 정부는 이를 해결하라는 IMF의 권고를 수용할 수밖에 없었고, 효율성과 개인책임성이라는 시장원칙과 세계표준(global standard)이 크게 강조되었다. 그 결과 투명성 및 기업지배구조에는 어느 정도 개선이 있었고, IMF의 주문대로 한국경제는 외국자본에 활짝 개방되었으며, 세계표준도 보다 널리 수용되고 있다. 개발독재의 성장방식이 보다 시장친화적인 체제로 전환되고 있다.

그러나 다른 한편 이와 같은 일련의 정책은 양극화를 촉진하는 측면이 있는 게 사실이다. 가혹한 구조조정이 진행되는 과정에서 필연적으로 나타나는 사회적 불안을 제어하기 위한 사회안전망 강화가 IMF에 의해서조차 강조되었지만, 실제 마련된 장치들은 쏟아져 나오는 시장탈락자들을 구제하기에는 태부족이다. 360만 신용불량자와 80만의 실업자, 고용안정의 사각지대에 놓인 수백만 비정규노동자는 이들 탈락자의 우울한 징표다.

더 심각한 것은 유연화 및 개방화의 확대가 경제주체들의 시야를 더욱 단기화 쪽으로 몰고 가고 있다는 점이다. 외환위기로 과소평가된 많은 국내기업은 국내외 적대적 M&A 세력의 표적이 되었고, 당연히 당장의 기업가치 제고가 당면과제가 될 수밖에 없었다. 국내에 유입된 외국자본 중 고용확대와 기술개발 등 기업가치를 장기적으로 높이는 직접투자는 상대적으로 적었다. 특히 외국금융기관들은 기업대출보다는 부동산 담보대출이나 고소득층 대상의 소매금융에 치중하는 등 양극화 현상을 악화시켰다. 바젤 협약에 따른 이른바 '8% 룰(BIS 룰)'은 자본구조의 적정성을 높이는 데는 기여했을지 몰라도, 무리하게 기준에 맞추기 위해 나머지 중소기업 대출을 크게 줄여 대기업 - 중소기업 간 격차를 키우는 데 일조했다. 많은 기업들이 고용조정과 인건비절감에 매달리게 된 것은 장기적 시야와는 거리가 멀다.

노조도 단기주의를 벗어나지 못하고 있다. 기업의 성장과 더불어 고용을 유지하고 장기적으로 임금상승과 복지의 증가가 있을 수 있다는 점을 충분히 인식하지 못하고 우선 당장 올해의 임금인상 극대화에 매몰되어

과도한 투쟁주의로 치닫는 문제점을 안고 있다. 노사의 화합·상생을 투항주의 정도로 폄하하는 극단적 생각을 가진 사람들이 여전히 노동운동의 한 축을 차지하고 있다. 이제 세상은 20년 전의 세상이 아닌데, 과거 혹독한 독재시절에 불가피했던 격렬한 투쟁방식이 아직 사라지지 않고 있다. 단기적 시야는 정부라고 예외가 아니다. 구조조정이 야기한 경기침체를 일단 벗어나보자는 유혹을 이기지 못하고 부동산시장이나 카드시장, 벤처시장 등의 부양책을 내놓았다가 부동산가격이 폭등하고, 카드나 벤처 거품을 일으킨 것이 불과 몇 년 전의 일이다.

한편 개발독재는 국가가 모든 경제·사회·제도적 지원과 혜택을 일부 재벌에 몰아주는 국가와 재벌의 개발연대체제였다. 경제가 고도성장하는 동안 특권과 독점, 불공정과 부패로부터의 이익이 특정집단에 집중되었다. 이 시기에는 기본적인 정치적 민주주의조차 말살되었으니, 국가에 의한 노동배제와 인권억압은 오히려 당연시되었다. 이와 같은 잘못된 관행이 1980년대 후반 이후의 민주화과정에서 이제 많이 사라진 것이 분명하지만 아직도 그 유산이 상흔처럼 곳곳에 남아 있다. 선진국에서는 보편화된 노동의 경영참여가 아직도 요원하게 보이는 것은 개발독재시대의 노사 간 적대관계 및 사회적 배제의 관행과 무관하지 않다.

결국 시장만능주의가 강제한 단기주의와 유연화, 개발독재의 유산 및 참여민주주의의 부족, 정부의 단기에 치우친 정책 등에서 복합적으로 기인한 양극화는 결국 빈부격차 확대에 따른 상대적 박탈감과 사회적 불안정, 노동의욕 및 혁신하려는 동기의 저해, 내수시장의 위축 등을 야기하고 있다. 특히 사후적인 조정정책으로서의 조세 인프라와 사회안전망이 취약한 우리나라의 경우 소득재분배를 통한 소비증대와 그에 따른 내수기반 강화와 같은 자동안정장치(automatic stabilizers)를 기대하기 어려워 경기회복을 더디게 하는 어려움까지 가중되고 있다.

양극화 문제를 해결하기 위해서는 정책도 중요하지만 정책이 실효성을 갖기 위한 이해당사자의 참여가 절대적으로 필요하다. 정책적으로는 경제 성장과 위기 단계에서 소외되고 배제된 경제주체나 사회구성원들을 통합하고 포용할 수 있는 공동체 시스템을 만드는 한편, 각 사회구성원은 이해관계자로서 상호의존관계를 재확인하고 단기적인 개인의 안일보다는 장기적인 관점에서 사회적 책임에 좀 더 관심을 가져야 할 것이다.

2. 참여경제와 동반성장

양극화의 주요 원인 중 하나는 IMF 사태를 계기로 확산된 단기주의, 시장만능주의다. 물론 치열한 국제경쟁상태에서 시장원리는 경쟁력을 향상시키는 긍정적인 효과도 갖는다. 하지만 공정한 경쟁을 보장하는 시장 인프라와 사회안전망이 제대로 구축되지 않은 상태에서의 시장원리 확산은 이해관계자의 배제와 소외현상 같은 부작용을 만들어낼 수밖에 없다. 시장의 합리성을 지향하는 시장만능주의가 국가 주도의 개발연대를 대신하여 사회·경제 여러 분야에서 그 영역을 확장했지만, 진정한 참여의 확대가 이루어졌다고 보기는 어렵다.

시장만능주의가 자본시장에 의한 지배와 노동시장의 유연화를 통해 단기적인 시야를 강요함으로써 양극화의 원인을 제공했다면, 그 해법은 사회적 포용과 협력에 통해 장기적인 생산성을 높이는 것이어야 한다. 양극화가 더 진전되는 것을 막고 지속 가능한 성장을 달성하기 위해서는 생산과정의 혁신과 효율화가 원천적인 분배개선을 동반하게끔 하는 시스템을 마련하고, 사회적 탈락자에 대해서는 2차적으로 사회안전망을 마련해야 한다.

참여정부가 강조하는 참여경제는 복지에 시장원리를 도입하고 효율성의 원리를 강조한다는 점에서 보자면 시장의 확대지만 사회통합(social inclusion)을 원리로 한다는 점에서 시장만능주의와는 다르다. 경제에 대한 국가의 과도한 개입, 즉 관치경제를 청산하고 시장경제를 확대하는 일은 매우 중요하지만 그렇다고 해서 모든 것을 시장에 맡기면 된다는 시장만능주의는 대단히 위험하다. 우리가 추구해야 할 방향은 관치를 줄이고, 시장을 확대하되 동시에 시장의 한계를 극복할 공동체영역을 확대하는 것이다. 한마디로 말해서 시장원리와 공동체원리를 동시에 확장하자는 것이다. 이 두 가지는 반드시 상충되는 것은 아니며 양립이 가능하다. 이는 동시에 1980년대 후반 이후 크게 발전한 정치 측면에서의 절차적 민주주의를 사회·경제적 영역에서의 참여민주주의로 확대·발전시키는 것을 의미하기도 한다. 다른 측면에서 보면 효율성을 위한 시장에서의 혹독한 경쟁과 탈락자 보호를 위한 사회적 안전망이 명확히 구분되는 이원적 시스템 대신 참여정부의 사회·경제 정책은 시장원리가 적용되는 영역과 공동체원리가 적용되는 영역의 동시 확대를 통해 이원적 시스템이 야기할 사회적 불안정과 과도한 복지가 가져올 수 있는 비효율을 동시에 극복한다는 의미를 담고 있다. 예를 들면 일자리 창출을 통해 경제활성화를 꾀하면서 복지수준을 높인다든지, 일을 해서 소득이 늘어날수록 복지급여를 더 많이 제공함으로써 복지확대가 노동의욕 증진에 도움이 되게끔 하는 정책들이 여기에 해당한다.

　참여정부는 공정한 시장경쟁이 가능한 환경을 만드는 동시에 시장실패에 따른 문제를 사전에 방지하거나 완화시켜주는 사회안전망을 구축하는 데 많은 노력을 기울이고 있다. 일시적·구조적 이유로 노동시장에서 탈락한 사람들에 대해서 최소한의 삶을 유지할 수 있도록 사회안전망을 갖추고, 노동시장에 재진입하거나 U턴할 수 있는 유인책 및 지원책을 강구하고 있다. 특히 급속한 고령화사회의 진전과 가족해체에 따라 늘어나는 빈곤아동에게 공평한 기회를 제공하고, 빈곤의 대물림을 방지하기 위한 인적자본 투자는 그 중요성을 아무리 강조해도 지나치지 않다. 그러나 사회안전망을 구축하기 위해서는 기본적으로 OECD 회원국 중 가장 낮은 사회보장지출 수준을 어느 정도 끌어올려야 하고, 소득불평등을 완화하기 위한 조세정책의 실효성도 확보해야 한다. 참여정부는 이를 위해 세원 투명성을 높이는 한편, 사회복지전달체계를 점검하여 효율성을 극대화하는 노력을 하고 있다.

우리의 눈을 단기현안으로 돌릴 때, 우리가 몇 년째 겪고 있는 심각한 내수부진을 타개하기 위해서도 정부재정의 재분배기능을 강조할 필요가 있다. 서민들에 대한 사회적 지출은 이들의 경제적 고통을 줄여줄 뿐 아니라 이것은 소비의 증가로 이어져 불경기의 극복을 앞당기는 효과가 있다. 이런 의미에서 정부재정을 자동안정장치라고 부른다. 선진국은 사회보장 및 조세의 재분배 기능이 강해서 경제의 자동안정 효과가 확실히 나타나지만 한국은 그 기능이 매우 취약하므로 지금의 내수불황이 이토록 깊고, 오래가는 게 아닌가 짐작할 수 있다.

3. 참여정부의 동반성장정책

양극화 문제의 해결에는 별도의 주체가 따로 있을 수 없고, 정부뿐만 아니라 모든 이해당사자가 힘을 합쳐야 한다. 기업가들은 대기업과 중소기업 간 공정거래질서를 확립하고 유기적인 분업관계를 강화하며 일자리 창출에 힘을 합쳐야 하고, 노동단체들도 내부 임금격차 해소를 위한 노력과 장기주의에 입각한 사회적 협의체제 구축에 적극 참여해야 한다. 단기적인 성과에 집착하기보다는 이해당사자 간의 적극적인 참여를 통해 사회의 투명성을 높이고 장기적인 공동의 이익을 창출할 수 있도록 시각을 바꿀 필요가 있다. 참여정부는 이런 관점에서 우리의 경제와 정치체질을 고치는 데 많은 노력을 기울여왔다. 아래에서는 참여정부가 추진하고 있는 성장동력정책과 자산불평등완화정책 그리고 사회안전망정책에 대해 간단히 살펴보고자 한다.

1) 혁신성장을 위한 동력 강화

(1) 서민금융 활성화

우리나라 금융은 이익과 안정성을 너무 강조한 나머지 중소기업과 서민에 대한 자금을 공급하지 못해 중소기업과 대기업 간 그리고 계층 간 양극화를 가속화시킨 측면이 있다. IMF 사태 이후 전반적으로 글로벌 스탠더드가 정착됨에 따라 금융회사가 재무건전성을 강조하고 안전자산을 선호하고 이에 따라 중소기업의 기술력이나 성장가능성보다는 재무지표에 의해 자금지원이 결정되어 새로운 성장동력 기반을 마련하기가 그만큼 어려워졌다는 것이다. 신용정보 인프라 부족 및 금융회사의 신용평가능력 부재로 중소기업대출이 신용평가 결과보다는 경기 등 외부환경에 크게 좌우되어 심지어 재무지표가 좋은 중소기업조차 장기적·안정적 자금지원을 받지 못하는 경우도 있었다. 2001년 이후 부동산가격 급등은 내 집 마련을 위한 무리한 대출을 초래했고 그 과정에서 중·하위 계층의 상환부담은 계층 간 양극화를 심화시켰다. 카드사의 무분별한 신용공여 확대, 개인신용시장의 법적·제도적 인프라 미비 및 서민층의 채무상환능력 저하 등은 결국 신용불량자가 크게 증가시키는 요인이 되었다.

정부는 이와 같이 시장기능에 의한 금융정책의 한계에 대처하기 위해

2004년 7월에 중소기업금융지원 종합대책을 발표했고, 그 뒤 신용불량자 대책을 내놓았다. 또한 전통적인 시장원리를 강조한 정책으로 금융시장에서 배제된 사람들도 시장에 쉽게 참여할 수 있도록 빈곤·저소득 계층의 창업 및 운영 자금 등을 무담보도 소액대출해주는 마이크로 크레디트(micro credit)를 도입하고, 사회적 일자리 창출과 연계하여 민간기부금 및 정부지원자금을 기반으로 설립된 기업가적 비영리민간단체에 대한 지원방안도 검토하고 있다.

(2) 성장을 위한 산업구조조정

우리나라의 산업구조는 IT 산업 편중도가 심하고 산업 연관관계가 취약하여 확산효과가 미흡한 특징을 가진다. 대기업과 중소기업 간 생산성격차가 확대되면서 중소기업의 지불능력도 약화되었다. 중소기업의 낮은 임금수준과 고용불안은 인력난을 심화시키고 기술개발 여력을 축소시켜 결국 생산성을 악화시키는 악순환구조를 만들고 있다. 중소제조업체들의 2/3 가량이 수·위탁 거래에 의존하고 있고, 이들 기업이 중소제조업 매출의 절반가량을 차지하고 있어서 중소기업의 악순환관계는 국가경제의 성장을 저해하는 주된 요인이 되고 있다.

제조업과 서비스업 간의 생산성격차가 확대되면서 제조업의 취업비중도 급속히 하락하고 있다. 여타 선진국에 비해 제조업의 취업비중이 낮고 하락속도가 너무 빠르다. 한국제조업의 노동생산성은 2002년 미국제조업의 60% 수준까지 추격했으나, 서비스업은 미국서비스업 노동생산성의 20% 내외 수준에 정체되어 있어 제조업의 고용 없는 성장이 심화되는 것이다.

최근 심화되는 산업 및 기업의 양극화는 글로벌화, 중국의 부상, 급속한 기술진보, 디지털경제의 특성(digital divide) 등의 외부환경과 수입자본재에 기초한 대기업 중심의 성장추구, 부품·소재 부문 취약에 따른 산업 연관 미흡 등의 산업구조적 특징이 혼재되어 있어 문제를 해결하기가 여간 어렵지 않다. 취약한 부품·소재 산업을 적극 육성하기 위해서 기계공업의 기반, 첨단 부문의 원천기술을 확보하는 것이 시급하고, 전략산업 중심의 특화전략으로 산업 연관관계를 강화하고 첨단핵심 부품·소재 산업을 적극 육성함으로써 산업 연관관계를 강화하고 고부가가치화해야 한다. IT 이외 의 신기술투자를 확대하고, 제조업의 기반산업이라 할 수 있는 기계 및 정밀화학 등의 지속적 발전기반을 확충해야 하며, 섬유·의류·식품 등의 전통산업에 IT 접목과 기술개발 활성화를 통해 산업구조 고도화를 적극 추진함으로써 제조업 생산구조를 다변화해야 한다.

서비스업 생산성을 높이기 위해 고생산성 부문인 비즈니스서비스업을 육성하고 과잉상태에 있는 생산성이 낮은 도소매·음식·숙박 등의 개인서 비스업을 생산성이 높은 다른 업종으로 전환할 수 있도록 기술변화와 산업구조조정에 대응하여 인적 자원 개발을 추진하고, 인적 자원의 활용을 극대화하기 위한 적극적 노동시장정책을 펴야 한다.

(3) 인적 자산 투자확대

지식정보화 시대를 맞아 자연자원이 부족한 우리나라로서는 인적 자산 확충에 더욱 역점을 두어야 한다. 지금처럼 공교육의 기능이 약하고 사교육 에 대한 의존이 높은 현실은 교육 초기단계에서부터 부모의 소득수준에 따라 자녀교육의 질적 수준이 결정되도록 함으로써 교육기회의 차별을 통해 계층 간의 갈등을 초래할 가능성이 있다.[1]

---

1 통계청이 발표한 2002년 연간 교육비 지출액을 보면, 1분위가 81만 원인 데 반해 10분위는 484만 원으로 약 6배의 차이가 나며, 사교육비 지출액의 격차(1분위 33만

교육투자는 참여정부가 추구하는 혁신 주도형 경제성장을 위해서도 필요하다. 혁신 주도형 경제의 기초가 되는 것은 인적 자원의 질인데, 이를 체계적으로 길러내는 것이 교육의 목표이다. 미국의 경제학자이자 클린턴 행정부에서 노동부장관을 지낸 로버트 라이히는 이제 각국의 부는 각국이 어느 정도 고급인력을 양성해내느냐의 경쟁에 달려 있다고 분석했다. 기업은 국적을 따지지 않고 가장 창의적이고 분석적인 고급인력이 풍부한 나라로 모여들게 되어 있기 때문에, 그런 인력을 공급해내는 것이 국가 간 경쟁의 관건이 된다.

이런 관점에서 본다면 지금껏 한국의 공교육은 그 역할을 제대로 해내지 못했다고 해도 지나친 말이 아니다. 중·고등학교는 학생의 상급학교 진학을 위한 입시기관 노릇을 한 지 오래고 그 병은 점차 초등학교, 유치원까지 전염되고 있다. 학생의 창의력이나 개성, 자질 운운하는 얘기는 이제 교과서에서나 볼 수 있을 뿐이다. 심지어 진짜 수업은 학원에서 듣고, 학교에서는 잠이나 잔다는 말이 나오고 있다. 게다가 지역 간 교육여건의 격차가 수도권 집중을 부추기고 지역 불균형을 심화시킴은 주지의 사실이다. 아무리 좋은 직장이 지방에 있어도 아이 교육문제 때문에 취직을 꺼리고, 여의치 않다면 '주말가족'도 불사한다. 공장을 지방으로 이전시키고 싶어도 사원의 자녀교육 문제가 결정적인 걸림돌이 되는 경우도 많다.

교육의 기능은 성장동력을 확충하는 데도 있지만 로버트 라이히의 말대로 공교육이라면 빈부격차를 개선하거나 아니면 최소한 심각성을 줄이기 위해 가난한 가정의 자녀들이 대학교육을 받을 수 있는 기회를 더욱 확대해야 할 것이다. 이를 위해서 현재 성적을 기준으로 지급되고 있는 각종 장학금을 실질적 기회균등을 위한 사회적 보호와 학교적응 강화를 위해

원, 10분위 299만 원)는 9배에 달한다.

가정형편을 기준으로 지급될 수 있도록 정비해야 할 것이다. 현재 정부·민간 및 학교 자체의 장학금을 모두 합해서 가계곤란자에게는 7%만 지급하고 있다. 특히 등록금 대비 평균 42%를 차지하고 있는 장학금도 가계곤란자에게는 32% 수준에 불과하여, 상대적으로 형편이 어려운 학생들에게 덜 돌아가고 있다(국정과제보고자료, 2004). 또한 장학금 관리부처가 교육부, 과기부, 농림부, 국방부 등으로 산재해 있으므로 장학금이 일관성 있게 제공될 수 있도록 장학생선발기준과 전달체계에 대한 정비가 필요하다.

2) 자산의 분배개선

(1) 부동산

우리나라의 땅값은 가히 세계 최고 수준이다. 몇 년 전 자료에 의하면 한국 땅을 팔면 캐나다를 6번, 프랑스를 8번 살 수 있다. 만일 땅값 올림픽대회가 열리면 한국은 세계 최상위 성적을 거둘 것이다. 건교부 발표에 따르면 지난 2000년 전국의 토지가치는 약 2,000조 원이었으나 2004년 초까지 4년 동안 땅값은 무려 380조 원이나 늘어났다. 2002년 종합토지세 과세자료를 분석한 최근 자료를 보면 우리나라의 토지는 상위 1%가 전체의 45%를 갖고 있고, 상위 5%는 59%, 상위 10%는 72%를 보유하는 것으로 나타났는데 이는 1993년 분석자료와 비교하여 소유의 집중이 더 심화되었음을 보여준다.

땅에 비하면 주택은 그래도 나은 편이지만, 주택소유의 편중도 심한 편이다. 지난 2003년 말 행정자치부가 2002년도 재산세 과세자료를 바탕으로 세대별 주택보유현황을 파악한 결과를 보면, 주택소유 총세대수는 832만 세대로 이 중 두 채 이상의 집을 가진 세대가 276만 세대에 이른다. 특히 강남지역의 다주택보유자들은 5만 5,000세대가 20만 채의 집을 갖고 있어 평균 3.7채를 소유하고 있는 실정이다.

참여정부는 이와 같은 부동산 자산보유의 불평등 현상을 완화하고 불로소득의 발생을 방지하기 위해서 다음과 같은 세 가지 정책을 펴고 있다. 첫째, 보유세의 점진적 강화이다. 종래 취득세와 거래세 위주의 부동산 조세체계를 보유세 중심으로 서서히 개편하자는 것이다. 부동산 보유세의 세율은 평균 0.12%에 머물고 있는데, 이는 선진국이 대략 1% 내외라는 것과 비교하면 매우 낮음을 알 수 있다. 참여정부에서는 이것을 매년 높여나가서 임기 말까지 2배 수준으로 높일 목표를 갖고 추진 중이다.[2]

둘째, 주택공급을 지속적으로 확대함으로써 주택시장을 안정시킬 것이다. 특히 국민임대주택의 증가는 서민들의 주거 문제 해결에 큰 도움을 줄 것이다. 2012년까지 전국 주택보급률 115% 달성을 목표로 하되, 국민임대 100만 호를 포함한 공공임대주택 150만 호를 건설하여 무주택 서민층의 임대주택 수요를 충족시켜 현재 3.4%에 불과한 장기임대주택 재고율을 15%로 높여나갈 계획이다. 그중에는 대한주택공사 등 공공기관이 다가구 주택 등 기존주택을 매입하여 국민임대주택으로 공급하는 매입임대방안도 포함되는 바, 이는 여러 장점을 가지는 창의적 정책으로 평가될 것이다.

셋째, 정부정책의 실효성을 확보할 수 있는 행정 인프라 구축의 일환으로 전국의 주택과 토지의 보유 및 거래 실태를 파악하는 것이다. 2005년 2월부터는 부동산종합정보센터가 설립되어 마치 대형 할인점에서 물건을 사면 바로 해당 전산망에 거래내역이 입력되는 것처럼 부동산 거래내역도 실시간으로 파악되고 있다. 앞으로는 그동안 부동산 거래에서 당연시되었던 허위가격 신고가 사라지고 실거래가격 신고가 자리 잡게 될 것이다.

---

2 부동산 세금 중 보유세와 거래세의 비중이 선진국에서는 대략 8 : 2 정도인데 한국에서는 거꾸로 2 : 8이다.

(2) 우리사주제도 활성화

참여정부가 추진하고 있는 또 다른 자산분배 관련정책은 우리사주제도 활성화정책이다. 종업원의 자사주보유에 따른 기대효과는 자산분배 개선이나 종업원의 재산형성 이외에도 주식시장의 활성화와 적대적 M&A 방지와 같이 자산시장에 미치는 효과와 노사관계 개선이나 고용안정 등과 같이 노동시장에 미치는 효과 등 다양하다. 외국인 보유 주식이 우리나라 주식시장의 44%를 차지하고 있고, IMF 사태를 거치면서 외국 투기자본에게 매각된 일부 국내기업들이 새로운 선진기술 유입이나 투자는커녕 인력감축 일변도의 구조조정을 한 후 차익을 실현하기 위해 재매각하는 현실에서 이 제도가 한국의 자산시장과 노동시장에 미치는 함의는 매우 크다.

미국은 확대되어가는 빈부격차가 자본주의 발전의 장애가 됨을 인식하고, 그 대안으로서 정치권과 학계에서 이 제도도입을 주장했고, 지금은 종업원의 주요한 퇴직연금제도의 한 형태로 자리 잡고 있다. 최근에 유럽에서도 이러한 관점에서 종업원주식소유제도에 대한 관심이 높아지고 있다. 미국은 우리사주조합 격인 ESOT설립기업이 1만 개 업체에 달하고 전체 민간 부문 피용자의 8%에 해당하는 800만 명이 이 제도를 활용하고 있으며, 전체 주식시장의 5.8%를 차지하고 있다. 그리고 약 1,000개 기업이 우리사주 대주주기업이며, 100% 종업원소유기업도 역시 1,000개나 된다. 우리사주조합이 전체 주식시장의 1%도 채 되지 않는 한국과는 큰 거리가 있다.

우리사주제도는 어느 한쪽에게 유리한 것이 아닌 노사가 상생(win-win)하도록 하는 장치다. 또한 종업원의 자사주보유는 주인의식 함양에 따라 노사관계를 개선하고 임금유연성을 확보하는 데 매우 효과적이다. 실제로 우리사주조합이 대주주이면서 기업이 투명하게 운영되는 경우, 노사관계는 저절로 좋아진다. 경기변동에 따라 고용을 안정화시키고 임금의 유연성을 십분 발휘할 수 있다. 게다가 외국투기자본에 대한 적대적 M&A 방어에도 기여할 수 있어서 노사뿐만 아니라 국가적인 차원에서도 도움이 된다.

최근 우리나라에서는 공적 자금을 투입하여 회생된 기업의 매각이 진행되고 있는데 그 과정에서 우리사주제도에 대한 관심이 높아지고 있다. 유럽을 비롯하여 세계의 많은 나라는 정부가 나서서 종업원에 대한 우선협상권을 부여하거나 금융지원을 아끼지 않으며, 인수에 대한 책임을 분명히 하기 위해 인수조건으로서 반드시 경영참가를 하도록 유도하기도 한다.3 이런 점에서 우리나라도 우리사주제도를 노사화합의 도구로 활용할 수 있도록 설계하고, 조합원의 기업인수를 지원하고, 보유지분에 따른 의결권 행사를 통해 경영참가를 할 수 있는 길을 마련할 필요가 있다.

"렌터카는 세차를 하지 않는다"는 말이 있다. 우리사주제도는 회사가 더 이상 남의 회사가 아니라 우리 회사라는 인식을 심어줌으로써 노동자들의 헌신을 가져올 수 있다. 우리사주제도는 노사관계와 기업지배구조의 개선, 생산성 향상, 국내자본시장 건전육성을 위해서 좋은 수단이 될 수 있다.

3) 참여복지와 사회안전망 구축

(1) 빈곤 대물림 방지
핵가족화 및 이혼율 급증과 같은 가족해체에 따른 빈곤아동의 증가는

3 프랑스는 정부지분 매각 시 20%는 종업원에게 반드시 의무적으로 매각하도록 하고 있고, 종업원 400명 이상의 사업체에서는 반드시 경영참가를 의무적으로 하도록 되어 있으며, OECD 국가들에서는 대부분 유사한 제도를 가지고 있으며, 미국에서도 크라이슬러특별법과 같이 의회 차원에서 적극 지원한 적도 있다.

우리 사회의 가장 아픈 상처다. 편부모 가정의 빈곤율은 28%로서 평균 가정의 세 배나 되고, 이들의 건강과 영양상태의 악화, 사랑과 신뢰관계의 부족, 낮은 학업성취도, 높은 비행발생률 등을 그대로 방치한다면 우리 사회의 미래는 암담하다.

늦은 감이 있지만 참여정부는 2004년 7월 빈곤아동에 대해 건강관리, 생계보호와 학교적응력 배양 등을 통해 희망을 심어주는 정책을 수립, 발표했다. 학교급식을 개선하여 방학 중에도 밥을 굶는 일이 없도록 하기 위해 빈곤지역에 설치된 아동지원센터를 통한 종합적 지원을 수립하고 있다. 저소득층의 4세 이하 아동의 보육을 전액 지원하고, 희귀병을 앓는 아동들에 대한 특별예산을 배정하고, 5세 아동에 대한 무상교육을 저소득층부터 실시하는 등의 정책을 수립했다. 참여정부 들어 정부예산에서 증가율이 가장 높은 것이 바로 보육 분야다.

이미 선진국에서는 Head Start(미국), Sure Start(영국), ZEP(프랑스, 저소득층 밀집지역에 대한 집중투자) 등 빈곤아동에 대한 통합서비스정책을 개발하여 실시하고 있는데, 이들 프로그램의 핵심은 보편적 아동수당제도로 아동빈곤을 예방하고 이혼과정에서도 아동양육이 보장될 수 있도록 제도화하며 건강과 복지 및 학습이 결합된 조기통합서비스 실시, 빈곤 가정과 아동에 대한 개별적 지원과 함께 빈곤지역에 대한 집중투자 등으로 요약된다.

비록 가난하더라도 아동·청소년이 미래를 꿈꿀 수 있는 사회가 희망이 있는 사회이며 그렇게 만드는 것이 부모의 책임이자 국가의 책임이다. 국가가 그 책임을 다하기 위해서는 빈곤아동에 대한 소극적인 기본생활보장의 차원을 넘어 적극적인 사회투자로 보는 패러다임의 변화가 필요하다고 하겠다.

(2) 일을 통한 복지(workfare)

외환위기 이후 실업률, 경제성장률 등 경제지표는 회복되었으나 비정규직의 급속한 증가, 노동빈곤층의 증가가 계속되고 있다. 일을 해도 빈곤에서 탈피할 수 없는 노동빈곤층이 증가하면 사회갈등이 증폭됨은 물론 근로의욕 약화와 복지욕구 증대로 연결된다. 참여정부는 노동빈곤층 문제를 해결하려는 의지를 갖고 있고, 그런 점에서 국민의 정부가 추진한 생산적 복지의 연장선상에 있다. 단순한 시혜 차원의 복지가 아닌 빈곤에서의 탈출을 돕고, 열심히 일하는 사람이 우대받는 사회적 보상체계와 자활지원체계 구축 그리고 일자리 창출을 통한 일할 기회를 확대하는 참여복지가 그것이다.

일할수록 더 많은 보상을 받을 수 있는 근로장려세제의 도입도 일자리 자체에 대한 매력을 높이는 관점에서 신중히 검토하고 있다. 저소득층에 대한 소득보조형 일자리로서 다양한 형태의 사회적 일자리를 만드는 것도 생산적 복지이자 빈곤탈출을 위한 유용한 방법이 될 수 있다. 최저임금 정도의 급여를 지급하고 독거노인을 위한 빨래방이나 저소득장애인 이동보조와 같은 일자리를 한시적으로 만들어 1~2년 정도 참여하도록 한다든가, NGO와 정부가 공동으로 지분을 갹출하여 자체 수익모델을 창출하는 등 다양한 일자리 창출이 필요하다.

(3) 사회안전망 강화

우리나라 복지체계의 가장 큰 문제점은 사회안전망에 큰 구멍(사각지대)이 곳곳에 나 있다는 것이다. 노동빈곤층 전체의 사회보험적용률을 보면, 국민연금은 30%, 산재보험은 50%, 고용보험은 21% 수준에 불과하다. 저소득빈곤층을 대상으로 하는 국민기초생활보장제도는 부양의무자 조건 등으로 인해 소득기준 빈곤층의 40% 정도가 사각지대에 있고, 연금가입연령 18~59세 인구 중 국민연금, 공무원연금 등 공적 연금 가입자는 41%에 불과하고 나머지 59% 인구는 공적 연금 보장의 사각지대에 있다. 그 외 고용보험은 적용목표(965만 1,000명) 대비 적용률이 74.1%(2003. 9)이며, 산재보험은 상용근로자와 임시일용근로자 및 무급종사자의 90.5%(2002. 12)를 적용하는 실정이다.

요컨대 구멍이 많이 난 사회안전망의 그물을 촘촘히 짜서 최종적 구제수단의 역할을 할 수 있게 고쳐야 한다. 더구나 경제의 구조조정을 위해서는 구조적·마찰적 실업이 불가피한데, 사회안전망의 확보 없이는 해고 자체가 완강한 반대에 부딪히게 된다. 그러니 경제의 원활한 구조조정을 통한 체질강화와 경제성장을 위해서도 사회안전망을 제대로 갖추는 것은 긴요하다.

빈곤층에게 최소한의 기본소득을 보장하기 위해 의료·교육·주거 급여를 확대할 필요가 있다. 이를 위해서는 예산의 확보와 전달체계 개선이 필요하다. 국민기초생활보장에서도 저소득층의 생활보호, 실업급여, 공공근로, 노숙자보호, 한시생활보호, 생업자금융자 등의 사업을 실시하고 있으나 여전히 광범위한 사각지대와 급여의 불충분성 등의 문제가 남아 있어 제도의 실효성을 높이기 위한 보다 정교한 모델이 요구된다.

〈그림 2-1〉 기초보장제도의 사각지대: 비수급빈곤층 규모

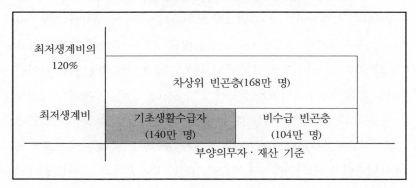

4. 맺음말

최근 참여정부의 정책 모토는 동반성장이다. 경제 및 사회의 곳곳에서 나타나는 양극화 현상을 치유하기 위해 성장과 분배가 조화롭게 정착할 수 있도록 한편에서는 혁신과 경제성장, 다른 한편에서는 약자의 보호와 사회통합을 이루려는 것이다.

양극화를 극복하기 위해서는 단순히 개별경제주체의 효율성만 강조하는 시장논리를 넘어 국가공동체적인 관점에서 혁신적인 성장동력을 창출하고 사회적 약자에 대해 최소한의 생활을 담보하는 안전망을 구축하는 데 더욱 더 노력하지 않으면 안 된다. 부족한 사회보장지출을 확충하면서도 동시에 소위 복지병의 부작용을 경계하여 경제의 성장과 효율이 저해되지 않도록 해야 한다. 여타 선진국과는 달리 한국 재정의 소득재분배 기능은 거의 제로에 가깝기 때문에 조세와 정부의 재정지출을 통한 재분배가 제대로 효과를 발휘할 수 있도록 세원을 확대하고 정부의 사회지출을 늘릴 필요가 있다. 고소득자영업자를 비롯해서 저소득층에 이르기까지 모든 계층의 소득을 파악할 수 있는 조세 인프라를 구축하는 한편 형평과세를 위한 제반 조치 및 저소득층에 대한 서비스전달 체계 개선 등도 필요하다.

정부의 소득파악 인프라도 중요하지만 증가하는 복지지출에 걸맞은 세금부담은 필수적이다. 2005년 2월 보건사회연구원이 조사한 설문조사를 보면 복지증가와 추가적 세금부담에 대한 동의는 19%에 그치고 있다. 미국의 60%, 영국의 73%, 스웨덴의 44% 수준과 비교해보면 큰 차이를 보이는 대목이어서 국민들을 설득하기 위해서라도 세원 투명성을 강화하고 정부정책의 신뢰감을 쌓는 데 더 많은 노력을 해야 할 것으로 보인다.

참여정부의 사회정책은 성장과 분배의 동반발전에 초점이 맞추어져 있다. 단순한 시혜 차원에서의 지출이 아니라 빈곤층의 인적 자본에 대한 투자와 일을 더할수록 더 보상을 받는 근로장려세제와 같이 성장과 분배 양쪽으로 도움이 되는 정책은 그 대표적인 것이다. 급속한 고령화사회의 도래 및 가정해체에 따른 사회적 비용을 사전에 줄이기 위해서도 사회안전 망의 확충과 근로빈곤층 및 빈곤아동에 대한 인적 투자를 늘리는 것은 매우 중요하다.

양극화냐 동반성장이냐 하는 선택의 기로에 우리는 서 있다. 노력한 만큼 보상을 받는 사회의 건설은 동반성장을 위해서 매우 중요하다. 참여정 부가 추구하는 동반성장과 사회통합은 사회구성원들이 성장과정에서 배 제되지 않은 채 장기적·지속적인 성장이 가능하도록 우리 사회의 경제·사 회적 틀을 바꾸어가자는 것이다. 종래의 성장지상주의를 갖고는 더 이상 일자리 마련과 복지 확충을 할 수 없는 단계에 이르렀으므로 이제는 동반성 장의 길로 가지 않으면 안 된다.

❖ 참고문헌

국정과제보고자료. 2004. 「빈곤대물림 차단을 위한 희망투자계획: 빈곤아동· 청소년 종합계획」 7월.
김재진. 2003. 『자영업자 과표양성화에 관한 연구』. 한국조세연구원.
노대명. 2004. 『한국 자활사업의 현재와 미래』.
대통령자문 빈부격차·차별시정위원회. 2004. 『빈곤대물림 차단을 위한 희망투 자』. 빈곤 아동·청소년 종합계획 국정과제 보고자료.
안병룡. 2004. 「우리사주제도의 현황과 개선방향」. ≪임금연구≫, 제12권/제4 호. 노동경제연구원. 2004/겨울.
유경준. 2003. 「소득분배 국제비교를 통한 복지정책의 방향」. ≪KDI정책포 럼≫, 제167호. 한국개발연구원.

이정우. 2003. 「개발독재와 빈부격차」. 이병천 편. 『개발독재와 박정희 시대: 우리 시대의 정치경제적 기원』. 창비.

전병유. 2003. 『일자리 양극화 경향과 빈곤정책의 방향』. 한국노동연구원.

하준경. 2004. 「경제양극화의 원인과 정책과제」. 한국은행 금융경제연구원.

황덕순. 2001. 「경제위기 이후 빈곤에 대한 동태분석」. ≪노동정책연구≫, 제1권, 2001/가을.

Reich, Robert. 1991. *The Work of Nations*, Vintage Books.

_____. 2001. *The Future of Success: Working and Living in the New Economy.* Vintage Books, 2001(오성호 옮김. 2001. 『부유한 노예』. 김영사).

_____. *I'll be Short*(김병두 옮김. 2003. 『미래를 위한 약속』. 김영사).

한국경제의 위기와 민주노동당의 대안

장상환

1. 머리말

외환위기 이후의 신자유주의적 구조조정과 외국자본의 지배강화로 최근 한국경제는 급속하게 악화되었고 다수 국민들은 실업과 불안정고용, 소득감소, 빈곤 등을 겪게 되었다.

민주노동당은 2002년 대선과 2004년 국회의원총선거에서 '부유세 도입', '부자에게 세금을, 서민에게 복지를'이라는 캐치프레이즈를 내걸어 비례대표투표 지지율 13% 획득, 10석의 의석확보라는 성과를 거두었다. 민주노동당의 대선공약과 총선공약의 핵심은 '소득재분배'와 '생산수단소유자의 힘의 억제와 이용자의 권리보호'였다. 이것은 당시 한국사회가 외환위기 이후 자본주의 모순을 겪기 시작하고 재분배의 요구가 높았으며 상가임차상인과 주택세입자, 고리사채 채무자들이 무권리의 상태에 놓여 있었다는 객관적 조건, 그리고 민주노동당의 주체적 조건을 고려해서 작성된 것으로, 상당한 지지를 얻는 정치적 성과를 거둘 수 있었다. 현재 민주노동당은 10명의 의원이 국회에 진출할 정도로 주체적 역량도 성장했다. 이러한 조건을 고려할 때 이제는 좀 더 구체적인 대안을 제시하여 대중의 생활상의 요구에 부응해야 할 상황에 처해 있다고 할 수 있다. 그럼에도 민주노동당은 대안적 사회경제체제 수립의 정치적 의제화를 위한 당내외적·원내외적 활동을 전개하지 못하고 있다. 또한 민주노동당은 선거공약에서 '분배를 통한 성장'을 경제정책의 기조로 제시했으나 이를 구체화하고 있지 못한 상황이다.

이 글은 한국경제의 위기상황을 진단하고 경제위기를 해결하기 위한 민주노동당의 대안적 경제정책을 제시하는 것을 목표로 한다. 대안적 경제체제를 목표로 하지만 현 단계 한국경제의 위기를 해결하는 것을 직접적 목표로 한다. 그리고 방법론으로서 마르크스, 케인스, 폴라니의 문제의식을 수용하여 대안적 경제정책을 수립하고자 한다. 노자 간의 모순, 금융의 확대에 따른 불안정심화의 모순, 시장과 제도 간의 모순 등 다면적인 모순을 함께 고려하는 것이다(Pollin, 2000; 2002).

2. 복합적 위기에 처한 한국경제

일반적으로 선진자본주의 국가들은 자유주의국가, 케인스주의 복지국가, 신자유주의국가의 과정을 거쳤다. 그러나 한국 자본주의는 개발독재국가(자유주의단계)에서 케인스주의 복지국가 단계를 생략한 채 종속적 신자유주의 단계로 전환했다. 자유주의국가는 반봉건·자본육성·노동억압의 기능을 통해 자본축적의 여건을 유리하게 조성했다. 박정희 대통령이 주도한 개발독재국가는 국가의 역할이 컸음에도 불구하고 본질적으로 자유주의국가의 기능을 수행했다고 할 수 있다.[1]

이러한 한국 자본주의 발전의 특수성에 따라 한국경제에서는 자본주의적 위기가 극도로 심화되었다. 현재 한국경제는 경기순환적 위기에다 구조적 위기 그리고 정세적 위기가 겹침으로써 위기가 심화·장기화되고 있다.

1) 순환적 위기: 경기침체의 장기화

우선 순환적 위기를 보면 현재의 경제위기(불안정고용의 확대, 양극화, 빈부격차 등)는 경기순환에다 구조적 모순이 겹쳐서 심화·장기화되고 있다.

과거의 불황은 18개월 내지 2년 후에는 회복되었으나 2000년 8월부터 시작된 이번 불황은 4년이 지난 아직도 계속되고 있으며, 현재의 경기를 보여주는 동행지수 순환변동치는 96.5로 전월보다 0.4p 감소했다. 일본식 장기침체에 들어간 것으로 볼 수 있다. 실제로 많은 국민들은 IMF 외환위기 당시보다 불황이 더 심각한 것으로 느끼고 있다.

〈표 3-1〉 동행지수 순환변동치의 추이

	2004. 3월	4월	5월	6월	7월	8월	9월p	10월p
순환변동치	100.4	100.3	99.7	98.9	98.1	97.1	96.9	96.5
(전월차, p)	0.1	-0.1	-0.6	-0.8	-0.8	-1.0	-0.2	-0.4

P: 정점(Peak), T: 저점(Trough).

자료: 통계청, 2004년 10월 산업활동동향.

---

[1] 한국 자본주의 발전의 특수성과 그에 따른 자본주의적 모순 조기심화에 대해서는 김석준·장상환(2003); Jang(2004) 참조.

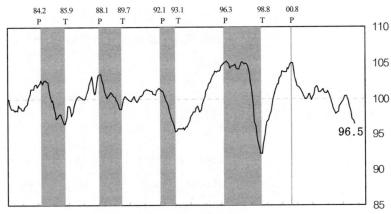

〈그림 3-1〉 동행지수 순환변동치의 추이

P: 정점(Peak), T: 저점(Trough).

자료: 통계청, 2004년 10월 산업활동동향.

2) 구조적 위기의 심화: 극단적 양극화

구조적 위기를 보면 1997년 경제위기 이후 자본주의적 모순이 심화되어 여러 부문에서 양극화 현상이 두드러지게 나타났다.

기업 부문에서는 주식가치 상승을 위한 수익성 위주 경영이 확립되면서 배당성향이 높아지고 투자가 부진해지고, 대기업의 중소기업 경영압박이 심해졌다. 외국자본의 기업주식보유 증가가 주식가치 경영을 촉진했다. 주식시장에서 외국인 주식보유 비중은 1997년 14.6%에서 2004년 10월 말 현재 42.5%로 상승했다. 주식투자도 직접투자보다는 포트폴리오투자에 95% 이상 집중되었다. 주주가치 중시의 기업경영환경 개선과 외국인 주식투자 개방을 통한 기업경영 효율화 추구는 주주가치가 기업의 장기성장을 지배함으로써 기업이윤의 배당금지불 증대와 주가관리를 위한 자사주매입과 이익소각, 적대적 M&A의 위협증대로 인한 실물투자 위축의 부정적 효과를 초래했다. 삼성경제연구소(2005)에 따르면, 국내 주식시장 상장기업 200개 중 비금융기업 150개를 대상으로 지난 1998년부터 2003년까지 배당투자 등 자료를 분석한 결과 외국인의 주식보유 비중이 1%포인트 증가할 때마다 배당성향은 0.7%포인트, 주당 배당금은 1.0% 증가하는 것으로 조사되었다. 2003년 순이익은 1998년에 비해 3.98배 늘었지만 배당금은 4.63배로 증가했다. 그리고 외국인 주식보유 비중이 1%포인트 늘어남에 따라 기업의 고정자산 증가율은 0.09%포인트, 유형자산 증가율은 0.25% 줄어드는 것으로 조사되었다. 여기에 외국자본의 주식지분 확대에 따라 외국자본과 국내자본 간의 기업지배를 둘러싼 갈등이 발생하고 있다.

중소기업의 고용과 생산액, 기업체 수가 국민경제에서 차지하는 비중이 증가하지만 부가가치, 종업원 급여, 수익률 등의 지표는 대기업과 그 격차가 점점 벌어지고 있다. 대기업이 부가가치가 낮은 생산단계를 외주로 돌리는 동시에, 자신들은 고부가가치의 효율적인 부분만 담당하게 되었기 때문이다. 하도급 중소기업들은 보통 1~2개 정도의 대기업에 물품을 납품하는 경우가 대부분인데 대기업들은 수요독점자로서의 지위를 남용하여 어음거래와 기업구매전용카드, 기업구매자금 대출, 전자방식 외상매출채권 담보대출제도 등 이자비용이 발생하는 거래에서 중소기업에게 부담을 전가시키고 있다. 이렇게 대기업의 위험과 비용을 전가받은 하청 중소기업들은 자금난·인력난·기술난의 악순환구조에 빠지게 된다.

금융 부문은 구조조정의 결과 은행은 대형화하고 자산건전성과 수익성은 개선되었지만 외국자본의 지배와 보험업겸업화 등 새로운 구조가 형성되었다. 부실은행의 처리를 위해 또는 대형화를 통한 경쟁력 향상을 위해 은행 간 합병이 이루어졌다. 하나은행과 보람은행, 국민은행과 주택은행의 합병은 후자의 경우이다. 시중은행 8개 가운데 제일·한미·외환 은행 등 3개 은행이 외국자본에 매각되었다. 외국인 지분이 50%를 넘어서는 은행이 4개로 늘어났고 이 중 국민, 하나 등 2개 은행에는 외국인 이사가 참여하고 있다. 이에 따라 은행경영은 수익성 위주의 자산운용으로 가계대출에 주력하고 기업대출을 감소시킴으로써 국민경제에서 자본의 효율적 배분과 경제성장을 견인하는 역할은 약화되었다. 또한 대형 은행이나 외국계 은행들은 중소기업 대출을 줄여 중소기업의 자금난을 강화시켰으며, 저소득층의 금융접근도 어렵게 함으로써 금융이 경제의 역동성과 형평성을 오히려 악화시켰다.[2] 조복현(2004c)에 따르면 금융기관 인수합병의 원인과 성과에 대한 대부분의 연구조사 결과는 인수합병의 원인인 효율성 개선이나 주식가치 향상의 뚜렷한 증거를 발견하지 못했고, 오히려 중소기업에 대한 대출감소나 금융위험의 증대와 같은 부정적 요소를 더 발견했다. 한국의 경우에도, 우리은행과 하나은행은 합병 후 1~2년간의 비용절약 등 개선이 있었으나 그 후 다시 비용증대가 나타났는가 하면 국민은행은 합병 후 오히려 비용개선이 전혀 나타나지 않았다. 합병은행 모두 다른 동류 은행보다 이윤효율성의 개선을 보여주지 못했다. 하나은행과 국민은행은 합병 후 중소기업 대출비중을 줄였다. 함준호·홍승제(2003)는 경쟁압력과 시장규율이 전제되지 않는 인위적 금융통합은 감독기능의 약화, 대마불사 기대에 따른 대형 은행의 도덕적 해이를 유발하여 시스템 위험을 증대시킬 수 있으며, 외환위기 이후 대형 은행 사이의 상호의존도가 심화됨에 따라 시스템 위험이 발생할 가능성이 증대되고 있다고 주장했다.

노동시장에서 실업률은 저하했으나 실질적인 실업률은 높으며, 비정규

---

[2] 금융구조조정의 결과에 따른 금융제도의 변화와 그 경제적 효과에 대한 자세한 내용은 조복현(2004b) 참조.

직 등 불안정고용이 대폭 확대되었다. 한국의 실업률은 2003년 현재 ILO기준 3.4%(OECD 기준 3.6%)라고 하지만 구직단념자와 불완전취업자(추가구직희망자 포함)를 고려할 경우 실질적인 체감실업률은 6~7%로 높아진다. 비정규노동자의 규모는 2003년 현재 783만 명으로 전체 임금노동자의 55%를 차지하며, 이들의 노동조건은 정규직보다 더 긴 시간을 일하는데도 임금은 절반을 받는데다 사회보험 혜택에서 배제되는가 하면 고용마저 불안정한 실정이다. 비정규직 증가의 결과 노동소득 불평등이 심화되었다. 취업자 대비 피용자(노동자) 비중은 1998년 61.7%에서 2003년 65.1%로 증가했으나, 노동소득분배율(전체 국민소득 대비 임금소득)은 1996년 63.4%를 정점으로 2003년 59.7%로 하락했다. 임금소득 불평등은 확대되어 하위 10% 대비 상위 10% 임금은 1997년 3.74배, 1999년 3.86배, 2001년 4.10배, 2003년 4.35배이다.[3]

또한 2001~2003년에 부동산투기가 격화되었다. 산업활동이 침체되면서 저금리의 과잉유동자금이 부동산시장으로 유입됨에 따라 주택에 대한 실질수요와 투기적 수요를 급팽창시켰다. 여기에다 김대중 정부가 건설경기 활성화정책을 실시하면서 투기적 수요까지 촉진하는 정책을 취했고, 1999년 경기가 회복된 후에도 2001년까지 이것을 지속한 것이 부동산투기에 기름을 끼얹었다. 부동산투기는 서울, 그중에서도 강남지역에서 특히 심했다. 2002년의 지가상승률은 전국이 8.98%인데 서울은 15.81%, 주택가격상승률은 전국이 2001년 9.9%, 2002년 16.4%인데 서울은 각각 12.9%, 22.5%로 높았다. 강남의 아파트가격 상승률은 2001년 22.0%, 2002년 35.2%, 2003년 15.6%로 강북 아파트의 각각 14.4%, 22.6%, 3.8%에 비해 훨씬 높았다(장상환, 2004a).

---

[3] 노동소득 불평등에 대해서는 김유선(2004) 참조.

이러한 자본주의적 모순 심화와 양극화에 대응해야 할 사회복지는 너무 빈약하다. 첫째, 전체 사회복지비 지출규모가 다른 나라에 비해 현저하게 낮다. GDP 대비 공공사회복지 지출이 1997년을 기점으로 증대한 것은 사실이지만 일본·미국과 비교해볼 경우 낮은 수치이다. 조세와 사회보장 체제가 소득재분배 효과를 거의 내지 못하고 있다. 한국개발연구원 유경준의 연구(2003)에 의하면 2000년 시장소득의 지니계수는 0.374인데, 가처분소득의 지니계수는 0.358로 큰 차이가 없었다. 미국에서조차도 재분배에 의해 지니계수는 0.411에서 0.335로 개선된다. OECD 평균치는 0.380에서 0.272로 변화한다. 한국은 2001년 현재 총조세수입의 경상 GDP에 대한 비율이 27.2%로 OECD 국가 중 멕시코 18.9% 다음으로 낮은 수준이고 이에 따라 재분배효과가 거의 없는 것이다. 둘째, 사회적 안전망에서 배제되어 있는 집단이 많다. 사회보험의 사각지대가 규모가 크고 특히 비정규직의 경우 20% 정도만이 사회보험에 가입되어 있다. 도시가구를 대상으로 할 때 전체 공적연금 가입비율은 66.2%에 그치며, 빈곤층의 경우 34.1%에 그친다. 셋째, 국가복지보다는 사적인 소득이전, 즉 민간이나 가족에 의한 소득이전 비율이 높다. 공적 이전소득이 전체 16.6%에 그치는 반면, 사적 이전소득은 28.4%에 달한다. 기업복지의 복지비가 공공복지비 지출보다 높아서 기업별 노동자들 간의 분할이 높게 나타날 수 있다. 넷째, 사회보장 체계는 대부분 현금급여를 중심으로 하고 있다. 대표적인 현물서비스인 건강보험의 경우에도 대부분 민간병원에 의해 서비스가 전달되어 의료의 상품화가 국민건강권 확보를 어렵게 만들고 있다. 아동보육서비스나 노인을 위한 요양서비스, 교육서비스, 주택서비스는 자신의 소득과 무관하게 보장되어야 한다는 점에서 현물 중심의 서비스체계 확보가 필요하지만 현재 한국의 경우 극도로 낮은 수준을 유지하는 상황이다.

경제위기에 따른 자본주의적 모순 심화와 사회복지의 미흡함으로 인해

〈그림 3-2〉 현재 한국의 사회경제 구조

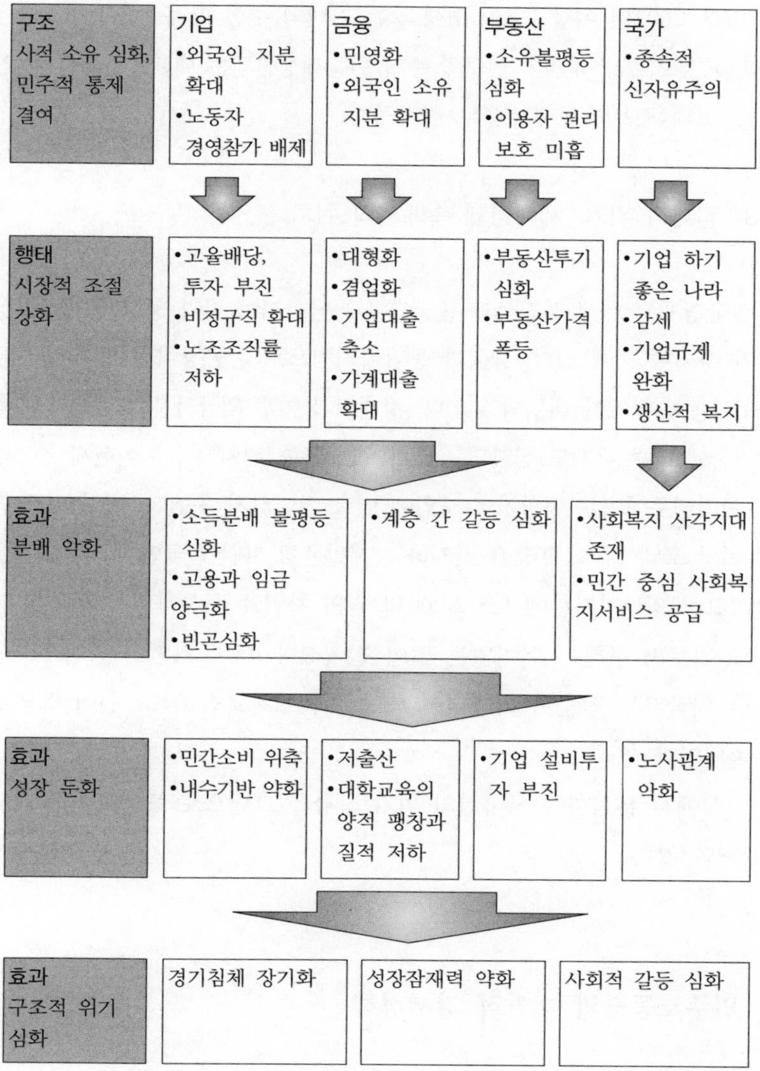

구조 사적 소유 심화, 민주적 통제 결여	기업 • 외국인 지분 　확대 • 노동자 　경영참가 배제	금융 • 민영화 • 외국인 소유 　지분 확대	부동산 • 소유불평등 　심화 • 이용자 권리 　보호 미흡	국가 • 종속적 　신자유주의
행태 시장적 조절 강화	• 고율배당, 　투자 부진 • 비정규직 확대 • 노조조직률 　저하	• 대형화 • 겸업화 • 기업대출 　축소 • 가계대출 　확대	• 부동산투기 　심화 • 부동산가격 　폭등	• 기업 하기 　좋은 나라 • 감세 • 기업규제 　완화 • 생산적 복지
효과 분배 악화	• 소득분배 불평등 　심화 • 고용과 임금 　양극화 • 빈곤심화	• 계층 간 갈등 심화		• 사회복지 사각지대 　존재 • 민간 중심 사회복 　지서비스 공급
효과 성장 둔화	• 민간소비 위축 • 내수기반 약화	• 저출산 • 대학교육의 　양적 팽창과 　질적 저하	• 기업 설비투 　자 부진	• 노사관계 　악화
효과 구조적 위기 심화	경기침체 장기화	성장잠재력 약화	사회적 갈등 심화	

최근 출산율이 급격히 하락하여 인구의 재생산 자체가 위기상황에 직면하고 있다. 2002년 여성 1인이 평생 낳는 자녀의 수인 합계출산율이 1.17에 불과한 것으로 밝혀졌다. 인구의 수가 단순재생산되는 대체출산율이 2.1인 것을 고려해보면 현재상황은 심각하다.

3) 정세적 위기: 세계경제 속에서의 위치 불안정

한국경제는 현재 선진국과 중국이나 동남아시아 국가 등 신흥개발도상국가 사이에 끼여 있다. 중국과 동남아지역으로의 공장이전 확대에 따른 산업공동화 문제가 대두되고 있다. 경제위기 이후 외국자본의 진출이 대폭 증가함에 따른 문제도 심화되고 있다. 제일은행 해외매각은 이헌재 부총리도 인정했듯이 선진경영기법 도입에 별로 기여하지 못했다. 대신 5,000만원 이상 고액예금이 70%를 차지하는 제일은행 지원에 국민세금 5조 원을 날리고 해외투기자본에 1조 2,000억 원의 차익을 선사하면서 세금은 한 푼도 거두지 못하는 어이없는 일이 벌어졌다. IMF 외환위기 이후 7년 동안 외국자본 진출이 확대되어 배당금과 이자로만 64조 원이 해외로 유출되었다.

이상에서 분석한 한국사회의 위기 상황을 그림으로 표현하면 <그림 3-2>와 같다.

3. 민주노동당의 대안적 경제정책

민주노동당 강령이 추구하는 대안적 사회경제체제와 대안적 경제정책의 관계는 무엇인가. 전자가 중장기적이고 전략적인 목표라면 후자는 단기적 전술목표이다. 선거 때 국민에게 발표하는 선거공약이 대안적 경제정책이다.

민주노동당은 어떤 대안적 사회경제체제를 지향하는가. 이것은 2000년 창당 때 발표된 민주노동당의 강령과 이를 해설하고 전진시킨 연구물들을 통해 확인할 수 있다. 많은 사람들은 "자본주의 이외의 대안은 없다〔'There is no alternative(TINA)' to capitalism〕"라고 말한다. 한편 좌파들은 "다른 세계는 가능하다(Another world is possible)"라고 말한다. 그러나 이러한 말들은 아직 제대로 된 주장의 단계에 가 있지는 못하다. 반자본주의 입장을 견지하면서 제대로 된 주장을 펴기 위해서는 대안체제의 증거를 대거나, 그렇지 않을 경우에는 그것이 바람직하고 또 실행 가능하다(worthy and viable)는 강력한 논거를 가지고 대안을 설명할 수 있어야 한다.

문제는 '현재의 종속적 신자유주의에서 어디로 갈 것인가' 하는 것이다. 케인스주의로 돌아갈 것인가. 그러나 이미 1970년대의 스태그플레이션을 통해서 케인스주의의 한계는 드러났다.[4] 그리고 국가사회주의(state socialism)[5]는 공산주의 이데올로기의 실천형태로 완전한 오류였음이 확인되었다. 사회민주주의(social democracy)는 민주적 사회주의의 실천형태로서 높은 실업률을 보이는 등 한계를 가지고 있다(장상환, 2001; 2004b). 민주노동당은 강령에서 "국가사회주의의 오류를 극복하고 사회민주주의의 한계를 극복한다"라고 규정하고 있다. 따라서 우리는 민주적 사회주의의 이념하에서 '민주적 사회경제체제'를 모색해볼 수 있다. '사회민주주의＋생산수단의 사회화' 또는 '시장사회주의＋사회적 조절 강화'가 그 방향

---

[4] 박노영(2004)은 "신자유주의 세계화가 아니라 자본주의 자체가 문제"라고 주장한다. 캘리니코스(2003)도 마찬가지이다.

[5] 국가사회주의는 나치즘(National Socialismus)과는 본질적으로 차이가 있다.

이 될 것이다. 대안적 사회경제체제가 추구해야 할 가치로서 평등, 효율성을 동시에 담보해야 할 것이다. 조돈문(2002)은 평등과 효율성을 담보해야 한다고 주장한다. 캘리니코스(2003)는 "모든 대안은 가능한 한 정의(자유·평등·연대를 포함), 효율성, 민주주의, 지속 가능성이라는 요구를 충족해야 한다"라고 주장한다.

1) 사회적 조절의 강화

(1) 국가의 역할 재정립과 강화

국가의 역할을 재정립하고 강화한다. 시장은 경쟁적 환경에서 효과적인 물적 동기를 창조하고, 그에 따라 경제활동에 필요한 규율을 부과함으로써 효율성을 높이는 데 기여하는 능력이 있음을 부정할 수 없다. 그러나 자본주의적 시장과정은 자유롭게 작동하도록 방치할 경우 불평등, 불안정, 비효율, 물신화, 소외 등을 초래하는 경향이 있다(Baker, Epstein, and Pollin eds. 1998). 폴라니는 시장사회가 노동·토지·화폐를 무리하게 상품화시킨 내적 모순을 가지고 있고, 시장사회의 진화는 시장논리의 확장과 사회의 대항적 보호논리 간의 이중운동 속에서 진행된다는 것을 밝혔다(이병천 2004c). 시장의 효율성은 시장, 기업(조직), 제도 등 사회적 구조물을 포함한 경제 전체 혹은 사회와의 연관 속에서, 즉 사회적 맥락 속에서 논의되어야 한다(정건화, 2004). 한편 시장철폐와 계획에 의한 국가사회주의적 경제운영의 오류와 한계는 분명하다. 규모가 크고 복잡한 경제에서는 계획의 한계가 명확하다. 정확한 정보수집의 불가능과 동기유발의 어려움, 개인의 개성적 발전의 저해 등의 문제가 있는 것이다.

현재 한국은 종속적 신자유주의에 의해 국가역할의 축소가 강요되고 있다. 세계화 속에서 국민국가의 기능이 과연 가능하겠는가 하는 의문이

광범하지만 경제위기와 양극화를 해결하기 위해서는 사회적 조절의 핵심 담당주체인 국가의 역할을 확대해야 한다. 다만 과거 개발국가의 역할(반봉건, 자본육성, 노동억압)과는 다른 복지국가 역할을 수행해야 한다. 여기에다 국가가 공기업을 비롯한 제반 조직의 공적 소유의 주체로서도 역할을 하도록 해야 한다.

재정규모를 현재의 27% 수준에서 일단 OECD 평균인 41%까지 점차적으로 올리는 것을 목표로 해야 한다. 이 경우 약 40조 원의 추가적인 세수수입이 기대되어 복지재정에 상당한 도움이 될 것이다. 소득누진적 조세수입구조를 강화해야 한다. 2001년 현재 간접세 10.5%, 직접세 11.4%인데 대안적 방향으로서 간접세의 비중을 직접세의 1/2로 축소해야 한다. 노동자의 경우에도 고소득층은 추가적인 조세부담을 감수해야 할 것이다. 또한 복지재정지출을 확대함으로써 소득재분배 기능을 강화해야 한다.6 민주노동당은 2004년 총선공약에서 "부유세 도입, 법인세·소득세 최고세율의 획기적 인상, 주식양도소득세 신설을 해서 사회보장 확대와 공공투자를 위한 재원을 마련한다"라고 공약했다. 부유세(net wealth tax)를 신설하여 토지·건물·주식·예금 등의 금융자산, 선박, 고가의 자동차·골프장회원권 등의 총가액을 10억 원 이상 소유한 자에 대해 10억 원을 초과하는 분에 대해 종합토지세율을 준용하여 누진적으로 과세한다는 것이다. 2002년 증권거래소에서 거래된 주식의 시가총액 742조 원에 달했음에도 불구하고, 시장주식에 대해서는 지분율 3% 이상(특수관계자 보유주식 포함) 또는

6 스웨덴에서는 직접세 23.2%, 간접세 12.9%의 비율이고 전체 조세수입의 계층별 부담을 보면 노동자 부담 33.4%(소득세 17.3%, 사회보장세 15.7%), 자본가 부담 5.2%(소득세 2.9%, 재산세 및 부유세 2%), 소비세 부가가치세 13.1%로 구성되어 있다. 스웨덴에서는 사회보호에 43%, 교육 15%, 건강 12%, 일반 공공서비스 13%의 지출이 이루어지고 있고, 조세와 사회적 급부에 의한 소득재분배 기능이 강하다(윤종훈, 2004).

시가총액 100억 원 이상 보유자에 대해서만 과세되고 있다. 중앙정부 소득세 최고세율은 한국이 36%(주민세까지 합하면 39.6%)인 데 반해 독일 48.5%, 프랑스 52.75%, 미국 38.6%(7개 주를 제외하고는 2.8~12%까지 주소 득세가 과세됨), 영국 40%에 비해 현저히 낮을 뿐만 아니라 법인세 최고세율 도 27%에 불과해 OECD 국가 평균 34.8%보다 7% 가량 낮으므로 소득세 세율을 45%로 인상(주민세까지 합하면 49.5%)하고 법인세세율을 OECD 수준인 35%로 인상한다는 것이다. 그리고 지방재정을 확충하기 위해 국세 인 소득세액의 25%를 지방소득세로 전환할 것을 공약했다.

(2) 분배를 통한 '지속 가능한 발전'

기존의 성장 패러다임은 자본과 노동의 양적 투입에 근거하여 생산성 향상, 부가가치 창출 등을 추구하는 투입의존형 성장론이었다. 이제 성숙 기를 거치고 난 이후의 경제발전단계에서는 투입과 산출의 단선적 관계를 넘어서는 새로운 경제패러다임이 요구된다. 경제발전모델에 대한 생태주 의적 접근은 단순히 환경보호 차원을 넘어서는 문제이다. 부존량이 제한되 어 있는 기존자원의 투입을 최소화하고 환경친화적인 생산 및 분배 과정을 통해 고부가가치를 얻을 수 있을 때 비로소 생태주의적 경제모델이 정립될 수 있다. 경제발전모델에 대한 사회연대적 접근은 단순히 분배구조의 개선 을 의미하지는 않는다. 한 나라의 총산출물이 사회의 필요와 책임에 따라 공정하게 분배되어야만 사회갈등의 잠재적 요인은 줄어들고 이는 다시 사회적 생산력의 확대에 기여한다. 사회적 갈등비용을 줄이고 사회응집력 을 강화하는 노동친화적이고 사회보장체계가 발전해야만 사회연대적 경 제모델은 제 기능을 수행할 수 있다. 지금까지 경제적 효율성에 치중되어 있던 경제모델의 원칙에 환경친화적인 생태주의 그리고 노동친화적 사회 연대가 보완될 때, 비로소 경제의 '지속 가능한 발전(sustainable development)'이 가능하다.

경제성장이 분배에 미치는 영향에서는 최근의 여러 실증연구 결과 경제
성장의 초기에는 분배를 악화시킨다는 주장은 실증적 근거가 없음이 밝혀
졌다. 쿠즈네츠(1955)는 경제발전 초기에는 분배가 악화되지만 경제발전이
성숙하면 분배가 개선된다는 이른바 역U자 가설을 발표했다. 그러나 최근
의 여러 실증연구 결과 이 역U자 가설은 근거가 없고, 성장이 분배에 미치는
영향은 중립적임이 밝혀졌다. 분배에 가장 크게 영향을 미치는 것은 계급투
쟁이다. 같은 선진국 중에서도 미국의 소득분배가 서유럽국가들에 비해
훨씬 불평등한 것은 미국에 노동자계급의 정당이 미약했기 때문이다.

자산 및 소득의 불평등한 분배는 경제성장을 저해하고 평등한 분배는
경제성장을 촉진한다는 것이 여러 실증연구를 통해 밝혀졌다(김유선, 2004;
하준경, 2004). Persson and Tabellini(1994)는 56개국 자료를 이용한 실증분
석에서 최상위 20% 계층의 소득비중을 7%(1 표준편차) 늘릴 경우 평균성장
률이 0.5%p 가량 하락함을 보였고, Alesina and Rodrik(1994)은 70개국의
자료를 이용한 분석결과 토지소유의 지니계수를 1 표준편차만큼 늘릴
때 1인당 국민소득 증가율이 매년 0.8%p 하락함을 보였다. Benabou(2002)
는 GDP의 6%를 재분배(상위 30% 소득계층이 하위 70% 계층을 지원하는
방식)에 사용할 경우 주로 하위계층의 인적 자본 투자증가로 미국의 장기
경제성장률이 0.5%p 상승하는 것으로 추정했다. Galor and Zeira(1993),
Banerjee and Newman(1993), Aghion and Bolton(1997), Aghion, Caroli,
and Garcia-Penalosa(1999) 등은 소득분배의 불평등이 인적·물적 자본에
대한 원활한 투자를 저해하여 경제성장률을 낮춘다고 지적했다. 자본시장
이 불완전하여 인적 자본에 대한 투자를 담보로 차입하기 어려우므로
신용제약에 직면한 저소득층은 적정수준의 교육투자를 실행하기 곤란하
다는 것이다. 물적 자본의 경우에도 초기 부존자원의 분포에 불평등이

커지면 신용제약에 직면한 소규모 기업가들은 최적수준의 투자계획을 실현시킬 수 없게 되므로 자본축적이 저해된다.

소득불평등과 경제성장의 관계는 경제발전단계에 따라 달라진다. 물적 자본의 축적이 중요시되는 경제발전의 초기에는 소득불평등이 저축량의 증가를 통한 자본축적이라는 측면에서 경제성장에 긍정적 영향을 줄 수 있다. 그러나 개도국에서도 지나친 불평등은 투자 기회와 동기를 저하시키는 반면 토지개혁 등을 통한 평등의 증대는 투자기회를 확장시키고 투자 및 근로 동기를 촉진한다. 특히 평등의 개선은 인적 자본을 증대시킴으로써 경제성장에 기여한다. 경제발전의 성숙기에 접어든 경우 소득불평등도가 높아지게 되면 인적 자본에 대한 원활한 투자를 저해할 수 있다. 이는 결국 기술혁신의 역량과 여건을 악화시키고 이는 성장잠재력을 훼손한다 (Galor and Moav, 2003). 선진국의 경우 경제발전과정에서 인적 자본의 중요성이 점점 커짐에 따라 적절한 분배를 통한 인적 자본의 원활한 축적으로 지속적 안정성장을 도모하게 되는 것이다. 다만 복지체제가 구축된 서구 선진국들처럼 매우 평등한 사회에서는 소득, 부, 사회적 서비스 접근 능력 등이 노력을 충분히 반영하지 못하기 때문에 의욕을 저하시킬 수 있다.

한국의 성공적인 농지개혁은 북한의 급진적 토지개혁 등 강력한 계급투쟁의 결과물로서 자산의 평등한 재분배의 한 가지 사례라고 할 수 있다. 농지개혁은 자작농이 된 농민들의 높은 자녀교육을 가능하게 함으로써 산업화에 필요한 우수한 노동력을 형성하는 데 기여하고, 토지자본의 산업자본화를 촉진함으로써 한국의 고도성장에 유리한 초기 조건을 제공했다 (장상환, 2000).

한국의 현재 경제발전단계로 볼 때, 요소투입 위주의 양적 성장론은 이미 한계에 봉착한 것으로 보인다. 한국경제의 주·객관적 조건으로 볼 때, 인적 자본의 강화와 기술혁신의 촉진이 질적인 성장잠재력의 핵심적 요인이 될 수 있다. 하지만 1997년 경제위기 이후 소득불평등도는 더 심화되고 있고, 부문 및 기업 간 성장률의 편차는 확대되고 있다. 즉 인적 자본의 강화와 기술혁신의 촉진이 사회적으로 공정한 재분배효과를 발휘할 수 있는 방향으로 추진되어야 한다. 고소득층과 대기업이 교육투자와 기술발전에 재원을 투입할 수 있도록 법·제도적 장치를 개선하는 방향으로 정책조치가 집중되어야 하는 반면, 저소득층과 중소기업에 대해서는 직접적이고 물적인 투자확대와 지원정책이 이루어져야 한다. 이러한 정책적 조치들은 산업경쟁력을 강화하고 성장의 질적 잠재력을 확대하는 데 기여할 것이다.

따라서 한국경제는 현재 분배의 개선을 통한 성장을 추구해야 할 상황이다. 분배의 개선은 공급 측면에서 인적 자본의 형성을 통해 근로자들의 생산성을 높일 수 있다. 국가가 사회복지 프로그램을 통해 건강과 교육 수준을 높이면 노동자의 생산성을 높여 사회 전체가 이득을 보게 된다. 기업을 경영하는 자본가들도 높아진 생산성과 직접지불임금 부담이 낮아지는 혜택을 본다. 그리고 분배의 개선은 수요 면에서는 소비의 안정과 증대를 통해 경제안정에 기여한다. 또한 분배의 개선은 정치사회적으로는 파업과 자살 등 사회적 불안을 감소시키고 이것은 유리한 투자 환경을 조성한다.

재분배의 범주에는 ① 소득 및 소득취득능력을 재분배하는 정책으로 누진적 조세와 소득이전, 인적 자본을 포함한 자산의 재분배 및 자산가격 (최저임금 등)에 대한 개입 ② 빈곤계층의 소비능력을 변화시키는 정책으로 재화와 용역의 재분배 및 재화와 용역 가격에 대한 개입(기초생필품에 대한 보조금 등) 등이 포함된다. 현재 한국사회 상황에서 시급한 재분배정책으로는 재산과 소득에 대한 누진적 조세징수, 부동산 거품의 제거와 임대료인상 규제, 비정규직 차별철폐, 소재부품생산 중소기업 지원확대, 재래시장 육성 등을 들 수 있다. 또한 빈곤계층의 소비능력을 직접 높이는 정책으로서 교육과 의료, 주거, 육아 등에 대한 사회보장 지출을 확대해야 할 것이다.[7]

(3) 중소기업의 역할 강화

대기업의 수요독점자적 지위를 견제하고 공정한 거래규칙을 정착시켜야 한다. 정부가 나서서 불공정거래에 대한 규제를 강화해야 한다. 이를 위해 정부는 필요한 공정거래법 등의 법제도(어음제도의 장기적인 철폐, 불공정 거래행위 규제강화 및 공정거래위의 계좌추적권 부활, 대기업과 중소기업 간 하도급 실태직권 조사 등) 개정작업에 나서야 한다. 장기적으로는 중소기업 스스로도 대기업에 대한 협상력을 증진시킬 방안이 필요하다. 이를 위해서는 중소기업에 대한 기술지원, 인적 투자, 금융지원서비스를 향상시켜 혁신 주도형 중소기업들을 적극 육성해야 한다. 특히 신산업에 대한 연구개발투자만큼이나 구산업으로 분류되는 제조업의 직업훈련, 숙련교육시스템을 재정비하여 고부가가치를 창출하는 산업고도화를 추구해야 한다. 현재 추진되고 있는 지역혁신체계의 핵심주체로 중소기업을 배정하고 이를 중심으로 이루어지는 산학연 네트워킹 사업에 대한 재정적·인적

---

7 김유선(2004)은 노동소득 분배구조 악화와 경제성장 간의 관계에 관한 실증분석 결과 임금소득 불평등 증가는 경제성장에 부정적 영향을 미치고 노조조직률 증가는 긍정적 영향을 미치며, 비정규직 증가는 유의미한 영향을 미치지 않는다는 사실을 밝혔다. 노동소득 분배구조가 악화되고 저소득층 생활난이 가중되면, 민간소비가 위축되고 가계부채가 증가하며 내수기반이 약화되고 경기침체가 장기화되고, 저소득층 인적 자본 축적이 저해됨에 따라 성장잠재력이 훼손되며, 사회정치적 불안이 고조되고 정치경제환경의 불확실성이 증가하여 기업의 설비투자의욕이 저하되고 성장잠재력이 훼손되며, 파업이 증가하고 생활범죄가 증가하는 등 사회경제적 갈등이 확산된다는 것이다. 그는 노동소득 분배구조 개선을 위한 정책과제로서 최저임금 현실화, 산별 교섭 촉진 및 단체협약 효력 확장, 비정규직 차별제어, 연대임금정책, 연대복지정책 등을 들고 있다.

투자가 우선적으로 이루어져야 한다.

민주노동당은 2004년 총선에서 "중소기업 R&D센터 설립을 통해 반도체, 전기·전자 분야 핵심 부품산업 중심의 중소기업을 지원, 육성하겠다"라고 공약했다.

(4) 노동자보호 강화

노동시장에 대한 정부의 개입, 즉 노동자보호를 강화해야 한다. 모든 개인의 재산권과 계약 등을 무차별적으로 규율하는 민법 이외에 노동법이 특별법으로 존재하는 이유는 노동력이 가지는 특수성 때문이다. 확대되고 있는 대기업과 중소기업 노동자 간의 임금격차를 축소하기 위해서는 기업별 교섭을 넘어서 초기업적 교섭, 즉 산업별 교섭을 제도화할 필요가 있다. 나아가서 정규직과 비정규직 노동자 간의 격차를 축소하기 위해서는 노동조합에 가입하지 않은 비정규직 노동자들에게도 교섭결과인 단체협약이 적용되도록 일반구속력을 부여해야 한다. 유럽 각국에서는 비정규직 노동의 보호를 법률이 아닌 협약으로 보호할 경우 대부분이 일반구속력을 이용하는 것이 일반화되어 있다. 프랑스의 경우 노동조합 가입비율은 10%에 불과한데 단체협약 적용률은 90%에 이른다.

2004년 총선에서 민주노동당은 노동 분야 핵심공약으로 "공공 부문, 사회서비스 부문에서 대규모로 정규직 일자리를 늘리고 주 40시간제 주 5일제를 전면적으로 실시하여 적극적으로 일자리 창출(68만 개의 일자리 창출, 2005~2011년까지 분기당 3,115억 원 소요), 청년 신규 실업자 의무고용제를 도입하고 노동자·학생 참여보장을 통한 직업훈련 개혁을 통해 청년실업 문제를 해결, 최저임금을 2007년까지 평균임금의 50%로 끌어올리고 동일노동 동일임금 원칙을 명문화하여 임금차별을 해소(산업별 단체교섭 제도화), 1년 이상 장기 임시직근로자를 정규직으로 자동전환시키고, 파견법을 철폐하여 비정규직을 획기적으로 줄임, 이주노동자 고용허가제와 산업연수생제를 폐지하고 노동허가제 도입, 공무원과 교원의 완전한 노동3권 보장, 단체교섭과 쟁의 행위, 기타 노동조합 활동과정에서 발생한 폭력·파괴 행위 등으로 인한 직접적 손해를 제외하고는 손해배상의 청구 금지" 등을 제시했다.

(5) 금융기관 운영의 공공성 강화

금융기관 운영의 공공성을 강화해야 한다. 금융기관이 지역 기업과 중소기업에 대한 대신용을 일정 정도 이상 제공하도록 은행재투자법을 도입할 필요가 있다. 서민금융전담 금융기관을 강화하거나 필요하면 설립해야 한다. 금융기관의 겸업화는 금융체제와 국민경제의 불안정을 심화시킬 것이므로 금지하고 전문화경영을 하도록 해야 한다.

민주노동당은 2004년 총선에서 "서민금융기관의 저소득층 대상 대출이윤(예대마진)에 대한 비과세와 이용자들의 이자소득세 비과세로 서민들의 금융거래를 활성화하고 고리대 대출을 없앰, 서민금융을 담당하고 있는 상호저축은행, 새마을금고, 신용협동조합의 역할을 재정립하고 이들의 서민금융기능을 확대하여 서민금융을 활성화, 공적 자금을 조성해서 개인신용불량자 중 기초생활보장 수급권자와 차상위계층 그리고 미성년자 등의 채무를 탕감, 불법채권추심을 해소하고 개인채무자의 신용회복 지원을 위해 '개인채무자신용회복법'을 제정" 등을 공약했다.

(6) 집합적 소비 영역에서의 탈시장화 확대

보편적 복지를 확립하고 공공 부문이 복지서비스를 제공하는 현물급여 방식을 기본으로 한다. 첫째, 국민기초생활보장제도를 개혁한다. 광범한 사각지대가 존재하는 문제를 해결하기 위해서 가족책임주의를 극복하고,

중위소득의 50% 이하 계층을 빈곤계층으로 보는 상대빈곤 개념을 도입한다. 부양의무자 규정의 실질적 폐지가 필요하다. 가족지원을 통한 기능강화와 가족책임주의는 구별해야 한다. 상대빈곤 개념에 의하면 2002년의 경우 4인가구 최저생계비 98만 9,719원에서 도시근로자 중위소득의 50%인 147만 9,345원으로 상향조정해야 하며, 이로 인해 차상위 및 차차상위 빈곤층의 일부가 수급권에 포함될 수 있다(이영환·정원오, 2004). 또한 생계급여를 보완하고 있는 교육급여, 의료급여, 주거급여, 자활급여 등 부분급여를 보편적으로 확대하도록 한다.

둘째, 포괄적인 사회보장체제를 확립한다. 노인, 아동, 장애인을 위한 보편적 수당제도를 도입한다. 사회보험의 사각지대를 해소하기 위해 저소득층에게 보험료를 보조하고, 비정규직과 영세사업 근로자, 직장가입자를 국민연금과 건강보험에 편입시킨다. 주거보장, 고용보장, 의료보장, 교육보장 등 보충적 사회보장체제의 공공성을 확충한다. 민주노동당은 2004년 총선에서 '무상의료, 무상교육의 실현'을 공약했다. 그리고 사회복지서비스를 현물급여방식으로 제공해야 한다. 공사협력체제(public-private partnership), 즉 정부가 비용을 지불하고 민간회사가 서비스를 제공하는 방식은 부패, 가격인상의 문제점을 가진다.

2) 사회적 소유의 확대 및 민주적 통제의 강화

(1) 기업소유의 사회화 확대

전력, 에너지, 통신, 기간교통(철도, 도시철도, 시내버스 등)은 공기업으로 운영되도록 해야 한다. "현재 추진 중인 전력, 철도, 가스 등 공기업의 민영화를 중단하고 경영을 민주화해 국민들에게 양질의 값싼 사회공공서비스를 제공하겠다"(민주노동당 정책위원회, 2004 총선공약). 그러나 공기업은 관료적 운영의 문제를 안고 있다. 공기업은 공적 소유와 노동조합의 참여에 의해 공공적·민주적으로 운영되도록 해 효율성을 높여야 한다.

나아가서 국민연금을 통해 공기업과 핵심 기간산업을 소유·운영하는 연기금의 사회화를 구체적으로 검토할 필요가 있다(오건호, 2004). 미국에서 이루어지고 있는 사적 성격의 연기금의 주식투자는 '연기금자본주의'이다. 공공성이 강한 국민연금은 핵심기업의 주식을 취득하더라도 시장에서 유통되게 할 것이 아니라 경영권에 대한 공공적인 통제를 확보하기 위한 수단으로서의 역할을 하도록 해야 할 것이다. 물론 전제조건으로서 연금보험료 납입자인 노동자들의 연금기금운용에 대한 민주적 통제장치가 구축되어야 할 것이다.

금융기관의 소유를 공공화해야 한다.[8] 우선 공공소유 금융기관이 된 우리은행을 매각하지 않게 함으로써, 막대한 공적 자금을 투입해 정상화한 은행의 경영수익을 정부와 노동자들이 향유할 수 있게 해야 할 것이다. 그리고 다른 금융기관에 대해서도 정부의 지분을 단계적으로 늘려가서 경영권을 정부가 인수하도록 해야 할 것이다.

재벌지배 사기업은 민주적 참여기업으로 전환시켜나가야 한다. 우선 외국인 소유지분 비율을 다시 제한해야 한다. 외국인 자본이 기업경영의 핵심적 내용에 영향을 행사하지 못하도록 장기적으로 과도기를 거쳐서 10~20%로 제한해야 할 것이다. 국내재벌들이 외국인 소유지분에 대항하기 위해 역차별이 될 수 있는 출자총액제한제 등을 폐지해야 한다는 주장은 대기업의 문어발 확장 등 시장의 혼란을 부추기는 것으로 올바른 방향이

---

8 민주노동당 강령은 금융기관의 공적 소유와 경영을 기본으로 할 것을 선언하고 있다. "국민경제의 각 부문과 기업 간의 자원배분 등 공공적 기능을 수행하는 각종 금융기관을 재벌과 외국자본이 지배하는 것을 금지하고, 공적 소유와 경영을 기본으로 하되, 경제정책위원회가 통제하는 민주적인 금융감독기구의 감독을 받도록 한다."

아니다. 열린우리당과 공정거래위원회는 2005년 2월 14일 오전 정책협의회를 열어 출자총액제한의 적용기준을 현행 자산규모 5조 원에서 6조 원으로 상향조정하는 내용의 공정거래법 개정안 시행령을 확정했다. 이렇게 되면 당초 2005년 출자총액제한 대상이 될 것으로 예상되었던 CJ와 동국제강, 대림산업과 효성은 적용대상에서 빠질 가능성이 높다. 이것은 정부여당이 경제회복을 이유로 개혁정책을 크게 후퇴시키는 것이다. 재벌의 생산적 투자 확대보다는 기형적인 소유지배구조 확대와 문어발식 확장을 부추길 것이다.

참여연대의 소액주주운동은 소액주주와 기관투자가가 주주행동주의의 주체로 성장하지 않은 한국의 조건에서 소액주주의 권리옹호라는 방식을 통해 재벌총수의 경영오류를 억제하는 데 일정하게 기여했다고 할 수 있다(김상조, 2004). 그러나 근본적이고 장기적인 관점에서 볼 때 "소액주주운동은 자본의 이익실현에 종속된 영미식 주주자본주의 또는 신자유주의를 한국에 이식하는 데 기여할 뿐 신자유주의의 극복이나 대안체제를 제시하지 못하며 단기실적과 노동배제적인 새로운 기업지배구조 이데올로기로 한국사회의 구조를 더욱 왜곡시키고 있다"는 전현준(2004)의 비판은 정당하다. 대안정책연대회의 운영위원이고 투기자본감시센터 대표인 이찬근(2003; 2004)은 재벌의 경영권을 보장해주되 사회적 책임을 강화하자는 주장을 한다. 이것은 한국의 재벌자신이 초국적자본이며, 선진국자본의 하위파트너로 기능하고 있다는 사실을 간과하고 있고, 결과적으로 노동자의 입장을 전혀 고려하지 않는 근본적 문제가 있다(장시복, 2003).

민주적 참여기업으로의 전환을 위해 이익을 많이 내는 대기업에서부터 시작하여 임노동자기금 조성을 통해 노동자의 소유참가를 확대하도록 한다.9 민주노동당은 2004년 총선에서 "기업출연에 기초한 노동자소유기금의 설치와 노동자 경영참가제도의 확충을 통해 재벌을 민주적 참여기업으로 전환하겠다"라고 공약했다. 일정규모 이상인 기업(예컨대 자산총액이 70억 원 이상이고 노동자 500명 이상을 고용하는 주식회사)에 대해 법률로 노동자 소유참여제도의 도입을 의무화해야 하며, 그 수단으로는 기업출연에 기초한 '노동자소유기금'이 가장 유력하다. 노동자소유기금의 내용은 '기업출연금(통상임금총액의 3~5%를 기업이 출연)에 기초한 노동자소유기금 설치'이다. 즉 민주적 의결권 행사방식의 도입(조합원총회에 기초한 의결권 행사), 노동자소유기금으로 취득한 주식의 조합원 공유, 기업출연금에 대한 퇴직 시 현금배분제의 도입, 우리사주조합의 비민주적 운영에 대한 시정조치 강화, 우리사주조합에 대한 소수주주권 부여 및 주총 안건 제안권 부여(이사·감사 후보 추천, 주주제안 등) 등을 통해 노동자 경영참여 촉진, 임의규정으로 되어 있는 '노사 동수의 우리사주운영위원회' 규정을 설치 의무규정으로 전환하고 의결사항 확대 등을 내용으로 한다.

(2) 민주적 통제의 강화

정부 차원에서의 경제정책결정에서부터 기업의 소유와 경영에 이르기까지 일하는 사람들을 참여시킴으로써 성장을 촉진하도록 한다. 중요한 의사결정에 참여할 경우 노동자의 책임감을 높이고 성취동기를 불러일으킴으로써 노동생산성을 높이고 성장을 촉진한다. 기업단위의, 예를 들면

---

9 민주노동당 강령은 재벌의 해체와 민주적 참여기업으로의 전환을 규정하고 있다. "국민경제를 장악하고 경제모순을 심화시키고 있는 재벌체제를 해결하는 관건은 총수일족이 경영을 독점하는 기반인 소유 문제를 바꾸는 것이다. 단순히 소유와 경영의 분리나 소유분산이 아니라 사회적·공공적 소유의 지배적 지위를 확보하는 것이다. 이를 위해서 총수일족의 지분을 공적 기금을 활용해 강제로 유상 환수하여 재벌을 해체하고, 또 해당기업의 노동자를 비롯해 다수 국민들이 소유에 참여할 수 있는 민주적 참여기업으로 전환한다."

미국 회계조사국(General Accounting Office)은 일하는 사람들을 소유와 경영에 포괄적으로 참여시키는 경우 생산성이 8~11% 상승되고 기업의 생존율이 높아진다는 조사결과를 발표했다. 이를 바탕으로 해서 볼 때 일하는 사람들을 기업경영에 참여시키면 그렇지 않을 경우보다 적어도 3% 이상의 경제성장률 증가를 기대할 수 있다.

정부 차원에서는 노동자·농민·자영업자·기업경영자 대표와 정부대표들로 '국민경제정책위원회'를 조직하여 성장률, 투자율, 저축률, 물가인상률, 소득분배율, 임금인상률, 조세부담률 등에 관해 지시적 계획(indicative plan)을 작성하도록 한다. 각 부처별로 정책심의회가 존재하지만 형식상으로만 기능하고 있을 뿐인데 이것을 현실화하는 것이다.

기업 차원에서는 '노동자경영참가법'을 제정하여 노동자의 경영참가를 제도화시켜야 한다. 민주노동당은 2004년 총선에서 노동자경영참가를 공약했다. "근로조건의 결정권이 있는 상시 30인 이상의 종업원을 사용하는 사업 또는 사업장 단위에 노사 동수로 구성되는 노사공동위원회(근참법의 내용과 동일) 설치 및 노사공동위의 의결사항 확대 등 근로조건과 관련된 사항들은 노사합의 사항으로 전환, 경영정보의 공유를 위한 사회보고제 도입, 노사공동위원회의 노동자대표위원에게 변호사·회계사·노무사 등 전문가의 조력을 얻을 수 있는 기회부여, 노동자대표위원의 이사회참관 및 의견진술권 부여, 노동자투표 총회를 통한 종업원이사 1인 및 종업원감사 1인 추천 및 선임기관(주총, 이사회)에 의한 선임의무화와 특별한 사유가 있는 경우를 제외하고 노동자들의 의사에 반하는 해임제한, 대표이사 사장 추천위원회 설치 의무화 및 위원은 노사가 공동으로 추천하는 전문가로 제한" 등이 그 내용이다. 노동자 소유참가 확대는 상당한 시간이 걸리지만 시급한 과제이다. 기업경영에 대한 의사결정권한은 없으면서 기업부실의 무거운 부담만 지는 것은 불공평하다. 그리고 기업의 기술혁신을 위해서는 노동자들이 창의성을 발휘해야 하는데 경영참가는 기업경영성과에 대한 노동자들의 책임감을 높일 수 있다.

(3) 부동산의 사적 소유 제한

부동산의 사적 소유를 제한한다. 민주노동당 강령은 토지의 원칙적 국공유화를 지향하고 있다. "토지나 건물 등에 대한 사유재산권을 절대시하는 것은 국민의 삶의 질을 저하시키고 기업경영을 어렵게 하는 주요인으로 작용하고 있다. 국민총생산에 대한 한국의 지가총액비율은 세계 최고수준으로, 한국 자본주의의 투기성과 기생성을 잘 보여주고 있다. 농지와 소규모 생활터전용 소유지를 제외한 일정규모 이상의 토지는 국·공유를 원칙으로 한다. 또한 주택이나 상가임차자의 장기간 임차권을 보장하고 임대료인상을 억제한다."

그동안 민주노동당은 토지·주택 문제와 관련하여 소유자의 횡포에 대해서 '적정 임차기간 보장'과 '임차료인상 억제' 등 주택·상가 임차자의 권익을 보호하는 것을 중심으로 해왔다. 2004년 총선에서 주택 분야 핵심 공약으로서 "주택임대료 인상 연간 5% 이내로 제한, 원가연동분양가제도 도입, 공유지와 공공임대주택 확대, 저소득층에 대한 주거비보조 확대 및 임대주택 확충" 등을 제시했다.

이제 토지투기의 심화와 거품 형성 등 토지주택 문제가 심각해졌고, 또 국회에도 진출하고 15% 내외의 지지를 받고 있는 상황이 되었기 때문에 민주노동당은 토지 국·공유화라는 강령의 실현에 한걸음 다가가야 할 것이다. 토지공개념을 실질적으로 도입하는 것이다. 우선 주택소유에 대해서 1가구 1주택이라는 원칙을 확립할 필요가 있다. 주택을 이익추구의 대상이 될 수 없도록 하는 것이다. 또한 주택단지개발의 경우 국·공유지로 유지하면서 장기임대하는 것이 필요하다. 또한 철저한 개발이익환수가 필요하다. 예컨대 지하철건설부채를 역세권 개발이익을 환수해서 상환하는 방안도 모색해야 할 것이다.

3) 외국자본의 운동에 대한 통제 강화

민주노동당은 강령에서 "자주적이고 평등한 대외경제관계를 확립하기 위해 대외무역과 자본이동에 대해 주권국가로서의 통제를 강화한다"라고 규정하고 있다. 그리고 그 내용으로서 WTO 체제의 수정, 개도국의 수입억제와 국내생산 촉진 권한보장, 인류의 자산인 지적재산의 사유재산화 방지, 경제정책수립의 자주성 보장, 단기적 투기성자본의 이동 엄격규제를 위해 직접적인 이동제한, 준비금비율 규제나 외환거래세 도입, 직접투자에 대해서도 국민경제의 중핵에 대한 지배 불허, 개도국과 연대하여 다자간 투자협정 등 각종 국제협약 개정 등을 제시하고 있다.

민주노동당은 2004년 총선에서 "외환거래세와 가변예치의무금제를 도입해서 외환시장의 불안정을 해소하겠다"라고 공약했다. 외환거래액의 0.1%에서 0.5%의 비교적 저율의 거래세를 부과하는 외환거래세를 도입하고 이것이 국제적으로 확산되도록 외국의 시민단체·진보정당과 연대하여 노력해야 한다. 현재 증권거래의 경우도 거래세를 부과하는 나라와 그렇지 않은 나라가 있고 세율 면에서도 상당한 차이가 있으나, 주식시장의 자금이 급격하게 이동하고 있지 않다. 거래세의 일종인 토빈세를 도입한다고 모든 외환이 빠져나갈 것이라는 주장은 타당하지 않다. 토빈세는 최소한 주요한 국제외환시장이 존재하는 주요 국가 등이 찬성해야 그 목적이 달성되기 때문에 국제적 도입노력이 중요하다. 외국인 지분보유한도 재설정 등과 같은 방안은 엄청난 저항을 불러올 가능성이 높다. 따라서 외국계 단기자금의 유입규제에 초점을 두는 가변예치의무금제(VDR)의 도입이 요구된다.

〈그림 3-3〉 대안적 사회경제체제

구조 사적 소유 확대, 민주적 통제 강화	기업 • 외국인 지분 제한 • 노동자 경영 참가 • 경영권 확보용 연기금 주식투자	금융 • 외국인 소유 지분 제한 • 공유화, 공공화 확대 • 민주적 감독체제 강화 • 노동자 경영참가	부동산 • 사적 소유 제한 • 공공적 소유 확대	국가 • 국가의 역할 강화
행태 사회적 조절 강화	• 저율배당, 투자 부진 • 비정규직 축소 • 노조조직률 상승 • 단체교섭 적용률 향상	• 전문화 경영 • 중소기업대출 확대 • 가계대출 억제	• 이용자권리 보호 강화 • 부동산가격 안정 • 임대차료 안정	• 재벌기업 규제 강화 • 재산소득세 징수 강화 • 사회복지공급 확대 • 보편적 복지
효과 소득분배 개선	• 소득분배 불평등 개선 • 고용과 임금 양극화 개선 • 빈곤 개선	• 계층 간 갈등 완화		• 사회복지 확대 • 공공복지서비스 중심
효과 성장 촉진	• 민간소비 촉진 • 내수기반 강화	• 적정 출산 • 대학교육의 질 향상	• 혁신적 투자 활성화	• 노사관계 개선
효과 분배와 성장의 선순환구조 확립	경기 회복 촉진	성장 잠재력 강화	사회적 갈등 완화 민주주의 기반강화	

VDR은 무이자나 저리로 일정기간 동안 예치하게 하는 단기자본 유입규제 조처이다. 2003년 10월 타이 중앙은행은 금융기관들이 만기가 최소 6개월이 넘는 경우를 빼고 모든 비거주자에 대해 경상 및 저축 계정의 이자지급을 금지하는 VDR을 도입했다.

이상에서 제시한 대안적 사회경제체제의 모습과 그 성과를 그림으로 그리면 앞의 <그림 3-3>과 같다.

3) 보수 여야당 경제정책과 비판

정부는 장기화되는 경기침체대책으로 2004년 11월 종합투자계획(이른바 '한국형 뉴딜정책')을 발표했다. 핵심내용은 민자유치를 통한 사회간접자본시설을 확대하고, 기업도시와 혁신도시 건설 등 대규모 건설경기 부양을 추구하는 것이다. 민간투자법을 개정하여 민간사업자가 시설을 건설하여 정부에 소유권을 이전하고 정부는 원리금을 임대료방식으로 지급하는 BTL(build-transfer-lease) 방식을 도입한다는 정책이다. 그러나 이 경기활성화대책은 신용불량자대책 등 서민경제 활성화 내용이 빠져 있고, 신자유주의적 기업도시 건설로 인한 재벌기업에 대한 특혜와 사회적 비용 발생 등 신자유주의적 규제완화라는 문제점을 안고 있으며, 국민의 세금으로 민간사업자의 수익성을 보장해주는 문제 등이 있다.

정부여당은 양극화를 핵심 경제문제로 파악하고 있다. 노무현 대통령은 1월 13일 연두기자회견 내용의 대부분을 경제문제에 집중하고 '동반성장, 선진한국'을 주장했다. 현재 한국경제의 구조적 문제를 산업 간·기업 간·노동자 간 양극화로 진단한 것은 타당하다. 그러나 양극화에 대해 잘못된 진단과 처방을 내리고 있다.

첫째, 분배를 개선할 방안을 제시하지 않았다. 생활이 어려워진 서민을 보호하겠다고 하지만 여기에 필요한 조세수입을 확대하기 위한 정책은 없다. 분배를 개선하려면 많은 이윤을 올리는 대기업, 외국자본, 부동산 소유자 등 고소득층의 부담을 요구할 수밖에 없을 터인데 여기에 대해서는 언급이 없다. 대신 '기업 하기 좋은 환경'을 조성하여 투자를 촉진한다고 하는데 이것은 각종 조세감면, 기업도시법 제정 등 자본가들에 대한 지원으로 나타난다. 성장과 분배를 함께 추구한다지만 실제로는 성장을 통해 서민경제를 살려보겠다는 것이고 이 점에서 재계가 요구해온 한나라당의 경제정책기조와 일치한다.

둘째, 기업 간 양극화의 책임을 중소기업 측에 떠넘기고 있다. 기업 간 양극화에서 핵심적인 문제는 대기업과 중소기업 간의 불공정 하도급거래이다. 대기업이 납품단가 인하 등으로 중소기업의 경영을 압박하여 엄청난 이윤을 거두고 있는 것이 현실이다. 그런데도 노 대통령은 이 문제에 대해서는 한마디도 없고 중소기업 기술지원과 구조조정(선별 육성)만을 이야기하고 있다.

셋째, 노동자 간 양극화의 책임도 대기업노동자들에게 떠넘기고 있다. 노 대통령은 비정규직 문제의 원인을 비정규직 노동자의 기술능력 부족과 대기업노동자의 과욕 탓으로 돌리며 처방책으로서 정부의 '이동 직업훈련서비스' 제공방안과 함께 "고용이 안정되고 근로조건이 양호한 정규직, 특히 대기업노동조합의 양보와 협력"을 요구한다. "소수에 대한 두터운 보호보다는 다소 수준이 낮더라도 다수가 폭넓게 보호받는 것이 바람직하다"는 것이다. 그러나 비정규직이 확대되고 정규직과의 격차와 차별이 확대된 것은 정규직 노동자들의 이기주의가 아니고 외국자본과 재벌이 주도한 신자유주의적 구조조정의 결과 국내외 대자본가계급의 힘이 너무 세고 노동자들의 힘이 너무 약해졌기 때문이다. 정규직 노동자들도 고용불안에 시달리고 있다. 그런데도 노 대통령은 노동자 간의 이해대립을 앞세운다.

넷째, 개방확대를 강조하고 있는데 이것은 경제불안정과 분배악화를 심화시킬 따름이다. 이미 외국자본의 한국경제 지배에 따르는 부작용이 분명하게 나타나고 있다. 서비스산업 육성을 위한 촉진제로서 한일·한미 FTA 등을 통해 서비스시장을 개방할 경우 금융의 양극화, 의료의 시장화, 교육의 사유화를 부추길 것이고 이것은 다시 분배를 악화시키고 성장잠재력을 갉아먹을 것이다.

다섯째, 노 대통령이 고등교육을 산업으로, 즉 돈벌이 대상으로 보는 것은 큰 잘못이다. 물론 대학도 경쟁력을 갖도록 해야 한다. 그러나 미국의 사립대학들도 대부분 기부금의 비중이 1/3 이상이다. 대학을 경영해서 돈을 번다는 것은 있을 수 없는 일이다. 대학을 기업으로 보고 교육을 이윤추구사업으로 상정하는 정부에 바람직한 개혁을 기대할 수 없다. 단기간에 수준 높은 대학으로 성장한 포항공대의 경우에도 포항제철이 대규모 지원을 하여 학생들과 교수들에게 상당한 금액의 장학금과 급여, 연구비를 제공할 수 있었기 때문이다. 대학개혁은 대학의 민주화, 공공성 강화, 교육내용의 내실화 등을 통해 이루어져야 한다.

한나라당은 한국경제가 순환적 경기변동이 아니라 구조적인 장애로 인해 장기적인 침체에 빠져들었다고 진단한다. 그리고 경제침체의 핵심요인은 정부정책에 대한 신뢰부족과 반기업·반부자·반시장 정서로 인한 기업의 투자기피와 과소투자 위기 그리고 그에 따른 고용불안과 소비위축이라고 파악한다. 당연한 귀결로 경제선진화의 기본방향을 '작은 정부, 큰 시장'을 통해 민간 부문의 활력을 복원하는 데서 찾는다. "파격적인 규제혁파와 대폭적인 감세를 통해 기업들의 투자환경을 개선한다"라는 것이다. 이와 동시에 '인재양성과 기술혁신' '빈틈없는 사회안전망 구축'도 제시한다(윤건영, 2004). 이러한 한나라당의 경제정책방향의 근본적인 문제점은 성장잠재력 확충과 사회안전망 구축을 위한 재정확충계획이 없다는 것이다. 인재양성과 기술혁신, 빈틈없는 사회안전망 구축을 위해서는 당연히 많은 재정이 소요될 터인데 실제로는 이러한 요구와는 완전히 모순적인 '대폭적 감세'를 하겠다는 것이다. 사회안전망 구축은 실현될 수 없는 헛된 약속에 불과하게 되는 것이다.

4. 맺음말

한국사회는 외환위기 이후 신자유주의적 구조조정의 결과 자본주의적 모순이 심화되었다. 경기불황이 장기화되고 양극화가 급속도로 진행되었다. 이에 따라 노자 간의 사회적 갈등도 격화하고 있다. 이러한 모순을 완화하기 위한 사회복지국가의 확립은 절실하지만 세계화의 압력 속에서 쉽지 않은 과제이다. 그러나 정치적 민주화의 진전과 사회경제적 민주화 요구가 강하게 분출되는 속에서 복지국가를 확립하지 않으면 인적 자본의 축적을 통한 혁신이 어려워지고 사회적 갈등이 격화되어 기업경영 여건도 악화될 것이다.

정부는 국내외 개별자본의 입장이 아니라 다수의 일하는 노동자의 입장에서 국민경제의 안정과 성장잠재력 육성이라는 목표를 가지고 사회경제에 대한 개입을 확대해나가야 한다. 민주노동당은 자본주의적 모순 심화와 진보정치역량의 성장이라는 조건하에서 대안적 사회경제체제를 실현하기 위해서 대안적 경제정책을 더욱 구체화해나가야 할 것이다.

✦ 참고문헌

김석준·장상환. 2003. 「신자유주의 구조조정과 자본주의 모순의 심화」. 경상대
　　　사회과학연구원 편. 『신자유주의적 구조조정과 노동문제 1997-2001』.
　　　한울.

김상조. 2004. 「재벌개혁: 이해관계 충돌 및 조정의 현실적 고려사항」. ≪시민
　　　과세계≫, 제5호. 참여사회연구소. 당대.

김성구 편. 2003. 『사회화와 공공부문의 정치경제학』. 문화과학사.

김유선. 2004. 「노동소득분배구조 개선을 위한 정책과제」. 2004 사회경제학계
　　　공동심포지엄 발표논문.

민주노동당 정책위원회. 2003. 「경제위기의 해법과 바람직한 재벌소유구조
　　　개혁방안」. 토론회자료집.

＿＿＿. 2004. 『민주노동당 국회의원총선거 공약자료집』, 제2권 경제·과학기
　　　술분야.

삼성경제연구소. 2005. 「외국인 주식투자가 국내기업의 성장에 미치는 영향」.

박노영. 2004. 「대안찾기와 마르크스주의」. ≪마르크스주의연구≫, 제1권/제2
　　　호. 경상대학교 사회과학연구원.

신정완. 1999. 「임노동자기금논쟁에 나타난 스웨덴 사회민주주의자들의 이념
　　　적 스펙트럼」. ≪사회경제평론≫, 제12호. 한국사회경제학회. 풀빛.

＿＿＿. 2004. 「재벌개혁 논쟁과 스웨덴 모델」. ≪시민과세계≫, 제6호.

오건호. 2004. 「연기금의 주식·부동산 투자 전면허용, 어떻게 볼 것인가: 정부
　　　의 기금관리기본법 개정안 비판」. 『연기금의 주식·부동산 투자 전면허용,
　　　어떻게 볼 것인가: 정부의 기금관리기본법 개정안에 대한 쟁점토론』.
　　　민주노동당 심상정 의원실.

유경준. 2003. 「소득분배 국제비교를 통한 복지정책의 방향」. KDI 정책포럼,
　　　제167호.

윤건영. 2004. 「확 트인 시장, 그늘 없는 세상」. 경제선진화 비전 공개토론회.

여의도연구소.

윤종훈. 2004. 「스웨덴 조세정책원칙: 투명성과 공평성」. 스웨덴 사회복지모델에 솔솔 피어오르는 경제성장론. UNI·KLC 사회적 합의 건설 포럼 / 대안연대회의 공동토론회.

이병천. 2004a. 「이행기 한국시장경제와 동반성장의 뉴패러다임」. 한국사회경제학회 여름학술대회 발표논문.

_____. 2004b. 「공화국과 자본주의: 무책임 자본주의에서 시민자본주의로」. ≪시민과세계≫, 제6호.

_____. 2004c. 「칼 폴라니의 제도경제학과 시장사회 비판」. ≪사회경제평론≫, 제23호.

이영환·정원오. 2004. 「빈곤과 복지의 구조적 간극과 대안」. 2004 사회경제학계 공동심포지엄 발표논문.

이찬근. 2003. 「유럽 소국의 기업지배권 방어기제: 국내 재벌개혁에의 시사점」. ≪사회경제평론≫, 21호.

_____. 2004. 「한국경제 시스템의 위기와 대안정책」. ≪시민과세계≫, 제6호.

장상환. 2000. 「농지개혁과 한국자본주의 발전」. ≪경제발전연구≫, 제6권/1호. 한국경제발전학회.

_____. 2001. 「민주적 사회주의론」. ≪동향과전망≫, 여름호.

_____. 2004a. 「해방 후 한국자본주의의 발전과 부동산투기」. ≪역사비평≫, 봄호, 역사비평사.

_____. 2004b. 「민주적 사회주의와 민주노동당의 실천」. ≪마르크스주의연구≫, 2호. 경상대학교 사회과학연구원. 한울.

_____. 2004c. 「대안적 사회경제체제의 모색」, 진보정치연구소 개소기념 토론회 자료집.

장시복. 2003. 「세계화 시대 재벌개혁논쟁에 부쳐: 재벌강화론 비판」. ≪시민과세계≫, 제4호.

전현준. 2004. 「참여연대, 대안연대, 민주노동당의 경제정책노선을 비판한다」.
≪월간 말≫, 10월호.

정건화. 2004. 「대안적 경제체제의 모색을 위한 제도경제론적 검토: 시장담론
을 중심으로」, ≪사회경제평론≫, 제23호.

조돈문. 2002. 「국가사회주의의 실패와 대안체제의 가능성: 평등과 효율성에
기초한 민주적 시장사회주의의 모색」. ≪동향과전망≫, 52호/봄호. 한
국사회과학연구소.

조복현. 2004a. 「금융주도 축적체제의 성격과 금융자본의 지배」. ≪사회경제
평론≫, 제23호.

_____. 2004b. 「외환위기 이후 금융제도의 변화와 경제적 효과」. 2004 사회
경제학계 공동심포지엄 발표논문.

_____. 2004c. 「은행합병의 성과와 문제점」. 『은행대형화 무엇이 문제인가?』.
Dymski 교수 초청 금융노조기자간담회 자료.

하준경. 2003. 「성장전략의 전환 필요성과 정책과제: 동태적 거시경제모형을
이용한 분석」. ≪금융경제연구≫, 제169호. 한국은행 금융경제연구원.

_____. 2004. 「한국적 상황에서의 성장과 분배」. 『스웨덴 사회복지모델에
솔솔 피어오르는 경제성장론』.

함준호·홍승제. 2003. 「금융그룹화와 금융시스템의 안정성」. 『금융그룹화의
영향과 정책과제』. 토론회 발표자료. 한국은행.

허민영. 2004. 「종업원지주제를 활용한 경영참가의 가능성과 한계」. ≪연대와
실천≫, 126호.

Addidon, T. and G. A. Cornia. 2001. "Income Distribution Policies for Faster
Poverty Reduction." Discussion Paper no. 2001/93, World Institute for
Development Economics Research, United Nations University, September.

Aghion, P. and P. Bolton. 1997. "A Theory of Trickle-Down Growth and
Development." *Review of Economic Studies,* 64.

Aghion, P., E. Caroli, and C. Garcia-Penalosa. 1999. "Inequality and Economic

Growth: The Perspective of the New Growth Theories." *Journal of Economic Literature,* vol. 37/no. 4.

Alesina, A. and D. Rodrick. 1994. "Redistributive Politics and Economic Growth." *Quarterly Journal of Economics,* 109.

Baker, D., G. Epstein, and R. Pollin eds. 1998. *Globalization and Progressive Economic Policy.* Cambridge University Press(딘 베이커·제럴드 엡스타인·로버트 폴린 편. 2000.『강요된 신화: 세계화와 진보경제정책』. 백영현 옮김. 새물결).

Banerjee, A. V. and A. F. Newman. 1993. "Occupational Choice and the Process of Development." *Journal of Political Economy,* 101.

Barro, R. 2000. "Inequality and Growth in a Panel of Countries." *Journal of Economic Growth,* vol. 5/no. 1.

Benabou, R. 2002. "Tax and Education Policy in a Heterogenous Agent Economy." *Econometrica,* 70.

Bowles, S. 2000. "Globalization and Redistribution: Feasible Egalitarianism in a Competitive World." *Working Paper,* no. 34. Political Economy Research Institute. University of Massachusetts Amherst.

Callinicos, A. 2003. *An Anti-Capitalist Manifesto*(정성진·정진상 옮김. 2003.『반자본주의 선언』. 책갈피).

Clarke, G. R. G. 1995. "More Evidence on Income Distribution and Growth." *Journal of Development Economics,* 47.

Epstein, G. 2003. "Alternatives to Inflation Targeting Monetary Policy for stable and Egalitalian Growth: A Brief Research Summary." *Working Paper,* no. 62. Political Economy Research Institute.

Galor, O. and J. Zeira. 1993. "Income Distribution and Macroeconomics." *Review of Economic Studies,* 60.

Galor, O. and O. Moav. 2003. "Das Human Kapital: A Theory of the Demise of the Class Structure." mimeo.

Garcia, C. 2004. "Should the Millenium Development Goals Bring Redistribution Back to the Policy Agenda?" Paper presented at the Summer Conference of URPE.

Gugler, K., D. Mueller, and B. Yurtoglu. 2004. "Corporate Governance and Globalization." *Oxford Review of Economic Policy,* vol. 20/no. 1.

International Forum on Globalization(IFG). 2002. *Alternatives to Economic Globalization: A Better World Is Possible.* Berrett-Koehler Publishers, Inc.(이주명 옮김. 2003. 『더 나은 세계는 가능하다』. 필맥).

Jang, S. 2004. "Continuous Suicide Among Laborers in Korea." *Labor History* vol. 45/no. 2.

Kuznets, S. 1955. "Economic Growth and Income Inequality." *American Economic Review,* vol. 45/no. 1.

Perotti, R. 1996. "Growth, Income Distribution, and Democracy: What the Data Say." *Journal of Economic Growth,* 1.

Persson, T. and G. Tabellini. 1994. "Is Inequality Harmful for Growth?" *American Economic Review,* 84.

Pollin, R. 2000. "Globalization, Inequality and Financial Instability: Confronting the Marx, Keynes and Polanyi Problems in Advanced Capitalist Economics." *Working Paper,* no. 8. Political Economy Research Institute.

_____. 2002. "Globalization and the Transition to Egalitarian Development." *Working Paper,* no. 42. Political Economy Research Institute.

Wolf, M. 2004. "Globalization and Global Economic Governance." *Oxford Review of Economic Policy,* vol. 20/no. 1.

중진국 함정과 선진국 전략*

이근

1. 들어가며

한국은 1995년에 1만 달러라는 선진국에 가까운 소득수준을 달성했고 1996년에 OECD라는 선진국클럽에 가입했다. 그러나 바로 이은 1997년 외환위기는 한국의 1인당 소득을 다시 6,000달러대까지 떨어뜨렸고 2000년대에 들어야 다시 1만 달러를 회복했다. 2003년에는 1만 2,628달러까지 1인당 소득이 오른 것을 볼 때 다시 과거와 같은 순조로운 성장의 길로 접어들 것 같은 희망을 갖게 하는 것도 사실이다. 그러나 최근의 경제상황은 낙관론보다는 비관적 걱정을 낳게 하고 있다. 무엇보다도 중요한 것은 잠재성장률이 4%대로 떨어졌다는 사실이다.

* 이 글은 서울대 국가경쟁력연구센터가 수행한 7인의 공동연구 결과를 요약한 것이다. 그 결과는 2004년 10월 22일 공개세미나에서 발표된 바 있다. 이 글의 성격상 자세한 인용 등을 생략했으므로, 자료의 출처, 인용 등 기타 자세한 내용은 2005년 2월 『중진국 함정과 2만불 전략』(이근 편, 이슈투데이)이란 제목으로 출판된 단행본을 참조하기 바란다.

일각에서는 현재 소득수준이면 되지 무엇 때문에 더 높은 수준으로 가려고 국민을 몰아붙이냐 하는 견해도 있다. 이제 분배에 우선을 두어야 한다는 것도 비슷한 생각이다. 사실 한국의 생활수준은 매우 높다. 구매력 평가기준 1인당 소득은 이제 2만 불 정도이다. 문제는 우리가 현재수준이나 유지할 수 있으면 그나마 다행일 텐데 최근 같은 상황이라면 그것도 쉬운 일은 아니라는 데 있다. 여러 나라의 역사를 보면 선진국 문턱에 갔다가 추락한 아르헨티나 같은 나라도 있는 반면, 1990년대라는 최근 시기에 1만 달러에서 2만 달러로 단기간에 올라선 아일랜드와 같은 나라도 있다. 이런 사례가 시사하는 바는 정책과 국민들이 하기에 따라 한 나라의 경제적 운명이 몇 년 사이에 추락하기도 하고 비약하기도 할 수 있다는 것이다. 또한 같은 양의 성장이 창출하는 일자리는 계속 떨어져 실업문제가 날로 심각해지고 있어 성장의 지속이 실업해결에도 중요함을 시사한다.

이하에서는 구체적으로 선진국 전략을 상술하기에 앞서, 현 단계의 어려움의 원인을 분석하면서 중진국 함정의 내용을 정리하고 선진국 전략으로 넘어간다.

2. 5대 양극화와 그 3대 외생원인: 세계화, 지식정보화, 중국화

여러 언론에도 보도되었듯이 최근의 한국경제의 어려운 상황은 다음의 몇 가지 양극화로 표현된다. 첫째, 대기업은 어느 정도 버티거나 오히려 잘하고 있는데 중소기업들의 상황이 매우 좋지 않은, 대기업 대 중소기업의 양극화가 있다. 둘째는 수출은 유례없는 고성과를 내고 있으나 내수경기는 최악의 상황인 양극화가 존재한다. 이는 특히 중요한데, 과거에는 수출이 잘되면 이것이 국내투자로 이어져 내수를 자극하는 선순환이 작동했다면,

이제는 수출이 잘되어도 국내투자가 미약하여 순환고리가 작동하지 않고 있다. 셋째는, IT 분야는 잘되고 있으나 비IT나 전통적 분야는 상황이 안 좋은 양극화가 존재한다. 넷째는, 외환시기 때 잠시 중단되었던 한국 기업의 해외투자가 2000년 이후 봇물 터지듯 일어나고 있지만 내외국인의 국내투자는 훨씬 못 미치는, 해외 대 국내 투자라는 양극화가 존재한다. 실제로 한국은 2004년에 들어 일본과 미국을 제치고 최대 대(對)중국투자자로 등장했다(대만, 홍콩 등 화교자본 제외 시). 다섯째는, 한계중소기업에서는 쓸 만한 청년노동자를 찾지 못해 생산직 노동자의 고령화와 외국인 노동자화가 발생하고 있는데, 또 한편에서는 일자리가 부족하여 청년실업이 증가하는 기현상이 존재한다.

현 한국경제를 괴롭히는 5대 양극화는 크게 세 가지의 근본적 외생변수가 관련되어 있다. 그것은 세계화, 지식정보화 그리고 중국화이다.

첫째, 세계화는 20세기 내내 지속적으로 증가하던 경제현상이다. 그러나 한국의 경우 그것이 1997년 외환위기 이후 질적인 단절이라 할 만큼 급진전한 것이 중요하다. 외환위기 이후 원화가치의 하락, 기업매물의 증가, 자본시장의 급격한 자유화로, 많은 한국 기업이 외국인에게 매각되었고 많은 다국적기업이 진출했으며 상장기업의 외국인 주식보유 비중이 40~50%대를 유지하게 되었다. 이는 국내시장 지향적 기업들의 입장에서 보면, 국내시장에서 외국 기업 및 제품들과 치열한 경쟁관계에 놓이게 되었음을 의미한다. 그래서 한국을 유례없는 개방환경에 던져놓아 과거 국내시장에 안주하던 경쟁력 가지고는 설 땅이 없어진 많은 (중소)기업이 망하는 대·소 기업 간의 양극화를 낳고 있다. 많은 중소기업의 도산과 어려움은 이들 중소기업이 고용창출의 주역이었음과 관련하여 실업문제를 심각하게 하는 주요 원인이 되었다.

둘째로, 지식정보혁명은 지식의 생산과 유통을 가속화하여 이 급증하는 신지식 흐름에 동참할 실력이 없거나 국제 간/대기업과의 기술제휴 등의 방법을 통한 지식에의 접근성을 확보하지 못한 중소기업들은 서서히 죽어가게 되었다. 1997년 이전의 1990년대 세계 전체의 미국특허 출원의 연평균 증가율이 5%대였으나, 1998~2000년의 특허출원 평균증가율은 11%대로 배 이상 상승했다. 즉 생산되고 있는 지식의 양이 폭증하고 있는 것이다. 전 세계적인 경쟁의 격화와 정보통신기술의 확산으로 지식생산의 주기가 짧아져 지식생산이 빠르게 일어나고 지식에 대한 효과적인 선점과 이를 기초로 한 시장에 대한 효과적인 선점이 갈수록 중요해지고 있다. 이런 지식의 글로벌화 추세에도 불구하고 한국경제는 지식생산의 확대와 생산성 향상을 이루어야 할 효과적인 방안을 확보하지 못하는 실정이다. 이런 지식정보혁명의 추세에서 특히 낙오되고 있는 것이 내수지향적 또는 비IT 분야 중소기업이며 바로 이것이 대·소 기업 간 양극화, IT 대 비IT의 양극화를 낳고 있다. 또한 구시대적 소품종 대량생산형 교육시스템의 희생양으로서, 이런 지식생산의 흐름에서 낙오되는 한국청년들의 안타까운 상황이 그들을 실업자로 내몰고 있다.

셋째, 앞의 두 추세에 추가하여 거대하게 부상하는 중국 옆에 사는 한국에게는 다른 나라에는 없는 또 하나의 도전이 있으니 바로 중국화이다. 그동안 기업들이 공장을 중국으로 이전하는 것을 산업공동화로 표현했으나 이제는 이것이 단순히 공장을 이전하는 차원의 것이 아니기에 이를 중국화라고 표현하고자 한다(이근, 2004). 단순히 노동력이 싸서 중국에 가는 것이 아니라 시장이 있어서 그리고 사람들을 만나기 위해서 중국에 가는 것이다. 이런 중국화는 직접적으로 폭증하는 해외투자 대 미약한 국내투자라는 양극화 현상의 원인이 되고 있고, 또한 값싼 중국산 소비재의 수입과 관련하여 저급소비재 및 비IT 관련 중소기업의 어려움의 원인이 되고 있다.

이와 같이 다섯 가지 양극화는 세 개의 외생변수가 그 원인이다. 그렇다면 이러한 5대 양극화 문제에 대해 이를 직접적으로 다루려는 대증요법(가령 중소기업에 보조금을 주어 청년일자리 늘리기) 등은 그 근본적 원인에 대한 처방을 홀시하는 임기응변식 대응이다. 또 한편 경제는 항상 호황 - 불황을 순환하는 것이고 지금 불황이 정도가 조금 심한 것이라는 낙관론은 근본적으로 새로운 환경변화인 이 세 가지 외생변수의 의미를 제대로 파악하지 못하고 있는 것이다. 필자의 입장은 양극화 문제에 대한 해결책에는 보다 근본적이 접근이 필요하며, 이를 현 단계의 한국경제가 빠져 있는 몇 개의 '중진국 함정'이라고 파악하고, 이 함정을 극복해야만 5대 현안도 풀릴 수 있다고 본다.

3. 선진국과 한국 비교와 5대 함정 도출

선진국전략 연구는 당연히 기존의 선진국들의 경제성장과정에 대한 분석과 한국과의 비교를 필요로 한다. 이런 시각에서『중진국 함정과 2만불 전략』(이근 편, 이슈투데이, 2005)의 2장에서 김병연·이근 교수는 각국의 경제통계를 가지고 국제비교 및 횡국가(cross-country)계량분석을 하여 무엇이 진짜 중요한 변수인지 검증한 바 있다. 여기서 선진국은 다음과 같이 두 그룹으로 나누어진다.

그룹 1: 2만 달러 이상 국가, 1985~1995년 평균 1인당 GDP 2만 달러 이상 국가(14개국)

그룹 2: 1만 달러대 국가, 같은 기간 평균 1인당 GDP 1만 달러 이상 국가(8개국)

선진국과의 비교에서 나온 몇 가지 시사적인 지표의 예를 들어보자.

첫째, 1인당 미국등록 상표수와 인구 대비 미국 특허청에 등록된 상표의 숫자 면에서 한국은 1995년 2.4개에서 2000년에 4.7개로 늘었으나 아직도 그룹 2의 평균인 14개에도 크게 못 미친다. 그리고 로열티 등 지식재산 및 무형자산 관련 대외거래에서 한국은 적자를 보고 있는 반면, 선진그룹 1은 흑자를 보고 있었다.

둘째, 부품소재 수출 / 수지 액수의 경우 선진그룹 1이 기계부품무역에서 평균 80억 달러의 흑자로 보고 있고 선진그룹 2가 대충 균형을 이루고 있는 반면, 한국은 2000년에 45억 달러의 적자를 보고 있다.

셋째, 대학생 1인당 교육비의 경우 1인당 국민소득 대비 교육비 지출에서, 한국의 초중등 학생 1인에 대한 교육비 지출은 선진국과 비슷하다. 그러나 대학생 1인당 지출은 1인당 국민소득의 8%에 그쳐 선진국 32%의 1/4 수준에 불과하다.

넷째, 국가별 포춘 500대 기업 수를 보면 선진그룹 1은 평균 30개의 포춘 500대 기업을, 그룹 2는 평균 10개의 포춘 500대 기업을 보유하고 있고, 한국은 11개로 그룹 2 수준에 접근했다.

다섯째, 서비스산업의 경우 한국의 서비스산업 생산성은 선진국의 절반 내지 1/3밖에 되지 않고, 서비스 분야 국제수지 면에서 선진그룹은 모두 흑자인 데 비해 한국만 적자이고 적자폭이 최근 증가하고 있다.

이런 국제비교들에 기초하여 필자는 한국경제가 일종의 중진국 함정에 빠져 있다고 본다. 여기서는 5대 함정에 초점을 맞추는데 이들은 크게 다음 두 가지 유형의 함정으로 분류될 수 있다. 하나는, 어느 정도 선진국에 근접하는 중진국들이 이제 선진국이 되었으니 하는 생각에서 쉽게 빠지기 쉬운 유혹이다. 예를 들면 이제 선진국의 표준이라고 할 수 있는 영미식 모델을 하루 빨리 도입해야 한다는 유혹이나(영미식 모델 함정), 이제는 선진국이 되었으니 성장보다는 분배 중심으로 가자는 분배욕구(노사관계)의 유혹이 있다(분배욕구 함정). 또 하나는, 과거 고도성장기에 잘 통했기에 쉽게 버리지 못하는 습성이나 방식이 있다. 예를 들면 OEM 전략으로 고도성장을 하다 보니 그 타성에 젖어 자기 브랜드를 육성하지 못하는 함정이 있다(OEM 함정). 최종재 위주로 빨리 성장하다 보니 또는 계속 새로운 성장산업을 추가하다 보니 기반이 되는 부품소재산업이 낙후하는 최종재 위주 성장의 함정도 있다(최종재 위주 성장 함정). 지식정보시대에 중요한 교육에 관해서도, 소품종 대량생산 방식에 기초한 고도성장기에 아주 잘 맞았던 소품종 대량생산형 교육체제, 즉 평준화형 교육체제도 이제 다품종 소량생산체제로 바꾸어야 할 시기가 되었음에도 불구하고 유지하고 있는 것도 함정의 일종이다(평준화형 교육체제의 함정). 한마디로 한국은 아직도 최종재를 OEM 방식으로 소품종 대량생산하는 제조업 중심 성장전략의 함정에 빠져 있는 것이다.

1) 영미식 모델의 함정

한국경제는 1997년 외환위기 이후 급격히 영미식 모델을 수용하는 개혁을 진행했다. 특히 성장성보다는 안정성을 강조하고, 은행 중심 자본시장에서 자본시장 중심 체제로 이행을 도모하고, 많은 은행이 외국에 인수되고 보수적 경영을 표방하기 시작했다. 그 결과 경제 전체의 역동성과 투자성은 저하되었다. 실제로 GDP 대비 투자율이 1985~1995년 평균 37%에서 2000년에 28%로 무려 8%포인트가 떨어졌다. 즉 선진국형의 저투자→저성장 함정에 빠지고 있는 것이다.

영미식 모델의 장점인 주식시장 중심의 자본시장체제는 사실 자금 조달 및 배분 기능 측면에서 심각한 결함이 있는 일종의 병리적 자본주의이다.

실제로 기업 설비투자에 대한 주식시장의 기여도는 외환위기 이전에 비해 1/10 수준으로 감소해 0.2%에 불과하지만 주식시장이 기업경영에 미치는 영향력은 오히려 큰 폭으로 증가했다. 특히 외국인 주식투자자들의 영향력이 강화되면서 이른바 효율성과 단기실적이 크게 강조되었다. 외국인 투자자들의 영향력 확대로 기업은 장기적인 대규모투자를 꺼리게 되었고, 적대적인 인수합병(M&A)에서 기업의 경영권을 보호하기 위해 자사주를 취득하거나 투자를 연기하고 현금을 보유하려는 경향이 확대되었다. 배당률(배당금/자본금)이 꾸준히 증가하고 있고 현금보유비중(현금 예금/총자산)과 자사주취득 증가율이 급격히 늘어났다.

또한 주주가치극대화가 경제에 도움이 된다는 것도 환상에 불과하다. 주주가치극대화 주장에 충실한 한국 주식시장은 현재 한국의 경제성장에 장애요인이 되고 있다. 2001년 이후 자사주 매입금액이 급격하게 늘어나기 시작했고 2004년의 경우 증권거래소에 상장된 기업의 경우 자사주 매입금액이 10조 7,400억 원에 이르러 공개와 유상증자로 기업이 주식시장을 통해 조달한 7조 8,400억 원을 능가하고 있다. 이런 현상은 주식시장의 자금조달기능이 존재하지 않는다는 것을 의미한다. 주식시장이 자금조달기능을 하지 않는 것은 한국에서만 벌어지는 문제는 아니다. 미국 주주자본주의가 전성기를 이룬 1990년대 중·후반 미국 주식시장에서도 상장과 유상증자로 조달된 자금보다 배당 및 자사주 매입비용이 컸다. 또한 주가상승의 이익이 가져다주는 결과는 미국과 한국에서 상이하게 나타난다. 미국의 경우 주가상승에 따른 이익은 기관투자자인 연기금에게 돌아가고 연기금수입이 증가함에 따라 여기에 가입한 투자자들에게로 돈이 돌아간다. 이들은 아마도 적절한 투자처를 물색할 수 있을지 모른다. 또 미국민의 대부분이 연기금에 가입되어 있다는 점에서 미국의 주가상승과 배당증가는 미국의 서민에게 부를 재분배하는 효과를 가진다. 하지만 한국에서 나타나는 결과는 판이하다. 우량기업의 경우 60% 이상, 전체적으로 보아 상장기업의 43% 이상이 외국인 지분이기 때문에 고스란히 그들에게 넘어간다. 그 자본이득에 대한 과세도 되지 않고, 결과적으로 해외로 이전이 된다.

2) 분배욕구의 함정

분배욕구의 함정에 관해서는, 물론 분배/웰빙은 성장의 목적이나 자칫 성장잠재력을 훼손하지 않나 하는 우려를 지적하지 않을 수 없다. 즉 황금알을 낳는 닭을 죽이는 이야기의 교훈이 생각나는 것이다. 실제로 국민들의 분배욕구의 반영으로, 1인당 GDP 대비 제조업의 평균임금은 1995년에는 80%였으나 2000년에는 120%로 이미 선진국 수준에 접근했다. 1990~2000년의 10년 동안 1인당 GDP와 1인당 GDP 대비 제조업 평균임금의 비율 사이의 관계를 보면, 한국의 경우는 이 비율이 약 100%로서 두 변수관계의 추세선에서 이탈한 정도가 그리 크지 않았다. 즉 한국은 이 기간 동안 한국의 1인당 GDP를 고려한 제조업임금이 적정수준이었다. 그러나 상기의 기간을 외환위기 이전과 이후로 나누어보면 분배욕구의 표출이 우리나라에서 최근 강력하게 드러나고 있다. 즉 제조업임금의 상승 속도가 1인당 국민소득의 증가에 비해 지나치게 빠르다는 것이다. 2000년 현재 1인당 GDP 대비 제조업임금 비율은 한국이 120%로서 같은 해 일본의 112%를 상회했다. 이러한 지나친 속도의 임금상승은 국내 수출제품의 가격경쟁력을 떨어뜨릴 뿐만 아니라 값싼 인건비를 찾아 제조업의 해외이전을 증가시킬 가능성이 높다. 더 나아가서 분배욕구의 표출을 둘러싼 사회 각 부분 간의 대립과 갈등은 적절한 중재와 조정메커니즘이 없을 경우 정치·사회적 불안정으로 이어질 가능성도 존재한다.

3) 소품종 대량생산형 교육체제의 함정

소품종 대량생산형 교육, 즉 평준화형 교육의 함정 극복을 위한 교육문제에 대한 분석을 본연구의 주 연구범위가 아니지만, 여기서는 이 교육문제가 여러 차원에서 경제에 폐해를 주고 있음을 언급하고자 한다.[1] 사실 평준화란 봉건시대의 엘리트 중심 교육을 벗어나서 근대화에 필요한 대중 교육체제로의 전환을 상징한다. 1960년대에 본격적으로 공업화를 시작한 한국이 평준화라는 대중교육체제로 전환한 것은 적절하고 아주 필요한 선택이었다. 당시의 한국경제는 선진국의 기술과 공장시설을 값싼 노동을 가지고 가동하여 표준화된 소품종상품을 대량생산하는 산업구조를 가지고 있어, 지식의 생산보다는 보급과 확산이 중요했기 때문이다. 최근 공업화를 가속화하기 위해 중국이 엘리트교육체제에서 대중교육체제로 전환하고 있는 것도 같은 원리이다.

그런데 현 단계 한국경제는 어떤가. 투자 및 대량생산 주도 경제에서 혁신 및 다품종 소량생산에 기초한 경제로 이행하고 있다. 따라서 지식의 보급보다는 새로운 지식의 창출이 중요해지고 있고, 다수의 산업노동력보다는 다수를 위한 부를 단숨에 창출할 수 있는 소수의 전문지식이 중요한 단계로 넘어가고 있다. 그렇다면 교육도 소품종 대량생산형, 즉 평준화형 교육체제에서 다품종 소량생산형 체제로 바뀌어야 하는데, 과거의 평준화형 교육의 타성에 푹 빠져 있어서 여기서 벗어나지 못하는 것은 여러 중진국 함정 중에서도 가장 중요한 함정 중 하나이다. 실제로 한국 고등학교 학생들의 성적이 평균으로는 기타 선진국보다 높지만, 상위권 학생의

---

[1] 교육문제에 대한 본격적 분석과 대안제시는 2004년 6월 <한국경제 희망 찾기 심포지엄>에 발표된 교육 분야 논문들을 참조.

성적은 떨어진다는 것은 바로 미래를 이끌고 다수 대중을 먹여살릴 큰 혁신과 창조를 이루어낼 소수그룹이 취약하다는 점에서 치명적이다.

현 단계의 교육문제가 한국경제의 여러 병의 근원이 되고 있다. 고질병인 노사갈등도 교육비가 높으니 고임금을 요구하게 되는 것이고, 평생교육체제가 부재하여 재교육·재취업이 어려우니 노동시장 유연성에 저항이 심한 것이다. 청년실업도 이미 노동시장은 글로벌화되었는데 현재 교육시스템에 의해 배출되는 한국의 대학생들은 취업시장에서 경쟁력이 없으니 실업자로 남아 있는 것이다. 현재 한국 대학생 정도 수준의 노동자는 중국에 가면 더 저렴한 비용으로 많이 존재하는데 굳이 비싼 한국 대학생을 고용할 이유가 없는 것이다. 이런 교육의 낮은 질과 창의력부재의 교육이 바로 OEM 함정과 최종재 위주 산업을 온존시키고 있는 것이다. 그런 의미에서 부품소재 분야의 대외적자의 원인이 되고 있고, 한국의 교육에 불만인 학생들을 해외유학으로 내몰아 교육수지 적자의 원인이 되고 있다. 부동산가격 앙등도 경기도 지역이 평준화로 돌아서면서 대개 강남지역으로 이사함에 따라 더 심해졌고, 출산율저하 및 고령화 현상도 교육비가 무서워서 아이를 낳지 않는 것에 상당 부분 기인한다. 서울 대비 지방의 낙후도 평준화로 지방 명문고가 사라지는 것이 한 요인으로 작용했다. 아무리 지방으로 부처를 이전해도 좋은 학교가 없으니 아이들은 서울에 남겨두고 가게 될 것이므로, 지방의 부흥은 최소한 지방만이라도 평준화를 해제하여 명문고를 부활시키는 것이 필요하다.

4) 미시적 함정과 선진국의 진입장벽: OEM과 최종재 위주의 산업구조

1960년대에서 1980년대까지 우리나라의 대부분 기업들은 OEM 수출 위주로 사업을 벌였다. OEM 방식의 수출은 당시 자본의 부족, 기술수준의 낙후, 해외마케팅 능력이 미약했던 시기에 우리 경제가 빠르고 쉽게 고도성장을 달성하는 데 중요한 역할을 담당했다. 특히 당시 중소기업의 경우 전체 수출액에서 절반 이상이 OEM 방식으로 수출되었으며 자체브랜드는 40%대에도 미치기 어려웠다. OEM은 주로 생산공정을 전담하고 완제품을 국내외 주문업체에 납품하는 하도급업체의 형태이다. 이러한 OEM 방식의 수출은 전적으로 바이어의 주문 및 마케팅에 의존하고 상대방의 상표를 부착하여 판매한다. 바이어가 주도권을 잡고 있기 때문에 바이어와의 원활한 관계를 유지해야 안정적인 수출물량을 확보할 수 있고, 바이어의 횡포 또는 경쟁업체와의 출혈경쟁에 속수무책일 수밖에 없다. 국내 인건비상승과 중국 등 후발개도국의 추격으로 가격경쟁력을 상실하게 되면 거래선 유지 자체가 매우 불안정해진다.

따라서 OEM은 항상 낮은 단가압력에 직면하게 되고 저부가가치 영역에서 벗어날 수가 없다. 봉제완구의 경우 바이어에게 납품하는 OEM 단가가 1달러이면 바이어들의 소매가는 3.5~4달러에 판매되면서 부가가치의 열매가 대부분 바이어들에게 돌아가는 구조이다. 오랜 기간 OEM 방식에 적응하다 보면 하부생산기지로서의 역할에 안주하게 되어 직접 시장에 접근하거나 마케팅활동을 수행하는 경험을 계속 쌓지 못하게 된다.

그런데 자체브랜드전략이 어려운 점은 우선 OEM에서 자체브랜드를 추진할 때 기존 바이어들이 의도적으로 수출계약 주문을 단절하는 등 기업 죽이기에 나서는 경향이 있다는 것이다. 우리는 이를 선진국이 후발추격국가에게 설치한 하나의 진입장벽으로 인식한다. 즉 일종의 불공정행위라면 그만큼 이 장벽의 철폐에는 후발국 정부의 개입이 정당화될 수 있다.

또 하나의 인위적 장벽이라 할 만한 것으로는, 후발국이 부품소재산업을 육성하는 것과 관련하여 존재한다. 한국과 같은 대부분의 후발국은 기초 과학과 기술이 취약한 상태에서 새로운 성장산업의 발굴에만 노력을 기울인 결과, 그 부작용으로 기초소재 핵심부품은 수입에 의존하는, 따라서 부가가치가 낮은 최종재 위주의 산업구조를 가지게 되었다. 즉 장기적 안목으로 부품소재와 인력개발에 투자하지 않고 신속한 성장에만 주력한 결과, 한국의 산업구조는 최종재 조립 위주가 되었다는 것이다. 한국은 그동안 엄청난 자원과 노력을 투입한 결과 어느 정도 성과를 보이고 있다. 그러나 아직도 2만~3만 달러 수준의 선진국과는 거리가 있다. 여기서 중요한 것은 한국과 같은 후발국의 부품소재산업으로의 진입에는 후발국 자체의 내적 요인상의 어려움도 있지만은 선진국으로부터의 불공정성 견제가 있다는 것이다. 대표적으로 한국 업체가 비슷한 제품을 개발하면 선진국 업체가 그 제품을 수요업체들에게 덤핑을 하기 시작하여 후발개발자를 죽이려고 하는 사례가 많았다. 또 하나는 이런 후발업체들에게 특허소송 등을 제기하여, 그 제품이 팔리지 못하게 일시적 또는 영구적 장벽을 치는 경우이다. 이런 경우, 후발국이 최종재 조립생산에 머무르는 기간과 가능성이 높아지게 되므로, 이를 우리는 일종의 (부품소재 및 선진국대열에의) 진입장벽이라고 본다. 그리고 선발기업의 방해가 전략적일수록 후발국정부의 개입과 지원을 정당화될 수 있다고 본다.

4. 선진국을 향한 구체적 전략

1) 구체적 정책목표 제시

투자율 향상: 한국의 GDP 대비 투자율은 1980~1997년 연평균 35.2%에서 1998~2000년 27.2%로 감소했다. 이에 따라 경제성장률은 연 2.1% 만큼 감소했다. 외환위기 이후의 그 이전 대비 총투자율 감소추세는, 1인당

국내총생산 4만 달러를 넘는 일본의 투자율이 현재까지도 여전히 30%를 상회한다는 사실과 대조를 이루는 현상이다. 지속적인 1인당 국민소득 증대를 달성하기 위해 최소 약 5%의 연평균성장이 필요하다고 간주할 경우, 5% 가량의 경제성장률은 GDP 대비 투자율이 약 30%에 도달할 때 달성될 수 있다.

고등교육의 질 향상: 선진국으로의 도약을 위해선 대학교, 중·고등학교 교육 이후의 직업교육, 대학원 등 고등교육의 질적 향상이 필요하다. 한국의 1인당 GDP 대비 고등교육기관 재학생 1인당 공공지출 비율은 1980~2000년에 평균 7.5%에 머물러 OECD 평균 37.2%의 약 1/5에 그친다. 그뿐만 아니라 한국의 고등교육기관 재학생 1인당 공공지출은 중등교육기관 재학생 1인당 공공지출의 절반 수준에 그치고 있다. 이근의『중진국 함정과 2만불 전략』2장의 계량분석에 의하면, 대학생 1인당 지출을 독일 수준(26%)으로 늘리면 연평균경제성장률이 0.4% 증가하는 것으로 나타났다. 고등교육 질의 향상이 창의성 증진을 통해 디자인능력, 브랜드육성, 부품소재산업 등 다른 설명변수에 미칠 영향 같은 간접효과까지 포함하면 그 효과는 훨씬 클 것이다.

부품소재산업과 고유브랜드 육성: 한국의 미국 내 상표등록 건수(2000년 현재 100만 명당 4.7개)를 스페인의 수준(100만 명당 6.5개)으로 증가시키면 경제성장률이 연 0.4% 증가한다. 또한 한국의 기계류 순수출(2000년 현재 1만 명당 0.4달러)을 아일랜드의 기계류 순수출(2000년 현재 1만 명당 2달러) 수준으로 증가시키면 연평균경제성장률이 1.6% 증가한다.

서비스산업 생산성 향상: 1인당 GDP와 서비스산업 노동생산성의 관계를 OECD 자료를 토대로 단순회귀 분석하여 추정한 2000년 우리나라의 적정 노동생산성은 3만 500달러(1995년 US$)로서 2000년의 실제 한국의 1인당 노동생산성 1만 6,070달러의 약 1.9배에 달한다. 그리고 OECD

국가 서비스산업의 1인당 노동생산성은 4만 8,000달러 수준으로 한국의 세 배에 달한다. 한국 서비스산업의 생산성이 낮은 이유 중 하나는 지식집약도가 낮은 단순서비스 비중이 높은 데 있다. 즉 고부가가치산업으로의 산업구조의 변화가 필수적이다. 한편 고부가가치 서비스산업으로 분류될 수 있는 금융, 의료, 법률컨설팅, 교육 등에는 경쟁의 도입, 규제의 철폐, 개방을 통해 선진국에서 기술과 노하우 그리고 자본을 받아들이는 것이 중요하다. 구체적으로 한국 서비스 무역의 수출 비중(2000년 현재 47.7%)을 스페인 수준(2000년 현재 56.2%)으로 증가시키면 경제성장률이 연 0.7% 늘어나는 것으로 계산되었다.

2) 새로운 추격형 경제체제의 구축

필자는 한국이 과거와 같은 수준으로 투자율을 높이고 전략적 투자와 새로운 성장산업의 지속적 발굴을 통해 선진국 따라잡기(catch up)를 계속해 나가야 한다는 점에서 최근 위세를 떨치고 있는 영미형 주주자본주의 체제를 넘어선 새로운 추격형 경제제체의 건설이 필요하다고 본다. 추격형 경제의 구성에는 금융자본의 투신(committment), 기업 간의 조직적인 통합과 연계, 오너와 같은 전략적인 의사결정자의 존재 등이 주요한 구성요소이다.

새로운 체제는 일종의 '합의적 시장경제체제'라고 볼 수 있는데 이하에서는 『중진국 함정과 2만불 전략』 3장에서 제시된 김용기 박사의 주장을 요약 제시한다. 합의적 시장경제체제는 임금인상 자제, 고용안정이라는 노사 간의 문제뿐 아니라 사회적 임금(social wage)으로서 교육·의료·주택을 국가가 안정적으로 공급하고, 그 재원은 재벌의 안정적 경영권을 보장해주는 조건으로 세금이나 사회적 공헌기금의 출자를 통해 마련하는 식의 방식으로 현실화할 수 있다. 비슷한 사례가 스웨덴의 1938년 대타협 경험이다. 스웨덴의 사회적 합의는 합의의제에 재벌의 경영권안정이 포함되어 있고 민간 부문은 사민당 정부에 대해 담세 등을 포함 경제·사회적인 지지를 하는 등 그 폭이 넓고 과거에 생각할 수 없었던 계급 간의 연합을 이룩했다는 점에서 특히 주목된다. 당시 스웨덴 재벌은 한국의 재벌과 마찬가지로 차등의결권 주식과 피라미드형 계열사 간 순환출자의 광범위한 사용을 통해 기업지배를 하고 있었는데, 이러한 장치를 합법화시키기 위한 정치적 지원을 필요로 하고 있었다. 정부는 기업이 스웨덴에 머무르면서 높은 법인세율을 감내하겠다는 약속을 얻어냄으로써 복지국가의 재원을 마련할 수 있었다. 이런 연장선상에서 가장 관건인 투자율 향상을 위해서 다음과 같은 정책들을 생각해볼 수 있다.

첫째, 은행의 보수적 경영과 단기적 자금운용행태를 교정하기 위해서 은행의 오너십 구조를 개선하고 은행업의 공적인 역할을 강화해야 한다. 우선 시중 3개은행(제일, 한국씨티, 외환)의 소유구조를 보면, 외국인 1대주주의 지분(제일은행의 경우 경영권한)이 50%를 넘어 배타적인 사적 이익을 추구하고 있고 이것이 은행의 자금중개 및 시장안정 기능을 해치고 있다. 이 중 조만간 시장에 매물로 등장할 제일은행과 외환은행의 경우, 특정 주주 1인 혹은 특정한 집단의 주주가 공동으로 10% 이상의 지분을 소유하는 것을 막을 필요가 있다.

둘째, 기본적으로 단기적 수익성에 치중하는 외국은행에 대해 어느 정도의 한국계은행을 유지할 필요가 있다. 그동안 한국 정부는 재벌에 대해 은행을 못 가지게 막다 보니 은행을 다 외국에게 넘기는 우를 범했고 현재도 이는 계속되고 있다. 이런 정책노선을 수정하여 한국계 자본에게 은행을 안정적으로 맡길 수 있도록 해야 한다. 단일재벌 혹은 소수의 재벌계 컨소시엄을 굳이 배제할 필요가 없다.

셋째, 경영권불안이 자사주매입과 투자침체로 이어지고 있는 상황을 고려하여 경영권을 투기적 M&A로부터 보호할 수 있게 유럽에서 시행되고 있는 각종 경영권 보호장치를 도입해야 한다. 출자총액제한제도도 이런 취지에서 폐지하고, 소액주주 보호는 집단소송제 강화 등 정공법으로 대체해야 한다.

3) 독자브랜드 육성전략

『중진국 함정과 2만불 전략』에 수록된 김민수·강병영의 연구에서는 OEM 함정을 극복하고 자체브랜드로 가기 위한 전략을 제시하고 있다.

우선, 자기브랜드 성공기업의 공통점은 각자의 분야에서 전문성과 기술력을 확보한 카테고리 킬러(category killer)의 입지를 구축한다는 것이다. 또한 제품개발에서도 독특한 기술력과 아이디어로 틈새시장을 공략하는 것이 특징이다. 기존 유명 브랜드업체와 직접적인 경쟁을 피해 희생을 최소화하면서 독창적인 마케팅과 서비스를 통해 새로운 브랜드이미지를 구축하는 방식이다. 그리고 이러한 경쟁력의 밑바탕은 자체 연구소에 대한 과감한 투자를 통해 자체디자인 개발 및 혁신능력을 강화하는 것이다. 자체브랜드 구축을 통해 봉제완구와 신발 같은 사양산업도 고부가가치 첨단 아이디어산업으로 성장이 가능하다는 것이다. 그러기 위해서는 디자인개발 및 마케팅에 따른 비용을 투자로 인식하고 과감히 추진해야 한다. OEM에서 축적된 제조기술을 바탕으로 끊임없는 기술개발, 품질향상, 틈새시장 공략 등을 통해 자체브랜드를 개발하려는 노력이 중요하다. 또한 이러한 노력은 오로라 월드의 사례가 시사하는 바와 같이, 자체브랜드 전략에 대한 CEO의 확고한 비전과 의지에 의해 추진되어야 한다.

한편 자체브랜드 구축에서 그 비용과 시간이 많이 소용되는 것을 고려한다면 해외 유명브랜드를 인수하는 것도 좋은 대안이 될 수 있다. 우리나라와 경쟁관계에 있는 대만 신발산업의 경우에서 보듯이 Converse, Northface, Timberland 등 유명 마케팅업체에 투자하여 해외시장을 공략하는 것을 고려해볼 필요가 있다. 중소기업들이 해외 유명브랜드를 인수하거나 공동 브랜드를 개발하기 위해 컨소시엄을 구성하는 데 있어서 정부가 제도적 뒷받침을 통해 시너지효과를 최대한 발휘할 수 있도록 해야 한다. 특히 OEM 수출기업들이 자체브랜드를 추진할 때 선진국 바이어들의 방해로 인해 커다란 장벽이 부딪치게 되므로 이를 타개할 수 있는 정부의 지원이 필요하다.

4) 부품소재산업 육성과 대(對)일본 전략

『중진국 함정과 2만불 전략』에 수록된 한미경·이형오의 연구에서는 부품소재장비산업의 발전이 2만 달러 달성을 위한 주요 과제이며, 한일 FTA 체결 가능성을 고려하여 양국 기업이 어떠한 분업관계를 구축하는 것이 한국 부품소재장비산업의 발전에 유리한가를 분석했다. 이에 따르면 기존연구에서 주장하는 한일 FTA가 체결되어 관세가 철폐되면 일본기업 의 국내 투자 및 기술이전이 활발해질 것이라는 지적은, 대부분이 거시경제 적 영향분석이나 대량 샘플에 의한 성과분석에 그치고 있어 해당기업의 정확한 실태에 기초하지 않은 낙관적 결론이라고 본다. 일본기업이 한국에 진출하는 것은 한일 FTA 체결에 의해 관세가 철폐되기 때문이 아니라, 한국에 세계적인 경쟁력을 갖추고 부품과 소재에 대한 수요력을 갖고 있는 삼성이나 LG 및 현대·기아와 같은 대기업이 있기 때문이라는 것을 밝혀졌다. 그 외, 잘 교육받은 근로자와 우수한 엔지니어의 확보의 용이성, 정부의 외국 기업에 대해 각종 우대조치, 국내기업의 뛰어난 품질관리기술 등의 요인도 일본기업이 한국진출을 촉진하는 요인이었다. 반면 격렬한 노사분규, 불합리하고 불투명한 기업관행, 동종기업 간 과당경쟁, 취약한 부품산업 등은 일본기업의 한국 투자와 기술이전을 방해하는 요인이 되고 있었다.

정책과 전략 시사로서는, 무엇보다도 일본기업이 한국에 투자하는 것은 국내에 수요 대기업이 존재하기 때문이므로 향후 출자총액제한 등 국내 대기업의 규모와 성장을 규제하는 정책을 줄이고, 대기업과 중소기업의 새로운 협력적 관계 형성에 정책의 초점을 맞추어야 한다는 점을 강조하고 싶다. 기업 차원의 전략으로서는 국내 대기업은 중소기업을 비용절감의 수단으로만 여기지 말고 대기업 경쟁력의 핵심이라고 생각하고 부품기업에 대해 기술과 자본의 제공뿐 아니라 자사제품의 개발에 적극 참가시켜 중소기업이 경쟁력을 향상시킬 수 있도록 노력해야 한다. 마지막으로. 한일 FTA는 장기적으로 추진해나가되 이에 앞서 한미 FTA를 먼저 체결하는 것이 전략적으로 더 유리함을 강조하고 싶다.

5) 대중국전략과 한중 간의 신분업론

여기서는 『중진국 함정과 2만불 전략』에 수록된 한동훈·이근의 연구를 중심으로 선진국으로 가기 위한 대중국전략을 제시한다.

(1) 두 차원의 분업론

한국과 중국 간에는 중국은 노동집약제품을 세계시장 및 한국에 수출하고 한국은 중국에 중간재 및 자본재를 수출하는 분업구조가 정착되어 있으며, 이에 따라 한국은 중국으로부터 안정된 무역흑자를 얻고 있다. 이와 같은 분업구조는 중국에 진출한 한국 기업들의 한국으로부터의 부품 소재 및 중간재 수입에서 일부 기인하며, 더불어 소비재 중심 성장으로 인해 중간재와 자본재의 수입을 자동유발하는 중국의 성장구조에서도 기인하는 것이다. 문제는 한국의 부품·중간재·자본재 산업을 더욱 발전시켜 대일본 무역적자를 줄여가는 한편 한·중 분업구조를 현재와 같이 유지할 수 있는가의 여부이며, 이를 위해 양국 간 분업구조를 변화시켜나가야 한다. 이에 대한 해답은 '용이 뜰 때 같이 뜨기' 전략(이근, 2003)이 되어야 할 것이다. 이러한 시각에서 볼 때, 한중 간 분업은 크게 보아 제조업 내에서 보다 고부가가치인 분야에 특화하는 제조업산업 내 분업 그리고 전문서비스업에 특화하는 새로운 산업 간 분업이라는 두 차원에서 생각해 볼 수 있다. 그리고 제조업 내 분업에서는, 가치사슬적 시각에서 중국은 제조공정에 특화하고 한국은 보다 부가가치가 높은 연구개발·마케팅에 특화하는 방향으로, 가치시스템적 시각에서 중국은 최종재생산에 특화하고 한국은 부가가치가 높은 핵심 부품소재산업에 특화하는 방향으로 분업구조를 고도화시켜나가야 할 것이다.

제조업 내 분업의 시각을 벗어나서 중국의 경제성장에 따른 소비구조 고도화에 편승하기 위해서는 제조업을 지원하는 전문서비스업뿐 아니라 교육, 의료, 레저 등 소비성 서비스산업을 선별하여 육성할 필요가 있다. 이를 위해서는 서비스산업의 개방폭을 크게 확대하고 이를 통해 서비스산업의 경쟁력을 강화시킬 필요가 있다. 소비성 서비스산업의 경쟁력강화와 관련해서는 아시아의 교육·의료·생명공학의 허브를 지향하고 있는 싱가포르의 전략을 참고할 필요가 있다.

(2) 한중 간 분업의 3단계론: 제품 간, 공정 간, 시장 간 분업

중국 현지 진출 한국 기업들의 한국 모회사와의 분업관계를 조사한 결과 기업들은 제품별 분업, 공정별 분업, 시장별 분업을 채택하고 있는 것으로 파악되었으며, 즉 처음에는 간단한 제품만을 중국에서 생산해서 한국으로 들여다 판매하거나 제3국으로 수출하고(제품별 분업), 그다음에는 복잡한 제품까지 중국에서 생산하고 한국에서는 주로 연구개발만 하고(공정 간 분업), 그다음으로 중국 현지시장이 커지면서 한국 본사를 다국적기업 본부처럼 운용하면서 한국과 중국을 시장으로서만 차별을 두고 각 시장에서의 생산과 마케팅을 조정하는 식의 분업형태로의 이행이 진행되고 있는 것이다.

(3) 생존 가능한 비즈니스유형의 선택: 기업전략 1

현지조사 결과에 따르면 브랜드나 고급기술에 기초한 카테고리 킬러, 한국 대기업협력사, 일부 외국 대기업협력사, 고급 계약공급자 이외에는 장기생존이 어려운 것으로 나타났다. 따라서 중국에 진출하고자 하는 중소기업은 반드시 장기적으로 생존 가능한 비즈니스유형 하나를 전략적으로 선택해야 한다.

이상적으로만 보자면 브랜드와 기술력을 기반으로 한 카테고리 킬러로의 성장이 가장 바람직하다. 이를 위해서는 OEM 내지 ODM을 통해 안정적 수입원을 확보하면서 동시에 브랜드개발이나, 기술개발에 투자해야 한다. 그러나 세계적 브랜드나 기술력을 가지기 위해서는 높은 리스크가 수반되는 엄청난 투자와 오랜 세월이 소요되며 또한 한 산업 내에서 성공하는 기업은 극소수임을 고려할 때 카테고리 킬러로의 성장이 대다수 기업의 발전모델이 될 수 없음은 분명해 보인다. 그보다는 오히려 중국에 진출한 한국 대기업의 협력업체가 생존가능성이 높은 비즈니스유형으로 보인다. 대기업과의 협력업체 모델이 가지는 장점은 안정적 수익이 보장되는 기반 위에서 이 수익을 기술개발에 사용하여 기술력을 높일 수 있다는 측면 외에도 경영노하우의 전수, 기술지도, 협력업체 간 경쟁과 협력을 통한 생산성 향상 등 다양하다. 기타 독립형 중소기업들의 경우 중국 시장에서의 경쟁력이 대개 5~10년 이내에 소멸됨을 고려하여 이 시기에 축적된 자금

으로 관련업종으로 진출하거나 기술개발에 투자하거나, 대기업과 연계관
계를 맺는 등 몇 가지 중 하나로 조속히 전략을 수립하고 실천해야 한다.

(4) 중국 시장을 자기브랜드 육성의 발판으로: 기업전략 2

자기 브랜드의 육성은 바로 OEM 함정 탈출의 길이라는 면에서 한국
기업의 장기적 활로이다. 중국은 현재 대부분의 세계 유명브랜드가 진입해
있는 시장으로서, 중국 시장에서 인정받으면 세계시장에서 인정받을 수
있을 정도로 경쟁이 치열한 시장이다. 그러나 아직은 미주나 유럽 등
선진국 시장보다는 진입이 상대적으로 쉬운 시장이기도 하다. 따라서 브랜
드 파워와 역량이 아직 미약한 기업들에게는 중국 시장이 선진국 시장
진입과 세계적 브랜드로의 도약을 위한 좋은 발판을 제공해줄 수 있을
것으로 생각된다.

(5) 정부 차원의 정책

한국 정부가 해야 할 일은 첫째 중국에 진출하는 기업들이 성공할 수
있도록 진출 초기단계에서부터 간접적으로 도와주는 것, 둘째, 불필요하게
제조업의 중국 이전을 부추기는 구축요인(push factor)의 제거를 통해 제조
업 과다이전을 방지하는 것, 셋째 산업구조 고도화를 통해 산업공동화를
방지하는 것 등 크게 세 범주에 속하는 여러 정책을 들 수 있다. 그중
몇 가지 중요한 것만을 꼽으라면, 기업환경 개선으로 국내에 기업유지
노력, 연구개발역량의 강화와 인재육성, 개성공단 등 북한활용 필요 등이
있는데 자세한 것은 『중진국 함정과 2만불 전략』의 「중국의 경제기적과
한국의 선택」을 참조하기 바란다.

5. 맺음말

1) 5대 함정과 4대 전략의 상호연관관계

앞에서 상술한 2만 달러 전략의 구체적 내용을 보면, 5대 함정과 4대 전략 간에 서로 긴밀하게 연결된 다음과 같은 관계가 있음을 알 수 있다.

(1) 고등교육 - 부품소재 - 자기브랜드

고등교육의 질적 개선이 이루어져야 이를 기반으로 선진국과의 지식 및 창의력 격차가 축소되고, 그래야 보다 첨단형 부품소재산업과 자기브랜드의 육성이 가능해진다. 자기브랜드 육성을 뒷받침할 디자인능력 향상은 바로 교육과 훈련 제도와 관련이 있기 때문이다.

(2) 포춘 500급 함장기업 - 영미식 모델 - 부품소재 중소기업 육성 - 대일본 전략

투자는 결국 대기업이 주도한다는 것을 고려할 때 포춘 500급 함장기업을 더 많이 배출해야, 이를 통해 영미식 함정의 상징인 저투자성향이 극복될 수 있다. 또한 함장형 대기업이 위에서 끌어주어야 그 밑에 부품소재 중소기업도 클 수 있는 것이다. 그리고 대일본 전략에서 언급되었듯이, 일본기업이 한국에 투자하는 이유는 관세보다는 부품소재의 수요자인 대기업들이 존재하기 때문이라는 점에서 결국 대기업 육성이 일본과의 효과적인 분업형성의 관건인 것이다.

(3) 대중국전략 - 부품소재 - 서비스산업 - 자기브랜드

한국의 부품소재산업이 되어야 중국의 조립제조업과의 신분업론 1이

가능하고, 한국의 서비스산업이 발달해야 중국의 제조업과 신분업론 2가 가능하다. 또한 중국은 한국 기업이 선진국 시장의 진입에 앞서 자기브랜드를 키울 수 있는 토양이 된다는 점에서 대중국전략과 자기브랜드 육성이 관련되어 있다.

(4) 시사점

이상과 같은 여러 함정과 전략의 상호공생관계의 존재가 시사하는 바는 선진국을 추구한다는 정책과 조치 간에 부정합과 모순이 존재하면 아무것도 될 수 없다는 것이다. 가령 대중국전략을 수립한다고 하면서 서비스산업에 대해서 폐쇄적 생각을 견지하고 있다면 중국 시장은 영원히 기회로만, 아니 잃어버린 기회로만 남아 있을 것이다. 또한 중소기업을 육성한다면서 대기업을 규제해놓으면, 중소기업도 크지 못하는 결과가 올 뿐더러, 더 심각하게는 부품소재산업도 육성이 되지 않는다는 점이다.

2) 정부가 할 일과 하지 말아야 할 일

앞에서 이미 각 주제마다 정부의 정책시사점에 대해서 많이 논의한 바 있으나, 사실은 정부가 할 일보다 하지 말아야 할 일을 정부가 하고 있는 것이 많은 것이 현실이다. 첫째로, 고등교육의 질 향상을 위해서는 자율과 경쟁(개방)을 도입하는 것이 정부가 할 일이지만, 달리 보면 교육에 대한 각종 규제완화(학생의 학교선택권, 학교의 학생선택권)가 핵심이라는 면에서 결국 정부가 하지 말 일을 하고 있는 셈이다. 둘째, 포춘 500급 함장기업의 육성도 이를 위해 정부가 할 일은 별로 없고 대신 이를 저해하고 있는 각종 대기업의 성장과 규모에 대한 규제완화를 해야 한다. 특정 영미식 기업모델에 대한 강요나 출자총액제한제도 등 성장규제 및 역차별성 정책 등이 철폐되어야 한다. 셋째, 서비스산업 육성에 대해서도 별로 정부가 할 일이 없고 대신 교육시장, 의료시장, 문화시장에서의 과도한 폐쇄성과 보호를 없애는 것이 필요하다.

반면에서 정부의 개입이 필요한 분야가 있다면 그것은 자기브랜드와 부품소재산업 육성일 것이다. 전자의 경우, 선진국브랜드 인수, 공동브랜드 육성과 마케팅 및 세미나 참가 지원 등이 필요하고, 부품소재의 경우, 연구개발의 영역에서 정부의 역할이 존재한다. 그런데 바로 이 두 영역에서 정부의 역할이 정당화되는 이유는 선진국이나 선발기업들이 전략적으로 후발기업들의 추격과 진입을 방해하기 때문이다. 즉 앞에서 설명했듯이, 우선 OEM에서 자체브랜드를 추진할 때 기존 바이어들이 주문을 끊어서 OEM 기업의 자체브랜드 죽이기에 나서는 경향이 있고, 부품소재의 경우 한국업체가 비슷한 제품을 개발하면 선진국업체가 덤핑을 하거나 특허 소송을 제기하기 때문이다.

이상의 논의를 정리하여, 정부가 할 일과 말 일의 기본원칙은 다음과 같이 제시될 수 있다. 우선, 할 일은 시장실패가 존재하는 영역으로서, 하나는 교육과 지식생산과 보급이고, 둘째는 선진국의 독점과 진입장벽을 부수는 데 필요한 브랜드·부품소재·특허·고등교육 육성이다. 말 일은 시장 앞의 평등이라는 원칙을 파괴하는 행위이다. 예를 들면 외국인이나 외국 기업에 대비한 또는 내국인이나 내국 기업 차별 및 내국 기업 간의 차별(출제제한), 외국인이나 외국 모델(영미식 모델)의 일방적 숭배나 차별(서비스시장 과보호), 한국 것 또는 외국 것의 배척이다.

3) 오류와 그 전환

앞에서 많은 전략과 정책을 제시했다. 우리는 이런 제안들이 어느 정도 제시되어왔던 것들이고 또한 실행하기에 그리 어려운 것들이 아니라고 본다. 그러나 작금의 상황은 이런 방향으로 움직이지 않고 있을 뿐더러 실행을 위한 노력도 적다. 왜 그런가. 이에 대해선 몇 가지 원인을 생각해볼 수 있다.

첫째는 접근방법의 오류이다. 즉 5대 양극화는 중요하나 그 근본원인은 3대 외생변수와 5대 함정에 있는데, 5대 양극화 현상 자체에 대한 대증요법이나 근시안적 미봉책에 정책의 초점이 가 있다. 가령 청년실업의 원인에 대한 근본대책보다는 당장 일자리 몇 개를 정부예산을 가지고 만드는 정책이 그 예이고, 내수와 투자 부진의 근원은 상대하지 않고 2004년 한 해에 금리를 두 번씩이나 인하하는 것들이 그 예이다.

둘째는 문제를 보는 시각에 일종의 착각과 환상이 존재하는 것 같다. 예를 들면 기업개혁을 한다면서 대기업과 재벌에 규제를 유지하는데 과연 대기업을 못 크게 묶어놓는 것이 국민에게 어떤 득이 되는지 곰곰이 생각해보아야 한다. 그 답은 우리 국민은 실업과 내수침체로 피해를 보고, 경쟁 외국 기업만이 득을 보고 있는 것이다. 평준화 지향적 교육도 과연 이 제도가 우리 청년들에게 어떤 점에서 좋은지 물어보아야 한다. 별 득이 없는 반면, 이미 세계화된 노동시장에서 경쟁력 없는 청소년을 배출하여 오히려 청년실업의 원인이 되고 있음을 직시해야 한다. 또 일각에서 고용 등에서 대기업의 비중이 적다는 수치를 보고 중소기업 중심 성장론을 제시하는데, 이는 중소기업의 절반 정도가 대기업과 협력/거래 관계를 기반으로 존재하고 있으며 중소기업에 대해 수요를 가진 대기업 없이는 그 밑의 부품소재 중소기업도 있을 수 없음을 간과하고 있다. 더군다나 세계화·지식정보화·중국화의 환경 속에서 중소기업 단독으로 선다는 것이 얼마나 기적 같은 일인지를 인식하지 못하는 탁상공론이다. 경제영역에서, 진보란 국민생활수준의 향상이다. 이를 가능케 하는 정책이 있음에도 불구하고 이를 거부하는 자가 바로 보수이다.

마지막으로 그 많은 정책과 전략 제안을 한마디로 줄인다면 이제는 (특정산업이 아니라) 사람에게 투자해야 한다는 것이다. 세계화·지식정보화·중국화라는 새 환경하에서는 특정 산업 자체에 대한 투자와 지원의 열매가 한국 땅에 유지, 떨어진다는 보장이 없다. 그렇다면 당연히 한국사람에게 투자해야 한다. 한국사람 잘살게 하자는 것이 목표이고, 한국사람은 어디 가나 한국사람이기 때문이다. 즉 한국사람에게 좋은 학교교육과 평생교육을 시켜서 세계에 풀어놓으면 다 잘 먹고 잘살 수 있다. 포춘 500급 대기업도, 자기브랜드도, 부품소재·서비스 산업도 다 사람의 머리와 손발이 하는 것이다.

╏ 참고문헌

이근 편. 2003. 「중국의 경제기적과 한국의 선택」. 김원배·장경섭 편. 『중국의 현재와 미래』 나남.
_____. 2004. 「중국화와 한국의 전략」. ≪넥스트≫, 2004년 10월호.
_____. 2005. 『중진국 함정과 2만불 전략』. 서울: 이슈투데이.

시장, 할 수 있는 일? 해서는 안 되는 일?

강수돌

1. 시장의 독재

흔히 시장은 자유를 뜻하고 계획은 독재를 뜻하는 것으로 들린다. 이런 논리 속에서는 시장은 자본주의를, 계획은 사회주의를 상징한다. 그러나 한국의 박정희 시절 수차례의 '경제개발계획'에서 보듯 자본주의도 계획을 한다. 오늘날 개별기업들도 장단기계획을 수립하여 자원을 효율적으로 조직화함으로써 고이윤을 추구한다. 또한 중국과 북한, 쿠바에서 보듯 사회주의에도 시장이 존재한다. 그렇다면 앞의 도식은 지나친 단순화가 아닐까?

게다가 우리가 직면한 온 세상의 신자유주의 물결은 이 세계를 하나의 시장으로, 하나의 공장으로, 하나의 이윤 공간으로 재편하려 한다. 국가 대신 시장이, 사회 대신 시장이, 정치 대신 시장이 모든 의사결정을 독점하려 한다. '시장의 독재'다. 이 시장 뒤에는 역시 자본이 숨어 있다. 그리고 그 자본 뒤에는, 이라크침략전쟁에서 보듯, 미사일과 탱크가 있다. 결국 시장의 독재는 자본의 독재다. 즉 시장의 독재란 한 사회의 정치경제적·사회문화적 의사결정들을 시장논리가 주도하는 것이다. 달리 말하면 기존의 형식적·절차적 민주주의 정치제도는 물론, 풀뿌리 민중을 비롯한 사람들을 그 사회의 주요한 의사결정과정에서 체계적으로 배제하는 것이다.

그렇다고 시장만이 폭압적으로 독재를 행하는 것은 아니다. 시장의 독재라는 행위 뒤에는 우선, 국가의 공권력이 개입한다. 영국에서 15세기부터 18세기까지 인클로저운동이 일어나 농민들이 땅에서 분리되던 시절, 국가는 칙령을 통해 수탈과 분리를 가속화했고 또 이탈된 농민들을 공장노동의 규율 안으로 길들이기 위해 구빈법을 통해 강제한 것이 그 역사적 증거다.[1] 한마디로 노동시장의 창출에 국가폭력이 필수적이었던 것이다. 또한 영국 청교도들의 수백만 아메리카인디언 대량학살에도 드러나듯, 자본집적을 위한 식민지시장 개척과정도 역시 국가권력을 앞세워 전개되었다. 한국의 국가보안법도 사실은 자본이 주도하는 시장질서를 보호하는 법이 아닌가. 지난 50년간 시장질서의 보호를 위해 국가보안법은 실질적 민주주의와 인권, 노동권, 행복추구권을 폭력적으로 압살했다. 국가보안법으로 탄압받았던 사람이 대통령이 되었어도 국가보안법이 없어지지 않은 것은, 비단 수구보수세력의 반대 때문만은 아니었을 것이다. 그 대통령조차 국가의 일부로서 시장질서를 지지하기 때문이다.

시장은 스미스 말처럼 '내버려두어'도 자연발생적으로 작동하는 자연적 메커니즘이 아니었다. 그것은 시장의 '자연적' 작동을 보장하려는 다양한 국가적 통제에 의해서만 유지되었다(이진경, 2004: 308).

---

1 맑스(1867), 돕(1970), 무어(1974), 잔트퀼러(1990) 등 참조.

다음으로 시장의 독재가 가능하기 위해선 시민사회의 동의도 필요하다. 시장이야말로 자유와 평등을 실현하는 수단이며 민주주의를 구현하는 것이라는 이데올로기에 시민사회가 박수를 쳐주는 것이다. 시민사회가 박수를 치게 만드는 데는 일정한 물질적 보상이 필요했다. 그 보상이 평등하면 동기부여가 되지 않으니 억지로라도 격차를 유지해야 한다. 일종의 사다리꼴 질서를 만들고 시민사회 구성원들이 체제순응적으로 모범을 보이는 경우에만 사다리의 낮은 곳에서 높은 곳으로 올라갈 수 있게 틈을 열어준다. 이렇게 돈과 지위, 권력을 위계질서에 따라 배분함으로써 사회 구성원들이 상호 경쟁하게 만든다.2 그래야 사회구성원들은 한 단계 한 단계 떡고물을 더 많이 차지하려고 혼신을 다해 성과를 낼 것이기 때문이다. 한편 그 사이에 일정한 기득권을 차지한 집단은 그것을 유지하기 위해 아랫사람들을 적절히 누르면서 잘 '관리'해야 한다.3 일단 자기들이 올라간 뒤 '사다리 걷어차기'를 함으로써 더 이상 다른 이들이 못 오르게 한다면 오히려 아랫사람들의 완강한 저항(일정한 좌절감 뒤에는 분노와 저항이 따른다)에 직면할 것이다. 따라서 사다리를 걷어차기는커녕 사다리의 계단을 적절히 유지하며 아랫사람들에게 '나도 얼마든지 올라갈 수 있다'는 환상을 심어주어야 한다. 아랫사람들은 아래쪽의 서러움을 알기에 하루빨리 사다리 위로 오르고자 한다. 위쪽 사람들은 기득권의 달콤한 맛에 길들여졌

2 이렇게 차별과 경쟁은 자본지배의 효율적 도구다. '경쟁이 없으면 발전이 없다'는 믿음은 사람을 위한 것이 아니라 자본을 위한 것이다.

3 O. 윌리엄슨의 거래비용이론(Williamson, 1975)에서 기업(자본)에 의한 양자택일의 선택지로 시장과 위계를 제시한 것은 한편으로는 흥미롭지만, 사실은 이 둘이 대등한 위상에 있는 것이 아니라, 자본이 시장체제를 관리하는 한 방식이 위계(사다리)로 나타난 것일 뿐이다. 시장조달(시장)과 자체생산(위계)은 모두 시장체제의 현상형태다. 이런 점에서 현실사회주의를 '국가자본주의'로 파악하는 관점이 가능해진다.

기에 이 시장의 질서가 좋은 것이라고 옹호한다. 또 아래쪽 사람들은 조금만 참으며 열심히만 한다면 곧 저 위쪽의 달콤한 기득권 대열에 끼어들 수 있다는 '자유(개방)의 환상' 때문에 역시 시장질서를 옹호한다. 아니, 그 이외의 다른 대안을 생각지 못하는 한, 시장질서만이 유일한 삶의 길이라 굳게 믿는다. 이렇게 해서 시민사회가 원자화되고 상호 분리되는 만큼, 또 그들이 시장에 대한 대안을 치열하게 모색하지 못하는 만큼, 시민사회는 상하를 막론하고 모두 시장의 독재를 수용한다.

이렇게 시장의 독재는 국가와 시민사회의 직·간접적 지지와 공모 아래 현실화된다. 따라서 시장의 독재를 끝내려면 단순히 시장만 없앤다고 될 일이 아니다. 국가와 그 공권력이 행하는 역할 자체를 변화시켜야 하고 특히 시민사회의 동의와 지지를 철회해야 한다. 시장질서를 자아발전 내지 사회발전과 '동일시'하거나 '내면화'한 상태를 근본적으로 바꾸어야 하는 것이다. 시장이라는 신과의 '탈동일시' 내지 '거리 두기'를 적극적인 행위양 식으로 만들어내야 한다. 이런 문제의식은 이병천의 문제제기와도 유사하다.

…… 단지 '주주자본주의'만이 문제는 아니다. 성장 - 효율 - 경쟁 물신 체제 그 자체를 문제 삼아야 한다(이병천, 2004: 36).

이런 맥락에서 주주자본주의나 신자유주의가 등장하기 이전의 시대로 거슬러 올라갈 필요가 있다.

2. 아담 스미스와 시장

시장옹호론의 원조 아담 스미스조차도 '도덕' 없는 시장은 위험하다고 했다. 1776년에 나온 『국부론』은 1759년의 『도덕감정론』의 기초 위에 씌어진 것이다. 따라서 아담 스미스의 시장론을 보려면 최소한 이 두 저서를 함께 살펴야 한다. 『도덕감정론』이 빠진 『국부론』은 스미스를 절반만 보게 하거나 왜곡까지 할 수 있다.

이 두 저서를 종합하여 요약하면 이렇다. 국부의 증진을 위해서는 우선 양심과 동정심, 신뢰와 도덕에 기초를 둔 정의구현의 조건이 마련되어야 하고, 다음으로는 전문화와 공정경쟁, 사회간접자본을 통해 시장교역 범위를 확대해야 한다. 정의구현과 시장확대를 잘 이루어내야 국부증진이 된다는 것이다. 달리 말해 정의와 도덕이 결여된 시장4은 그것만으로 국부증진을 이루기 어렵다. 스미스가 말한다. "시장을 돌아가게 만드는 원동력은 바로 인간본성이야. 그것이 자비심 및 정의와 균형을 이루어야만 시민사회가 형성되는 것이고."(와이트, 2003: 79) 여기서 스미스는 본성으로서의 자기애와 이기심을 구분한다. 이기심은 자기욕구가 타인의 합법적 권리와 충돌할 때 오로지 자기 본위로만 행동하는 것인 데 비해, 자기애는 자기이익을 추구함과 동시에 타인을 배려하는 신중함과 분별력을 포함한다고 정의한다.

이렇게 볼 때 스미스가 그토록 강조한 시장자유주의 역시 그 외부에서 도덕적 개입(정의의 법의 작동)이 적절히 이루어지지 않는다면 사람들에게 '마음의 평화'나 '참 행복'을 안겨다주지 못할 것이다.5 결국 스미스는 상업독점에서 오는 초과이윤을 수호하기 위해 시장의 확산을 저지하고자

---

4 이러한 시장은 곧 '성장 - 효율 - 경쟁의 물신체제'가 현상적으로 드러난 것이라 할 수 있다.

5 스미스(1759년 집필)에서는 "행복이란 평온함 가운데 존재한다"(3부 3절 30장) "건강하고 맘에게 갚아야 할 빚도 없으며 명석한 의식을 소유한 자가 지닌 행복에 그 무엇을 더할 필요가 있겠는가?"(1부 3, 1절 7단락) 등을 강조한다(와이트, 2003 참조).

했던 유럽의 자치도시들에 대해 단호히 안티테제를 제시한 셈이다(이진경, 2004: 306, 418).

그러나 스미스의, 도덕성 있고 공정성이 유지되는 시장이란 불과 100년도 못 갔다. 즉 독점과 과점이 자유경쟁으로 유지되는 시장에 다시금 안티테제로 등장한 것이다. 역설적이게도 스미스가 『도덕감정론』에서 경계했던 '과도한 성장'이 시장체제 덕에 급속히 이루어졌기 때문이다.6 과도성장과정에서 자본의 집적과 집중이 일어나고 이것은 결국 독과점을 낳았다. 독점은 다시 해외시장개척, 즉 식민지개척과 그에 따른 세계전쟁을 부르는 한편, 과잉축적과 과잉투자로 인해 간헐적인 공황과 대량실업을 유발한다. 이러한 자기모순이 바로 1930년대에 케인스주의를 기반으로 한, 국가와 시장의 재구성이라는 형태로 나타나게 된다. 그러나 국가에 의한 경제개입과 노동시장개입은 약 40년간의 선순환 끝에 또다시 요동을 치게 된다. 한편으로 재정적자, 다른 편으로 노동저항과 생산성 하락이 강해졌기 때문이다. 한마디로 자본의 새로운 축적위기가 나타난 것이다.

그리하여 1980년대 이후 다시금 자유시장을 외치는 '신자유주의'가 활개를 친다. 범지구적 자본주의, 자본의 세계화 따위는 신자유주의와 궤를 같이한다. 여기서 신자유주의가 아담 스미스류의 고전적 자유주의와 다른 점은, 스미스의 '도덕'이 철저히 빠진 자유시장을 추구한다는 점이다. 그리하여 신자유주의는 그 이전의 어느 시대도 주지 않았던, 길바닥에서 '굶어죽을 자유'까지 대중에게 선물하고 있다.

---

6 스미스, 『도덕감정론』에 나오는 '가난한 자의 아들' 우화(4부 1절 8장)는 사람들의 과다한 물질적 풍요의 추구(예, 소박한 오두막 대신 호화판 저택의 추구)가 얼마나 인간성을 황폐화하며 인간내면에 불안과 고통을 안겨다주는지 잘 보여준다.

3. 시장의 역사성

한편 시장이라는 범주는 일정한 역사성이 있다. 다시 말해 인류의 역사에서 잉여생산물이 발생하기 시작하면서부터 시장과 교역이 발생하긴 했지만 지금처럼 시장이 사회적 삶의 전반을 지배하는 범주로 등장한 것은 자본주의 사회에서이다. 다시 말해 인류가 농사를 짓고 살기 시작한 시기부터 지금까지를 대략 1만 년 정도라고 본다면, 시장이 지배하는 자본주의의 역사는 불과 500년이다. 시장이 지배적인 범주로 된 것은 전체 인간역사의 5%밖에 되지 않는 것이다. 이것은 무엇을 말하는가?

크게 두 가지로 정리할 수 있다. 하나는 지금까지 인간역사의 95%는 시장의 '지배적' 역할이 없는 상태에서 사회적 삶이 영위되어왔다는 사실이다. 오늘날처럼 시장이 사회적 삶의 '전반을 지배'하지 않은 상태에서도 인간은 삶을 잘살아왔다. 특히 노동시장에 노동력을 팔아야만 먹고살 수 있는 시기는 불과 500년도 안 되는 시기의 일이다. 그런데 여기서 놓치지 말아야 할 사실이 있다. 그것은 인간은 시장의 지배적 역할 없이도 살아왔지만 오늘날 시장체제는 인간 없이는 유지되기 힘들다는 점이다. 시장체제는 대를 이어가며 노동력을 제공하는 노동자를 필요로 하고 있고 동시에 그 노동자들이 생산한 상품을 부단히 사주는 소비자를 대량 요구한다. 자본주의 시장체제[7]는 따라서 내재적으로 인간(노동자와 소비자)에 의존적이다. 그런데 인간은 자본주의 이전 시기까지 선물을 주고받거나 호혜시장, 물물교역, 마을시장 등과 같이 시장에 지배당하는 것이 아니라 사람 냄새 나는 시장[8]을 창조하며 잘살아 왔다. 물론 시장지배 사회와 그 이전사회가

---

[7] 이것은 다른 말로 교환가치 위주의 시장이라고 할 수 있다.
[8] 이것은 다른 말로 사용가치 위주의 시장이라고 할 수 있다.

칼로 자르듯이 구분되는 것은 아니다. 자본주의가 제 발로 서기 이전에도 시장과 화폐가 상당한 역할을 해왔고 노예시장과 노예가 생산한 상품시장이 세계를 무대로 형성되기도 했다. 그러나 그 당시만 해도 시장이 사회적 삶의 모든 영역을 지배하는 정도는 아니었다. 시장영역은 시간적·공간적으로 일정한 제약 속에 놓여 있었던 것이다. 이런 점에서 지금까지 500년 가까이 전개된 자본주의는 그러한 시간적·공간적 제약을 부단히 부수어 나오는 '과정'이라 파악할 수 있다. 특히 작금의 사이버공간에서의 시장형성(인터넷마케팅 등)은 가장 첨단의 방법으로 시간과 공간의 제약을 뛰어넘는 시장형태이다. 그러나 시장이 원래 의미를 획득하려면, 시간과 공간의 제약을 벗어나 재화나 서비스가 거래되기만 하는 것을 넘어(사물관계), 그 사물을 매개로 사람과 사람 사이에 믿음과 정이 흘러야 한다(사회관계). 사람과 생명이 빠진 시장, 사람과 생명이 빠진 시공의 초월, 사람과 생명이 빠진 효율은 무의미하고 해롭기까지 하다.

그렇다면 여기서 자본주의 이전의 시장과 자본주의 시장을 구분 짓는 핵심은 무엇인가. 자본주의 이전의 시장은 상대방의 질적인 욕구(사용가치)를 고려하고 삶의 처지를 고려하면서 거래가 이루어지는 공간이었다. 거래되는 재화나 서비스도 오늘날처럼 생태계에 '외부경제'라는 폐를 크게 끼치지 않는 것이었다. 이것은 아직 자본주의 공간 안으로 '실질적 포섭'되지 않은(갈수록 줄고 있지만,) 자본주의 내의 비자본주의 시장에도 해당된다. 이러한 비자본주의 시장을 나는 '영성적 시장'이라 부른다.9 그것은 그런

---

9 최근 '신시(神市)'에 대한 관심이 높은데 이것이야말로 '영성적 시장'을 새롭게 구축하려는 시도라 할 수 있다. 여기서 말하는 영성(spirituality)이란 이 세상 모든 존재들이 촘촘한 그물망처럼 서로 긴밀히 연결되어 있다는 자각이다. H. 하이데(2000) 교수는 전근대에서 근대로 이행되는 시기에 인간이 신과 분리되고 외적 자연과 분리됨으로써 내적 자연마저 상실하는, '탈영성화' 과정이 전개되었다고 분석한다.

시장공간 안에서 사람과 사람, 사람과 자연이 건강하게 연결되고 소통되었기 때문이다. 거래당사자 사이에는 서로 얼굴과 이름을 알고 서로 안부도 물어가며, 교환대상물이 무엇으로 어떻게 만들어졌는지에 대해 이야기도 할 수 있었다. 사람과 사람, 사람과 사물 사이에 친밀함과 애틋함이 존재했던 것이다. 제레미 리프킨도 『노동의 종말』에서 이렇게 말한다. 즉 고대경제에선 사람들이 세상의 '상호연관성'에 대해 깊은 이해를 하고 있었고 이를 바탕으로 사회적 교환이 이루어졌다. 그것은 구체적으로 공동체 서비스나 선물주기 등의 형태로 나타났다(리프킨, 1997: 318~319).

반면 근대자본주의 이후의 시장은 모든 것을 계량(교환가치)화하려 하고 상품화하며 거래상대방의 주·객관적 처지를 거의 헤아리지 않는다. 한쪽에서 무조건 많이 만들어 누군지도 모르는 이들에게 많이 팔면 그만이다. 또 그것은 '외부경제'를 만들어내기 일쑤며 심지어 그런 사실조차 의식하지도 않는다. 맹목적이다. 이런 시장을 '탈영성적 시장'이라 할 수 있다. 본격적 근대자본주의 이전에 존재했던 노예시장은 물론, 근대자본주의 이후 오늘날의 신자유주의 시장에 이르기까지 거의 모든 자본주의 시장이 바로 탈영성적 시장에 들 것이다. 리프킨도 인간의 시장 행위에서는 물질적, 금전적 교환을 통한 경제적 손익이라는 것이 사회적 결과(소통, 유대, 친밀감, 우정, 우애 등)보다 우선시되고 있다고 비판한다(리프킨, 1997: 318~319).

이 두 가지 시장유형을 역사적으로 보면, 갈수록 영성적 시장에서 탈영성적 시장으로 변화하는 경향을 보여준다.[10] 이 두 유형과 매우 비슷하게 이진경은 『자본을 넘어선 자본』에서 국지적이고 자연발생적인 시장과

---

10 이 '탈영성적 시장'도 무한 지속할 수 없음이 갈수록 뚜렷해진다. 결국 이 모순의 구체적 지점들에 착안, 재영성화를 위한 주체 형성(사람과 전략, 운동 모두)이 필요하다.

전면적이고 강압적인 시장을 구분하고 있다.

> …… 단순상품생산 내지 소생산에서 비롯되는 국지적인 자연발생적 교
> 환의 장으로서의 시장과, 기아와 결핍을 통해 강요되는 전면적 교환의 장으
> 로서의 자본주의적 시장을 구별하지 못하는 것은 멀쩡한 고기와 덫에 놓인
> 고기를 구별 못 하는 너구리보다 더 한심한 일이다(이진경, 2004: 304).

이 문제와 관련해서는 이미 칼 폴라니가 명확한 입장을 제출한 바 있다.
즉 본격적 자본주의 시장이 지배체제로서 등장하기 이전에는 호혜·재분배·
살림살이 위주의 경제조직이 삶을 이끄는 주요 수단이었다. 당시엔 시장도
사람냄새가 풍성하게 나는 공간이었다.

> 폭넓게 말하자면 다음과 같은 명제가 성립한다. 서유럽에서 봉건제가
> 종언을 고하기까지의 이미 알려진 모든 경제체계는 호혜, 재분배, 가정살림
> 내지는 그 2, 3가지 원리의 다양한 조합에 기초하여 조직되어 있었다는
> 것이다. 이러한 원리는 특히 대칭성, 중심성 및 자급자족이라는 패턴을
> 이용하는 사회조직의 도움을 빌려 제도화되어 있었다. …… 이윤이 특별히
> 중요한 것은 아니었다. 관습이나 법, 주술이나 종교가 함께 작용하여 경제
> 체계에 있어서의 각자의 기능을 궁극적으로 보증하는 행위법칙에 개개인이
> 따르도록 했던 것이다(폴라니, 1991: 76).

그는 이것을 시장이 교역과 더불어 인간사회 속에 깃들여 기능했다
(embedded)고 말한다. 한마디로 '사회 속의 시장'이라는 말이다. 당시엔
아직도 토지와 노동과 화폐가 상품[11]으로 변하기 이전이었다. 반면, 탈영성
화된 자본주의 시장은 사회를 뚫고 나와 이제는 드디어 사회를 제압하고

관리하는 지경까지 되었다. 이제 사회는 시장에 의해 '소외'된다. 그 속에 있던 것이 외화되어나간 뒤 점점 멀어지더니 급기야 매우 낯선 형태로 거꾸로 다가오는 것, 이것이야말로 소외(Entfremdung)의 원래적 의미가 아니던가. 시장이 사회에서 나와 점점 멀어져 이제 낯설게 다가오고 급기야 사회를 지배하려는 것, 이것이 '시장에 의한 사회의 소외' 현상이다. 19세기 유럽에서 완성된 자기조절적 시장은 모든 행동동기를 이윤으로 바꾸어버리고 다른 사회적 관계를 해체하여 시장 속에서의 관계로 만든다.12 여기서 자기조절적 시장이란 배타적으로 시장에 의해서만 통제·규제되는 경제체계이며 이곳에서 상품생산과 분배의 질서는 자기조절적 메커니즘에 종속된다. 요컨대 이전의 경제체계가 사회 속에 깃들인 경제(embedded economy)라면 자기조절적 시장이 지배하는 경제는 집 나간 경제(dis-embedded economy)로서 사회의 통제를 벗어나려 하고 거꾸로 사회 전반을 통제하려 든다.

4. 시장의 무정부성

시장에서는 개인과 사회에 대해 아주 중요한 질적 차원들이 실용적 이유로 억제된다. 결국 시장에서는 질보다는 양이 승리하고 지배한다(슈마허, 2002: 62). 또한 모든 것을 계량화하고 오로지 비용 - 효익분석을 통해 의사결정을 행하는 경제적 사고방식이 시장에 의존하는 정도만큼 생명체

11 폴라니는 노동, 토지, 화폐가 상품화(의제상품, fictitious commodities)된 것이야말로 자기조절적 시장(self-regulating market) 체제의 근본 모순을 이룬다고 본다(Polanyi, 2001 참조).

12 이런 의미에서 자본주의 시장은 사회를 분열시킴과 동시에 시장을 매개로 사회를 통합시키기도 한다. 이것을 '시장을 통한 사회의 재구성'이라 할 수 있다.

에서 나오는 신성함과 고귀함이 사라진다. 가격을 갖는 것에는 신성함이 존재하기 어렵기 때문이다(슈마허, 2002: 62). 이것을 달리 말하면 우리 삶의 전반적 과정에서 질적인 것들이 양(수치)으로 강제변환되고 마침내 그 양적인 것들(가격, 수익성, 수출액, GNP, GDP, 점수, 성적 따위)이 다시 질적인 것들(건강, 여유, 인격, 평등, 평화, 공동체, 생명, 자유, 다양성 등)을 무질서하게 억압해 들어오는 것, 이것이야말로 폴라니의 '거대한 전환'이 가진 하나의 본질적 측면이 아닌가 한다.

또한 시장을 주도적으로 만들고 확장하는 자본은 무한축적을 추구하는 속성을 갖는다. 현실시장에서 개별자본들은 경쟁력이 없으면 소멸하고 만다. 따라서 모든 개별자본은 시장에 등장하는 경쟁자본에 대해 확고한 우위를 차지하기 위해 부단히 기술혁신을 한다. 시장에 등장하는 상품은 초고속으로 산더미처럼 쌓이는 반면, 실질임금의 경향적 저하와 격심한 빈부격차로 구매력은 떨어지게 되어, 아담 스미스의 '보이지 않는 손'에 의한 수요와 공급의 '균형'은 결코 오지 않는다. 오히려 수요와 공급 체계에 무질서만 올 뿐이다. 필수수요품에 대한 구매력은 저하되어 사람들의 욕구 충족은 엉망으로 되는 반면, 그렇게 필요하지도 않은 상품들은 정신없이 생산되어 시장에 공급된다. 그 수요공급의 격차 이상으로 수많은 기업이 멸망하고 수많은 기업이 생성된다. 그 과정에서 사회적 자원이 무차별 낭비된다. 또한 시장 안에서 전개되는 치열한 경쟁은 갈수록 개별생산자와 개별노동자를 원자화·고립화·탈영성화한다. 또한 무정부주의적인 생산경쟁, 기술경쟁, 판매경쟁은 불가피하게 평균이윤율을 경향적으로 저하시킨다. 자본이 위기에 이르고 시장이 위기에 이른다. 이러한 자기모순을 깨고 나가기 위해 자본과 시장은 또다시 인간과 자연을 희생물로 삼는다. 갈수록 그 강도나 속도는 높아진다. 질서 속의 무질서요, 무질서 속의 질서다.

결국 자본은 돌파구로서 새로운 시장을 개척한다. 일단은 두 가지 시장이 가능하다. 기존 공간 안에서의 시장과 기존 공간 밖에서의 시장이 그것이다. 기존 공간 안에서의 새 시장이란 소비자의 욕구를 조작함으로써 만들어진다. 광고나 유행이 그 대표적 수단이다. 시장체제의 달콤함에 중독된 사람들은 한편으로 소비중독, 다른 편으로 일중독 경향을 보인다. 더 많이 소비하려면 더 많이 돈을 벌어야 하고 따라서 더 많이 일해야 한다. 문제는 많이 일한다는 것 자체가 아니라, 결코 일정선에서 충분함을 못 느끼는 상태에서, 갈수록 많이 해야 한다는 '강박증'을 보이는 것이다. 그럼에도 생산의 속도는 소비의 속도를 훨씬 능가하기에 욕구조작엔 한계가 있다. 기존 공간 안에서의 또 다른 시장은 투기시장이다. 그것은 인간적 욕구충족과 무관하게 '돈 놓고 돈 먹기'를 위한 시장이다. 오늘날은 생산자본에서 유리된 과잉의 금융자본이 그야말로 단기적인 시세차익을 노리고 전 지구를 빛의 속도로 누비는 '카지노 자본주의'가 큰 문제가 되고 있다(마틴·슈만, 1997). 그런데 이러한 카지노 자본주의의 원조를 우리는 17세기 네덜란드의 '튤립공황'에서 볼 수 있다. 당시의 튤립은 사용가치가 교환가치로 부상한 것이라면 오늘날의 금융투기는 교환가치가 사용가치로 부각된 것이다.

1630년대 튤립은 터키가 원산지였기에 터키문화를 상징하는 일종의 문화상품이었다. 사랑의 고백 또는 매혹을 상징하는 이 꽃을 유럽 귀족, 특히 네덜란드인들이 열광적으로 좋아했다. 이에 투기 바람이 분다. 튤립 값은 천정부지로 뛰기 시작해 한때 튤립 뿌리 1개를 사기 위해 황소 25마리를 주어야 할 정도가 되었다. 이쯤 되자 너나 할 것 없이 튤립에 매달린다. 귀족은 물론 농부, 기술자, 선원, 굴뚝청소부까지 튤립 투기에 손을 댔다. 일부는 튤립을 사 모으느라 집과 농장을 팔기도 했다. 하지만 1637년에 파국이 시작되었다. 불안을 느낀 일부 투자자가 손을 떼기 시작하면서 1637년 1월 한 달 동안 20배 이상 올랐던 튤립 값이 2월부터 갑자기

급락하기 시작한 것이다. 파산자가 속출했고 네덜란드는 유례없는 경제공
황에 시달려야 했다.[13]

　이러한 투기시장의 현대적 형태는 주식, 증권, 선물거래, 인수 및 합병
(M&A) 등으로 나타난다. 주식, 증권, 선물거래 등은 특정 자본의 기대가치
와 현재가치의 차액을 노리는 것이기도 하지만, 투기바람이 거세질수록
특정 자본의 구체적 활동과는 무관하게 단순한 시세차익을 노리는 '카지
노' 성격이 짙어진다. 이 시세변동은 경제기술적 조건, 정치사회적 변화나
루머 등에 의해서도 영향을 받지만, 역설적이게도 스미스의 수요와 공급
법칙에 의해 (안정된 차원의 분배가 이루어지기보다는) 불안정성만 키운다.
시세가격은 특히 기관투자가들이나 큰손들의 움직임이 어떤가에 따라
하루에도 수십 번씩 요동을 친다. 한편 인수 및 합병이란 구체적인 자본조
직, 즉 기업체를 통째로 상품으로 사고파는 것으로, 전통적으로 공황기에
나타나는 자본집중의 대표적 형태이긴 하지만, 오늘날에는 이것조차 시세
차익을 노리는 투기의 대상으로 변하고 말았다. 이것은 마치 인간 삶의
기본에 속하는 땅과 집이 그 자체로 상품화되어 사고파는 대상이 될 뿐
아니라 이제는 그를 넘어 대표적인 부동산투기의 대상, 시세차익을 통한
재산증식의 가장 약삭빠른 수단으로 변한 것과 마찬가지다.

　기존 공간 밖에서의 시장이란 식민지나 신식민지로 상징되는 해외시장,
비교적 대등하게 이루어지는 국제교역시장 따위를 말한다. 1990년대 이후
로는 구소련과 동유럽 시장이 중국과 더불어 새로운 시장을 열어주었다.
그러나 새로운 시장도 금방 채워질 것이다. 고도의 생산력을 바탕으로
한 생산의 속도가 워낙 빠르기에 시장의 포화는 시간문제다. 이제 기존
공간 밖에서의 시장도 결국 기존 공간 안의 범주로 포섭되고 만다.

---

13 황재성(2003)을 참조하여 재구성.

자, 이제 지구 밖으로 눈을 돌리자. 달을 가보아도 새 시장은 보이지 않는다. 화성으로 가도 새 시장은 요원하다. 실망스럽다. 이제 다시 지구로 눈을 돌리자. 이제 지구촌 시장은 거의 통일되었고 얼마지 않아 포화가 된다. 그렇다면 새로운 시장창출을 위한 최후의 방법은? 그것은 바로 전쟁이다. 전쟁은 그 자체로 엄청난 수요를 만들어낸다. 먹고 마시고 입고 쏘고 떨어뜨리는 모든 소비재와 군수재가 그 대상이다. 또한 전쟁은 합법적으로 모든 삶의 공간을 부수어버린다. 집, 학교, 다리, 공공건물, 도로, 숲, 마을…… 이 모든 것이 파괴의 대상이요 재건(돈벌이)의 대상이다. 재건을 할 적에는 당연히도 새로운 시장공간으로 적절하게 만들어진다. 이것이 작금의 현실이다. 미국이 이라크전에 집착하는 것도 그 전형적 증거다. 한국(자본)은 그 떡고물을 조금 얻어먹기 위해 동참하고 말았다. 무슨 맥락에서 무엇을 위해 가는지도 모르는 채. 아니, 모른 척하는 채.

5. 시장의 파괴성

결국 시장체제는 풀뿌리 민중의 살림살이인 생계경제, 자급경제를 근본으로 파괴하는 역할을 해왔다. 그것은 한마디로 시장체제가 이윤은 철저히 사유화하는 반면, 비용은 교묘한 방식으로 사회화하기 때문이다. 이것은 E. F. 슈마허가 『작은 것이 아름답다』에서 "시장은 개인주의와 무책임을 제도화한 것"이라고 일갈한 것과 통한다(슈마허, 2002: 60).

반다나 시바는 제3세계의 시각에서 자연경제, 민중경제, 시장경제라는 개념을 이야기한 바 있다(미스·시바, 2000: 100). 이와 비슷하게 힐카 피에틸라도 제3세계적·민중적·여성적 시각에서 자유경제, 보호 부문, 속박경제라는 개념을 이야기한다(Pietila, 1985). 여기서 자유경제란 경제와 사회의 비화폐적 핵심부로 자신과 가족, 공동체를 위한 무보수노동 내지 비공식경제를 말하며 이웃, 친구, 친지 등과의 상호 원조와 협력을 통해 이루어진다. 다음으로 보호 부문은 국내시장을 위해 공식적 수단에 의해 생산·보호·지도되는 공공경제로 식품, 건설, 용역, 행정, 보건, 학교, 문화 등이 있다. 또 속박경제란 수출을 위한, 그리고 수입상품과의 경쟁을 위한 대량생산영역을 말한다. 특히 속박경제를 둘러싼 환경들은 시장경제에 의해 변동하며 시장경제에 종속적이기에 취약하고 경쟁적일 수밖에 없다.

이런 구분 위에 일반적인 경제학이나 경제정책은 보호 부문과 속박경제를 중심으로 논리가 전개된다. 그것을 추진하는 사람들은 특히 속박경제를 자유경제(일차 부문, 공식경제, 열린 경제)라고 하지만 사실은 속박경제일 뿐이다. 왜냐하면 그들의 눈에 진정한 자유경제는 보이지 않거나 속박경제를 위한 완충영역 내지 희생양 정도로 보이기 때문이다. 결국 속박경제가 위기에 처하면, 다시 말해 적자가 심하거나 수익성이 악화된다면 구조조정이라는 미명 아래 여성과 어린이, 환경 등 진정한 자유경제를 구성하는 부분들을 철저하게 희생시킨다. 그것을 그들은 경제회복이라 부른다. 하지만 민중·여성·제3세계·생명의 시각에서 보면 이러한 경제회복이란 결국 삶의 위기를 가속화할 뿐이다. 반다나 시바에 따르면 오늘날 대부, 원조, 이자와 자본금상환 등의 이름으로 남반구에서 북반구로 해마다 200억 달러의 돈이 흘러 들어간다. 선진자본국들이 지불하는 개도국의 원자재 가격이 낮아짐으로써 발생하는 사실상의 자원이전까지 감안하는 경우, 가난한 나라들에서 부자 나라로 흘러들어 가는 돈은 한 해에 거의 600억 달러에 이른다. 그 결과 가난한 나라 민중의 삶은 궁핍해지고 환경은 무참히 파괴된다. 세계적인 빈부격차는 더욱 벌어진다. 동시에 부유한 나라 안에서조차 여성과 어린이, 국제이주노동자 들은 주류사회의 외곽에서 보충역 역할을 하면서 주변화된다(미스·시바, 2000: 100~101). 심지어

최강국 미국에서조차 삶의 질이 10년 전에 비해 떨어졌다는 보고가 있다. 마리아 미스는 GDP와 삶의 질 사이엔 역관계가 있는 듯하다고 조심스레 말한다(미스·시바, 2000: 85). 예컨대 시장의 힘이 커지자 여태까지 집에서 만들어 먹던 음식을 패스트푸드점에서 사먹게 되는데, 이것이 반복되면 GDP는 증가하나 인간의 영양상태나 건강, 자연환경, 정겨운 공동체적 관계는 치명타를 맞는다.14 칼 폴라니가 말한 바, 시장의 파괴력이 공동체를 잠식하는 것이다.

그럼에도 불구하고 시장이 인간욕구 충족에서 어느 정도 긍정적 역할을 하는 부분도 있음을 간과해서는 안 된다. 충분한 설명은 아니긴 하지만, 분명 수요와 공급이 가격을 매개로 상호 작용하면서 사회적 자원의 배분역할을 하는 부분도 있다. 또 욕구충족에 필요한 재화나 용역을 시장이라는 공간에서 쉽게 구할 수도 있다. 특히 이러한 시장의 긍정적 기능은 시장에 참여하는 사람들이 '도덕적 기초' 위에서 행위하고 또 시장에서 활동하는 조직들이 '사회정의'와 '공공선'의 범위를 크게 넘지 않는 선에서 움직인다면 더욱 타당성을 지닐 것이다. 그런 면에서 일반 소비재(옷, 학용품, 생활용품 등)는 시장거래로 해결할 수 있다.

간디는 이 세계의 가난은 대량생산이 아니라 '대중에 의한 생산'에 의해서만 해결이 가능하다고 했다. 이 말은 대중이 생산의 주체가 되어 자기가 스스로 조절할 수 있는 범위 안에서 인간적인 기술(예, 물레로 실 잣고 옷 짜기, 소금 만들기 등)을 활용하는 것만이 인간소외, 노동소외를

---

14 대표적 패스트푸드인 햄버거의 경우 인위적으로 구미를 돋우기 위해 각종 인공첨가물이 들어갈 뿐 아니라, 열량(칼로리)은 대단히 높아 마치 충분한 식사가 되는 것처럼 보이지만 사실은 필수영양소들이 결여되어 있기 때문에, 다른 방식으로 이것이 보충되지 않는 한 패스트푸드만 먹는 식습관은 건강에 대단히 해롭다. 한편 햄버거에 들어가는 육류를 생산하기 위해 열대우림 숲도 급속히 파괴되고 숲에 살던 부족마을도 함께 사라진다.

극복하고 마음의 평화를 이룰 수 있다는 뜻이다. 시장체제, 즉 대량생산·대량소비 체제의 파괴성을 고발하면서도 '자율'체제의 필요성과 가능성을 말해준다.

놀라운 것은, 오늘날 시장체제에 의해 급속히 파괴된 '삶의 질'이 또다시 시장에 의해 상품화되는 것이다. 이른바 '웰빙' 바람은 한마디로 근원적인 삶의 질 요구가 상품화된 것이다.

6. 대안 모색의 출발점

이런 점에서 대안의 모색은 우선, 시장과 국가에 대한 무비판적 '동의를 철회'하는 데서 출발한다. 그래서 시장이 할 수 있는 것과 하지 말아야 할 것을 구분해내고 그를 넘어 '시장'체제에 대한 역사적 안티테제였던 '계획'체제를 간략하나마 비판적으로 검토함으로써 새로운 주춧돌을 찾는다. 이 작업을 바탕으로 경제구조, 사회구조를 근본적으로 '재전환'하는 것 — 인간과 인간, 인간과 자연의 공생공존이라는 방향 — 은 우리가 당면한 시대적 과제다.

그런데 비록 시장이 사회에서 이탈해 나와 사회를 통제한다고 하더라도, 사회는 결코 시장질서에 '완전히' 종속될 수는 없다는 점에 착안할 필요가 있다. 그것은 마치 자본이 인간의 산 노동(lebendige Arbeit)을 부단히 흡수해야 자기증식이 가능하기 때문에 역설적으로 자본이 인간의 생명력을 모두 죽여버려서는 안 되는 것과 마찬가지다(하이데, 2000). 자본이 인간을 완전히 장악하고 누른다면 인간은 더 이상 생명력을 분출하지 못하며 따라서 자본의 가치증식에 전혀 도움을 주지 못하기 때문이다. 그런데도 시장자유주의자들은 마치 자본주의 시장이 자기완결성을 갖춘 완벽한 체계인 것처럼 착각하고, 그를 넘어 완전한 '자기조절적 시장'이라는 이데올로기적 허구를 현실에 억지로 끼워 맞추려 했다. E. 알트파터의 표현을 빌리면, 그들은 자본주의시장이 마치 '영구운동기계'처럼 혼자서도 지속적으로 잘 작동할 것이라 믿었던 것이다. 그 필연적 결과는 불행하게도 빈곤, 공황, 세계대전과 같은 거대한 재난이었다.

결국 폴라니의 해결책은 우리가 시장자유주의자들과 자본이 저지른 역사적 과오에 체념하면서도 새로운 희망의 길을 모색하듯, 시장자유주의자들에게도 차라리 (소련 등 현실사회주의권처럼) 권력이나 계획화가 있을 수밖에 없는 현실에 체념하라고 말한다.

체념은 항상 인간의 힘과 새로운 희망의 원천이었다. 인간은 죽음의 현실을 받아들이고, 그 위에서 구체적인 삶의 의미를 구축했다. 인간은 잃을 수밖에 없는 영혼을 가지고 있으며, 또 죽음보다 더 나쁜 것이 있다는 사실에 체념하고 그 위에서 자유를 창조했던 것이다. 우리 시대에 있어서 인간은 그러한 자유의 종언을 의미하는 사회적 현실에 체념해야 한다. 그러나 이 경우에도 생명은 궁극적인 체념에서 나오는 것이다. 사회현실에 대한 묵종은 인간에게 모든 제거가능한 부정과 부자유를 제거할 수 있는 불굴의 용기와 힘을 준다. 모든 사람에게 보다 풍부한 자유를 제공해야 할 임무에 성실하는 한, 권력이나 계획화가 인간에게 등을 돌리고 인간이 그 덕분에 구축하고 있는 자유를 파괴할지 모른다고 두려워할 필요는 없다. 이것이 복잡사회에 있어서 자유의 의미이다. 그리고 그것은 우리에게 필요한 모든 확신을 제공한다(폴라니, 1991: 313~314).

바로 이 지점에서 유의할 것이 있다. 그것은 폴라니가 말한 권력이나 계획화가 폴라니가 준거틀로 상정한 소련이나 동유럽 등 현실사회주의권 여러 나라들의 사례를 의미하는 선의 저편으로 넘어갈 필요가 있다는 것이다. 앞서도 살핀 시장의 독재 못지않게 프롤레타리아 독재권력 또한 문제가 많다. 그것은 풀뿌리 민주주의 입장에서 보면 예전의 아래와 위가 서로 뒤바뀐 형태에 불과하며 결코 지배체제 그 자체를 지양하지는 못한다. 또 다양한 풀뿌리의 복합적인 욕구를 어떻게 계획화를 통해 위로부터 충족할 것인가의 문제도 남는다. 기술적으로 불가능할 뿐더러 사회적으로 바람직하지도 않다. 이 부분과 관련, 루이스 멈퍼드가 『기계의 신화』에서 "현대의 권력 국가는 거대한 기계체제의 최신판"이라 일갈한 것을 참고할 필요가 있다. 여기서 권력국가를 유지하는 도구는 엘리트전문가들의 지식과 관료주의이다. 이렇게 해서 국가권력은 정도의 차이만 있을 뿐, 풀뿌리에서 유리된 지식과 기술의 중앙집중을 통해 항상 새로운 지배체제를 구축해왔다.[15] 이것은 결국 진정한 민주주의와 거리가 먼 것이다. 나아가 권력국가의 전개과정에서 산업주의적 개발패러다임과 생산력주의가 지배하게 되었다. 그런데 이 과정에서 더욱 체계적으로 객체화되고 대상화된 풀뿌리 민중은, 프롤레타리아 독재체제가 일방적으로 던져주는 사회보장적 떡고물에 안주하는 한, 거대한 기계체제의 작은 부품들로 변해버렸다. 나는 이것이야말로 현실사회주의 체제 아래의 풀뿌리 민중이 1980년대 말 이후 전개된 현실사회주의의 붕괴를 가로막지도 못하고 그렇다고 새로운 사회를 재창조하지도 못하게 되었던 내적 근거였다고 본다.[16]

---

15 이러한 중앙집권적 국가권력은 테일러주의가 노동의 파편화를 통해 노동자의 숙련을 해체하고 그들이 가진 경험, 기술, 기능, 비법 등을 저 높은 곳의 기술자나 경영자에게로 집중시켜나감으로써 노동통제를 강화한 것과 대단히 유사하다. 이런 점에서 국가권력을 '테일러주의의 사회화'라 할 수 있을 것이다. 이것은 현실자본주의에서는 물론 현실사회주의에서조차 발견된다.

16 이와 관련 차문석(2001) 참조.

이런 관점에서 시장에 대한 안티테제로서 계획이라는 것은 그 자체로서는 역사적 의미가 있으되, 그것의 역사적 한계 또한 인정할 수밖에 없다. 폴라니의 표현을 빌려 말하자면, 우리는 '시장'체제는 물론 '계획'체제가 낳은 사회적 성과와 실패를 모두 '체념'적으로 수용해야 한다. 그 위에서 제3의 새로운 희망을 만들어야 한다. 나는 이 제3의 희망을 '자율'체제에서 찾고 싶다.

여기서 '자율'논리의 도출근거는 두 가지다. 하나는 규범적인 것으로, 풀뿌리 민주주의 관점이다. 시장체제는 한편으로 보아 민주적이긴 하나 결국엔 승자독점사회로 간다. 계획체제는 한편으로 보아 민중적이긴 하나 결국엔 관료주의사회로 간다. 반면 자율체제는 풀뿌리 민중의, 민중에 의한, 민중을 위한 자치와 자기책임성을 강화한다. 둘째는 실증적인 것인데, 지금까지의 시장체제와 계획체제 모두에서 민중 내부의 삶의 자율성은 심각히 훼손되기는 하되 완전 소진된 건 아니라는 점이다. 사람의 자율성과 창의성이 완전 소진되면 자본이 더 이상 자기증식을 할 수 없다는 결정적 역설 때문이다. 자본이 산 노동을 '실질포섭'하되 '완전파괴'를 해서는 안 된다는 딜레마, 바로 여기에 인간이 산 노동 내부의 자율역량과 창의성을 건져올릴 실마리가 나오게 된다. 게다가 자본에 의한 노동의 실질포섭은 산 노동의 (강압적이든 자발적이든) '동의'가 없이는 안 된다. 따라서 산 노동은 주체적으로 '동의의 철회'를 통해 자본을 위협하기도 한다. 시장(자본)과 계획(국가)으로 시시각각 훼손을 당하긴 하나 그 모든 시련에도 마지막 불씨를 지키고 있는, 자율의 역량(생명력), 바로 이것이야말로 새 사회 창조의 소중한 토대다.

자율체제의 형성과 창조를 위해서는 시장체제의 오류들, 즉 전근대적이고 비서구적이며 비가부장적(여성적)이고 비공식적인 살림살이 활동(생계경제, 자급경제)에 대한 무시와 남용을 바로잡는 한편, 계획체제가 보여준

오류들, 관료주의에 의한 경직성과 획일성 등도 바로잡아야 한다. 그러나 그 어떠한 변화라도 그것이 진공공간에서 이루어지는 것이 아니라면, 현재의 객관적 조건을 고려하면서 그 조건을 바꾸고 재구성하는 데서 출발해야 현실성이 있다. 시장, 계획, 자율 사이의 긴장관계에 유의하면서도 갈수록 자율영역의 확장과 심화를 꾀하는 전략이다.

현재의 객관적 조건은 여러 측면에서 검토될 수 있다. 하나는 생산력의 수준인데 나는 지금의 생산력은 인간적 필요(자립능력+삶의 질 향상) 이상으로 높다고 본다. 그 결과 파괴적이기까지 하다. 따라서 지금의 생산력의 성격과 내용을 정밀 검토하면서 폐기해야 할 것과 줄여야 할 것, 새롭게 만들어야 할 것을 가려내야 한다. 특히 토지, 노동, 화폐, 기술, 교육의 탈상품화를 적극 추진해야 한다.

다음은 신자유주의 세계화로 대변되는 세계경제체제의 현실이다. 이것이 전 지구적인 파괴를 초래하는 것은 이미 자명하다. 다양한 전쟁이나 생태계 대란 혹은 이 둘의 결합으로 그 파괴적 모순이 뚜렷이 드러나고 있기 때문이다. 이것을 막아내야 한다. 이때 주요한 전략은 '아래로부터의 세계화'다(브레처 외, 2003).[17] 1999년 시애틀에서의 세계 민중의 저항은 지금까지 범지구적으로 계속되어왔다. 그리고 이미 1994년부터 시작된 멕시코의 사파티스타 농민군의 저항은 권력과 민주주의 개념에 혁명적 변화를 던지고 있다. 이런 움직임들이 더욱 활기차게 나와야 한다. 현재의 IMF, 세계은행, WTO 체제 그리고 각종 투자협정이나 자유무역협정 등은 초국적자본과 세계금융자본을 위한 것임이 명백하다. 이미 '20 대 80 사회'로의 양극화가 각 나라에서 전개되고 세계 차원에서도 전개되는 것, '빈곤과 실업의 세계화'가 현실화되는 것, '고용 없는 성장'이 지속되는 것,

---

17 여기서 중요한 구호는 "바꾸어라, 안 그러면 저항(동의를 철회)한다"이다.

각 나라의 자립능력과 생태계가 가속적으로 파괴되는 것, 반면 돈과 권력이 초국적자본과 세계금융자본, 한 줌도 안 되는 각국 엘리트들에게 집중되는 것, 승자독점사회(Winner Takes All Society)가 확산되는 것 등이 그 징표다. 여기서 선 - 후진국 격차를 줄이면서도 모든 사회에서 사회 - 생태적인 혁신을 올바로 해나갈 현실적 방책을 강구할 필요가 나온다.

또 하나 결정적으로 중요한 것은 소유문제이다. 이미 상당 정도 진전되고 굳게 내면화된 소유문제를 건드리기란 참 까다로운 일이다. 그러나 본질을 손대지 않고 주변만 건드려서는 근본변화가 어렵다. 나는 최소한 집과 땅, 그외 사회적 생산수단에 대해서는 소유권을 인정(상품화)하기보다 사용권만 인정하는 것(탈상품화)이 옳다고 본다. 또한 현재의 소유권제도나 지적재산권 등의 새로운 장치들이 지식과 정보의 자유로운 소통과 공유를 방해하고 있는 점을 감안, 최초 저작자의 업적을 존중하면서도 사회적 공유도 가능케 하는 새로운 문화를 만들어야 한다.

끝으로 가장 유념할 것은, 현대자본주의 시장이 (무한지배를 하기는커녕) 마침내 자기모순의 정점에 이르고 있다는 사실이다. 즉 시장을 통한 상품화가 지난 500년 가까이 전개된 나머지 이제는 시장화·상품화할 주·객관적 능력이 거의 바닥나고 있는 것이다. 예컨대 노동시장에서는 더 이상 신규노동력을 수용할 여력이 소진했고(노동의 종말, 20 대 80 사회, 이태백 등), 일반 상품시장은 전쟁을 적극 필요로 할 정도로 새로운 돌파구가 나타나지 않으며 동시에 더 이상 상품을 만들 원재료들과 에너지가 무제한 공급될 수 없다. 나아가 금융투기상품 시장은 지극히 불안정하여 언제 폭발할지 모르는 핵폭탄이다. 물론 이런 시장체제의 자기모순이 저절로 새로운 사회를 여는 것은 아니나, 민중 입장에서 새로운 사회를 말하기 위한 출발점은 된다. 바로 여기서 우리가 어떤 전략과 개념을 가지고 운동을 만들 것인가 하는 문제가 핵심으로 떠오른다.

그런 뜻에서 대안모색을 위한 몇 주요 개념과 전략을 살펴보자. 우선, 탈영성화된 자본주의 시장이 가진 파괴성과 무정부성을 넘어가기 위해서는 그것에 대한 제한과 철폐를 넘어 '재영성화된 시장'을 만들어야 한다.[18] 그것은 앞서 살핀바, 호혜, 선물 나누기, 자원재활용 따위를 포함한다. 1980년대에 프랑스의 사회과학자인 티에리 장테는 '사회적 경제'라는 개념을 이야기했다(리프킨, 1997: 318~319). 그것은 시장교환경제와 구분되는 '제3부문(국가 부문도, 민간 부문도 아닌)'을 말하기 위해서였다. 그러한 사회적 경제의 산출물은 자본주의처럼 화폐임금수입으로 측정되지 않고 대신 간접적인 이득이나 이웃, 다른 연령층의 사람 사이에 느끼는 유대감 같은 것으로 측정되는 것이다. (건강한) 경제활동의 사회(관계)적 효과에 주목하는 것이다. 결국 사회적 경제에서는 전통경제학에서 측정할 줄 모르거나 무시했던 것을 적극 고려하는 것이며, 따라서 사회적 책임성을 바탕으로 한, 보살핌과 나눔의 경제를 활성화하는 것이라 할 수 있다. 물론 여기서 사회적 경제 혹은 제3섹터가 시장 부문의 실패나 공공 부문의 실패를 땜질 처방하는 형태로 '자본에 재포섭'되어서는 안 됨을 강조할 필요가 있다. 그것은 결국 민중자율능력을 얼마나 독립적으로 구축하는가에 따라 결정된다.

다음으로 계획체제가 가진 경직성과 획일성, 일방성을 넘어가기 위해서는 관료주의의 제한과 해체를 넘어 풀뿌리 민중의 참여와 소통의 공간을 확장해야 한다. 마이클 앨버트의 '참여경제(파레콘)' 구상과 유사하다.[19]

---

18 대안경제의 구상에 관해서는 마르크스, 간디, 슈마허 등의 논의가 고전적이라면 헤이젤 핸더슨, 레스터 브라운, 마리아 미스, 반다나 시바 등이 최근의 논의를 보여준다. Henderson(1979), 미스·시바(2000), 브라운(2003) 등 참조.

19 특히 참여경제(파레콘, participatory economics)에서 한 노동자가 상위직무와 하위직무를 통합수행하는 '균형직군(balanced job complex)' 개념은 시사적이다(앨버트, 2003).

소비자평의회, 생산자평의회를 통해 민주적 설계와 조정을 구현한다. 이것은 민중의 참여의지는 물론 참여능력을 드높임으로써 가능하다. 또한 살림살이 규모도 일정 범위로 제한한다. 소규모화·분권화가 되어야 자율통제, 자주관리가 가능하다. 물론 폐쇄된 체계를 구축해서는 안 된다. 중요한 것은 각 살림살이 단위가 내적 주체성을 갖고 자립능력을 최대한 향상시키되, 언제든지 이웃 살림살이 단위와 교류하고 연대할 수 있는, '줏대 있는 개방체계'를 만들어야 한다는 것이다. 그 과정에서 민중의 자율성도 높아진다. 그리고 이것이야말로 새로운 구조 창출의 밑거름이다.

요컨대 시장의 재영성화와 참여와 소통을 통한 민주적 조정, 자율적 살림공동체 형성 등이 '자율체제'의 토대를 이룬다.

7. 자율체제와 삶의 재구성

위와 같이 자율체제를 이상적 대안으로 상정한다면, 그에 이르는 과도기 과정은 어떤 흔적을 그릴 것인가. 무엇을 시장에 맡기고 무엇을 민주정책에 맡기며 무엇을 민중자율에 맡길 것인가. 시장과 정책과 자율은 어떤 관계를 유지해야 하는가. 참된 구조조정의 내용과 방식은 어떤 것이며 국가권력에 대해선 어떤 태도를 가져야 하는가.

첫째, 시장에 맡겨야 할 부문과 정책에 맡겨야 할 부문의 구분이 필요하다. 예컨대 농업·교육 부문, 토지와 주거 부문, 의료 및 복지 부문, 기간산업과 기초산업 등은 시장경쟁이 아니라 민주정책, 필요에 따라서는 마을자율에 맡겨야 한다. 특히 부동산, 주식, 복권 등 투기시장을 확실히 잡아야 한다. 반면 벼룩시장이나 재활용시장, 아름다운 가게 등과 같은 '재영성화된 시장'을 많이 만들어야 한다. 여기서 중요한 점은 시장·정책·자율의 상호관계에서 시장과 정책은 일관되게 민중자율의 선차성 아래서 움직여야 한다는 점이다. 그리고 이 모두는 민중생존과 삶의 질 향상에 복무하는 것이어야 한다.

둘째, 노동시간 단축을 통한 일자리 나누기 전략이 필요하다. 생산성 향상의 성과를 삶의 질 향상으로 유도하기 위해 노동시간 단축이 필요하고, 필요에 따라서는 전직훈련을 무료로 제공한다. 한편 슈마허의 '중간기술'이나 간디의 '물레' 개념을 중심으로 기술 및 생산력 발전에 대한 논의를 활성화한다. 또 기본적으로 모두가 일을 조금씩 하되 남녀노소 차별 없이 적성과 능력에 따라 고루 하는 것이 필요하다. 특히 유기농업으로 곡식, 과일, 채소 등을 만드는 농민을 공무원화해서 시장상황에 생존을 맡기지 않도록 한다. 유기농업에 필요한 농토도 민주정책으로 확보하고 유지한다. 보충적으로 민중 자율과 협의도 활성화한다.

셋째, 노동시간 단축과 더불어 행여 임금수입 감소부분이 있다면, 생활비 지출부분을 대폭 공동체적으로 해결함으로써 풀어낸다. 예컨대 주거비용, 교육비용 및 의료비용을 마을 차원에서 또는 민주정책으로 공동체적으로 해결한다.

넷째, 주거·교육·의료·노후 분야를 해결하기 위한 재원조달은 다양한 방식으로 이루어진다. 예컨대 부정부패 고리 차단과 압수, 탈세 및 누세의 방지와 추적, 국방비용 절감, 직접세누진제 강화, 불요불급한 공공투자의 절감 등을 통해 재원을 확충할 수 있다. 나아가 이러한 개혁과 더불어 변화의 실효가 민중에게 가시적으로 돌아오고 미래에 대해 희망적인 변화의 청사진이 제시되면 재원을 키우는 것은 시간문제다. 왜냐하면 개념과 전략이 올바르다면 범민중적 참여와 협조가 촉진되어 모두가 열심히 할 것이기 때문이다.

다섯째, 일자리의 내용을 구조조정해야 한다. 고용안정을 위한다는 명분으로 일자리의 수와 양에 연연할 것이 아니라 건강증진, 인간발달, 공동체와 생태계의 발전에 도움이 되는 일자리는 확대, 그렇지 못한 것은 축소내지 폐지해야 삶의 질이 높아지고 경제(살림살이)가 건강해진다.

여섯째, 경제·경영 분야도 마찬가지 논리로 구조조정한다. 즉 부정부패가 만연하거나 그를 전제로 하는 분야, 관료주의가 팽배한 분야, 낭비와 과잉으로 가득 찬 분야, 건강·인격증진·공동체·생태계의 건전한 발전에 해를 끼치는 분야 등은 과감히 척결해야 민주주의와 삶의 질이 고양된다.20

일곱째, 민주정치(정부, 의회, 사법 등)의 진정한 자기역할은 이러한 과도기적 구조혁신을 겸허한 자세로 측면지원하는 것이다. 동시에 역사를 거꾸로 돌리려는 자들에게서 이 과업을 확고히 수호해내는 일도 중요하다. 궁극적으로는 방방곡곡 건전한 자율자치 공동체들이 제자리를 잡기 시작한 뒤에는 정치집단 스스로 겸허하게 풀뿌리로 돌아가야 한다. 이런 프로그램에 철저히 공감하는 사람들이 정치적 리더십을 형성하는 한에서만, 풀뿌리의 참여와 연대가 확보될 것이다.

이런 구상에 대한 이해를 돕기 위해 한 사람의 일생을 간략히 그리면서 이 문제를 보다 구체적으로 상상해보자. 우선, 아이가 태어나는 시점을 보면 아가의 탄생은 (자본관계가 요구하듯) '제2세대 노동력'의 탄생이 아니라 '사랑의 결실'인 새 생명이 탄생하는 것이다. 따라서 온 가족과 마을이 함께 기뻐하는 축제가 되어야 한다. 그 축제는 마을사람들이 자율적으로 조직한다. 조산원이나 의료처치가 필요하다면 이것은 시장이 아니라 민주정책에 의해 사회적으로 해결되게 한다. 아이와 부모가 사는 공간인 집은

---

20 레스터 브라운은 생태경제에서 부상하는 산업들로 다음을 꼽는다. 물고기 기르기, 자전거 제조, 풍력발전소 건설, 풍력터빈 제조, 수소생산, 연료전지 제조, 태양전지 제조, 경전철 건설, 나무심기 등(브라운, 2003: 118).

특정인의 소유가 아니고 모든 사회구성원(마을)의 공동재산으로 등록되어 있다. 아이와 부모는 그곳에 살고 싶은 기간 동안 자유롭게 살 수 있는 주거권을 가진다. 이사를 가게 되면 집은 마을에 반납하고 새로운 곳에서 집을 배정받는다. 우선순위 등 관련규칙은 민중자율로 정한다. 그 집을 짓는 데 필요한 각종 자재들은 마을공동체 차원에서 시장구입을 할 수 있다. 한편 유아가 크게 상처받지 않고 '내면의 자율성'을 기르도록 하려면 특히 부모가 아기와 정서적·영성적 소통을 잘해야 한다. 이것은 아이들이 독립된 성인이 되기 전까지 일관되게 지속되어야 한다.

아이들이 자라나는 공간(놀이방 또는 유치원) 또한 시장보다는 마을자치나 민주정책에 따라 마련되어야 한다. 아이들이 입는 옷은 시장에서 해결될 수 있다. 그러나 먹는 것은 유기농생산자와 소비자의 자율적 협동조직에 의해 해결되는 것이 바람직하다. 놀이방이나 유치원 선생님은 마을 차원에서 자율적으로 초빙되거나 민주정책으로 연수원 같은 곳에서 육성되어 필요한 마을에 배정된다. 선생님으로서의 자격시험은 민주정책에 따라 기본 합격점수만 얻으면 되고, 일정기간의 수습을 거쳐 참교육적 자질이 인정되면(공정한 평가위원회에 의해) 정식 임용되는 것으로 한다.

초등학교 연령기의 아이들은 감각교육, 감성교육을 주로 받는다. 학비는 면제되지만 교과과정에 대한 국가통제는 사라진다. 교사회의에서 교과서나 학습자료 따위를 자율적으로 구성한다. 방과 후에 아이들이 즐겁게 활동할 공간을 다양하게 마련한다(마을자치와 민주정책의 결합).

중고등학교 연령기 아이들은 토론, 발표 따위를 통해 논리적 사고력을 배양하고 여행과 독서, 운동, 특별활동이나 동아리활동을 통해 다양한 소질발휘 기회를 가진다. 마을 전체가 학습공간이고 때로는 원거리여행이나 해외연수·교환학생 프로그램을 조직할 수 있다. 민주정책 차원에서 대폭지원이 이루어진다. 0교시나 야간자율학습 따위는 없다. 학습은 흥미를 잃지 않을 정도로만 하도록 하고, 가능한 한 다양한 활동 속에서 '자아발견'을 하게 돕는 시기여야 한다. 학교급식은 지역 유기농생산자와 협동으로 해결하고 비용문제는 민중자율과 민주정책을 결합해 해결한다. 아이들의 옷이나 신발, 가방, 문방구류, 장식품 등은 시장에서 해결한다. 청소년 문화활동공간은 마을자치와 민주정책으로 풍성하게 만든다.

대학 진학은 연구자나 교육자, 법조인, 의료인 등 필수 전문직 위주로만 권하되, 대학들은 '특성화를 통한 평준화'가 이루어져야 한다. 대학 진학을 않더라도 적성별 선택을 적극 장려하고 직업상 차별(보상, 대우, 시선)을 두지 않아야 한다. 현재의 학력인플레나 전공 - 직업 불일치는 사회경제적 낭비의 극치다. 책이나 노트 따위는 시장에서 해결하되, 공공도서관이나 대학도서관을 확충하고 개방하여 접근가능성을 높인다.

직업 구하기는 노동시장에 맡길 것이 아니라 마을자율이나 민주정책으로 해결한다. 무슨 일을 하든 기본보상은 거의 같되, 일의 특성이나 개인적 헌신도 등에 따라 수당을 달리할 수 있다. 기본적으로 이런 '직업평준화'가 되어야 대학평준화도 의미를 가지고, 아이들이 부모나 선생님, 사회 따위와 같은 외적 기준이 아니라 자신의 내면에서 절실함을 느끼는 내적 기준에 따라 주체적 선택을 하게 될 것이다. 본인의 취향이 변하거나 선택을 바꾸고자 하면 얼마든지 새로운 일을 배울 수 있게 민주정책이 지원을 한다. 특히 유기농법으로 먹을거리를 생산하는 사람에게는 특별공무원 대우를 한다. 성별분업도 바꾸어 남성과 여성이 모두 건강한 살림살이에 함께 참여한다.

산업구조 재형성과 국토균형발전전략도 중요하다. 1차산업이 70% 내외, 2차·3차 산업이 30% 내외를 차지하면서 자급능력과 삶의 질 향상 차원에서 서로 유기적 연관성을 맺도록 하고, 농촌과 도시가 하나로 어우러진 '전원마을'이 전국에 그물망처럼 형성되어야 한다. 이른바 '정보 - 통신

혁명'은 민중자율과 민주정책을 결합, 탈상품화를 지향하며 삶의 질 향상과 마을공동체 사이의 소통과 연대라는 사회적 필요에 맞추어 추진한다. 도로, 항만, 공항, 철도, 통신 등 하부구조의 건설은 마을주민 참여를 전제로 하는 민주정책에 따른다.

요컨대 자급능력 향상과 생활과정의 탈상품화·탈관료주의화, 시장의 재영성화, 풀뿌리 자율 역량 강화, 대학평준화 및 직업평준화, 생활 단위의 소규모화 및 분권화 등을 통해 사회적 삶의 구조를 근본적으로 재편해야 비로소 새로운 미래가 열린다. 이 과정에서 부단히 민중 자율 영역을 확장하고 심화하되, 시장과 정책과의 관계도 자율역량을 증대하는 방향에서 유연하게 조절한다. 그래야 시장의 무정부성과 파괴성, 정책의 경직성과 일방성을 창의적으로 넘어갈 수 있다. 그런 맥락에서 기존의 노동운동, 농민운동, 여성운동, 환경운동 등이 제각기 내부혁신을 해야 함은 물론, 상호 소통과 연대로 사회운동의 새 차원을 창의적으로 열어나가야 한다.21 시장의 재영성화를 위해서라도 '삶과 운동의 재영성화'가 필요한 시점이다.

---

21 마리아 미스는 '소비자해방'의 대표적 사례로 일본의 '세이까즈 클럽'을 부각시킨다. 이 클럽은 1970년 미나마타병이 발생하자 식품첨가물 등을 우려한 어머니들이 소비자 - 생산자조합을 설립함으로써 시작되었다. 그들은 여성의 구매력을 유기농업을 촉진하고 식량자급을 고무하는 쪽으로 사용함으로써 도덕경제와 지역에 기반을 둔 경제를 일으키는 데 상당한 성과를 거두었다(미스·시바, 2000: 321). 내가 보기에 이 사례는 단순한 소비자 운동을 넘어 사회재구성운동의 가능성을 잘 보여준다. 다만 이런 노력이 다른 운동 부문, 특히 노동운동과 거의 소통이 되지 않아, 사회 전체 차원의 변화를 위한 전략 구상으로 승화되지 못하고 있다는 점이 당면과제로 나타난다.

❖ 참고문헌

맑스, K. 1867. 『자본』 I.

돕, M. 1970. 『자본주의 발달사』(독역본).

리프킨, 제레미. 1997. 『노동의 종말』. 이영호 옮김. 민음사.

마틴, 한스·하랄트 슈만. 1997. 『세계화의 덫』. 강수돌 옮김. 영림카디널.

무어, B. 1974. 『정치폭력의 역사』(독역본).

미스, 마리아·반다나 시바. 2000. 『에코페미니즘』. 손덕수·이난아 옮김. 창작과
　　비평사.

브라운, 레스터. 2003. 『에코 이코노미』. 도요새.

브레처, 제레미 외. 2003. 『아래로부터의 세계화』. 아이필드.

슈마허, E. F. 2002. 『작은 것이 아름답다』. 문예출판사.

스미스. 1759. 『도덕감정론』.

앨버트, M. . 2003. 『파레콘』. 김익희 옮김. 북로드.

와이트, 조나단 B. 2003. 『애덤 스미스 구하기』. 안진환 옮김. 생각의나무.

이병천. 2004. 「공화국과 자본주의」. ≪시민과세계≫, 제6호. 참여사회연구소

이진경. 2004. 『자본을 넘어선 자본』. 그린비.

잔트퀼러, H. J. 1990. 『철학-과학 사전』 1.

차문석. 2001. 『반노동의 유토피아』. 박종철출판사.

폴라니, 칼. 1991. 『거대한 변환: 우리 시대의 정치적·경제적 기원』. 박현수
　　옮김. 민음사.

하이데, H. 2000. 『노동사회에서 벗어나기』. 박종철출판사.

황재성, 2003. 9. 30. 「네덜란드 튤립과 강남 아파트」. ≪동아일보≫.

Henderson, H. 1979. *Creating Alternative Futures*. New York: Pedigree Books.

Pietila, Hilkka. 1985. *Tomorrow Begins Today*. Nairobi: ICDA/ISIS Workshop.

Polanyi, K. 2001. *The Great Transformation*, Boston: Beacon Press, 2nd ed..

Williamson, O. 1975. *Markets and Hierarchies*, NY: The Free Press.

한국경제와 재벌개혁

임원혁

　1997년 말 경제위기가 발생한 이후 우리나라는 정경유착과 도덕적 해이를 혁파하고 기업지배구조를 개선하는 데 경제정책의 초점을 맞추었다. 정부의 역할에 관해서는, 시장에 직접 개입하여 자원배분에 간여하거나 금융감독과 시장규율의 강화 없이 규제만 일방적으로 철폐하는 양극단을 지양하고 시장경제라는 질서가 제대로 작동되도록 구조조정과 제도개혁에 박차를 가했다. 정부의 암묵적 보증과 금융감독 소홀, 재벌총수의 전횡과 불투명한 경영으로 인해 대규모 투자실패가 발생했고, 이에 따른 대기업의 연이은 도산과 당시의 취약한 외채구조가 상승작용을 일으켜 한국경제에 대한 신뢰의 위기를 초래한 것으로 보았기 때문이다. 비록 위기상황에서 많은 우여곡절이 있었지만, 경제주체의 권한과 책임을 분명히 하고 시장규율을 강화한 경제개혁 프로그램은 우리나라가 경제위기를 조기에 극복하고 재도약의 기반을 마련하는 데 크게 기여했다.

　그런데 최근에는 시장규율의 확립에 초점을 맞추었던 경제위기 이후의 담론구도에서 벗어나 새로운 정책방향을 모색하려는 담론이 형성되고 있다. 그 근본적인 원인은 차등성과에 대한 차등보상을 원칙으로 하는 시장경제체제로의 전환이 진전됨에 따라 경제주체가 획득할 수 있는 수익도 커졌지만 감당해야 할 위험도 높아졌기 때문이다. 진입장벽과 퇴출장벽이 제거되고 경쟁압력이 강화됨에 따라 재벌총수는 경영권불안에, 노동자는 고용불안에 시달리게 된 것이다. 중국 등 인구대국의 급속한 경제성장과 국제경쟁의 격화, 소비위축에 따른 내수부진의 지속도 이런 논의가 이루어지도록 하는 배경이 되고 있다. 실제로 우리나라가 외환위기를 극복하기는 했지만 경제예속화, 산업공동화, 사회양극화 등 또 다른 형태의 '함정'에 빠졌다는 주장까지 제기되고 있다.[1] 이에 따라 최근에 들어서는 경제위기 이후 추진된 개혁정책을 보완하는 수준을 넘어 정책의 기조 자체를 바꾸려는 논의가 전개되고 있다. 시장경제원칙에 충실하자는 처방만으로는 막연한 듯한 느낌을 주기 때문에, 뭔가 묘안을 찾아야 한다는 정부의 강박관념과 이와 같은 여건을 활용하여 사익을 추구하려는 일부 이익집단의 계산이 맞아떨어지면서 정책의 기조가 흔들리게 된 것이다. 특히 경영권방어 위주로 전개되고 있는 최근의 재벌정책 관련논의는 시장규율확립 중심의 담론구도에서 벗어난 대표적 사례라고 할 수 있다.

하지만 대내외 경제적 도전에 직면하여 내수경기를 진작하고 사회안전망을 강화하며 성장동력을 확충할 필요성이 인정된다고 해도, 이와 같은 정책이 시장경제의 기반 자체를 훼손하는 방식으로 추진되는 것은 바람직하지 않다. 경제위기를 통해 이미 체험한 바와 같이 시장규율을 약화시키는 것은 개별 경제주체의 안정된 삶을 보장하지 못할 뿐 아니라, 장기적인

---

1 예를 들어 장하준(2004)은 이와 같은 주장을 담은 논단을 모은 책이다. 경제예속화, 산업공동화, 사회양극화를 우려하며 경제위기 이후의 개혁정책을 비판하는 주장은 2003년 이전에 이미 제기되었으나, 당시에는 별로 큰 호응을 얻지 못했다.

관점에서 볼 때 오히려 경제시스템 전체의 취약성을 증폭시킬 가능성이 높기 때문이다. 경제위기를 힘겹게 극복한 후 가장 경계해야 할 것은 그동안 추진된 제도개혁 전반을 부정하는 '반동(反動)의 함정'이다.

이 글에서는 이와 같은 문제인식을 가지고 최근 논란이 되고 있는 재벌정책에 대해 논하고자 한다. 우선 기업지배구조의 관점에서 재벌이라는 기업형태가 갖는 특성과 역사적 진화과정에 대해 살펴보고, 경제위기 이후 추진된 재벌개혁의 내용에 대해 알아본 후 최근 재벌정책과 관련된 쟁점을 검토하고자 한다.

일반적으로 가족기업은 재원조달 및 경영인재 확보와 상속·증여 과정에서의 경영권 희석 문제 등으로 인해 가족기업으로서 더 이상 성장하지 못하고 한계에 봉착할 가능성이 높다. 하지만 우리나라 재벌의 경우 경제위기 이전까지는 재무건전성이나 기업지배구조에 문제가 있더라도 금융기관을 통해 재원을 조달할 수 있었고 경영실패에 대한 외부규율이 미약했으며 상속·증여 세제에 법적 흠결이 있었기 때문에, 가족기업의 형태를 고수하면서도 지속적인 성장을 할 수 있었다. 경제위기 이후 추진된 재벌개혁은 이와 같은 문제점들을 상당 부분 해소함으로써 과거와 같이 재벌총수 일가가 일반주주 및 예금·보험 가입자의 돈으로 사업을 확장하는 것을 어렵게 만들었다. 결국 재벌총수 일가는 이제 새로운 제도적 왜곡을 도입하여 적은 자본으로 경영권을 계속 유지하든지, 아니면 재벌의 성격을 가족기업에서 현대적 기업으로 전환시키든지 선택해야 할 시점에 와 있다.[2] 최근 재벌정책과 관련하여 전개되고 있는 논란은 이와 같은 역사적 맥락에서 이해될 필요가 있다.

---

2 기업성장과정에서 창업가문의 지분이 희석됨에 따라 등장한 현대적 기업의 특징에 대해서는 Berle and Means(1932), Chandler(1984: 473~503), Schmitz(1993) 등 참조.

1. 재벌의 특성과 역사적 진화과정

재벌은 창업자가족을 중심으로 한 피라미드식 소유구조에 기반을 두고 다수의 계열사로 구성된 기업형태를 가지고 있다. 좀 더 구체적으로 본다면, 재벌은 창업자가족을 중심으로 한 지배구조와 다각화된 사업구조 그리고 법적으로 독립된 다수의 계열사를 묶어놓은 조직구조를 가지고 있고, 국민경제에서 차지하는 비중이 상당히 높은 것이 특징이라고 할 수 있다.[3] 사업부나 100%소유 자회사 대신 다수의 계열사를 묶어놓은 사실상의 지주회사형태를 취함으로써, 창업자가족은 비교적 작은 규모의 자본으로 여러 회사를 통제할 수 있다. <그림 6-1>은 2003년 말 현재 SK의 소유·지배 구조로, 총수 일가가 적은 자본을 가지고 어떻게 많은 계열사를 통제할 수 있는지 보여주고 있다.

그런데 일반적으로 가족기업은 재원조달 및 경영인재 확보와 상속·증여 과정에서 다음과 같은 세 가지 문제 때문에 가족기업으로서 더 이상 성장하지 못하고 한계에 봉착할 가능성이 높다(Leff, 1978: 661~675). 첫째, 기업의 성장을 위해 재원을 조달하는 과정에서 창업가문의 지분이 희석되면서 가족기업으로서의 정체성이 약화될 가능성이 있다. 기존사업이 상당히 수익성이 좋지 않은 한 사내유보만 가지고 기업을 계속 성장시키는 데는 한계가 있고, 은행대출 등 차입금에 지나치게 의존할 경우 기업의 재무적 안정성이 훼손될 수 있기 때문이다. 가족기업이 사업확장 과정에서 주식시장을 통해 다른 사람들의 돈을 끌어들인다면 창업가문의 지분은 희석될 수밖에 없다. 둘째, 가족기업이 최고경영자를 가족 내에서만 기용할 경우

---

3 비교적 관점에서 재벌의 특징에 대해 고찰하기 위해서는 Morikawa(1992), Claessens, Jankov and Lang(2000) 등 참조.

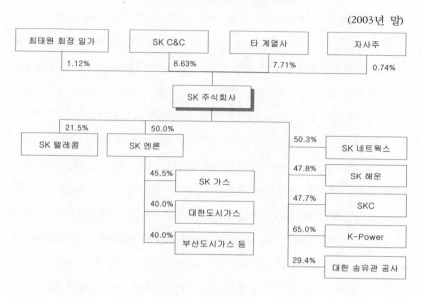

〈그림 6-1〉 SK의 소유 · 지배 구조

(2003년 말)

최태원 회장 일가	SK C&C	타 계열사	자사주
1.12%	8.63%	7.71%	0.74%

SK 주식회사

21.5% SK 텔레콤
50.0% SK 엔론

45.5% SK 가스
40.0% 대한도시가스
40.0% 부산도시가스 등

50.3% SK 네트웍스
47.8% SK 해운
47.7% SKC
65.0% K-Power
29.4% 대한 송유관 공사

경영실패의 위험이 증가할 가능성이 높고, 반대로 혈연과는 상관없이 시장 검증을 거친 경영자를 기용할 경우에는 가족기업의 정체성이 약화된다는 문제가 있다. 창업자가 아무리 훌륭한 경영자라 해도 경영능력은 유전되는 것이 아니므로 경영권의 세습은 경영실패의 가능성을 수반하게 마련이다. 특히 전문경영인과 달리 창업가문 출신의 최고경영자는 경영실패에도 불구하고 계속 경영권을 유지할 수 있기 때문에 회사가 망하기 직전까지 교체되지 않을 가능성이 높다. 셋째, 가족기업은 상속·증여 과정에서 세금 부담과 지분분할로 인해 어려움을 겪을 수 있다. 상속·증여세를 납부해야 함에 따라 후손에게 물려줄 유산과 경영지분이 그만큼 줄어들고, 특히 후손들이 여러 명 있다면 기업이 분할되는 사태도 일어날 수 있기 때문이다.

하지만 우리나라 재벌의 경우 경제위기 이전까지는 다음과 같이 특수한 제도적 환경을 활용하여 가족기업의 성장을 제약하는 세 가지 요인을 극복하고 사업을 확장할 수 있었다. 첫째, 경제위기 이전까지는 재벌의 재무건전성이 취약하더라도 정부 또는 재벌 통제하의 금융기관을 통해 차입금형태로 재원을 조달하는 것이 가능했고, 주식형태로 사업자금을 제공한 일반주주에게서 경영진이 받는 압력도 미미했다. 둘째, 경영권시장의 유연성이 부족했기 때문에 경영실패에 대한 규율이 미약했다. 재벌도 재벌대로 최고경영자 이외의 경우에는 창업가문 출신이 아니라도 시장에서 검증된 경영자를 활용함으로써 경영권 세습과정에서 발생할 수 있는 경영실패의 가능성을 축소했다. 물론 독단적이고 무능한 최고경영자가 기업이 망할 때까지 전횡을 일삼은 사례도 있지만, 창업가문 출신의 최고경영자가 전문경영인의 의견을 참조하여 결정을 내리고 기업을 이끈 사례도 적지 않다. 셋째, 상속·증여 과정에서 법적 흠결을 악용하여 이해관계자의 이익을 침해하는 형태의 감세수단을 동원함으로써 경영권의 희석을 최소화할 수 있었다. 특히 재무건전성이나 기업지배구조에 문제가 있더라도 금융기관을 통해 재원을 조달할 수 있었던 것이 재벌이 가족기업의 형태를 유지하면서 계속 성장할 수 있었던 가장 큰 이유였다. 이와 같은 기본구도는 이미 1960년대에 형성되었고, 1980년대에 들어 제2금융권에 대한 재벌의 지배가 강화되면서 고착화되었다(Lim, Haggard and Kim, 2003: 1~31).

1960년대에 형성된 정부-기업 간 위험분담체계하에서 정부는 국유화된 은행을 통해 대기업에 대한 통제를 확립하는 한편, 대기업이 감수해야 할 투자위험도 정부가 일정 부분 떠안음으로써 대기업을 도산 위협에서 보호하는 정책을 추진했다. 당시 민간기업들은 정부의 대외지향적 경제개발계획을 이행하는 대리인 역할을 하며 재벌로서 급성장할 수 있었다. 제조업 부문의 평균부채비율로 본 기업의 재무적 안정성은 1960년대 중반 100% 미만에서 1970년대 초 400%에 근접하는 수준으로 악화되었으나, 재벌은 계속 차입금을 조달하여 사업을 확장해나갔다. 정부는 재벌의 팽창

지향적인 투자행태로 인해 시스템 리스크가 증가하는 것을 조기에 차단하지 못하고, 결국 1972년 8월 3일 기존 주주와 경영진의 책임은 묻지 않은 채 기업의 채무를 경감하는 사채동결조치를 단행했다. 또 1973년부터 추진된 중화학공업 육성정책은 정부가 핵심투자사업을 지정한 후 소수의 재벌을 대상으로 파격적인 지원을 제공하는 방식으로 추진되었기 때문에, 투자에 대한 기업의 자기책임원칙을 더욱더 훼손시키는 한편 경제에서 재벌이 차지하는 비중을 급상승시켰다. 예를 들어 경제 전체의 부가가치에서 5대 재벌이 차지하는 비중은 1973년 3.5%에서 1978년 8.1%로, 20대 재벌의 비중이 7.1%에서 14.0%로 급등했다(사공일, 1993: 312).

1970년대의 경제정책이 가져온 과잉투자와 경제불균형 현상은 정부 주도형 경제개발전략에 대한 재검토가 이루어지게 하는 계기가 되었다. 1980년대에 들어 정부는 신용한도 설정과 각종 진입규제 등을 통해 민간의 경제활동을 광범위하게 통제하던 관행에서 벗어나 민간의 자율을 존중해주는 방향으로 정책을 전환했다. 하지만 정부는 시장규율도 확립하지 못하고 정부가 대기업을 도산 위협에서 보호해줄 것이라는 기대도 종식시키지 못한 채 대기업에 대한 정부의 통제를 완화함으로써 심각한 부작용을 초래했다. 시장규율이 확립되지 않은 상황에서 재벌은 정부의 암묵적 보증을 믿고 도산 위협을 과소평가한 반면, 정부의 통제가 완화됨에 따라 재벌의 무모한 투자를 견제하는 것은 그만큼 어려워졌기 때문이다(임원혁, 2003: 193~226).

재벌의 기업상장이 확산되고 <표 6-1>에 나타난 바와 같이 지배주주의 지분율이 하락하면서 지배주주와 기타주주 간의 이해상충 문제가 심화되었으나, 주주의 재산권을 보호하고 '감시자 있는 경영' 체제를 제도화하려는 정책적 노력은 제대로 이루어지지 않았다. 이와 더불어 시장에서 능력이 검증되지 않은 2세 경영인에게 경영권이 세습되면서 기업지배구조는 더욱

<표 6-1> 30대 대규모기업집단의 내부지분율 추이

(단위: %)

	1983	1987	1989	1990	1991	1992	1993	1994	1995	1996	1997	1998	1999	2000	2001
30대 기업집단	57.2	56.2	46.2	45.4	46.9	46.1	43.4	42.7	43.3	44.1	43.0	44.5	50.5	43.4	45.0
동일인 및 특수관계인	17.2	15.8	14.7	13.7	13.9	12.6	10.3	9.7	10.5	10.3	8.5	7.9	5.4	4.5	5.6
계열사	40.0	40.4	31.5	31.7	33.0	33.5	33.1	33.0	32.8	33.8	34.5	36.6	45.2	38.9	39.4
5대기업집단	-	60.3	49.4	49.6	51.6	51.9	49.0	47.5	-	-	45.2	46.6	53.5	46.2	47.3
동일인 및 특수관계인	-	15.6	13.7	13.3	13.2	13.3	11.8	12.5	-	-	8.6	-	-	5.0	2.9
계열사	-	44.7	35.7	36.3	38.4	38.6	37.2	35.0	-	-	36.6	-	-	41.2	44.4

자료: 공정거래위원회.

더 악화되었다. 그럼에도 불구하고 총수 일가는 계열사의 지분을 동원할 수 있었기 때문에 경영성과와 상관없이 기업에 대한 지배를 유지할 수 있었다.

또 1980년대에 들어 재벌은 보험·투신 등 제2금융권 금융기관의 소유를 통해 금융 부문에 대한 영향력을 확대함으로써 가족기업의 형태를 유지하면서도 사업을 지속적으로 확장시킬 수 있었다(Hahm, 2003: 79~101). 한편 1987년 군사독재가 종식되고 대통령직선제가 부활되었으나, 정치자금의 조달 등과 관련된 부패를 차단할 수 있는 법제가 확립되지 않았기 때문에 '정치금융' 형태로 자원배분의 왜곡이 일어날 가능성이 상존했다. 이와 같은 제도적 환경하에서 재벌은 정부 또는 재벌통제하의 금융기관을 통해 재원을 조달하는 한편 왜곡된 기업지배구조를 유지함으로써, 가족기업의 형태를 고수하면서도 지속적인 성장을 할 수 있었다.

2. 경제위기 이후의 재벌개혁

　이처럼 재벌에 우호적이었던 제도적 환경은 경제위기를 기점으로 크게 바뀌었다. 재벌의 재무건전성 문제가 부각되고 일반주주에 대한 재산권보호가 강화됨과 더불어, 상속·증여 관련법의 흠결도 상당 부분 해소됨에 따라 과거와 같이 재벌이 사업을 확장하기는 어렵게 되었다. 우선 '대마불사'의 신화가 종식되면서 재벌이 재무건전성과 상관없이 차입금형태로 재원을 계속 조달하는 것이 거의 불가능해졌다. 또 단일 기업집단의 구성원이기는 하지만 법적으로는 독립된 계열사들의 주주구성이 다른 상황에서 일반주주의 재산권이 보호됨에 따라, 이른바 '선단식' 또는 '연환계식' 경영은 일반주주의 법적 도전에 직면할 가능성이 높아졌다. 우량계열사가 부실계열사를 지원하는 것은 설령 재벌총수의 이해에 부합된다고 해도 우량계열사의 일반주주 입장에서 볼 때는 납득하기 어려운 행위이기 때문이다. 또 상속·증여와 관련하여 법적 흠결이 상당 부분 해소됨에 따라 재벌이 가족기업의 형태를 유지하면서 계속 성장하기는 더욱더 어려워졌다. 사실 경제위기 이후 이처럼 변화된 제도적 환경이 현재 진행되고 있는 재벌논쟁의 배경이라고 할 수 있다.

　경제위기 이후 추진된 재벌개혁을 기업지배구조의 관점에서 좀 더 자세히 살펴보자면 도덕적 해이의 혁파, 금융감독의 개선, 경쟁압력의 제고 등 외부규율을 강화한 부분과 경영의 투명성 및 책임성 제고 등 기업내부의 통제를 강화한 부분으로 크게 나눌 수 있다. 경제위기 이후 정부는 무엇보다도 투자에 대한 자기책임의 원칙을 확립하기 위해 민간이 민간의 리스크를 스스로 관리하고 정부가 이를 감독하는 방향으로 정책을 전환했다. 도덕적 해이에 대한 근본적 처방은 '정부의 힘에 의한 규율'을 복원하는 것이 아니라 '시장의 힘에 의한 규율'이 작동하도록 하는 데 있다고 본

것이다. 비록 일부 부실기업의 처리가 지연되기도 했지만, 경제위기 이후 정부는 부실화된 대기업을 경제성원칙에 따라 처리하고 부실을 초래한 경영자 및 경영감시자의 책임을 추궁하며 투자자도 손실을 보도록 함으로써 '대마불사'의 신화를 종식시키기 위해 노력했다. 우여곡절이 있었지만 은행이나 5대 재벌도 경영이 부실하면 결국 정리되었고, 회계분식 등 비리를 저지른 경영진과 회계법인은 처벌을 받았으며, 개인투자자도 정부가 무조건 투자상품의 수익을 보장해주는 것은 아니라는 점을 인식하게 했다. 정부의 암묵적 보증에 대한 기대가 소멸됨에 따라 재벌이 과거처럼 차입금을 조달하여 가족기업으로서 계속 성장하기는 어렵게 되었다.

이와 더불어 정부는 <표 6-2>에 나타난 바와 같이 기업구조개혁 '5+3 원칙'을 천명하고, 경영의 투명성 및 책임성 제고, 제2금융권의 지배구조 개선, 순환출자 억제 및 부당내부거래 차단, 변칙적인 상속·증여의 방지 등을 통해 기업지배구조의 개선을 도모했다. 주주권의 행사요건 완화, 사적구제 수단의 확충, M&A의 활성화 등 제도개혁도 병행되었다. 주주권의 행사와 관련해서는 상법개정을 통해 대표소송을 제기하는 데 필요한 최소지분을 5%에서 1%로 낮추었고, 이사와 감사 등에 대한 해임청구권의 행사요건도 완화했다. 또 경영권시장의 유연성을 제고하기 위해 의무공개 매수제도를 폐지하고 M&A 전용펀드를 허용하는 한편 외국인 주식투자 한도를 폐지했다.

2003년 말에는 기업구조개혁 '5+3 원칙'의 연장선상에서 추가적인 조치가 도입되었다. 우선 회계의 투명성을 제고하기 위해 CEO와 CFO가 회계공시서류에 대해 인증을 하도록 했고, 회계법인이 감사대상 기업을 상대로 컨설팅업무를 하는 것을 제한했다. 또 유예조항이 있기는 하지만, 허위공시·분식결산·주가조작 등을 방지하기 위해 증권관련집단소송제를 도입했다. 이해당사자 스스로 자신의 권리를 찾을 수 있도록 사적 구제수단

〈표 6-2〉 기업구조개혁 '5+3 원칙'과 주요 개혁조치

'5+3 원칙'	주요 개혁조치
기업경영의 투명성 제고	·1999 회계연도부터 30대 대규모기업집단의 결합재무제표 작성 ·의무화(1998. 1) ·국제적 회계기준에 따라 기업회계기준 개정(1998. 12) ·상장법인의 사외이사 선임 의무화(1998. 2) ·분기보고서 작성 의무화(1999. 2) ·대규모 내부거래 이사회 의결 및 공시 의무화(1999. 12) ·일정규모 이상의 상장기업에 대한 감사위원회 설치 및 전체·이사 중 사외이사 1/2 이상 선임 의무화(1999. 12) ·분식회계 및 부실감사에 대한 처벌 강화(1999~)
상호지급보증(채무지급보증) 해소	·1998년 4월부터 신규 채무보증 금지/기존 채무보증은 2000년 ·3월까지 해소(1998. 2)
재무구조 개선	·자기자본 대비 과다차입금에 대한 이자의 손비불인정(1998. 2) ·기업의 부동산 매각 또는 주주의 자산증여로 부채를 상환하는 ·경우 양도세 면제(1998. 2) ·재무구조개선약정을 통한 부채비율 감축 유도(1998~1999)
핵심주력사업으로의 역량집중	·법인 간 고정자산 교환 시 법인세 및 특별부가세 면제 (1998. 2)
지배주주 및 경영자의 책임성 강화	·지배주주의 이사 등재 유도(98. 1) ·회사정리 원인을 제공한 대주주의 주식을 소각하는 조항 도입 (1998. 2) ·사실상의 이사직무를 수행한 자를 이사로 간주(1998. 12) ·부실채무기업에 대한 조사권을 예금보험공사에 부여(2001. 3)
제2금융권의 지배구조개선	·사외이사 및 준법감시인 제도 도입(1999~2000)
순환출자 억제 및 계열사 간 부당내부거래 차단	·부당내부거래에 대한 제재 강화(1998~) ·2001년 4월부터 기업의 순자산 대비 25%로 출자를 제한하는 ·출자총액제한제도 재시행(1999. 12)
변칙적인 상속·증여의 방지	·비상장주식의 상장시세 차익에 대해 과세(1999. 8) ·지분율 3% 이상 대주주의 보유지분 거래시 보유기간에 따라 ·20~40%의 양도세 부과(1999. 8)

을 제공한 것이다. 이와 더불어 상속·증여세에 대한 포괄주의를 도입함으로써 변칙적인 경영권세습이 일어날 가능성을 축소했다. 경제위기 이후 추진된 일련의 개혁조치는 금융자원 배분 및 기업지배구조의 왜곡 문제를 시정하는 한편 재벌이 가족기업의 형태를 유지하며 계속 성장하는 것을 어렵게 만들었다.

3. 최근의 재벌정책 관련쟁점에 대한 검토

이와 같은 변화에도 불구하고, 더 정확히 말하자면 바로 이와 같은 변화 때문에, 재벌총수 일가는 계속 적은 자본으로 경영권을 고수하면서 사업을 확장하기 위해 제도적인 장치를 마련하려고 노력하고 있다. 이처럼 재벌이 가족 중심의 지배구조를 유지하려고 시도하는 과정에서 일반주주 또는 예금·보험 가입자의 재산권을 침해하는 제도적 왜곡이 발생할 가능성도 높아지고 있다.

재벌총수 일가가 적은 자본으로 경영권을 유지하기 위해 노력하고 있다면 일부 학자들은 민족주의 또는 사민주의적 관점에서 재벌개혁의 대안을 제시하고 있다. 예를 들어 대안연대는 사민주의적 관점에서 신자유주의에 대한 대안을 모색하고 있는데, 신자유주의('시장만능주의') 및 주주자본주의의 폐해를 부각시키고 '사회적 통제'의 중요성을 강조하는 경향이 있다. 특히 대안연대의 일각에서는 외국자본을 '투기자본'으로 규정하고 민족주의적 관점에서 재벌의 경영권 보호에 대해 우호적 입장을 취하면서 재벌과 노동자 사이의 대타협을 주창하고 있다(이찬근, 2004: 298~316).4 대안연대

---

4 이 글에는 '주주에 의한 수탈체제' 등 주식회사의 작동원리 자체를 부정하는 듯한

가 지향하는 '사회적 통제'나 '대타협'의 실체는 약간 불분명한 측면이 있지만, 일자리 창출 및 고용불안 해소, 기업과 기업인의 '사회적 책임' 이행 등 포괄적인 내용을 담은 것으로 보인다. '사회적 통제'나 '대타협'을 실현하는 수단은 아직 구체적으로 제시되지는 않았지만, 향후 연기금을 국내기업의 주식을 매입하는 데 투자하고 공익이사가 중심이 된 운영위원회를 통해 국내기업에 대해 통제권을 행사하는 방식을 상정해볼 수 있을 것이다.

경영권을 확고히 하고 싶은 재벌의 입장에서 볼 때 이와 같은 거래를 굳이 마다할 이유는 없는 것으로 판단된다. 물론 이른바 '연기금사회주의'에 대한 우려는 있을 수 있지만, 연기금운영위원회가 외국자본에는 적대적이고 국내자본에는 우호적인 공익이사 중심으로 구성된다면 재벌총수 일가가 경영권을 유지하기는 그만큼 수월해질 것이다. 이론적으로는 연기금운영위원회가 경영에 실패한 재벌총수에게 책임을 물어 퇴진을 종용할 수도 있겠지만, 이와 같은 상황이 현실화될 가능성은 정치적인 부담 때문에 상당히 낮은 것으로 보인다. 재벌총수는 비록 평균적으로 5%도 안 되는 지분을 가지고 주인행세를 하는 처지이지만, 퇴진압력에 직면할 경우 정권의 이념적 성향이 불순하다는 둥, 본인이 괘씸죄에 걸렸다는 둥 온갖 낭설을 유포하며 이 문제를 정치이슈화할 것이기 때문이다. 따라서 연기금운영위원회는 재벌총수가 경영권은 유지하면서도 '사회적 책임'을 이행하도록 견제하고, 재벌총수는 총수대로 연기금운영위원회의 의견을 어느 정도 존중하여 사외이사제도를 보강하는 등 성의를 표시하는 수준에서 타협이 이루어질 가능성이 높은 것으로 판단된다.

동상이몽일 수도 있지만, 이처럼 민족주의 또는 사민주의적 성향을

표현이 등장한다.

가진 일부 학자와 재벌총수의 이해가 일치하는 부분이 상당히 있기 때문에 재벌정책에 대한 최근 논의는 시장규율의 확립보다는 경영권방어를 모색하는 방향으로 전개되고 있다. 재벌총수와 재벌옹호론자만의 노력으로는 형성되기 어려웠던 담론구도가 형성된 것이다. 현재 재벌정책에 대한 쟁점은 출자총액제한과 금융계열사의 의결권 제한 등 규제문제와 적대적 인수에 대한 방어장치 도입문제 그리고 노동자와 재벌의 대타협 문제 등 크게 세 가지로 나눌 수 있다.

1) 출자총액제한과 금융계열사의 의결권제한

우선 출자총액제한과 금융계열사의 의결권제한과 관련해서는 이와 같은 제도가 국내기업을 적대적 인수·합병의 위협에 노출시킬 뿐만 아니라 기업의 투자를 억제하여 경제발전에 장애요인이 된다는 주장이 있다(전경련, 2004a; 2004b 등). 기업지배구조의 관점에서 볼 때 계열사 간 출자는 일반주주의 의결권을 간접화함으로써 창업가문의 경영권을 방어하는 수단이 될 수 있다[5] 또 동일 기업집단 소속계열사에 대한 금융보험회사의 의결권 행사도 '남의 돈'으로 창업가문의 경영권을 방어하는 수단으로 활용될 수 있다. 그런데 이처럼 일반주주나 예금·보험 가입자의 돈이 창업가문의 경영권을 방어하는 목적으로 쓰이는 것이 과연 바람직한 것인가? 물론 최고경영자가 자신의 투입자본보다 훨씬 많은 돈을 타인에게서 조달하고 자신의 지분율을 상회하는 경영권을 행사하는 것 자체는

---

[5] 실제로 실증분석 결과에 따르면 출자총액제한제도 폐지기간 중 출자구조 변화는 기업집단에 대한 창업가문의 지배력 확보와 긴밀할 관계를 가지고 있는 것으로 나타난다. 임경묵·조성빈(2006) 참조.

외국에서도 흔히 발견되는 현상이지만, 관건은 최고경영자가 기업가치를 제고하는 방향으로 경영권을 행사하는지 여부이다. 만약 최고경영자가 기업가치보다는 자신의 사익을 추구하는 방향으로 경영권을 행사할 경우 재원을 제공한 다른 이해관계자들은 이를 시정할 실질적인 수단을 가져야 하고 더 나아가서는 이와 같은 최고경영자를 교체할 수 있어야 한다. 따지고 보면 출자총액제한제도와 동일 기업집단 소속계열사에 대한 금융 보험회사의 의결권제한제도는, 이해관계자 스스로 자신의 권리를 찾을 수 있는 사적 구제수단이 제대로 정비되지 않은 상황에서 최고경영자의 사익추구를 견제하기 위해 도입된 차선책의 성격을 가지고 있다. 따라서 출자총액제한 및 금융계열사의 의결권제한 제도를 철폐하여 재벌총수의 경영권방어에 도움이 되도록 해야 한다는 주장은, 제도의 도입취지에 반하는 것이라고 할 수밖에 없다. 특히 동일 기업집단 소속계열사에 대한 금융계열사의 의결권 행사는, 기업지배구조의 왜곡을 가중시키고 산업자 본이 금융자본을 인수할 유인을 증대시키므로 조속히 시정하는 것이 바람직하다.

출자총액제한으로 인해 기업이 투자를 제대로 할 수 없다는 주장도 설득력이 별로 없는 것으로 판단된다. 출자는 다른 회사의 주식을 취득하는 행위로서 통상적인 의미의 투자와는 관련성이 그리 높지 않다. 기존 회사 내에서의 신규설비투자나 사업부신설을 통한 투자는 출자총액제한의 대 상이 되지 않는다. 또 기업경쟁력 강화, 성장잠재력 확충 등과 관련된 타회사출자는 출자총액제한 적용제외·예외인정을 통해 출자한도에 관계 없이 허용된다. 물론 기업의 타회사 주식보유한도를 기업순자산의 25%로 제한하는 출자총액제한제도가 투자에 전혀 영향을 미치지 않는다고 할 수는 없겠지만, 그 효과는 그리 크지 않은 것으로 보인다. 실제로 한국개발 연구원의 실증분석결과에 따르면 1998~2003년 대기업집단의 투자율과 피출자증가율의 상관계수는 단순 평균기준으로 0.064, 투자액과 피출자증가액의 상관계수는 0.021로 매우 낮은 수준을 기록했다(임영재 외, 2003).

2) 경영권 방어장치의 도입

한편 독약처방(poison pill), 황금낙하산(golden parachute) 등 적대적 인수에 대한 방어장치의 도입은, 현재 평균적으로 5%도 안 되는 지분을 가지고 경영권을 행사하는 재벌총수의 실정을 감안할 때 그리 실효성이 있을 것으로 보이지 않는다.6 예를 들어 적대적 인수 시도가 있을 경우 기존주주에게 신규주식을 시가 이하로 배정하여 인수희망자의 지분을 희석시키는 독약처방의 도입은 고려해볼 수는 있겠지만, 우리나라 재벌처럼 대주주가 평균 5%도 안 되는 지분을 가지고 있는 경우 경영권을 유지하는 데 과연 얼마나 도움이 될지 의문이다. 이와 같은 경영권 방어수단은 기존 대주주와 경영진을 무조건 보호해주는 것이 아니라 주주 다수의 동의하에 도입되어야 하는 것인데, 기존 대주주가 평균 5%도 안 되는 지분을 가지고 주주 다수의 동의를 끌어내기는 여의치 않을 것이기 때문이다. 특히 인수희망자가 기존 대주주에 비해 기업가치를 높일 수 있는 경영비전을 제시할 경우 다른 주주들은 기존 대주주의 경영권을 방어하는 조치의 도입에 반대할 가능성이 높다. 재계 일부에서는 경영권 방어장치의 도입을 결정할 권한을 주주총회 대신 이사회에 부여하자고 주장하고 있으나, 경영권 방어장치처럼 주주의 재산권에 큰 영향을 미치는 사안을 주주의 동의 없이 결정한다는

---

6 주요 경영권방어수단에 대해서는 대한상공회의소(2004) 참조. 법경제적인 관점에서 실증분석과 제도정비 방안을 중심으로 경영권 문제를 분석한 문헌으로는 연태훈 편(2005) 참조.

것은 설득력이 부족하다고 판단된다. 사실 근본적인 관점에서 보자면 '경영권'이라는 것도 주주가 최고경영자에게 기업가치 제고를 위해 노력하도록 위임한 권한이지, 단지 창업을 했다는 이유만으로 재벌총수 일가가 지분율과 관계없이 대대손손 승계하는 권한이 아니다.

3) 노동과 자본의 사회적 대타협

재벌총수 일가의 경영권을 보장해주는 대가로 재벌이 '사회적 책임'을 이행하도록 한다는 '대타협' 구상도 이와 같은 관점에서 볼 때 현실성도 별로 없고 설득력도 부족한 것으로 판단된다. 일부에서는 노동과 자본의 대타협 모델로 스웨덴의 발렌베리 그룹을 예로 들고 있으나, 이는 역사적 사실과는 거리가 있다. 스웨덴에서 발렌베리 같은 기업이 적대적 인수·합병에 대응하는 수단으로 차등의결권을 확보한 것은 1896년의 일로서 노동세력과의 대타협과는 관계가 없다. 재계와 노조의 타협이 이루어진 것은 그 후의 일로, 주로 노사관계를 선진화하는 데 초점을 맞추었다. 예를 들어 1906년 12월 타협을 통해 노동자는 경영자의 배타적 경영권을 인정하는 대신 노조결성권을 확보했고, 1938년 살쮀바덴 협약을 통해서는 재계와 노조 대표가 노동시장위원회를 구성하여 기업 또는 산업 단위에서 해결할 수 없는 노사문제를 논의하고, 노동쟁의절차를 제도화한 바 있다. 즉 노사관계의 틀을 정립한 것이지 경영권보호를 대가로 일자리 창출과 고용안정을 약속받는 형태의 타협이 이루어지지는 않은 것이다. 1970년대 중반 스웨덴의 사민당과 노조 일부에서 임노동자기금을 만들어 스웨덴 기업이윤의 일부를 주식형태로 기부하도록 강제하는 방안을 추진하려고 한 적은 있지만, 이는 생산수단의 사회화라는 궁극적인 목표를 달성하기 위한 것이었지 노동과 자본의 대타협을 염두에 둔 것은 아니었다(신정완, 2004: 317~ 335).

스웨덴 모델을 무엇으로 규정하든 우리나라의 경우 재벌총수의 경영권을 보호해주는 대가로 재벌이 '사회적 책임'을 이행하도록 한다는 대타협을 이루는 데는 한계가 있는 것으로 판단된다. 우선 재벌의 중핵회사가 대부분 상장되어 있는 상황에서 기존 대주주의 경영권을 보호하기 위해 차등의결권을 도입할 경우 일반주주에 대한 재산권침해 논란을 야기할 가능성이 높다. 더 근본적으로는 평균 5%도 안 되는 지분을 가지고 기업집단 전체에 대해 주인행세를 하는 재벌총수를 경영성과와 관계없이 보호해주는 것이 기업의 경영효율을 제고하고 국민경제에 기여하는 것인지 의문이다. 경영에 실패한 경영자도 경영권 위협에서 100% 보호되도록 한다면 경영에 대한 규율은 전혀 작동되지 않을 것이기 때문이다. 또 대타협을 모색하는 과정에서 평균 95% 이상의 지분을 가지고 있는 일반주주를 배제하고 대주주와 노동세력의 합의를 도출하겠다는 구상이 과연 현실적이고 타당한지도 의문이다. 이와 더불어 경영권보호의 반대급부인 '사회적 통제' 또는 기업의 '사회적 책임'의 실체가 무엇이고 이를 구현할 수단이 무엇인지도 명확하게 밝혀져야 할 것이다. 특히 연기금을 통해 기업의 주식을 매입하는 방안을 추진할 경우 기업지배구조를 개선하여 기업가치를 제고함으로써 연금가입자가 혜택을 볼 수 있도록 해야지, 기업의 경영성과에 관계없이 '국민의 돈'을 가지고 기존 대주주의 경영권을 방어해주는 수단으로 사용해서는 안 될 것이다.

4. 바람직한 재벌정책의 방향

경제위기 이후 추진된 재벌개혁이 결실을 맺기 위해서는 주주·채권자 등 이해당사자가 경영을 규율할 수 있도록 기업지배구조가 개선되어야 하고, 문제가 생길 경우 스스로 권리를 행사할 수 있도록 집단소송 등 사적 구제수단이 확대되어야 한다. 특히 정부와 재벌의 지배에서 벗어나 자율성과 전문성을 갖춘 금융기관이 제대로 기능을 해야 한다.

이와 같은 큰 맥락에서 볼 때 재산권침해 논란 및 자원배분의 왜곡을 가져올 수 있는 경영권 방어수단의 추가적인 도입은 지양하는 것이 바람직하다고 판단된다. 사실 앞에서 언급한 바와 같이 경영권은 주주가 최고경영자에게 기업가치 제고를 위해 노력하도록 위임한 권한이지 재벌총수 일가가 대대손손 승계하는 권한이 아니므로, 재벌총수 일가의 경영권을 보호해야 한다는 명제는 성립되지 않는다. 국가가 보호해야 하는 재산권과 달리 경영권은 기업가치 제고에 대한 주주와 최고경영자 간의 암묵적 합의를 전제로 형성된 '조건부권리'이기 때문이다. 최고경영자가 이와 같은 전제조건을 충족시키지 못할 경우 주주들은 경영권을 다른 사람에게 위임할 수 있는 것이다.

따라서 경영실패에 대한 책임추궁을 어렵게 하는 경영권 방어조치를 도입하는 것보다는 이해당사자 중심으로 시장규율이 작동하도록 제도·환경을 구축함으로써 역동적인 시장경제체제를 정착시키는 것이 바람직하다고 판단된다. 특히 주주의 재산권을 보호하고 직접금융시장을 활성화할 경우 새로운 아이디어를 가진 창업기업이 재원을 원활히 조달하는 것이 가능해질 것이고, 이처럼 새로운 아이디어를 가진 기업이 성장할 수 있는 여건이 조성되어야 창조적 파괴에 의한 경제발전이 이루어질 것이다.

출자총액제한제도와 금융계열사의 의결권제한 등 기업지배구조 문제의 확산을 차단하는 차선책으로 마련된 '한국형' 규제는, 집단소송 등 이해당사자 중심의 사적 구제가 실질적으로 작동하는지 확인한 이후에 단계적으로 축소하는 것이 바람직하다. 특히 집단소송의 대상행위를 허위공시·분식결산·주가조작에서 배임 등으로 확대하고 대상기업의 범위도 확대하는 한편, 금융기관의 투자에 대한 신의성실의 원칙을 엄정히 적용할 필요가 있다. 이 같은 여건이 마련되지 않은 상황에서 출자총액제한제도와 금융계열사의 의결권제한을 철폐하는 것은 시기상조인 것으로 판단된다.[7]

한편 재벌총수는 재벌을 가족기업형태로 계속 유지하면서 사업을 확장하는 데는 한계가 있으며, 경영권방어의 근본적인 해법이 기업가치 제고에 있다는 점을 염두에 두고 경영을 개선하는 것이 바람직하다. 이를 위해서는 경영능력이 있는 인재 중심으로 경영이 이루어지도록 하고, 창업가문은 경영능력이 부족할 경우 대주주로서 모니터링하는 역할을 하는 방안도 고려해볼 필요가 있다. 재벌총수가 기업집단의 구심점으로서 경영·조정 능력을 발휘하여 기업가치 제고에 기여한다면 일반주주도 재벌총수의 효용을 인정할 것이나, 경영능력이 부족하거나 사익을 추구하여 일반주주에 피해를 준다면 경영권 위협은 가중될 수밖에 없을 것이다.

░ 참고문헌

김선구·류근관·빈기범·이상승. 2003. 『출자총액제한제도의 바람직한 개선방향』. 서울대학교 경제연구소 기업경쟁력연구센터.

대한상공회의소. 2004. 「M&A 방어환경의 국제비교와 정책시사점」.

사공일. 1993. 『세계 속의 한국경제』. 김영사.

신정완. 2004. 「재벌개혁논쟁과 스웨덴 모델」. ≪시민과세계≫, 6호.

연태훈 편. 2005. 『기업경영권에 대한 연구』. 한국개발연구원.

이찬근. 2004. 「한국경제시스템의 위기와 대안정책」. ≪시민과세계≫, 6호.

---

7 임영재 외(2003), 김선구 외(2003)도 출자총액제한제도의 차선책적 성격을 감안하여 이와 같은 단계적 접근방법을 제시하고 있다.

임경묵·조성빈. 2006. 「출자총액제한제도의 폐지 및 재도입과 기업집단의 지
　　배권 기여지수 변화」. KDI정책포럼 제171호. 한국개발연구원.

임영재·성태윤·김우찬·송옥렬·김진배·이건범·박경서. 2003. 『시장개혁추진
　　을 위한 평가지표 개발 및 측정』. 한국개발연구원.

임원혁. 2003. 「세계화 시대의 기업경영과 정책」. 윤영관·이근 엮음. 『세계화와
　　한국의 개혁과제』. 한울.

장하준. 2004. 『개혁의 덫』. 부키.

전경련. 2004a. 「출자총액규제, 왜 폐지되어야 하나?」.

_____. 2004b. 「금융계열사 의결권 행사한도, 과연 축소되어야 하나?」.

Berle, Adolf A. and Gardiner C. Means. 1932. *The Modern Corporation and
　　Private Property*. New York: The Macmillan Company.

Chandler, Alfred D. 1984. "The Emergence of Managerial Capitalism." *Business
　　History Review,* 58/Winter.

Claessens, Stijn, Simeon Jankov and Larry Lang. 2000. "East Asian Corporations:
　　Heroes or Villains?" Discussion Paper, no. 409. Washington DC: World
　　Bank.

Hahm, Joon-Ho. 2003. "The Government, the Chaebol and Financial Institu-
　　tions before the Economic Crisis." in Haggard, Lim, and Kim(eds.).
　　*Economic Crisis and Corporate Restructuring in Korea: Reforming the
　　Chaebol*. Cambridge: Cambridge University Press.

Leff, Nathaniel 1978. "Industrial Organization and Entrepreneurship in the
　　Developing Countries: The Economic Groups." *Economic Development
　　and Cultural Change,* 26. July.

Lim, Wonhyuk, Stephan Haggard and Euysung Kim. 2003. "Introduction: The
　　Political Economy of Corporate Restructuring." in Haggard, Lim, and
　　Kim(eds.). *Economic Crisis and Corporate Restructuring in Korea: Reform-*

ing the Chaebol. Cambridge: Cambridge University Press.

Morikawa, Hidemasa. 1992. *Zaibatsu: the Rise and Fall of Family Enterprise Groups in Japan*. Tokyo: University of Tokyo Press.

Schmitz, Christopher J. 1993. *The Growth of Big Business in the United States and Western Europe, 1850~1939*. Cambridge: Cambridge University Press.

대안적 산업발전 경로에 대한 모색
덴마크와 핀란드 사례의 시사점을 중심으로*

정준호

1. 서론

외환위기 이후 한국경제가 활력을 찾지 못하고 저성장의 함정에 빠져 있다는 지적이 있다. 즉 새로운 성장동력의 미발굴, 각종 규제로 인한 설비투자와 기업가 정신의 위축, 지나친 분배정책 등으로 성장잠재력이 고갈되고 있다는 것이다(삼성경제연구소, 2006). 최근에는 이러한 상황을 타개하고 한국경제를 선진화하기 위해 한미 FTA와 같은 적극적 개방을 통해 한국경제를 수출 주도 영미형 서비스산업화 발전모형으로 궤도 수정해야 한다는 주장이 제기되고 있다(재경부, 2006). 이는 동북아에서 중국과 일본 사이의 샌드위치적 경제 위상을 벗어나기 위한 방도로 이들 국가의

* 이 글은 정준호, 「대안적 산업발전 경로에 대한 모색: 덴마크와 핀란드 사례의 시사점을 중심으로」, ≪아세아연구≫, 제50권 1호, 2007, 7~45쪽의 내용을 일부 수정·보완한 것임을 밝혀둔다.

발전경로와는 다른 상징분석가가 지배하는 지식기반 서비스업 주도의 서비스경제화를 통해 동북아의 '리틀 아메리카'로 한국경제를 재탄생시키겠다는 구상이다.

다른 한편에서는 외환위기 이후 계층 간 소득 양극화가 심화되고 있음을 지적하면서 한국사회가 각종 양극화의 함정에 빠져 있다는 주장이 제기되고 있다(이병천, 2005). 이러한 양극화의 함정에서 벗어나기 위해서는 성장과 분배가 병행하는 북유럽 경제발전모형을 한국적 현실에 맞게 적용하는 방안이 필요하다는 주장이다(이병천·정준호, 2006; 신정완, 2007). 이는 제조업과 일부 생산자서비스, 특히 사회서비스업의 동반성장을 강조하며 국민경제의 산업 연관구조의 공고화를 통해 외부 충격에 의한 산업발전 경로의 전환에 대해 분명히 선을 긋고 있다.

이렇게 치열한 논쟁이 벌어지고 있지만 영미형과 북유럽 산업발전모형에 대한 구체적인 논의나 소개는 아직 많지 않은 편이다. 본고에서는 이러한 맥락에서 북유럽의 대표적 성공사례로 회자되는 덴마크와 핀란드의 사례를 검토하고 이를 토대로 대안적인 산업발전경로로 진입하기 위한 몇 가지 조건들을 탐색하고자 한다. 본고는 경쟁력 향상에 초점을 두는 산업정책을 다루기 때문에 가능한 한 사회정책과의 연계 등은 논의대상에서 제외될 것이다. 본문에서는 먼저 최근 정부가 제안하고 있는 두 가지 산업발전 경로에 대해 비판적으로 고찰하고 대안적인 산업발전 전략이 갖추어야 할 조건들을 성찰해본다. 다음으로는 혁신 주도형 경제성장과 강소국 산업발전 모형의 대명사인 덴마크와 핀란드의 1990년대 산업발전 경로를 살펴본다. 마지막으로 이러한 논의들을 염두에 두면서 대안적 산업발전을 위해 구비해야 할 조건들을 탐색해보는 것으로 이 글을 마치고자 한다.

2. 본론

1) 최근의 산업발전 전략에 대한 검토

(1) 선진 산업강국

최근 한국경제가 겪고 있는 대기업 - 중소기업, 내수 - 수출, 소득 등 여러 분야에서의 양극화의 함정(이병천, 2005)을 발전적으로 타개하기 위해 다양한 산업발전 전략이 모색되고 있으며, 그 전략은 크게 세 가지로 나누어볼 수 있다(이병천·정준호, 2006). 첫 번째 전략은 자동차, 철강, 조선 등 기존 주력기간산업을 구조고도화하면서 새로운 첨단산업을 발굴하여 제조업 분야에서의 기존 경쟁우위를 지속적으로 확보하려는 것으로 흔히 '첨단산업 기지화' 전략이라고 지칭된다. 두 번째 전략은 제조업과 서비스업 간의 상호 침투와 융합이 가속화되는 경제의 서비스화를 반영하여 금융, 교육, 의료, 물류, 사업서비스 등 서비스 분야에서 새로운 경쟁우위를 확보하려는 것으로서 경제성장 동력을 서비스로 옮겨가는 소위 '비즈니스 허브화' 전략으로 불린다. 마지막으로 국민경제 내의 분업연관의 심화와 고용가능성의 증대에 따른 수직적·수평적 차원의 분업 확대를 도모하는 내발적(endogenous) 성장기반뿐만 아니라 분배와 참여기회의 확대를 촉진하는 사회통합적(inclusive) 기반의 형성을 동시에 추구하는 '내발적·사회통합적' 발전전략이 있다(<그림 7-1> 참조).

이러한 경합적 전략들 가운데 첫 번째의 첨단산업 기지화 전략과 두 번째의 비즈니스 허브화 전략은 산자부와 재경부에서 각각 '선진 산업강국'론과 '선진 통상국가'론으로 표출된 바 있다.[2] 이러한 두 전략 사이에는

---

[2] "국가미래전략, 재경부-산자부 충돌". ≪한국경제신문≫(2005. 6. 21).

〈그림 7-1〉 산업발전 경로의 세 가지 옵션

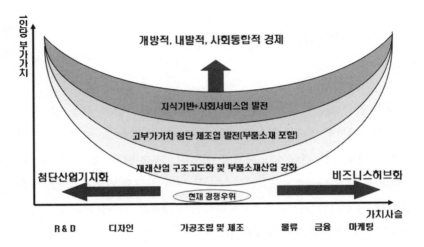

두 부처 간 한국경제의 성장동력과 발전경로에 대한 미묘한 인식의 차이가 존재한다.

　범정부 차원에서 재경부는 2005년 4월 '선진통상 국가' 개념을 도입하고 이를 국가발전 아젠다로 설정했으나, 산자부는 2005년 6월 20일 '선진형 산업구조 분석 및 정책 대응방향' 보고서를 통해 제조업 중심의 수출주도 발전모델이 여전히 유효하다고 주장했다(<표 7-1> 참조). 재경부는 선진통상국가로의 도약을 위해 '서비스', '부품·소재, IT 분야 육성', '해외투자와 외국인 투자 확대', '개방 친화적 사회 인프라 구축' 등을 추진전략으로 제시하고 있다. 이를 바탕으로 정부는 자영업 구조조정과 경쟁력 강화를 골자로 한 내수기반 서비스업 대책을 발표했으며, 법률· 의료·교육·회계 등 10개 서비스 부문의 시장 개방안을 마련했다. 그러한 연장선상에서 한미 FTA를 추진하는 것으로 이해할 수 있다(국민경제자문회의, 2006).

　반면 산자부는 선진 통상국가의 벤치마킹으로 삼는 네덜란드, 영국,

〈표 7-1〉 정부 내 산업발전전략 견해 차이: 재정경제부 대 산업자원부

구분	재정경제부 주도 범정부 차원	산업자원부
목표	- 선진 통상국가	- 선진 산업강국
전략	- 서비스 부문 경쟁력 강화 - 글로벌 스탠더드 정착	- 제조업 중심의 산업구조 고도화
전술	- 10대 서비스 시장 개방 - 규제완화	- 주력 제조업의 혁신 - 신성장동력 발굴 - 수출·국제투자 지속적 확대
기대효과	- 서비스산업 중심 일자리 확대	- 제조업을 성장과 고용의 핵심엔진 으로 유지

자료: "국가미래전략, 재경부-산자부 충돌," ≪한국경제신문≫(2005. 6. 21).

싱가포르 등 강소국 모델을 수용하기보다는 독일을 벤치마킹으로 삼아야 한다고 주장했다. 서비스업 발전모델로는 금융에서 미국과 영국을, 물류에서 네덜란드를 따라잡기 힘들다는 것이다. 하지만 이러한 두 발전전략 간의 미묘한 입장 차이는 널리 공론화되지 않은 채 '선진 통상국가'론으로 봉합되었다.

한국경제가 제조업 중심 모델로서 갖고 있는 강점과 발전 특성에 충분히 주목하고 있다는 점에서 산자부의 논리는 일단 수긍이 간다. 하지만 이 모델은 한국뿐만 아니라, 일본, 독일 등 세계의 제조업 중심 모델이 직면한 한계, 특히 일자리 부족과 성장 - 고용 상충 문제의 심각성에 대한 인식이 부족하다. 또한 여전히 기존 경제성장의 부정적인 측면으로 인식되어온 불균형 발전의 연장선상에 있으며, 이를 극복하기 위한 노력은 미흡하고 개방과 경쟁의 긍정적 효과에 대한 장밋빛 기대를 재경부와 공유하고 있다는 점에서 성찰적 인식과 판단이 부족한 편이다. 또한 중소기업과 부품소재산업 육성을 통한 산업연관 제고라는 당대의 심각한 경제문제를

좀 더 진지하게 검토하지 않은 채 여전히 대기업 중심의 발전전략을 고수함으로써 장기적으로 지속 가능한 균형발전을 모색하려는 고민이 적극적으로 표출되지 않은 문제도 지적할 수 있다(이병천·정준호, 2006).

(2) 선진 통상국가

선진 통상국가론은 금융, 보험, 유통, 사업서비스, 교육, 보건 등 제조업과의 연계성이 높고 고임금 일자리를 보장하는 고부가가치형 지식기반 서비스업을 중심으로 경제발전을 추구하겠다는 내용을 천명한 것이다. 이러한 발전전략은 거대 경제권과의 동시다발적 FTA 추진으로 구체화되고, 서비스산업의 성장동력화로 산업발전 경로를 재조정하는 것을 의미한다(국민경제자문회의, 2006). 이에 대해 경제부총리는 2006년 3월 9일 정례 브리핑에서 한미 FTA 체결을 '제2의 장기 성장전략 시스템'이라고 언급한 바 있다.

이러한 전략은, 한국의 경제발전사적 맥락에서 본다면 지난날 박정희 정권의 제조업 육성을 통한 압축성장에 버금가는 서비스 주도의 제2의 "새로운 압축성장" 전략을 도모하는 것으로 생각된다. 1차 압축성장은 노동배제적인 재벌, 국가, 은행의 삼각협력 시스템의 구축을 통해 제조업 기반의 다각화된 재벌의 탄생과 '한강의 기적'으로 운위되는 경제성장의 신화를 만들어냈다. 반면 세계화 시대의 2차 압축성장은 재벌, 특히 5대 재벌이라는 강력한 펀더멘털의 구축을 배경으로 역시 노동배제적인 해외자본, 국내재벌, 국가의 삼각편대를 중심으로 새로운 지배블록의 형성을 시도하는 것으로 해석할 수 있다. 이 모델에서는 해외자본의 영향력이 증대함에 따라 기존의 삼각편대와는 달리 이해관계의 조정이라는 측면에서 불안정성이 기본적으로 내재화되어 있다고 생각할 수 있다.

선진 통상국가론은 능동적인 대외개방을 통해 서비스업의 경쟁력을 높임으로써 소득 양극화를 해소하고 세계 10위권의 선진한국으로 발돋움할 수 있으며 서비스 부문에서의 양질의 일자리 창출이 가능하다고 주장한다. 지식기반 서비스업을 새로운 성장동력으로 내세우는 것은 재벌기업의 자본축적의 활로를 뚫어주는 역할을 하고, 이를 통해 그들은 더욱더 복합적인 기업그룹으로 변모할 가능성도 있다. 소위 5대 재벌은, 특히 삼성이 대표적으로 보여주는 바와 같이, 금융, 보험, 광고, 디자인, 컨설팅, 심지어 법무서비스 분야 등에서 사실상 일정한 사업을 영위하고 있으며 우리나라에서는 최고의 경쟁력을 가지고 있다고 할 수 있다. 이들은 해외자본과의 제휴를 통해 새로운 자본축적과 사업기회 포착의 계기로 삼을 수도 있다.

다른 중요한 쟁점을 제쳐두고 성장과 관련하여 여기서 우선적으로 논의될 지점은 바로 빅뱅(big bang) 방식의 적극적인 개방을 통해 서비스의 경쟁력 향상과 추가적인 고용창출이 가능한지의 여부이다. 보몰의 논의에 따르면, 제조업과 서비스업 간의 상대적 생산성의 격차로 인해 생산성이 높은 제조업에서 그렇지 않은 서비스업으로 유휴인력이 배출되고 이를 서비스 부문이 흡수함으로써 서비스업 고용이 증가할 수 있지만 서비스 부문의 노동생산성이 여전히 낮기 때문에 경제성장에는 그다지 기여하지 못한다(Baumol, 1967). 반면에, 울턴이 지적한 바와 같이 서비스가 최종재가 아니라 중간재로 사용되는 경우 서비스업은 추가적인 고용과 경제전반의 혁신 제고 등을 통해 경제성장에 긍정적으로 기여할 수 있다(Oulton, 1999). 이는 정보통신기술(ICT) 등의 활용에 따른 생산성 제고 효과가 서비스 부문에까지 적용될 수 있음을 반영하고 있다. 이처럼 서비스산업에는 보몰과 울턴의 세계가 동시에 공존하고 있다.

정부는 후자의 논리에 따라 금융, 보험, 물류, 법률, 회계, 광고, 디자인 등 생산과정상의 중간재로 사용되는 고차 지식기반 서비스업을 육성함으로써 이 분야에서 중국의 추격을 따돌리고 적극적인 개방을 통해 선점자

〈표 7-2〉 상위 20대 제조업 부가가치 생산 국가(2002년)

(단위: 미화 10억 달러)

국가	부가가치	국가	부가가치	국가	부가가치	국가	부가가치
1 미 국	1,445	6 영 국	233	11 스 페 인	104	16 스 위 스	62
2 일 본	808	7 이탈리아	218	12 브 라 질	96	17 네 덜 란 드	56
3 중 국	437	8 한 국	139	13 대 만	73	18 스 웨 덴	44
4 독 일	410	9 캐 나 다	129	14 인 도	72	19 인도네시아	43
5 프랑스	238	10 멕 시 코	110	15 러 시 아	62	20 벨 기 에	42

자료: United Nations Statistical Division, Secretariat estimates (http://unstats.un.org/ unsd/snaama/SelectionQuick.asp).

우위를 활용하겠다는 것이다. 하지만 지식기반 서비스업의 성장은 제조업의 지속적인 수요 또는 생산자서비스업 내의 분업연관의 심화를 통해 이루어지는데, 협소한 국내수요로는 더 이상의 성장과 고용창출을 기대하기 힘든 것이 사실이다. <표 7-2>에서 보는 바와 같이 미국은 세계 최고의 제조업 부가가치를 창출하는 국가이다. ICT, 바이오산업, 정밀기계 등의 분야에서 세계 최고의 경쟁력을 유지하고 있다. 지식기반 서비스업을 성장 동력으로 삼고 있는 영국조차도 우리나라보다 많은 제조업 부가가치를 창출하고 있다. 구에리에리와 멜리치아니는 생산자서비스의 국제경쟁력은 제조업 부문의 국내수요에 좌우되며 효율적이고 역동적인 서비스경제의 형성은 국내 제조업 구조와 관련되어 있다는 점을 밝히고 있다(Guerrieri & Meliciani, 2003). 따라서 제조업의 지속적인 발전 속에서 제조업을 보완하는 방향으로 지식기반 서비스업을 발전시키고 삶의 질, 인적자본과 사회자본의 축적과 관련이 있는 사회서비스를 육성하여 이를 적절하게 조합하는 지혜가 필요한 시기이다(정준호, 2006). 특히 미국, 일본, 스웨덴 등 선진국의 경우 지난 30여 년간 서비스의 고용창출이 많이 이루어졌는데, 이러한 고용창출은 생산성 제고와 시장기회의 확대를 통한 지식기반 서비스업의 활성화뿐만 아니라 정부의 재정지출에 따른 사회서비스의 고용 증가에 기인하는 바가 크다는 사실을 명심할 필요가 있다(정준호·김진웅, 2006).

또한 지식의 확산과 유통을 통해 고차 서비스의 공급이 이루어지기 때문에 지식기반 서비스업은 시장실패를 수반할 위험이 도사리고 있다. 즉 지식기반 서비스 부문에는 외부경제, 공공재적 특성, 차별화에 의한 시장분절화, 중소기업 접근성 제고의 어려움 등의 특성이 있기 때문에 적정한 선의 공공 부문의 개입을 필요로 한다. 특히 사업서비스의 시장실패 가능성에 대비하지 않고 이를 확대한다면, 시장실패에서 기인하는 생산성 정체가 오히려 경제성장에 부정적인 효과를 낳을 수도 있다. 따라서 무조건적인 규제완화 또는 심한 경쟁에의 노출은 오히려 역효과를 가질 수도 있는 것이다(정준호, 2006).

서비스업의 교역 확대 및 IT 기술의 발전으로 사업서비스의 국제 분업이 영어사용국을 중심으로 형성되고 있다. 사업서비스업의 국제 분업 대상지는 주로 영어사용국이고, 세계 사업서비스시장의 주도그룹은 영미권에 근거하고 있다. 영미권과의 사업서비스 국제 분업을 형성하는 미국, 영국, 인도, 싱가포르 등은 사업서비스 무역수지에서 흑자를 시현하는 반면, 이탈리아, 독일, 한국, 일본 등 제조업 강국은 적자를 기록하고 있다(정준호, 2006). 특히 중국은 화교경제권의 맹주로 주요 다국적 사업서비스업체들이 직접 진출해 있으며, 중국 자체에서 화교권으로 공급하는 서비스수요가 많기 때문에 대외교역에서 사업서비스수지도 흑자를 기록하고 있다는 점은 눈여겨 볼 필요가 있다. 한편, 다국적 사업서비스 기업은 규제와 사회적 환경에 영향을 많이 받는 서비스산업의 특성상 비지분투자(non-equity) 또는 M&A를 선호함으로써 지속적이고 추가적인 고용창출에는 제약이 많다.

최근 서비스의 국제 분업에 기초한 산업발전의 길을 걷고 있는 대표적 사례로는 인도를 꼽을 수 있다. 이를 가능케 한 것이 바로 서비스의 오프쇼어링(off-shoring)이다. 저가에 양질의 서비스를 이용할 수 있는 IT 기술의 발전으로 일자리를 저가의 생산중심지로 이전하는 오프쇼어링 현상이 사업서비스 부문에도 발생하고 있는 것이다. 저임금으로 질 좋은 인력을 활용하기 위해 후선기능(back office), 콜 센터, 회계, 소프트웨어 유지 및 개발, 제품디자인, 텔레마케팅, 조달, 연구 및 컨설팅 서비스 등의 사업서비스 일자리가 미국 등의 선진국에서 인도 등의 개도국으로 이전되고 있다. 예를 들면, 미국에서 소프트웨어 개발자를 고용하기 위해서는 시간당 60달러가 필요하지만 인도에서는 6달러면 충분하며, 미국 기업이 특정서비스를 인도로 오프쇼어링하면 약 50%의 비용절감이 가능하다는 것이다(WTO 2005; UNCTAD, 2004).

그런데 사업서비스 오프쇼어링의 약 70%는 미국 기업에 의해 발생되고 주로 영어 사용권 국가들에서 이루어지고 있다. 캐나다, 인도, 아일랜드, 이스라엘, 호주, 남아프리카, 필리핀 등이 오프쇼어링 대상지로 각광받고 있는데, 이들은 주로 영어사용국이며 미국과 FTA를 체결하고 있는 국가가 많다. 예를 들면, 2001년 인도에 77억 불, 이스라엘과 필리핀에 각각 30억 불과 3억 불이 오프쇼어링되어 약 40만 개의 일자리가 미국에서 해외로 이전된 것으로 추정되고 있다(WTO, 2005; UNCTAD, 2004).

따라서 언어문제, 공급이 제한되는 전문직(자격증 소지) 서비스업의 특성상 대량의 일자리 창출을 기대하기는 어려울 것으로 생각된다. 추가적인 일자리는 국내수요를 넘어서서 수출을 기대해야 하는데 제조업과 달리 그러한 분업구조에 들어가는 것이 쉽지 않을 수 있기 때문이다. 이에 따라 일본은 영미형 경제의 서비스화 발전경로 대신에 하드웨어와 소프트웨어가 결합되는 제3상품군을 발굴(예: 정보가전)하여 첨단제조업과 지식기반 서비스업을 동시에 육성코자 노력하고 있다.

(3) 대안적 산업발전 경로

대안적 산업발전 전략으로서 내발적이고 사회통합적인 경제를 구축한다는 것은 혁신에 의한 성장을 도모하면서 사회구성원의 참여와 발의, 기회의 균등을 가정하는 것이다. '비전 2030'에 나타난 바와 같이 정부도 혁신 주도형 경제성장, 대·중소기업 상생협력, 사회계층의 양극화 해소, 성장과 분배의 선순환에 기초한 동반성장을 강조하고 있다(정부·민간합동작업반, 2006). 이처럼 양극화 해소와 동반성장, 사회투자 등의 의제를 부각시키고 있지만, 한국경제의 제도적 기반에 상당한 영향을 미칠 수 있는 한미 FTA를 다양한 경제주체의 참여와 내부의 협상을 거친 후에 신중하게 처리하는 것이 바람직함에도 불구하고 사실상 이러한 절차를 무시한 채 추진하고 있는 것에서 드러나는 바와 같이, 세 번째 전략은 정부 내에서 사실상 부차화되고 있는 것으로 보인다.

물론 이러한 전략은 주어져 있는 것이 아니라 새로운 경로를 창출해야 한다는 점에서 선험적으로 재단할 수 없으며 경합적이기 때문에 많은 시간의 소요와 갈등과 불협화음을 낳을 수도 있다. 하지만 이는 각 경제주체들이 공유할 수 있는 집합적 비전을 제시할 수 있다는 점에서 각 사회주체가 경제발전의 몫을 담당하고 있다는 주인의식과 집합적 효율성(collective efficiency)을 창출할 수 있는 기반을 마련해줄 수 있다(Schmitz, 1999).

이러한 맥락에서 신정완(2007)은 한국경제가 장기적으로 지향해야 할 경제발전모형으로 북유럽 모델을 중심에 두면서 미국형 모델의 일부 요소를 결합할 것을 제안한다. 그리고 이병천·정준호(2006)도 제조업과 서비스업의 동반성장과 북유럽 모델의 장점을 섭취할 것을 강조하고 있다. 이와 같이 북유럽 모델의 장점을 제시하고 있지만 구체적으로 최근 북유럽의 산업발전 경로에 대해서는 활발한 논의가 이루어지지 않고 있다. 따라서 최근 북유럽 경제의 대표적 성공사례로 언급되는 1990년대 이후의 핀란드와 덴마크의 발전경로를 살펴보는 것은 유용한 작업이라고 생각된다.

2) 강소국의 1990년대 이후 산업발전 경로: 핀란드와 덴마크를 중심으로

내발적이고 사회통합적인 경제모델을 추구하는 북유럽 국가들은 일반적으로 소규모 개방경제, 안정적인 정치시스템, 높은 비율의 조직화된 임금노동자, 사회적 파트너십에 기반을 둔 정치문화, 제도화된 계급협력 또는 타협의 오랜 전통을 가지고 있다. <표 7-3>에서 보는 바와 같이 이들 국가들은 제조업과 사회서비스업을 중심으로 성장과 안정을 도모하는 발전경로를 따르고 있다(정준호 2006). 다만, 북유럽에서 낙농업에 강점을 가지고 있는 덴마크의 경우 다른 국가와 달리 농림어업의 비중이 상대적으로 증가하고 있다는 점은 눈여겨 볼만하다. 다른 한편, 이들 국가들은 사회경제적 평등의 측면에서 세계의 다른 국가들보다 좋은 성과를 보여주고 있다(<표 7-4> 참조). 과거에 비해 소득의 불평등도가 증가한 것은 사실이지만, 여전히 정부의 각종 사회정책, 재정정책 등을 동원하여 그 격차를 줄이고자 노력하고 있다. 물론 이는 이들 국가에 한정된 것이 아니라 OECD 국가에 공통된 것이기도 하다. 특히 사회정책은 저소득층과 같은 한계집단에 한정되는 것이 아니라 오늘날까지도 온 국민이 향유할 수 있는 보편주의 원칙에 기반을 두고 있다.

덴마크와 핀란드도 예외는 아니다. 이들 국가는 1980년대 말 또는 1990년대 초 경제위기를 도약의 발판으로 삼아 유럽의 변방에서 세계가 주목하

<표 7-3> 주요 북유럽 국가의 산업구조 비교

(단위: %)

산업 분류	국가 구분	1970	1980	1990	1995	2000	2004
농림어업	덴 마 크	1.4	1.6	1.9	2.3	2.2	2.4
	핀 란 드	7.1	5.7	3.4	3.5	3.3	2.9
	한 국	19.9	11.2	6.6	5.0	4.3	3.6
	스 웨 덴	2.9	2.3	2.3	1.9	1.6	1.6
제조업 (에너지 포함)	덴 마 크	18.2	19.2	18.6	18.8	18.3	16.8
	핀 란 드	17.4	18.3	18.8	21.9	24.5	24.4
	한 국	10.5	19.5	24.4	24.5	28.8	30.9
	스 웨 덴	17.2	16.4	16.4	18.5	21.6	22.9
도소매· 음식숙박	덴 마 크	16.4	14.8	16.0	17.2	18.7	19.2
	핀 란 드	17.7	17.4	18.8	18.1	19.1	20.1
	한 국	12.9	15.1	15.4	15.0	16.2	16.1
	스 웨 덴	13.6	14.6	15.9	16.4	17.2	17.3
금융보험 부동산 임대 사업서비스	덴 마 크	15.6	18.4	19.7	18.8	19.2	20.1
	핀 란 드	11.7	13.8	16.1	17.0	16.9	16.7
	한 국	13.4	14.6	16.5	18.6	17.9	17.4
	스 웨 덴	17.2	18.3	19.5	20.9	21.1	20.6
기타서비스	덴 마 크	22.4	25.7	24.9	24.1	22.7	22.5
	핀 란 드	20.9	21.6	20.9	20.9	18.4	18.0
	한 국	32.7	23.8	17.8	15.8	14.3	13.4
	스 웨 덴	25.6	29.0	27.4	25.4	22.7	21.9

주: 자국통화 2000년 실질 가격 GDP 대비 비중이고, 기타서비스에는 사회서비스 등이 포함됨.

자료: OECD STAN DATA(2005).

〈표 7-4〉 재정정책의 소득재분배 효과(지니계수 변화율 기준)

(단위: %)

구 분		덴마크	핀란드	스웨덴	OECD 평균
1980년대 중반	시장소득(A)	0.296	0.306	0.347	0.357
	가처분소득(B)	0.220	0.205	0.224	0.266
	지니계수 차이(A − B)	0.076	0.102	0.123	0.091
	소득분배 개선률[(A-B)/A]	25.7	33.2	35.5	25.5
1990년대 중반	시장소득(A)	0.348	0.382	0.416	0.395
	가처분소득(B)	0.214	0.234	0.247	0.284
	지니계수 차이(A − B)	0.135	0.148	0.158	0.110
	소득분배 개선률[(A − B)/A]	38.6	38.7	40.6	28.1
2000년	시장소득(A)	0.355	0.371	0.375	0.400
	가처분소득(B)	0.226	0.260	0.242	0.295
	지니계수 차이(A − B)	0.129	0.111	0.134	0.103
	소득분배 개선율[(A − B)/A]	36.3	29.9	35.6	26.3

주: OECD 평균은 호주, 캐나다, 덴마크, 핀란드, 프랑스, 독일, 그리스, 이탈리아,
일본, 네덜란드, 뉴질랜드, 노르웨이, 스웨덴, 영국, 미국 등을 포함한 15개국 평균.
자료: 생산가능인구 기준의 OECD 자료를 기초로 산정.

는 국가가 되었다. 예를 들면, 이들 국가는 세계경쟁력 순위에서 최상위권
에 놓일 뿐만 아니라 사회경제적 분배 측면에서도 가장 모범적인 국가의
지위를 차지하고 있다(<그림 7-2> 참조). 이처럼 경제침체 또는 금융위기를
겪었다는 것 외에 우리나라는 이 국가들과는 매우 상이한 역사적, 사회경제
적 배경을 가지고 있다. 그렇지만 이 국가들이 1990년대 이후 유연안정성
모델의 준거 또는 새로운 발전경로의 창출을 일구어냈다는 점에서 이러한
발전궤적을 검토하는 것은 의미가 있다.

〈그림 7-2〉 OECD 주요 국가의 발전유형: 성장과 분배를 중심으로

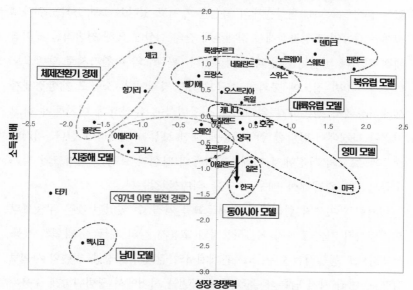

주: 아이슬란드와 슬로바키아를 제외한 28개 OECD 국가를 대상으로 2005년 WEF
    성장경쟁력 점수와 2000년 기준 지니계수와 상대적 빈곤율(가중치 25 : 75 적용)을
    표준화한 것임.
자료: WEF, OECD, 유경준(2003).

이하에서는 덴마크와 핀란드가 1990년대 구조조정을 겪으면서 어떻게
세계가 주목하는 산업발전 경로로 진입하게 되었는지를 검토하고 이러한
유형의 산업발전 경로로의 이행을 위한 조건들을 탐색해보고자 한다.

(1) 유연안정성 모델의 준거로서의 덴마크

덴마크는 기존의 산업구조와 역사적 특수성이 현재의 유연안정성 모델
의 토대를 형성하고 있다. 덴마크 경제의 특성을 한마디로 요약한다면
협상과 교섭이다. 덴마크는 홀과 소스키스(Hall & Soskice, 2001)가 구분하는

자유시장경제와 조정시장경제라는 이분법적 도식으로 간단히 설명할 수 없는 혼합형(hybrid) 협상경제의 특성을 가지고 있다(Nielsen, 1992). 덴마크 경제는 갈등의 조정과정에서 경제주체 간의 협상에 의해 전반적인 사회경제적 의제나 비전이 제출되고 형성된다. 핀란드와 마찬가지로 덴마크도 인구가 500만 정도에 불과한 소규모 개방경제이다. 소규모 개방경제가 세계시장에서 생존하기 위해서는 상황변화에 유연하게 대처해야 하고 이러한 과정에서 탈락한 취약계층에 대한 보상이 뒤따라야 한다. 이러한 적응과 보상의 과정에서 이해관계자들의 타협과 조정은 덴마크와 같은 소규모 개방경제에서 매우 중요한 의미를 갖는다.

이처럼 덴마크가 합의적인 정치문화를 가질 수 있었던 것은 무엇보다 1899년까지 거슬러 올라가는 사용자와 고용자 간의 계급 간 타협의 전통, 상대적으로 동질적인 인구, 노사관계에서의 권력의 대칭성, 일련의 사회보장제도, 여러 가지 담론적 틀을 통해 국민들 사이에서 광범위하게 수용된 사회경제적 이데올로기 등에 기인한다(Nielsen and Kesting, 2003).

이러한 바탕 위에서 유연성과 기업 간 협력을 촉진하는 결속, 신뢰, 그리고 비공식적인 상호작용의 결과로 파생된 사회자본의 축적이 중소기업의 지속적인 혁신역량의 배가에 큰 기여를 했으며 현재 덴마크 경쟁력의 원천으로 작용하고 있다(Lundvall, 2002). 장인생산방식에 기반을 둔 높은 숙련수준을 가진 노동자들이 지속적으로 노조와 사용자 간의 협력에 의해 지원되는 각종 교육훈련 프로그램을 통해 양성되고, 이들의 기업 간 이동은 매우 잦다. 그리고 소비자 취향에 대한 심오한 문화적 지식을 겸비하고 있어 높은 수준의 사용자 중심의 혁신을 선도하고 있다. 따라서 덴마크가 다른 국가와 달리 국가혁신체제(National Innovation System)에서 사용자 주도의 혁신체제를 강조하는 것은 우연이 아니다. 이러한 점들을 감안하면 제3이탈리아 산업지구의 북유럽 버전이 바로 덴마크의 생산시스템이라

할 수 있겠다(Marriussen, 2006).

이처럼 점진적인 혁신이 경쟁력의 핵심을 이루고 있는 것은 산업구조의 특성에서 기인하는 바 크다. 이러한 산업구조의 특성은 바로 1990년대 덴마크 발전의 경로의존성에 영향을 미치게 된다. 덴마크는 다른 국가와 달리 적극적인 혁신 및 산업정책보다는 노동시장의 개혁, 즉 유연안정성의 모델을 추구하게 된다(Ornston, 2006).

덴마크는 농업 부문의 근대화와 연관되어 산업화가 진행되었으며 그와 연관된 산업들이 발전했다. 이러한 산업들은 주로 중소기업 위주의 장인기술에 기반을 두고 있다(Kristensen, 1999). 낙농, 농업 관련 기계산업, 음식가공, 제약, 섬유, 가구, 재생에너지 등이 덴마크의 주력산업이다(<표 7-5> 참조). 그리고 이들은 R&D 지출이 높지 않은 저위산업과 중저위산업에 집중되어 있다(Lundvall, 2002). 첨단산업의 경우에는 인슐린이나 발효 분야에 경쟁력을 가지고 있는 제약이나 바이오산업이 특화되어 있다. 이러한 중소기업 위주의 산업구조로 인해 협력적인 협동조합운동이 발전했으며, 장인에 기초한 노동운동이 잘 조직화되었다. 덴마크의 기업 지배구조는 은행을 중심으로 발전되었으나 다른 북유럽 국가와 달리 겸업은행(universal bank)이 아니었기 때문에 기업들이 은행에 종속되지는 않았다. 이러한 전통은 최근까지 이어져 중앙정부가 신용할당을 통해 기업금융에 대한 광범위한 통제를 행사하지 않았다. 이에 따라 덴마크의 경제는 상당히 분산적이고 권한이 아래로 위임되어 있다.

따라서 덴마크 경제는 장인적 생산방식의 특성상 중소기업 위주이고, 노동시장은 유연하며, 노조와 사용자 간의 협력에 기초한 교육 및 훈련체계도 지역별로 제공되고 있으며, 이러한 물적 토대를 반영하여 정치 지형도 주로 연정을 통한 통치방식을 취한다. 또한 중앙정부의 권력은 상당한 정도로 지방정부로 분권화되어 있다.

<표 7-5> 덴마크의 제조업 고용구조 및 기술수준별 생산구조

(단위: %)

구 분	1980	1990	1995	2000	2003
제조업 전체	20.3	19.3	18.5	16.6	15.4
음식료·담배	3.8	3.6	3.3	2.9	2.8
섬유·가죽·신발	1.6	1.1	0.9	0.6	0.5
목재 및 나무제품	0.5	0.5	0.6	0.6	0.5
펄프·종이 출판·인쇄	2.3	2.2	2.0	1.9	1.7
화학·고무·플라스틱	1.6	1.8	1.9	1.8	1.9
- 코크스·석유정제품·핵연료	0.0	0.0	0.0	0.0	0.0
- 화합물 및 화학제품	0.9	1.0	1.1	1.0	1.0
· 화학제품(의약품 제외)	0.6	0.6	0.6	0.5	0.5
· 의약품	0.2	0.4	0.5	0.5	0.5
- 고무 및 플라스틱	0.7	0.8	0.8	0.8	0.8
비금속광물제품	1.2	0.8	0.8	0.8	0.6
제1차 금속 및 조립금속	2.2	2.3	2.2	2.0	1.9
- 제1차 금속	0.3	0.3	0.3	0.3	0.3
· 철강	0.1	0.1	0.1	0.1	0.1
· 비철금속	0.2	0.2	0.2	0.3	0.2
조립금속(기계·장비 제외)	1.9	2.0	1.9	1.7	1.6
기계·장비	4.8	4.9	4.5	4.3	4.0
- 기타 기계 및 장비	3.0	3.0	2.8	2.5	2.3
- 전자 및 광학장비	1.8	1.9	1.7	1.8	1.7
· 컴퓨터 및 사무용기기	0.1	0.1	0.1	0.1	0.1
· 기타 전기기계 및 전기변환장치	0.7	0.8	0.6	0.7	0.7
· 전자부품·영상·음향·통신장비	0.5	0.4	0.4	0.5	0.4
· 의료·정밀·광학기기	0.5	0.6	0.6	0.6	0.5
운송장비	1.0	0.8	0.9	0.6	0.6
- 자동차 및 트레일러	0.4	0.2	0.3	0.3	0.3
- 기타 운송장비	0.7	0.6	0.6	0.3	0.3
· 선박 및 보트 건조업	0.6	0.5	0.5	0.3	0.3
· 항공기 및 우주선	-	-	-	-	-
· 철도장비 및 기타 수송장비	0.1	0.1	0.1	0.1	0.1
기타제품 및 재생용 가공원료	1.3	1.3	1.3	1.2	1.0
ICT 제품	1.0	1.0	1.0	1.2	1.1
첨단기술제품	1.3	1.6	1.9	2.4	2.4
중고위기술제품	4.4	4.2	4.4	4.0	3.7
중저위기술제품	4.2	4.0	3.8	3.5	3.3
저위기술제품	9.1	7.5	7.0	6.2	6.0

주: 산업별 고용비중은 전체 고용대비 비중, 기술수준별 생산구조는 경상 부가가치 비중.
자료: OECD STAN DATA(2005).

이처럼 상대적으로 분산된 산업구조로 인해 중앙정부의 개입주의적 산업정책은 온전한 영향력을 발휘하지 못했다. 2차 대전 이후 북유럽의 다른 국가와 달리 덴마크의 산업정책은 거의 자유방임주의적인 성격에 가까웠다(Mjoset, 1987). 하지만 1980년대 경제위기에서 벗어나 성장의 재도약을 위해 중앙정부 차원에서 혁신 및 산업정책들을 수행했으나 그 결과는 예상한 만큼 성과를 거두지 못했다. 이는 기본적으로 중앙정부가 첨단산업과 기술위주의 성장전략에 대해 산업계로부터 광범위한 동의와 합의를 구하지 못했기 때문이다(Ornston, 2006). 장인적 생산방식에서 기술혁신은 주로 연구개발 활동에 의지하기보다는 경험과 암묵적 지식에 근거한다. 이에 따라 중앙정부의 정책과 정책 수요자 간에는 일정한 거리가 존재했다. 따라서 중앙정부가 주도하는 대규모 연구개발 프로젝트는 수행되기 힘들었으며 이러한 기획에 의한 기술혁신의 확산은 요원했다. 그 결과 그러한 계획들은 1990년대에 종적을 감추게 되었다. 그리하여 산업정책의 방향에 대해 지속적인 갈등과 혼선이 초래되고 있다.

그렇다고 해서 공공기관이 주도하는 혁신지원 활동이 모두 성과가 없는 것은 아니었다. 즉 중앙단위의 조정이 문제가 된 것이지 지역단위에서는 그렇지 않았다. 예를 들면, 농업 부문의 혁신의 전파는 주로 협동조합운동과 관련된 조직을 통해 성공적으로 수행되고 있다. 1960년대부터 정부는 이들 조직에게 농업관련 기업지원서비스를 제공할 수 있는 권한과 자원을 공급해왔으며, 이는 전문기술을 전파하는 데 오늘날까지도 중요한 역할을 수행하고 있다. 1980년대와 1990년대에 덴마크 기술연구소(Danish Technological Institute, DTI)는 중소기업 위주의 협동조합주의적 전통을 잘 인식하고 그에 적합한 교육활동을 수행했다. 그 결과 이 기관은 혁신정책의 중심지로서 중소기업 간 네트워크를 형성하는 데 중요한 역할을 수행했다 (Schwartz, 2001).

1990년대 덴마크 정부는 노동시장을 개혁했다. 이는 실업수당의 자격조건을 강화하고 이를 취업과 연계하는 것이었다. 그리고 노동시장의 유연성을 도모하기 위해 이들이 원활히 재취업할 수 있도록 교육과 재훈련 시스템을 정비했으며, 이들 서비스는 지역단위로 위임되었다. 이를 통해 숙련, 학습, 노동시장 유연성이 조화를 이루면서 유연안정성 모델로 거듭났다 (Madsen, 1999). 산업계의 광범위한 동의를 얻지 못해 국가 개입주의적 산업정책이 수행되기는 힘들었으나 노동시장의 개혁은 이보다 손쉬웠다. 이는 광범위한 동의를 얻을 수 있었다. 왜냐하면 정부 입장은 교육과 재교육 투자를 혁신역량을 구축하는 중요한 기제로 인식하고 있었으며, 산업계 또한 노동시장의 유연화를 기업 간의 지식확산의 메커니즘으로 생각하고 있었기 때문이다. 이러한 전략은 장인생산방식에 기초한 중소기업 위주의 산업구조와 경험적 지식에 기초한 혁신시스템의 특성에 크게 위배되지 않았다. 이러한 점에서 적극적인 노동시장 정책은 계획적인 산업정책의 일환이기보다는 기존의 수요관리와 사회정책의 연장선상에 있다고 볼 수 있다(Ornston, 2006).

덴마크의 사례는 각국의 산업적 특성과 역사를 고려한 맞춤형 정책 설계가 부족한 경우 정책 방향에 혼선이 발생할 수 있음을 보여준다. 이는 기술발전의 경로의존성을 보여주는 사례지만, 첨단기술만이 혁신의 전부는 아니고 혁신의 사회적 측면을 감안하면 혁신은 다양한 모습을 띠고 있다는 점을 시사하고 있다. 이는 이른바 BT, ET, IT, NT, ST, CT로 대표되는 6T 중심의 기술 결정론적 혁신체제를 강조하는 우리의 경우와 대조적이다. 혁신은 경제적 현상이기도 하지만 사회적 현상이라는 양면성을 가지고 있다. 따라서 덴마크는 그들만이 가지고 있는 신뢰와 평판이라는 사회자본 축적을 혁신역량 제고와 잘 결합시킨 사례로 평가될 수 있을 것이다(Lundvall, 2002).

(2) 노키아의 성공사례로 새로운 산업발전 경로를 창출한 핀란드

'핀란드의 기적'이라는 핀란드의 1990년대 산업발전 경로는 덴마크와는 완연히 다르다. 핀란드의 발전경로는 기존의 제도적 특성을 자산으로 활용하여 새로운 성장동력, 즉 IT 산업을 육성함으로써 핀란드 정보사회 모델이라는 새로운 경로를 만들어냈다(Castells and Himanen, 2002). 하지만 이러한 발전경로가 사회적, 경제적, 정치적 주체들의 긴밀한 상호작용의 산물이라는 점과 사회적 형평성, 높은 교육수준, 사회자본의 원활한 축적을 가능케 한 사회안전망과 사회복지체계 등이 어우러져 일구어 낸 합작품이란 사실을 접하면 덴마크의 협상경제와 별반 다를 바가 없다. 핀란드와 덴마크 발전경로의 차이는 산업구조와 이에 따른 기존의 역사적 경험에서 기인하는 산업정책을 형성하고 수행한 방식과 그 결과이다(Ornston, 2006). 이러한 논점을 중심으로 핀란드의 1990년대 발전경로를 고찰해보고자 한다.

핀란드도 덴마크와 마찬가지로 19세기말 녹색 황금(green gold)이라는 임업을 중심으로 산업화가 시작되었으며, 이와 관련된 금속과 기계산업이 상대적으로 발전했다(<표 7-6> 참조). 1980년대까지 핀란드 경제는 '임업부문 사회'라고 불러도 무방할 정도였다(Lilja et al., 1992). 따라서 종이, 제지, 펄프 부문에서 세계적인 경쟁력을 가지고 있었으며, TV, 케이블, 수송 장비를 구소련에 공급하면서 경제성장을 일구어냈다.

이러한 산업발전 경로는 국가 주도적인 방식으로 형성된 것이다. 기업들은 각자의 기업도시를 본거지로 두고 거대한 복합기업(conglomerates)으로 성장했다. 덴마크와 달리 산업정책은 국가주도로 강력하게 시행되었으며 정부 - 기업 - (겸업)은행 간에 일종의 산업 패밀리가 형성되었다. 강력한 거함기업들(flagships)과 세 개의 주요 은행이 긴밀한 관계를 유지하는 가운데 국가가 신용할당 등을 통해 이들 기업에게 인내자본(patient capital)을 제공했다. 우리나라의 압축성장 시기를 연상시키는 국가가 주도하는 조정시스템, 중화학산업에 대한 장기 투자, 다각화되어 있지만 폐쇄적인, 국가 의존적이고 계층적 구조를 가진 카르텔(복합기업) 등이 핀란드 경제를 이해하는 주요 키워드이다(Oinas, 2005). 우리와 다른 점은 바로 노동이 배제되지 않고 사용자와 중앙단위에서 단체교섭을 할 정도로 사회적 파트너로, 우리가 일본을 따라했듯이, 스웨덴을 따라 복지국가시스템을 도입했다는 데 있다. 이는 현재의 한국과 핀란드의 산업발전 경로를 상이하게 만드는 결정적인 제도적 유산이다.

하지만 이러한 산업발전 경로는 1991년 구소련의 붕괴, 성급한 금융자유화, 그 밖의 다른 요인들로 인해 1990년대 초반 미증유의 경제위기를 겪었다. 예를 들어 당시 실업률은 20%에 이르렀다. 이러한 외환위기를 극복하는 과정에서 핀란드 경제는 과거와 질적으로 다른 변화들이 일어났다(Oinas, 2005). 첫째, 은행 중심의 조정과 지배구조 시스템이 자본시장 중심의 지배구조 시스템으로 전환되었다. 둘째, 다각화된 복합기업 모델이 사실상 폐기되고 업종 전문화로 대표되는 소위 글로벌 경쟁력을 가진 노키아(Nokia)와 같은 거대 기업이 등장했다. 예를 들면, <표 7-7>에서 보는 바와 같이 2개의 핀란드 기업이 세계 ICT 분야에서 2005년 순수입의 2.2%를 차지했다. 이는 스웨덴, 대만과 거의 비슷한 수준으로 핀란드의 경제 및 인구규모에 견주어 볼 때 상당히 큰 비중이다. 이러한 결과는 영미형의 기업 지배구조, M&A, 세계화 등의 논리, 즉 주주 자본주의 원리를 수용한 결과였다. 셋째, 핀란드 경제구조가 임업 관련 산업에서 IT 관련 산업으로 특화되었다. 현재 이 두 산업이 핀란드 경제의 양대 축으로 기능하고 있다. 마지막으로 자산소득 대 임금소득과 관련하여 소득의 격차가 발생했다. 이는 노키아 경제로 대변되는 벤처 붐의 활성화로 스톡옵션과 기업공개로 인한 벼락부자(nouveau riche)들이 생겨난 데 기인한다. <표 7-8>에서 보는 바와 같이 중앙단위에서 이루어지던 단체교섭

〈표 7-6〉 핀란드의 제조업 고용구조 및 기술수준별 생산구조

(단위: %)

구 분	1980	1990	1995	2000	2003
제조업 전체	24.7	20.3	20.1	20.0	18.7
음식료·담배	2.8	2.3	2.2	1.8	1.8
섬유·가죽·신발	3.3	1.6	1.1	0.9	0.7
목재 및 나무제품	2.4	1.6	1.4	1.4	1.3
펄프·종이 출판·인쇄	4.1	3.7	3.6	3.2	3.0
화학·고무·플라스틱	1.7	1.6	1.8	1.8	1.7
- 코크스·석유정제품·핵연료	0.2	0.1	0.2	0.2	0.1
- 화합물 및 화학제품	0.8	0.8	0.9	0.8	0.8
· 화학제품(의약품 제외)	0.7	0.7	0.7	0.6	0.6
· 의약품	0.1	0.2	0.2	0.2	0.2
-고무 및 플라스틱	0.7	0.6	0.7	0.8	0.7
비금속광물제품	0.9	0.9	0.7	0.7	0.7
제1차 금속 및 조립금속	2.2	2.2	2.2	2.6	2.5
- 제1차 금속	0.9	0.7	0.8	0.7	0.7
· 철강	0.7	0.6	0.6	0.5	0.5
· 비철금속	0.2	0.2	0.2	0.2	0.2
조립금속(기계·장비 제외)	1.3	1.5	1.4	1.8	1.9
기계·장비	4.6	4.3	5.2	5.7	5.3
- 기타 기계 및 장비	2.9	2.6	2.7	2.7	2.6
- 전자 및 광학장비	1.7	1.7	2.5	3.0	2.7
· 컴퓨터 및 사무용기기	0.1	0.1	0.2	0.0	0.0
· 기타 전기기계 및 전기변환장치	0.9	0.7	0.8	0.7	0.6
· 전자부품·영상·음향·통신장비	0.4	0.5	1.1	1.7	1.5
· 의료·정밀·광학기기	0.3	0.3	0.4	0.6	0.5
운송장비	1.6	1.1	1.2	1.1	1.0
- 자동차 및 트레일러	0.4	0.4	0.3	0.3	0.3
- 기타 운송장비	1.2	0.8	0.8	0.7	0.7
· 선박 및 보트 건조업	0.9	0.5	0.6	0.5	0.5
· 항공기 및 우주선	0.1	0.1	0.1	0.1	0.1
· 철도장비 및 기타 수송장비	0.2	0.2	0.2	0.1	0.1
기타제품 및 재생용 가공원료	1.1	0.9	0.8	0.8	0.8
ICT 제품	0.6	1.4	2.3	5.8	5.2
첨단기술제품	0.9	1.8	2.8	6.2	5.6
중고위기술제품	5.6	5.4	5.5	5.0	4.4
중저위기술제품	6.2	5.0	5.2	5.0	4.8
저위기술제품	14.7	10.3	11.7	9.8	7.9

주: 산업별 고용·비중은 전체 고용대비 비중, 기술수준별 생산구조는 경상 부가가치 비중.
자료: OECD STAN DATA(2005).

<表 7-7> 주요 국가의 세계 ICT 250대 기업 보유 현황

(단위: %, 경상 100만 달러)

국가	기업수	수입		고용규모		순수입		성장률
		2000	2005	2000	2005	2000	2005	(수입)
덴마크	0.4	0.2	0.2	0.2	0.2	0.8	0.4	5.1
핀란드	0.8	1.2	1.3	0.6	0.6	2.5	2.2	6.5
프랑스	2.8	3.7	3.6	5.4	5.1	3.4	4.6	3.8
독 일	2.4	5.0	6.0	6.9	7.8	9.8	5.0	8.2
홍 콩	1.2	0.8	1.3	0.8	1.4	2.4	3.4	14.9
인 도	1.2	0.0	0.2	0.2	0.8	0.1	0.6	50.9
일 본	15.6	28.3	25.8	24.9	26.2	5.6	11.3	2.5
한 국	2.4	3.2	3.3	2.8	1.6	3.1	5.6	5.0
네덜란드	1.2	1.9	2.6	2.7	2.0	11.0	4.8	11.2
싱가포르	0.8	0.4	0.8	0.9	1.1	1.9	1.2	18.3
스웨덴	1.2	1.5	1.2	1.4	0.8	2.4	2.6	-0.1
대 만	4.4	1.0	2.5	0.4	2.2	2.5	2.6	24.5
영 국	4.0	3.6	4.1	4.2	2.6	1.5	-10.6	7.3
미 국	46.4	39.3	35.7	36.3	33.9	39.3	49.4	2.4
OECD	90.8	96.2	93.0	95.3	90.4	91.2	89.8	3.7
전 체	100.0 (250)	100.0 (2,431,085)	100.0 (3,022,528)	100.0 (10,039,630)	100.0 (9,845,164)	100.0 (144,442)	100.0 (196,592)	4.3

자료: OECD Information Technology Outlook(2006).

<표 7-8> 노동조합 조직률 및 단체교섭 수준

(2003년 기준)

	노조 조직률			임금협상수준		
	1990	1995	2001	전국	부문	기업
핀란드	72.2	78.0	71.2	***	**	*
덴마크	75.3	77.0	73.8	*	***	**
스웨덴	80.0	83.1	78.0	-	***	*
독일	31.2	29.2	23.5	-	***	*
이탈리아	38.8	38.1	34.8	-	***	**

주: ***= 지배적인 교섭수준, **= 중요하지만 지배적이지 않은 교섭수준,
　　*= 존재하는 교섭수준.
자료: European Commission(2004: 19, 39), <표 1-3> 및 <표 1-8> 참조.

의 일부분이 기업단위로 위임되는 현상도 나타나고 있다. 기업단위에서는 업무 스케줄과 성과급 지급 등에 관한 협상들이 진행되고 있다. 이에 따라 사회적 형평성이 강한 핀란드 사회에서도 소득격차가 나타나기 시작했다(Oinas, 2005).

핀란드가 IT 산업의 선두주자로 발돋움하는 데 결정적인 기여를 한 것은 노키아의 역할이다. 노키아는 핀란드 산업화의 산증인이다. 1895년 설립 당시 임업으로 출발했으나 19세기 말에 고무로 다각화하고, 20세기 초에는 케이블을 생산하고, 1980년대에는 TV, 기타 소비자 가전 쪽으로 사업영역을 확장했다. 하지만 1990년대 초 외환위기를 겪으면서 IT 분야로 핵심역량을 집중하여 세계적 IT 업체인 노키아로 거듭났다(Moen and Lilja, 2005). 2004년 현재 노키아는 민간고용의 43%(53,511명), 핀란드 수출량의 약 1/5, 2005년 2월 현재 헬싱키 주식시장 거래량의 52% 가량을 차지한다. 그리고 이 기업은 핀란드 GDP의 2.7%(2002년 기준), 전체 R&D지출액의 약 1/3(2003년 기준)를 점유하고 있으며, 약 3,000여 개의 기업들이 노키아와 직·간접적으로 IT 클러스터를 형성하고 있다.

노키아는 핀란드의 대학, 연구기관들과 긴밀한 파트너십 관계를 형성하여 첨단기술의 확산에 기여하고 있다. 사내 인력들이 창업을 할 수 있도록 지원하는 한편, 이를 위한 노키아 벤처 조직(Nokia Venture Organization)을 설립하기도 했다. 노키아의 조직 문화는 위계적이지 않고 학습과 창안을 장려하고 열심히 일하는 분위기이다. 그리고 노키아가 세계적 기업으로 발돋움하는 시기에 핀란드 내부의 역량과 공급업자들을 충분히 활용하고 이들을 배려했다. 일부 기업들은 노키아의 도움으로 해외시장을 개척할 수 있었으며 그 과정에서 기술지원도 아끼지 않았다. 이러한 노키아와 타 기업, 대학, 연구기관, 그리고 국가 간의 협력관계는 기존 핀란드 사회의 수평적 조정관계라는 유산을 제약이 아니라 자산으로 활용한 경우라 할 수 있다. 노키아의 성공은 이처럼 개별기업의 탁월한 기업가적 정신의 소산일 뿐만 아니라 핀란드 내부 역량의 결정체이기도 하다. 즉, 핀란드 정부의 R&D 투자, 통신 인프라, 고급 숙련인력을 배출할 수 있는 교육제도 등이 노키아의 작금의 성공에 기여했다(Moen and Lilja, 2005).

하지만 노키아에 대한 과도한 의존과 이에 따른 국민경제의 특정 산업 부문에의 과도한 특화는 여러 가지 문제들을 수반하고 있다. 자이스만이 지적한 대로 핀란드는 더욱더 노키아에 관한 것이 되어가지만, 노키아는 더욱더 핀란드에 관한 것이 되어가지 않는다(Zysman, 2004). 예를 들어, 핀란드의 생산기지의 아시아로의 일부 이전 등은 기업의 사회적 책임에 대한 논쟁을 야기했다. 모건은 건강한 사회에서 기업들은 문명화되어야 하고 우선적으로 이들이 존재할 수 있었던 제도적인 전제조건들을 존중해야 한다고 주장한다(Morgan, 2005). 한편, 노키아의 영향력이 확대되는 과정에서 노키아가 공공 연구프로그램 등에 참여하여 일정한 혁신활동을 촉진하는 바람에 다른 분야의 혁신을 억제하는 경향이 발견되고 있기도 하다. 즉 노키아와 다른 경제주체의 이해관계 사이에 미묘한 시각차가 발생하고 있는 것이다. 그리고 IT 첨단기술 위주의 혁신정책은 기존 전통산업과의 이해관계 조정의 문제뿐만 아니라 다른 정책, 예를 들면 재정과 고용정책과의 연관성 확보의 문제도 야기하고 있다(Ornston, 2006). 예를 들면, 대학교 등의 일반적인 공적 고등교육기관에서 특정 기업을 겨냥한 숙련 형성과 맞춤형 인력 양성이 과도하여 노동시장에서 수급상의 불일치가 발생할 경우 이것이 오히려 인력의 이동성을 제약하여 노동시장의 경직성을 강화할 수도 있다.

핀란드 경제가 정보경제로 탈바꿈하고 그 분야에 특화됨에 따라 나타나는 가장 큰 문제점은 바로 국민경제의 불안정성이다. 국민경제가 분절화된 생산시스템, 즉 일종의 고립된 두개의 섬으로 재편되고 있다는 것이다.

<표 7-9> 부가가치 대비 총연구개발 비중

(단위: %)

	1981	1986	1991	1996	2001	2004
덴마크	0.85	1.11	1.49	1.79	2.61	2.73
핀란드	0.88	1.41	1.77	2.51	3.51	3.67

자료: OECD Main Science and Technology Indicator 2006/1.

임업과 실리콘 기반의 수출지향적인 산업 부문과 협력적·고객 지향적·내수 지향적 산업 부문으로 양극화됨으로써 핀란드 사회 고유의 조정시장경제에서 이탈할 수 있다는 우려가 제기되고 있다(Oinas, 2005). 내수 부문 산업의 약화는 국민경제의 불안정성을 가중시켜 국민경제 전체를 위험에 빠뜨릴 수 있다.

1990년대 초 외환위기 전까지는 국가가 신용할당을 통해 국가 - 기업 - 은행 간의 관계적 조정과 지배구조를 형성하여 핀란드 경제를 관리하여 왔지만, 이러한 체제는 외환위기 이후 사실상 와해되었다. 하지만 이러한 관계적 조정양식은 다른 양상으로 바뀌어 급진적 혁신을 가능케 한 IT 중심의 새로운 산업발전 경로를 창출했다. 이러한 과정에서 국가의 역할이 일정부분 강화되었다고 평가할 수 있다(Castells & Himanen, 2002). 핀란드는 1990년대 OECD 국가 중에서 처음으로 국가혁신체제의 개념을 도입하여 혁신, 산업, 교육, 금융, 고용, 복지, 지역정책 등의 개별정책 영역들을 시스템적인 관점에서 처음으로 접근한 국가이다. 이에 따라 정책영역 간의 인터페이스의 확대, 조정과 네트워킹의 강화, 학습기제로서의 평가체제의 강화 등을 수반했다. <표 7-9>에서 보는 바와 같이 핀란드는 1990년대 초반의 경제위기에도 불구하고 이러한 정책전환의 의지를 반영하는 대표적인 양적 지표로서 부가가치 대비 연구개발 비중을 지속적으로 늘려오고 있다.

이를 위해 정부는 각종 부처 간 조정기구들을 강화 또는 신설했다.

특히 1990년대 과학기술정책의 조정역할을 수행한 과학기술정책위원회 (Science and Technology Council)의 역할은 핵심적이었다. 이 기구의 의장은 수상이며, 여기에는 각 부처의 장관뿐만 아니라 재계, 시민사회, 노조 등 다양한 이해관계자들이 참여하고 있다. 1983년 설립된 통상산업성 (Ministry of Trade and Industry) 소속의 Tekes(National Technology Agency)는 연구기관이나 대학 등에 연구개발 자금을 지원하는 역할을 수행하고 있으며, 핀란드 공적 연구개발 자금의 30%가 여기를 거쳐서 공급된다. 그리고 1967년 설립된 의회 산하의 Sitra(Finish national Fund for Research and Development)는 과학기술정책의 싱크탱크이자 벤처자본을 제공하고 있다.

이처럼 은행을 통한 신용할당 대신에 연구개발 자금과 벤처자본의 공급을 통해 핀란드 정부는 기존의 관계적 조정양식을 이어가고 있다(Castells and Himanen, 2002). 이 과정에서 핀란드 정부의 투명성, 민관협력, 학교 및 학생 간 교육 격차가 가장 적은 핀란드의 교육시스템 등은 이러한 시스템적 정책 형성과 집행을 가능케 한 밑바탕이었다. 이는 분명히 덴마크의 경우와는 차별적인 지점이고 산업구조와 정치적 환경에서 연원하는 바가 크다(Ornston, 2006). 이러한 중앙단위의 정책조정은 핀란드의 대기업 산업구조와 배치되지 않았으며, 이는 은행을 통해서가 아니라 정책조정위원회와 연구개발 자금의 운용을 통해 국가의 역할을 일신한 것이다. 역설적이게도 금융자유화가 이와 같은 방식으로 1990년대 산업계와 정책당국 간의 긴밀한 협력을 촉진한 셈이다.

우리나라도 한편으로 이에 못지않은 정책조정기구와 이해관계자의 의견을 수렴할 수 있는 창구를 가지고 있다. 하지만 문제는 형식적인 차원에서가 아니라 실질적으로 이러한 시스템을 운영할 수 있는 좋은 거버넌스 체제를 구축하고 있는가이다. 이는 기본적으로 경제주체 간의 경험, 노하우, 참여자의 신뢰와 평판으로 구성되는 사회자본의 축적 등에 크게 영향을 받는다(Lundvall, 2002). 여기서 자원의 배분자로서의 국가의 역할보다는 경제주체 간의 갈등과 이해관계의 조정자, 매개자, 촉진자로서의 국가의 역할이 강조되어야 하는데, 이는 기본적으로 경제주체 간의 수평적 협력과 파트너십을 토대로 상당한 시간지평과 경험의 축적을 필요로 한다.

덴마크와 핀란드의 1990년대 산업발전 경로를 아주 단순하여 요약하자면, 덴마크의 점진적 혁신체제는 기본적으로 분산적인 산업구조와 정치환경의 산물로 이에 따라 적극적인 산업정책 대신 노동시장 개혁이 추구된 반면에, 핀란드는 이와 대조적인 방식으로 IT 중심의 지식기반경제로 이행했다.

3) 대안적 산업발전 전략의 모색을 향하여

최근의 한국경제 발전전략에 대한 비판적 검토와 함께 혁신강국인 덴마크와 핀란드의 사례들을 통해 성장과 분배가 병행할 수 있는 몇 가지 실마리들을 살펴보았다. 그러한 실마리들은 대안적 산업발전 경로로 진입하기 위한 필요조건들이라 생각한다. 이러한 대안적 산업발전 경로를 내발적·사회통합적인 산업발전이라고 명명한다면, 이는 기본적으로 다양한 경제주체들의 참여와 기회의 확대, 그리고 이에 상응하는 책임의 부과를 전제로 한다. 그리고 이들 경제주체들은 단순히 경제적 동기 외에 여러 가지 사회·윤리적 동기를 가진 자율적인 존재이다. 그러한 기반 위에서 상호 협의와 합의를 통해 새로운 산업발전 경로가 만들어질 수 있다.

이하에서는 대안적 발전경로로 진입하기 위한 가능성을 논리적으로 검토하고, 앞서의 논의를 통해 얻어진 실마리들을 엮어 몇 가지 조건을 탐색하고자 한다.

(1) 대안적 산업발전 경로로의 진입 가능성

경제주체 간 상생협력을 통한 경제발전이 우리 사회의 화두로 등장했지만 그 해법을 찾기는 쉽지 않다. 이러한 발전경로는 경제주체가 각자 개별적인 이해를 추구함으로써 사회 전체적으로는 윈 - 윈 전략이 되지 않는 죄수의 딜레마를 넘어서는 길이다. 이에 대해 게임이론의 시각에서 몇 가지 가능성을 검토할 수 있다(최정규, 2005). 첫째, 반복적인 장기 거래가 지속됨으로써 사회구성원의 장기 이득을 위해 "눈에는 눈, 이에는 이"전략이 일반적으로 펼쳐질 때 협력이 가능하다. 이는 시장기구의 감시와 감독이 제대로 작동하고 공정경쟁이 이루어지는 상황에서 기회균등이 달성될 때 이기적 개인들의 경쟁이 바로 협력과 등치되는 경우이다. 둘째, 법, 규칙, 관습 등과 같은 사회제도가 사회구성원 간의 경쟁에서 개인선택의 속도를 늦추고 이타적인 개인들이 지배적인 집단선택의 효과를 증폭시킬 때 협력이 가능하다. 예를 들면, 북구 사회민주주의 국가들의 경우처럼 소득재분배 정책이 사회 내 개인들 간 소득격차를 완화시킴으로써 개인선택의 압력을 누그러뜨리는 효과가 발휘될 수 있다. 그리고 세 번째는 이타적이고 자발적인 사람들의 국지화된(localized) 상호작용과 지식습득, 공동체 윤리의 교육을 통해 집합적 시너지가 발생하는 경우 협력이 가능하다. 제3이탈리아 지역처럼 중소기업 간 경쟁과 협력체제로 집합적 효율성을 창출하는 생산과 삶의 공동체로서의 산업지구가 그러한 경우에 해당된다고 볼 수 있다.

하지만 이러한 가능성들은 자동적으로 실현되는 것이 아니고 다양한 이해관계자들의 조정, 개입, 참여 등이 뒤엉켜 현실화된다. 소위 시장적 해법의 첫 번째 협력의 길에서는 기회주의적 행태가 나타나지 않도록 감시와 감독체제가 상시적으로 작동해야 하는, 투명성이 보장된 시스템을 구축해야 한다. 하지만 많은 경우 그렇지 않은 현실을 목도하게 된다.

이와 같은 협력의 길에서 주요 이슈는 기회 균등의 조건을 만드는 것이다.3 예를 들면, 헤비급과 플라이급 선수가 동시에 게임할 수 없도록 규칙을 만들고 배려해야만 지속적으로 기회주의적이고 지대추구적인 행태에 대한 견제와 균형이 가능하다. 즉 경쟁에서 진입과 퇴출이 원활히 보장되어야만 하는 것이다.

사회적 해법을 의미하는 두 번째와 세 번째의 협력의 길은 기본적으로 그러한 경험을 창출하고 이를 사회적으로 확산시키는 과정을 필요로 한다. 하지만 집합적인 경험의 장을 형성하는 과정은 많은 시간과 경제주체 간의 일종의 '희생의 교대'를 요청할 수 있기 때문에 쉽게 모방할 수 있는 길이 아니다. 또한 비슷한 이해관계자의 사회적 유유상종이 심할 경우 혁신에 장애가 되는 잠금(lock-in) 현상이 발생할 수도 있다.

현실에서는 이 세 가지 가능성이 나타날 수 있으며 서로가 배타적인 것은 아니다. 예를 들면, 현실의 북유럽은 성장을 도모하고 시장 질서를 확립하면서도 복지국가체제를 유지하고 있으며, 결사체적인(associational) 지방자치도 존재한다. 대안적 산업발전의 경로도 이러한 세 가지 가능성의 현실적인 조합에서 나올 것이지만 이는 사회구성원 다수가 수긍 가능한 제도와 규칙을 사회적 참여하에 만들어가는 과정에 달려 있다.

(2) 산업적 다양성과 수평적 차원의 혁신 추구

덴마크와 핀란드의 사례에서 보았듯이 산업구조는 일정부분 미시적으로는 혁신의 특성과 경제주체의 이해관계를, 거시적으로는 국민경제의

---

3 사실상 미국의 역사는 바로 이러한 길을 만드는 과정이라고 볼 수 있다. 영미권 세계에서 인력을 충원할 때마다 광고문안에서 접하게 되는 흔한 단어는 바로 '기회 균등 (equal opportunity)'이다.

산업발전 경로를 결정한다. 세계화에 따른 교역의 증대는 특정 산업의 특화를 부추긴다. IT 제조업비중과 대외의존도가 높은 한국, 싱가포르, 대만 등은 2000년대 이후 세계 IT 경기와 동조화 현상을 보여주고 있다(이근태, 2006). 긴 호흡을 머금어야 할 국민경제의 순환이 호흡이 짧은 산업순환과 어깨를 나란히 함으로써 국민경제의 불안정성이 증폭될 수가 있는 것이다. 이는 전술한 바와 같이 노키아의 경제로 대변되는 핀란드의 경우에도 해당된다. 이러한 맥락에서 오이나스는 핀란드의 성공스토리에 대해 비판적 입장을 견지하면서 핀란드 경제가 지속 가능한 성장을 유지하기 위해서는 국가 강화적인(state-enhanced) 혁신시스템을 통해 글로벌 차원에서 경쟁하는 첨단산업뿐만 아니라 여전히 점진적 혁신과 강력한 협력적 전통에 기반을 둔 생산시스템의 유지 또는 재생을 통해 내수의존적인 산업을 지원하는 것이 필요하다고 주장한다(Oinas, 2005). 따라서 산업구조의 다양성을 통해 대외적 안정성과 유연성을 동시에 추구하는 것은 대안적 산업발전 전략을 기획하는 데 필수적으로 고려해야 할 사항이다.

산업적 다양성은 대내적 안정성의 확보에도 필수불가결한 요소이다. IT 산업처럼 핵심 부품소재는 해외에서 조달하고 최종 조립가공 분야에 특화하는 전략을 구사하여(Levy and Kuo, 1991) 비교우위 논리에 따라 특정 산업 부문으로 자원의 쏠림 현상이 발생할 경우 국내의 산업 연관구조가 취약해질 수 있다. 우리나라는 이러한 부품소재 산업의 취약성을 극복하고자 많은 노력을 경주하고 있으나 그 문제의 해결은 현재 진행형이다. 더욱이 외환위기 이후 많은 기업들이 구조조정으로 문을 닫게 됨에 따라 산업 연관의 구조적 약화 및 경제의 활력이 더욱더 위축된 것이 사실이다. 중층적이고 공고한 산업 연관구조는 교역조건의 악화에 따라 해외 부문으로 유출되는 소득을 줄여줄 수 있을 뿐만 아니라(오영석 외, 2006) 고용을 유지하고 확대할 수 있는 기반이다. 이는 내수기반을 확대하고 수출과 내수 간의 선순환 고리를 회복할 수 있는 중요한 열쇠로서 기본적으로 생산의 우회도를 증가시켜 다양한 업종에서 다양한 기업들이 창업하고 서로 경쟁하는 사회적 분업을 심화시킬 수 있다. 이를 통해 고용의 확대 또한 기대할 수 있다. 고용의 유지와 확대는 사회통합적인 산업발전의 기본적인 토대이다.

산업적 다양성은 구체적으로 어떠한 모습을 띨 것인가? 이병천·정준호 (2006)는 외부시장의 충격에 의한 경쟁압력 증대를 통해 산업구조를 서비스경제형으로 가져가는 빅뱅 식의 해결책을 모색하기보다는 제조업을 중심으로 그것을 보완하는 양 날개로서 서비스업의 동반발전을 추구할 것을 제안한다. 신정완(2007) 또한 IT 산업의 급진적 혁신과 전통 제조업의 점진적 혁신을 모두 촉진시키는 복선형 산업구조를 유지해야 한다고 주장한다.

현재 우리나라 산업구조의 문제는 조립가공 전략의 활용(Levy and Kuo 1991)으로 말미암아 '아래로부터의 산업화'가 미약하여 부품소재기반이 얕은 중공방진형(hollowed out) 산업구조를 유지하고 있다는 데 있다. 이러한 문제를 해결하기 위해서는 부품소재기반의 강화를 수반해야 하지만 이는 누적적인 경험적 지식의 축적을 함의하는 상당한 시간지평을 요한다는 점에서 단기적으로 성취하기 힘들다. 이러한 측면에서 새로운 블루오션 전략으로 영미형의 서비스산업화를 통해 한국경제의 위치를 싱가포르나 홍콩처럼 동북아의 금융허브 또는 물류허브 등으로 자리 잡게 하려는 시도들이 재경부를 중심으로 꾸준히 제기되고 있다. 마지막으로 선진국과의 기술추격 전략을 넘어서는 전략으로 기존의 경쟁우위를 가지고 있는 산업 분야에서의 기술 융합을 통해 새로운 혁신을 창출하는 것이다. 예를 들면, 일본이 전자제어기술을 자동차산업에 도입하여 자동차 부문에서 선두를 구가했듯이, 한국도 선도적인 기술을 보유한 IT 분야와 기존 경쟁우위 산업과의 융합을 시도하는 것이다. 현재 한국은 반도체, 조선, 자동차, 통신, 석유화학 등 주력기간산업에서 국제적인 경쟁력을 보유하고 있다. 외환위기 이전 재벌에 의한 대규모의 설비투자에 의해 경쟁력을 확보한 분야이고, 일부 산업 부문 또는 (재벌)기업에서는 기술추격을 넘어서서 선도적인 기술 또는 지식이 창출되고 있다.

우리나라의 경제규모는 아일랜드, 싱가포르, 핀란드, 덴마크 등과 같은 경제소국과 견줄 것이 아니라 유럽의 영국, 프랑스, 독일 정도에 버금간다. 이러한 점에서 단일의 경제 축(예를 들면, 수도권)을 가지고 지속 가능한 발전을 영위하는 것은 쉽지 않다. 전술한 바와 같이 지속 가능한 경제성장과 고용의 창출을 위해서는 기술적 분업의 심화(생산성 제고)와 더불어 사회적 분업 또한 심화되어야 한다. 이러한 사회적 분업, 즉 산업적 다양성의 추구는 광역권 단위에서 심화되는 것이 바람직하다. 이를 통해 단핵에서 다핵 공간구조로의 경제 공간구조의 재편이 필요하다(정준호 외, 2004). 위에서 열거한 IT 및 주력기간산업이 주로 수도권과 영남권을 중심으로 입지하여 있는데, 이들 지역 외에 다른 지역(예: 전라권)을 추가한 범위 내에서 산업적·지역적 다양성을 추구할 필요가 있다. 이는 대내적·대외적 국민경제의 유연성과 안정성을 제고하는 길이고, 세계화 시대에 조응하는 공간경제의 양태이기도 하다. 미국은 실리콘밸리, 디트로이트, 위스콘신, 뉴욕 월스트리트 등으로 대표되는 다양한 생산시스템의 병존과 융합의 실험장으로, EU는 유럽합중국(a Europe of the regions)으로 표상된다는 것을 상기할 필요가 있다.

우리나라는 수직적 차원의 기술적 지식의 깊이를 반영하는 기술역량에 비해 다른 것과 차별화할 수 있는 기존 지식의 수평적 결합능력을 의미하는 혁신역량이 다소 뒤떨어진다. 우리나라의 혁신활동은 새로운 시장 확대와 고용창출을 기대할 수 있는 급진적 혁신보다는 해당 분야의 생산성 제고를 위한 공정혁신에 집중되어 있다. 이러한 한국적 현실은 다양한 기술과 이종 산업들 간 연계에 의한 혁신활동의 시너지 효과 발생을 힘들게 하고 있다. 이는 기본적으로 협소한 시장규모에 따른 산업 간 연관효과의 심화 부재에서 기인하는 바도 크지만, 혁신활동이 기본적으로 기업 내부의 다소 폐쇄적인 네트워크에 의해 이루어지고 여러 경제주체를 아우를 수 있는 개방적인 혁신 네트워크가 부재하다는 것을 의미한다.

재벌시스템은 조직적인 차원에서 집합적 효율성을 추구하는 대표적 사례이지만, 이러한 생산시스템은 수직적 통합구조와 엄격한 소유관계에 기반을 두고 폐쇄적인 생산과 혁신시스템을 운영하고 있다. 이에 따라 수평적 관계에 입각한 집합적 효율성을 추구하기 힘든 측면이 있다. 바로 이 지점에서 보완적 자산의 결합체로서 중소기업 집단의 혁신역량 강화와 이를 통한 대기업과의 관계 재설정은 대안적 산업발전을 위해서는 긴요한 과제이다. 이러한 '아래로부터의 산업화'는 현재 한국의 대기업 환경에서는 힘들 수 있지만 지연산업, 농산물, 일부 부품소재 등 대기업의 영역에서 수행하기 힘든 분야에서는 충분히 가능하다.

혁신 주도형 경제를 선도하기 위해서는 다양한 자원들을 결합하고 융합할 수 있는 역량의 확충과 누적이 중요하다. 이러한 측면에서 다양한 경제주체들이 서로 만나고 사업기회를 찾을 수 있는 제도적·정책적 환경을 조성하는 것이 필요하다(장재홍 외, 2006). 공정경쟁의 규칙을 위반하지 않는 범위 내에서 폐쇄적인 기업집단을 넘어 국내기업들 간의 연구 및 기술개발을 포함한 다양한 범위의 전략적 제휴와 협력 등이 필요하다. 예를 들면, 해당 분야의 최고의 혁신역량을 보유한 삼성전자, LG전자, 현대자동차, 관련 중소기업, 연구기관 등이 서로 간의 보완적 역량을 수평적으로 결합하여 시너지 효과를 창출함으로써 새로운 성장동력과 신사업 기회를 내생적으로 창출하는 것도 하나의 방법이다. 이처럼 산업구조의 다양성은 대내적 차원에서 경제주체들의 수평적 사고 확대와 개방적 사고 수용의 물적 토대이기도 하다.

(3) 혁신 주도형 경제의 사회문화적 인프라로서 협상경제의 추구

소국인 덴마크와 핀란드의 사례에서 보듯이 이들 국가들은 세계화를 단순히 대세로 파악하고 이에 순응해야 하는 구조적 제약으로서만 이해하는 것이 아니라 경제발전의 경로의존성이 영향을 미치는 가운데 일정한 범위 내에서 경제주체 간의 협의와 합의를 통해 능동적으로 다양한 산업발전 전략을 구사했다(Schwartz, 2001; Weiss, 2002). 이는 단순히 국가의 경제 규모보다는 국내 제도의 특성이 더욱더 중요하다는 것을 함의한다. 이들 국가의 주요한 경제 운용방식은 다양한 이해관계자들 간의 협의와 합의를 토대로 형성되어왔다. 즉 시장에서의 공정경쟁과 생산성의 향상을 보장하고 촉진하기 위해 일정한 범위 내에서 국가가 개입하고 사회적 목적을 달성하기 위해 일정한 소득재분배를 결합하는 사회적 시장경쟁 체제를 운용해온 것이다(신정완, 2007).

국가, 관련 경제주체, 금융기관 등과 같이 자율적 의사결정자 간 정치·경제적 협력의 제도화를 통해 주요한 경제자원의 배분이 이루어지는, 즉 경제가 운용되는 방식을 협상경제라고 한다(Nielsen, 1992).4 이는 대륙 유럽의 조합주의적 경제 운용방식을 포괄하며 노사정 이외에도 다양한

---

4 이러한 시스템에 대한 비판으로는 일차적으로 이해관계자 조직의 영향력 증대에 따라 경제의 비효율성과 경직성이 강화될 수 있다는 것이다. 이는 기본적으로 이해관계자들의 행태가 경제적 동인으로 추동된다는 것을 가정하고 있다. 두 번째 비판은 민주적 정당성의 문제이다. 정당성의 유일한 준거는 의회의 사례처럼 국민의 투표에 의한 대리인의 선출이라는 것이다. 이러한 비판에는 민주주의를 대의제 민주주의로 협소화할 수 있다는 한계가 지적할 수 있겠다.

이해관계자들의 협상과 조정을 수반한다는 점에서 조합주의보다 느슨한 개념이다.

협상을 위한 기본적인 전제는 자율적인 경제주체들의 존재와 상호인정이며, 이들은 경제적 동인 외에 직업적 소명의식을 포함한 상이한 사회적·윤리적 목표들을 가지고 있어야 한다. 덴마크의 복지국가의 재편사례(Schwartz, 2001)에서 보듯 이해관계자들은 다양한 목적을 추구하며, 이는 생산적 협상을 위한 토대가 된다. 이러한 의미에서 사회적 평판, 존경과 같은 사회자본의 구성요소는 대안적 산업발전을 위한 필요조건이다.

또한 일반국민들이나 관련 경제주체들이 사회경제적 현실과 그 미래에 대해 상호이해하고 집합적 비전을 형성할 수 있는 담론적(discursive) 틀을 형성하는 것이 중요하다. 예를 들면, 관련 전문가나 이해관계자들로 구성된 정책 네트워크를 통해 경제·사회 문제들을 분석하고 이해하기 위한 규범적 틀을 마련할 수 있다. 이러한 규범적 틀이 관련 당사자에게 상호 수용되기까지는 상당한 기간이 소요되며, 이는 끊임없이 수정되는 쟁투의 장이기도 하다. 예를 들면, 덴마크의 경우 현재와 같은 경제시스템에 대한 담론적 틀이 형성되는 데는 2차 대전 이후 현재까지 약 40~50년이 걸렸으며 지금도 논쟁의 대상이 되고 있다(Nielsen, 1992).

앞에서 살펴본 덴마크나 핀란드의 경우도 우리와 마찬가지로 신자유주의적인 사회경제적 담론이 사회 전반을 파고들고 있다. 하지만 이에 대한 조정양식은 다르게 나타나고 있다. 신자유주의적 경제논리는 기본적으로 국가 주도에서 유연성이 있는 공급 주도형 관리로의 이행을 강조한다. 이에 따라 정책의 초점은 거시관리정책에서 구조적인 미시정책으로 이동한다. 예를 들면, 과거의 선별적인 산업지원정책 대신에 인력, 연구개발, 규제 등 각 기능별 정책들이 강조되고 이러한 정책 효과가 잘 작동되도록 하기 위해서는 시스템적인 접근이 필요하다. 포터가 제시하는 경쟁력의 다이아몬드 모형은 바로 이러한 측면을 가장 잘 반영하고 있으며, 이는 바로 기업 하기 좋은 환경 조성의 논리이다(Porter, 1998). 그는 선진국의 경우 환율 등 거시경제변수의 조절을 통한 비용경쟁력 대신 혁신과 생산성에 의존한 강한 경쟁 전략을 수행해야 한다고 역설한다.

혁신체제 관점에서 구조적인 경쟁력을 제고하기 위해서는 기본적으로 관련 경제주체들의 네트워크 활성화가 요구된다. 이러한 네트워크적 접근은 협상경제를 주도했던 덴마크와 핀란드의 기존 제도적 특성과 크게 낯선 것이 아니다. 그러한 의미에서 북유럽 국가에서 국가혁신체제에 대한 논의가 자주 등장하는 것은 우연이 아니다.5 하지만 북유럽 국가의 공적 개입 또는 정책 네트워크 형성은 공과 사의 구별을 전제로 이루어지며 비즈니스 주도적 과정에 대한 견제와 균형이 작동하고 있다는 점에서 무조건적인 시장주의 호소와는 다르다.

한국은 외환위기 이후에도 여전히 비정규직의 광범위한 활용과 외평채와 통안증권의 발행을 통한 저환율 기조의 유지를 통해 비용경쟁력을 유지하는 약한 경쟁에 의존하는 성장을 추구하는 방식에서 벗어나지 못하고 있다. 물론 입지 경쟁이 심화되는 상황에서 비용경쟁력은 간과할 수 없는 중요한 요소라는 것을 부정할 수는 없다. 그러나 이것이 사회 전체를 지배하는 규범적 담론이 된다는 것은 혁신 주도형 경제의 방향과는 배치되는 것이다.

과거의 선별적인 산업육성 정책 대신에 기능적인 산업 및 혁신정책을 수행하기 위해서는 정책입안과 실행, 감독, 그리고 평가체제는 상호분리,

---

5 예를 들면, 국가혁신시스템의 대표적 논자인 룬드발의 덴마크의 사례에 대한 연구를 참조할 수 있다(Lundvall, 2002). 이는 시스템적인 공급주의적 구조혁신정책이 기존 제도들과의 괴리가 그렇게 심하지 않다는 것을 보여주는 사례로 이해된다.

즉 상호 견제와 균형이 가능해야 정책형성과 집행의 투명성이 제고될 뿐만 아니라 상호학습의 효과가 발생할 수 있다. 외환위기 이후 처음으로 재경원에서 금융 감독, 기획과, 예산 조정기능 등이 분리되었다. 이들 간의 정책혼선이 나타나자 재경부는 이를 제어하기 위해서는 과거와 같은 강력한 권한을 필요하다는 주장을 제기한다. 다른 부처도 명목상 감독기관과 평가기관이 형식적으로나마 분리되어 있어 사정은 이와 대동소이하다. 이처럼 정책입안과 집행, 감독, 평가기관이 명목적으로 분리된 상황에서도 각 부처는 자원의 배분자로서 권력을 여전히 행사하고 있다. 우리나라 정책입안과 실행과정은 여전히 분리되지 않은 채 뒤죽박죽으로 진행되고 있으며 평가를 통한 학습메커니즘의 활성화는 초보단계에 머물러 있다. 이러한 상호학습은 기존 경제주체들의 지속적인 학습과 재교육의 필요성을 제기하며 그 토대가 되지만, 현재의 평가는 단지 정책을 올바르게 수행했는가의 여부를 판단하는 감사와 별반 차이가 없으며 올바른 일을 수행했는가에 대한 진정한 의미의 평가와 이를 통한 학습은 요원한 상황이다. 따라서 집합적 비전의 설정을 위한 끊임없는 대화와 관계 설정 및 그것을 추동하기 위한 개별적·집합적 능력의 활성화를 가능케 하는 제도와 환경의 정비, 바로 이것이 공급주의 혁신 주도형 경제정책의 요체라고 한다면 양적 성장에 집착하는 우리의 규범적 담론을 재구성하는 것은 대안적 발전전략의 수행을 위해서도 필수불가결한 요소이다.

대안적 산업발전의 청사진을 제시하기 위해서는 신자유주의적 정책내용을 극복하는 것도 중요하지만, 우리의 경우 정책의 전달체계와 국가의 역할에 대한 성찰도 필요하다. 리스트주의적인 직접적 자원배분의 개입양식에서 벗어나 네트워킹의 촉진자, 촉매자, 중개자, 제도 구축자로서의 정부역할의 재설정을 단순히 신자유주의적 편향으로 이해하고 비판하는 것은 성급한 것이라고 생각된다. 행정부에서 수평적인 견제와 균형의 동학이 작동하지 않는다면 어느 정부도 수직적인 관료주의와 그 영향력에서 자유로울 수 없는 것이 우리의 현실이다.

3. 결론

1986~1988년의 3저 호황과 1987년의 민주화, 그리고 1997년의 외환위기는 한국경제발전에서 역사적으로 중요한 사건들이다. 그 과정에서 한국경제는 양극화의 함정과 저성장의 덫에 사로잡혀 있다는 비판이 제기되었으며 한국경제의 활력은 소진된 것처럼 보인다. 이러한 상황에서 한국경제의 활력을 재충전하기 위한 여러 가지 전략이 제시되고 있다. 예를 들면 한미 FTA의 추진을 통해 외부적 충격에 의한 영미형 서비스산업화를 통해 한국 경제를 동북아의 '리틀 아메리카'로 자리 잡게 하려는 구상이 있다. 다른 한편에서는 성장과 분배의 병행을 현실화시킨 북유럽의 발전모델을 한국적 상황에 맞게 발전적으로 수용하자는 논의가 제기되고 있다.

이러한 논의의 맥락에서 본고는 1990년대 이후 북유럽 경제의 성공사례로 자주 언급되는 덴마크와 핀란드의 사례를 검토한 후 성장과 분배가 병행하는 내생적이고 사회통합적인 경제를 구축하기 위한 몇 가지 방향을 짚어보았다. 우선적으로 산업구조와 공간경제의 다양성을 통해 국민경제의 대내적·대외적 안정성 제고와 고용창출, 수평적 차원의 혁신역량의 배가가 중요하고 이를 위해 기존 산업 간의 융합과 재벌기업 간의 수평적 협력 등이 고려될 수 있다는 점을 제안했다.

다른 한편으로 경제주체 간 협의와 조정의 미학을 일구어내기 위해 기존의 관료주의와 그 영향력을 넘어서기 위한 국가 역할의 재조정이 필요하다는 점과 더불어 이러한 역할의 재조정을 단순히 신자유주의적

정책내용으로 치부해서는 안 된다는 점을 강조했다. 경제주체들이 합의할 수 있는 집합적 비전과 효율성을 창출하기 위해서는 경제민주주의의 실현을 염두에 두어야 한다. 이는 과거 박정희 시대의 성장지상주의적 담론을 넘어서는 새로운 담론적 틀을 재구성하고, 경제주체가 경제적 동기 외에 상이한 목적을 가진 사회경제적 주체로서 경제활동을 영위한다는 것을 의미한다. 그렇기 위해서는 경제주체 간의 수평적인 협의와 협력의 문화를 만들어내는 것이 필요하다.

⁝ 참고문헌

국민경제자문회의. 2006. 『동반성장을 위한 새로운 비전과 전략: 일자리 창출을 위한 패러다임 전환』. 서울: 국민경제자문회의.

삼성경제연구소. 2006. 『한국경제 20년의 재조명: 1987년 체제와 외환위기를 중심으로』. 서울: 삼성경제연구소.

신정완. 2007. 「한국경제의 대안적 발전모델을 찾아서」. 최태욱 엮음. 『한국형 개방전략: 한미 FTA와 대안적 발전모델』. 서울: 창비.

오영석·이진면·藤川清史. 2006. 『개방경제하에서의 산업구조고도화와 그 성과측정에 관한 연구』. 서울: 산업연구원.

유경준. 2003. 「소득분배 국제비교를 통한 복지정책의 방향」. ≪KDI 정책포럼≫, 제167호.

이근태. 2006. 「IT 제조업 특화전략의 명과 암」. ≪LG주간경제≫, 2006. 11. 15.

이병천. 2005. 「양극화의 함정과 민주화의 깨어진 약속: 동반성장의 시민경제 대안을 찾아서」. ≪시민과세계≫, 제7호.

이병천·정준호. 2006. 「양극화 함정의 산업경제와 선진화의 방향: 한국은 동반

성장의 길을 건너뛰는가」.『정책기획위원회 지방순회토론회 양극화
해소를 위한 사회경제적 과제와 정책 자료집』.

장재홍·정준호·정종석·허문구·서정해. 2006.『혁신활동의 지역 간 비교분석』.
서울: 산업연구원.

재경부. 2006.『Beyond Manufacturing: 우리경제의 미래 서비스산업에서 찾는
다』. 과천: 재경부.

정부·민간합동종합반. 2006.『함께 가는 희망한국 Vision 2030』. 서울: 기획예
산처

정준호. 2006.「한국 서비스산업의 구조와 발전방향」. ≪동향과전망≫, 제68
호.

정준호·김선배·변창욱. 2004.『산업집적의 공간구조와 지역혁신 거버넌스』.
서울: 산업연구원.

정준호·김진웅. 2006.「서비스 고용변화 요인과 시사점: 한국, 미국, 일본 및
스웨덴의 비교」. ≪e-KIET 산업경제정보≫, 315호. 서울: 산업연구원.

최정규. 2004.『이타적 인간의 출현』. 서울: 뿌리와 이파리.

Baumol, W. J. 1967. "Macroeconomics of Unbalanced Growth: The Anatomy
    of Urban Crisis." *American Economic Review,* 57(3).

Castells, M. and P. Himanen. 2002. *The Information Society and the Welfare
    State: The Finish Model.* Oxford: Oxford University Press.

European Commission. 2004. *Industrial Relations in Europe.* Brussels: EU.

Guerrieri, P. and V. Meliciani. 2003. "International Competitiveness in Producer
    Services." Presented at Workshop Empirical Studies of Innovation in
    Europe.

Hall, P. and D. Soskice eds. 2001. *Varieties of Capitalism: the Institutional
    Foundations of Comparative Advantage.* Oxford: Oxford University Press.

Kristensen, Peer Hull. 1999. "When labor defines business recipes." Kristensen,

Peer Hull, P. Karnøe and P. H. Andersen eds. *Mobilizing Resources and Generating Competencies. The Remarkable Success of Small and Medium Sized Enterprises in the Danish Business System.* Copenhagen: Copenhagen Business School Press.

Levy, B. and W-J. Kuo. 1991. "The Strategic Orientations of Firms and the Performance of Korea and Taiwan in Frontier Industries: Lessons from Comparative Case Studies of Keyboard and Personal Computer Assembly." *World Development* 19(4).

Lilja, K. K. Räsänen and R. Tainio. 1992. "A Dominant Business Recipe: The Forest Sector in Finland." R. Whitley ed. *European Business Systems: Firms and Markets in Their National Contexts.* London: Sage.

Lundvall, B. A. 2002. *Innovation, Growth and Social Cohesion: The Danish Model.* Cheltenham: Edward Elgar.

Madsen, P. K. 1999. "Denmark: Flexibility, Security and Labor Market Success." *ILO Employment and Training Paper,* 53. Geneva: ILO.

Mariussen, Å. 2006. "Nordic Innovation Business Systems." Å. Mariussen and Å. Uhlin eds. *Trans-national Practices Systems Thinking Policy Making.* Nordregio.

Mjoset, L., 1987, "Nordic Economic Policies in a Comparative Perspective." *International Organization,* 41(3).

Moen, E. and K. Lilja. 2005. "Change in Coordinated Market Economies: The Case of Nokia and Finland," G. Morgan, R. Whitley and E. Moen eds. *Changing Capitalisms?.* Oxford: Oxford University Press.

Morgan, G. 2005. "Introduction: Changing Capitalisms? Internalization, Institutional Change and Systems of Economic Organization." G. Morgan, R. Whitley and E. Moen eds. *Changing Capitalisms?.* Oxford: Oxford University Press.

Nielsen, K. 1992. "The Mixed Economy, the Neoliberal Challenge and the Negotiated Economy." *The Journal of Socio-Economics,* 21(4).

Nielsen, K. and S. Kesting. 2003. "Small is Resilient: The Impact of Globalization on Denmark." *Review of Social Economy,* 61(3).

OECD. 2005. *STAN DATA 2005.* Paris: OECD.

_____. 2006. *Information Technology Outlook.* Paris: OECD.

_____. 2006. *Main Science and Technology Indicator.* Paris: OECD.

Oinas, P. 2005. "Finland: A Success Story?" *European Planning Studies,* 13(8).

Ornston, D. 2006. "Re-negotiating Adjustment: A Preliminary Examination of Divergent Adjustment Trajectories in Denmark and Finland." mimeo. Department of Political Science. University of California, Berkeley.

Oulton, N. 1999. "Must the Growth Rate Decline?: Baumol's Unbalanced Growth Revisited." London: Bank of England.

Porter, M. 1998. *On Competition.* Cambridge MA: Harvard Business School Press.

Schmitz., H. 1999. "Collective efficiency and increasing returns." *Cambridge Journal of Economics,* 23.

Schwartz, H. M. 2001, "The Danish miracle: luck, pluck or stuck?" *Comparative Political Studies,* 34(2).

UNCTAD. 2004. *World Investment Report: The Shift towards Services,* New York: the United Nations.

Weiss, L. 2002. "Introduction. Bringing Domestic Institutions Back In." L. Weiss ed. *States in the Global Economy. Bringing Domestic Institutions Back In.* Cambridge: Cambridge University Press.

WTO. 2005. *International Trade Statistics.* WTO: Geneva.

Zysman, J. 2004. "Finland in a Digital Era: How Do Wealthy Nations Stay Wealthy?" Prime Minster's Office Publications 25/2004. Helsinki: Edita Oyj.

노동시장에서 본 사회해체,
그 단면과 해법

박태주

1. 무너진 연대, 나누어진 사회

　노동시장에서 사회가 해체되어가는 과정을 밝히고 이에 대한 해법을 찾아보는 게 이 글을 쓰는 목적이다. 연구가 모자라 제대로 된 정책이 집행되지 않은 것은 아니겠지만 노동시장정책과 관련하여 두어 가지 문제제기는 가능할 것 같다. 하나는 정책의 초점이 일자리 만들기에서 노동시장에서의 격차축소로 바뀌어야 한다는 점이다. 다른 하나는 이 과정에서 노동조합의 집단적인 자조노력을 동원하라는 것이다.

　사회통합이라는 관점에서 볼 때 일자리 만들기는 미룰 수 없는 중요성을 띠고 있다. 그런 만큼 일자리 만들기를 노동시장정책의 맨 앞자리에 놓는 것은 너무나 자명한 결론으로 치부되어왔다. 그러나 일자리 만들기 정책은 실업률 축소에는 제대로 기여하지 못하면서 오히려 고용의 질을 악화시키고 노동시장의 이중성을 심화시키는 결과를 낳고 있다. 이는 무엇보다도 일자리의 질은 간과한 채 일자리 개수 늘리기에 매달려온 결과라고 할 수 있다. 사회통합적 노동시장은 실업자뿐 아니라 이들을 포함하는 근로빈민(working poor)을 대상으로 하며 노동시장에서 이들은 유휴인력(완전실업자＋유사실업자)으로 나타난다. 노동시장정책이 유휴인력의 축소를 겨냥한다면 그 핵심은 일자리 만들기가 아니라 노동시장에서의 격차축소가 될 것이다.

두 번째로 사회통합이라는 과제는 정부 혼자서 당해낼 일이 아니다. 세계화와 민간 주도 경제의 진전으로 정부의 정책과 정치적 수단은 눈에 띄게 약화되었기 때문이다. 따라서 사회적 주체의 참여가 있어야 하고 그중에서도 노동조합의 자발적인 참여와 동원은 빠뜨릴 수 없다. 지난 시절 국민의 정부가 실패한 노동배제정책을 참여정부가 되풀이하여 검증할 필요는 없다. 참여정부가 사회통합을 내세우면서 놓쳐온 지점은 노동조합을 참여시켜 그들의 집단적인 자조(collective self-aid) 노력을 일깨우는 일이었다.

결론적으로 이 글에서는 정부의 일자리 만들기는 실업자뿐 아니라 불완전취업자(underemployed)를 위한 '괜찮은 일자리' 만들기가 되어야 한다는 점과 '괜찮음(decency)'을 확보하는 과정에서 노동조합의 역량을 적극적으로 동원할 필요가 있음을 밝히고자 한다.

2. 완전고용 속의 취업대란?

좁게는 노동시장 상황, 넓게는 경제정책의 성과와 관련하여 흔히 인용되는 지표의 하나는 실업률이다. 그러나 우리나라의 실업률은 '완전고용 속의 취업대란'을 나타내는 지표에 다름 아니다. 2004년도의 실업률은 3.5%. 완전고용이라고도 할 수 있고 자연실업률이라고도 할 수 있을 수준이다. 그럼에도 불구하고 정부는 고용창출을 국정과제의 맨 앞자리에 놓을 만큼 실업을 심각한 사회적 병리현상으로 진단하고 있다. 이러한 지표와 현실의 괴리는 무엇보다도 우리나라가 빌려 쓰는 국제노동기구(ILO)의 실업정의에서 그 원인을 찾을 수 있다. "조사대상기간 중 전혀 수입 있는 일에 종사하지 못했으며 적극적으로 구직활동을 하고 즉시 취업이 가능한 자." 실업자 되기를 하늘의 별따기로 만들어놓았다.

유휴인력이란 개념을 끌어오는 것은 공식실업률이 갖는 현실과의 동떨어짐을 극복하려는 시도의 하나이다. 또한 이 개념은 사회통합이라는 개념과 결이 맞아떨어지기도 한다. 이 두 개념은 '근로빈민'에서 출발하여 '괜찮은 일자리를 통한 복지의 실현'이라는 경로를 공유하고 있기 때문이다.

1) 핵심은 실업자가 아니라 근로빈민이다

일자리를 만들어도 그것이 근로빈민의 수를 줄이기는커녕 오히려 고용의 질을 악화시키고 노동시장의 양극화를 심화시킨다면 그러한 정책이 사회통합정책일 수는 없다. 사회통합이라는 이름으로 비롯된 정책이 오히려 사회통합을 저해하는 역설이 발생하는 것이다.

근로빈민이란 일할 능력과 의지는 있으나 잦은 실직과 낮은 소득 때문에 일하더라도 빈곤상태에서 벗어나지 못하는 계층을 의미한다. 근로빈민이라는 관점에서 바라보면 '일자리 만들기'와 '일자리 조건의 개선'은 서로가 서로에게 기대면서 이중노동시장의 완화라는 하나의 목표를 향해 나아가는 상호 관련된 수단이다. 그런데 문제는 두 수단의 상호충돌이 발생하는 경우이다. 가령 하층노동시장의 핵심을 이루는 비정규직에 대한 보호를 강화하면 전반적인 고용이 줄어들 수 있는 것이다. 물론 비정규직에 대한 보호가 고용의 감소에 미치는 영향은 보호의 정도와 속도에 달려 있다. 그러나 비정규직의 보호가 기계로의 대체나 폐업 그리고 해외이전의 증가 등으로 고용감소를 가져올 가능성을 높이는 것은 사실이다. 자칫 질병에 대한 처방이 또 다른 질병을 가져오는 것이다.

결론부터 말한다면 비정규직에 대한 보호가 설령 고용 감소를 가져오더라도 이는 감수해야 한다. 실업 축소는 중요하다. 그러나 적어도 정부가 노동시장의 유연안정성을 목표로 설정했다면 중요한 것은 실업 자체를 막는 것이 아니라 실업했을 경우 대비책을 제대로 마련하는 일이다. 사회안전망을 정비하여 소득의 일정 부분을 보장하는 일은 그래서 중요하다. 또한 적극적 노동시장정책을 펼쳐 한편으로는 직업훈련을 강화하고 다른 한편으로는 공공고용서비스체계를 정비하는 일도 국가의 중요한 역할에 속한다. 진자리 마른자리 가리지 않고 일자리를 만드는 것만이 능사는 아니다.

실업자에게 일을 통해 가난을 해결하라고 요구하는 것은 실업을 개인의 책임으로 돌린다는 점에서 때로는 지나치게 가혹하다. 실업이 낳는 생계문제는 원칙적으로 사회안전망을 통해 풀어야 하며 또 그렇게 할 수 있는 경제규모를 우리는 갖고 있다. 그 대신 취업하더라도 잠재적 실업인구 ―유휴인력― 로 만들어버리는 고용정책은 이제 버릴 때가 왔다. '복지로 이어지지 못하는 노동'을 언제까지 고용이라는 이름으로 껴안고 있을 수는 없는 노릇이다. 높아진 학력수준이라는 구직자의 특성을 살릴 수 있는 일자리 그리고 실업자는 국가가 부양하더라도 인적 자원을 축적하고 축적된 인적 자원을 활용할 수 있는 일자리를 만드는 것이 지식기반사회에 걸맞은 일자리 만들기 방식이다.

요컨대 사회통합이라는 관점에서 볼 때 노동시장정책의 핵심은 괜찮은 일자리 만들기이며 그 중심에는 실업자가 아니라 불완전취업자가 놓여 있다. 이러한 불완전취업자의 대부분은 비정규직과 자영업주로 구성되어 있다. 또한 이들은 사실상 실업과 잠재적 실업 사이를 밥 먹듯이 오가는 반복실업자들이기도 하다. 따라서 고용정책의 관건은 이들을 반복실업이라는 폐쇄회로의 덫(trap)에서 꺼내 괜찮은 일자리로 나아가는 다리(bridge)를 만드는 것이라고 할 수 있다. 그것이 노동시장에서의 격차축소이자 이중노동시장의 완화인 것이다. 그럼 한국의 노동시장에서는 누가 유휴인력이며 그 규모는 얼마나 될까?

2) 3.5%의 실업률, 7.8%의 유휴인력률

유휴인력에는 공식적인 실업자 외에도 몇 가지 부류의 사람들이 추가된다. 첫째는, 수입 있는 일에 종사하지 않으면서도 구직희망이 없어 직업탐색활동을 하지 않은 사람—구직단념자나 한계노동자—이 그들이다. 이들은 취업할 의사와 능력을 가졌을 뿐 아니라 비록 최근에는 구직활동을 한 적이 없으나 지난 1년 동안에는 구직활동을 한 적이 있는 사람들이다.

두 번째로 유휴인력은 취업자, 즉 임금노동자와 자영업주(및 무급가족종사자) 가운데서 발견된다. 이른바 불완전한 형태의 취업자가 그들이다. 한국에서는 실업수당의 대체율이 낮기 때문에 실직을 하면 임금이 낮고 노동조건이 형편없더라도 취업할 수밖에 없다. 이는 공식적인 실업률을 낮추지만 불완전취업을 증가시키는 기제가 된다. 이러한 불완전취업은 가시적인 형태와 비가시적인 형태로 나누어진다. 가시적인 형태는 일정 수준의 근로시간(예: 36시간)을 확보하지 못하면서 추가근로 또는 전직을 희망하는 사람을 말한다. 비가시적 형태의 불완전취업은 기능과 소득 측면에서 자신의 능력을 충분히 발휘하지 못하는 경우이다. 여기에는 비정규직뿐 아니라 자영업주나 무급가족종사자 중에서도 적지 않은 숫자가 포함될 것으로 보인다. 전자는 측정이 용이하지만 후자는 사실상 분석적 개념으로서 현행 통계로서는 측정이 거의 불가능하다.

한국에서 유휴인력의 규모는 학문하는 사람들의 게으름을 나타내기라도 하듯 제대로 추정된 적이 거의 없다. 최근 황수경(2003)에 이어 김용현(2005)이 미국의 U6 개념을 빌려와 추정한 것이 고작일 뿐이다. U6는 '실업자+36시간 미만 취업자 중 추가 구직희망자(불완전취업자)+한계노동자'로 구성된다. 그러나 이 개념은 불완전취업 가운데 비가시적 부분을 빠뜨리고 있다는 점에서 유휴인력에 대한 최소한의 규모파악에 지나지 않는다. 한국의 노동시장에서 비정규직과 자영업주의 비율은 미국과 비교할 수 없을 만큼 높고 또한 비정규직의 노동시간은 정규직보다도 긴 실정이다. 이러한 상황에서 U6라는 물 건너온 개념을 바로 우리 실정에 대입할 경우 유휴인력은 과소추정될 수밖에 없다. 예를 들어 U6 개념은 36시간 미만 취업자에 대해 추가노동 희망여부를 물어 불완전취업자를 가려내지만 비정규직의 상당 부분은 노동시간과 관계없이 전직을 희망하고 있는 실정이다. 2004년 8월에 실시된 경제활동인구 부가조사에 의하면 "만족스러운 일자리를 구할 수 없어서" 취직한 경우가 기간제 노동자는 31.9%, 시간제는 32.5%, 용역은 51.6%, 일일노동자는 무려 62.5%에 이른다.

이러한 사실을 염두에 두고 김용현의 추계결과를 살펴보면 <표 8-1>과 같다. 2004년 1~10월 현재 한계노동자를 포함한 유사실업자(유휴인력)는 92만 1,000명으로 공식실업자 81만 3,000명과 큰 차이를 보이지 않는다. 그러나 (가시적) 불완전취업자 90만 4,000명을 포함하면 공식실업자 규모의 2.2배에 이른다. 또한 유사실업률을 연도별로 살펴보면 2000년의 9.06%에서 2003년에는 6.98%로 점차 감소하다, 2004년에는 7.78%로 급속히 증가하고 있다. 일자리가 늘어나면서 실업률과 유휴인력도 동시에 늘어나는 '일자리 만들기의 딜레마'가 나타나는 것이다.

<표 8-1> 유휴인력의 규모 추정

(단위: 1,000명, %)

	2000	2001	2002	2003	2004. 1~10
경제활동인구(A)	22,069	22,417	22,877	22,916	23,351
취업자	21,156	21,572	22,169	22,139	22,539
36시간 미만 취업자	2,044	2,150	2,330	2,417	2,560
불완전취업자(B)	916	887	847	731	904
실업자(C)	913	845	708	777	813
비경제활동인구	14,118	14,162	14,086	14,424	14,337
한계노동자(D)	187	131	79	99	108
구직단념자(E)	165	117	69	90	100
유휴인력(H= C+D+B)	2,016	1,862	1,635	1,607	1,825
실업률(C/A X100, %)	4.14	3.77	3.10	3.39	3.48
유휴인력률(H/(A+D)X100, %)	9.06	8.26	7.12	6.98	7.78

자료: 김용현, 앞의 글.

3) 일자리와 빈곤층의 '동반'성장

앞에서도 밝혔듯이 정부의 일자리 만들기 정책이 빚은 노동시장의 자기 초상은 일자리와 빈곤층의 '동반'성장으로 나타났다. 이는 무엇보다도 성장의존적인 일자리 만들기 정책을 취하면서 일자리의 양호성 개념을 외면한 탓으로 여겨진다.

첫째, 정부는 일자리 만들기의 핵심적인 수단을 성장에서 찾았다. 일자리를 만드는 것은 궁극적으로 기업인 이상 성장이 중요하다는 걸 탓할 수는 없다. 그러나 단위성장의 고용흡수력이 둔화되고 있는데다 한국경제의 성장률 자체가 이미 낮아진 상황에서 성장의존적인 일자리 정책은 고용 없는 성장이라는 제자리걸음을 벗어나지 못한다. 게다가 불황을 맞아 약발마저 떨어진 성장에다 고용창출을 기댄다는 건 힘 빠진 노새에 소금가마니를 지우는 것이나 진배없다. 이러한 성장의존성은 대안적인 일자리 만들기 정책에 대한 간과로 나타났다. 즉 노동시간 단축을 통한 일자리 나누기나 공공 부문의 고용증대 그리고 사회적 일자리의 창출 등이 그것이다.

두 번째로 성장의존적인 일자리 만들기는 기업 하기 좋은 나라라는 메시지와 결합하면서 한편으로는 노동시장의 규제완화와 유연화를 촉진하고 다른 한편으로는 반(反)노조이데올로기를 강화한다. 실업의 증대가 역설적이게도 성장을 위한 기업 살리기 논리를 강화시켜 오히려 노동시장 유연화와 노조양보론을 정당화시키는 논리로 바뀌는 것이다. 2003년의 경우 3.1%의 경제성장에도 불구하고 3만 개의 일자리가 줄어든 것이 '고용 없는 성장'의 징후라고 한다면, 2004년의 경우 43만 개의 일자리증가분 가운데 32만 개를 비정규직이 차지한 것은 '복지 없는 노동'의 실체라고 할 수 있다.

결과적으로 정부는 실업의 문제를 실업률의 문제로 파악하고 실업지표의 개선에 급급한 나머지 고용구조의 악화, 빈곤층의 증대를 방치하고 만 것이다. 동시에 정부가 이처럼 일자리 만들기에 집착한다는 사실은 정부가 겉으로는 유연안정화된 노동시장을 지향하면서 실제로는 유연화된 노동시장을 추구한 것은 아닌가 하는 의구심을 낳기도 한다. 문제는 유연안정성이라는 낯선 개념에 대한 독해가 아니라 한국 노동시장 상황에 견주어 이 개념을 제대로 해석하고 있는가 하는 점이다. 유연안정화정책은 유연성과 안전성의 동시적인 추구가 아니라 안정성을 전제로 한 유연성의 향상을 말한다. 즉 실업에 따른 생계의 문제를 국가복지로 해결하면서 동시에 노동시장에서의 고용가능성(employability)을 높이기 위해 적극적인 노동시장정책을 실시하는 구조가 그것이다. 그러나 노동시장의 이중성이 뚜렷하고 사회안전망이 미비한 가운데 이러한 유연안정성은 장기적인 정책

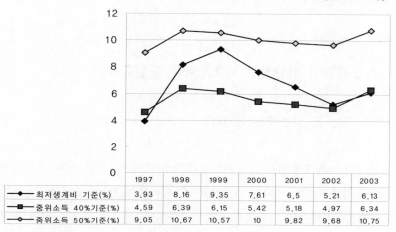

〈그림 8-1〉 빈곤율의 추이

(1997~2003)

	1997	1998	1999	2000	2001	2002	2003
◆ 최저생계비 기준(%)	3.93	8.16	9.35	7.61	6.5	5.21	6.13
■ 중위소득 40%기준(%)	4.59	6.39	6.15	5.42	5.18	4.97	6.34
◇ 중위소득 50%기준(%)	9.05	10.67	10.57	10	9.82	9.68	10.75

자료: 재정경제부 외(2004).

방향이 될 수 있을지언정 단기적인 처방이 될 수는 없다. 우선은 지나치게 유연화된 한국의 노동시장상황을 감안하여 노동시장의 안정성을 높이는 데 초점을 맞추는 것이 올바르다 할 것이다. 고용과 임금이 사용자의 전횡에 내맡겨진 비정규직이 전체 임금노동자의 56%에 이른다는 사실 이상으로 한국노동시장의 과도한 유연화를 증명할 자료는 없기 때문이다.

이러한 성장의존적이고 유연지향적인 고용정책은 노동시장 내에서 '성장이 잊어버린 사람'을 증가시키는 결과로 나타났다. 경제의 성장이 소득분배의 개선으로 이어지는 선순환고리가 단절되면서 빈곤층의 축적으로 나타난 것이다. 이러한 빈곤층의 증가는 내수침체를 구조화시켜 경기회복을 늦출 뿐 아니라 인적 자원의 개발 및 활용을 제약함으로써 중장기적인 지속 가능 위기를 초래할 수 있다. <그림 8-1>은 근로빈민의 추이를 나타낸 것이다. 빈곤의 기준을 최저생계비로 하든 중위소득의 일정 비율로

하든 외환위기 직후 급속히 높아진 빈곤율은 그 후 점차 줄어들다 2003년
에는 다시 치솟는 모습을 보이고 있다.

3. 노동자들의 집단적인 자조노력을 동원하라

1) 노조는 돌 맞는 마당쇠인가?

한국의 노동정책에서 노동시장정책과 노사관계정책은 물과 기름처럼
따로 놀았다고 해도 지나친 말이 아니다. 이러한 독립성은 노동시장정책이
노조배제적이었다는 사실에서도 확인된다. 괜찮은 일자리 만들기와 관련
하여 노동조합의 참여는 정책의 승패를 가르는 핵심적인 요인의 하나이다.
노동조합을 배제한 노동시장정책이 실패로 끝났다는 것은 가깝게는 국민
의 정부가 그러했고 나라 밖에서는 영국의 대처정권이 그러했다.

가령 비정규직의 보호를 살펴보더라도 정부의 정책이란 비록 그것이
작업장에서는 최고수준의 보호(ceiling)로 나타나더라도 현실적으로는 최
저수준의 보호(floor)에 그칠 수밖에 없다. 정부는 거시적인 측면에서 시장
의 반발을 최소화시키는 범위 내에서 움직일 수밖에 없기 때문이다. 정부의
최저기준을 바탕으로 최종적인 노동조건을 결정짓는 것은 노사의 몫이다.
다시 말해 노조는 정부정책을 바탕으로 미시적이고 추가적인 보호를 가능
하게 하는 기능을 갖는 것이다.

그런데 한국에서 노동조합, 특히 대기업노동조합은 돌 맞는 마당쇠였다
고 해도 과언이 아니다. 가령 황수경은 "거시적으로 내부노동시장의 존재
는 임금의 하방경직성을 초래하여 비자발적 실업을 만들어내는 가장 중요
한 원인"이라며 예의 정규직노조책임론을 끌어들이고 있다. 노조로서는

실로 억울한 노릇이라 할 수밖에 없을 것이다. 대기업과 중소기업 노동자 간의 임금격차는 양대 부문 간 생산성격차의 표현이자 보다 근본적으로는 양극화된 경제구조의 표현이기 때문이다. 게다가 비정규직의 양산을 방치한 정부에 대해서는 입을 다문 채 노동조합을 비정규직 양산의 주범으로 몰아붙이니 노조로서는 억장이 무너지는 일이기도 할 것이다.

물론 노조가 대명천지에 떳떳할 만큼 비정규직을 껴안았다고 말하려는 것은 아니다. 그러나 기업별 노조체제에 묶인 상태에서 기존 노조들이 내부노동시장의 강화에 노력해온 것이 사실이라 하더라도 대기업 정규직 노조의 영향에 대한 과대평가는 경계할 필요가 있어 보인다. 첫째로, 한국에서 독점이윤이라는 지대(rent)를 사용자 측과 나눌 수 있는 노조는 그리 많지 않다. 또한 황수경도 지적하듯이 내부노동시장구조는 비록 소수가 여전히 완강하게 버티고 있다고는 하나 이미 언저리부터 무너지고 있는 허술한 성채에 지나지 않는다. 대기업의 자동화 설비율이 높아짐에 따라 기업특수훈련의 필요성이 감소하고 그 결과 내부노동시장이 갖는 장기근속 / 고임금이라는 경제적 합리성도 쇠퇴하고 있기 때문이다. 또한 내부노동시장은 사실상 기업별 노조체제를 전제로 하고 있지만 교섭구조의 산별 전환이 나타나고 있는데다 연대임금정책이 싹을 틔워가기도 한다.

더 중요한 사실은 이제 비정규직은 정규직의 자화상으로 바뀌었다는 점이다. 언제까지 비정규직이 정규직을 위한 고용의 안전판이나 고임금의 희생양으로 머물러야 한다는 법은 없다. 무엇보다도 시장의 논리가 정규직의 안정적인 보금자리를 내버려두지 않는다. 가령 연공급에 바탕을 둔 경직적인 고임금은 정규직을 우선적인 해고의 대상으로 만든다. 기능적 유연성이나 임금의 유연성이 결여됨으로써 외부충격에 더욱 취약한 구조를 갖고 있는 상황에서 회사는 고용의 외부화나 구조조정을 통한 수량적 유연화를 추구할 수밖에 없는 것이다. 한때는 노조라는 방죽이 외부충격이 가져오는 해고를 막아주었다. 그러나 이제 노조조차 물이 새는 방죽으로 바뀌면서 정규직의 고용도 물결 따라 흔들리는 조각배로 전락하고 말았다. 고용이 불안하니만큼 정규직은 햇볕 있을 때 건초를 말리는 심정으로 단기적인 임금인상에 매달려온 것이 저간의 사정이기도 했다. 즉 정규직은 그들의 고임금이 고용불안을 낳고 고용불안이 다시금 고임금을 부추기는 악순환에 접어든 것이다.

게다가 비정규직의 증가는 노조의 조직률을 떨어뜨리고 노조의 사회적 대표성을 약화시키는 요인이 되고 있다. 특히 미조직비정규직 노동자는 노조의 통제 바깥에 존재할 뿐 아니라 조합원과 이해관계를 달리한다. 이러한 점에서 파업과 같은 위기상황에서 비정규직은 노조를 대체하는 역량이 될 수도 있다. 비정규직이 양날의 칼이라면 지금은 정규직을 지켜주는 칼이 아니라 정규직과 정규직 노동조합을 베는 칼로 바뀌고 있다.

이제 노조는 도덕적 요구 이전에 경제적 이해관계 때문에서라도 비정규직을 위해 나설 수밖에 없다. 정규직과 비정규직의 심각한 임금격차는 정규직의 일자리를 위협하는 직접적인 요소이다. 노동조합의 참여와 관련하여 구체적으로는 연대임금정책과 이를 실현시키는 틀거리로서 산업별 교섭구조 및 사회적 대화를 살펴보고자 하는 이유도 바로 여기에 있다.

2) "혼자서 잘살믄 무슨 재민겨?": 연대임금정책의 추구

정규직과 비정규직은 서로가 서로를 얽매는 모순의 고리로 얽혀 있다. 전자가 비정규직의 존재를 전제로 하면서 동시에 비정규직으로 인해 고용불안을 느낀다는 점에서 그러하다면 후자는 정규직의 존재로 인해 스스로의 노동이 삶의 자원이 되지 못한다는 점에서 그러하다. 이러한 두 가지 모순을 푸는 연결고리는 정규직 노동조합의 연대임금정책이라고 할 수 있다. 연대임금정책은 궁극적으로는 '동일노동 동일임금원칙'의 실현을 말하나 단기적으로는 임금수준의 차별적 인상과 임금체계의 개편으로 나타난다.

정규직과 비정규직 간의 격차축소를 위해서는 우선 정부의 규범적이고 선도적인 역할을 간과할 수 없다. 비정규직에 대한 법률적인 보호의 강화나 사회보험 적용범위의 확대, 교육훈련의 강화 그리고 최저임금제의 개선은 그중에서도 핵심적인 과제에 속한다. 또한 경제정책이라는 측면에서 중소기업의 육성과 대기업 - 중소기업 간의 불합리한 하도급구조의 개선이 빠진 비정규직의 보호란 정치적 수사의 범주를 벗어나지 못한다. 중소기업의 지불조건이 개선되지 않는 한 비정규직에 대한 보호도 허울 좋은 생색내기에 지나지 않을 것이기 때문이다.

여기에서 놓칠 수 없는 지점은 노동조합의 역할에 대한 적극적인 인정 및 노사자율에 바탕을 둔 연대임금정책의 추구이다. 정규직의 임금인상 자제를 한편으로는 비정규직의 보호확대와 연계시키고 다른 한편으로는 우리사주제(ESOP)의 확대나 '사회연대기금'의 조성 등과 교환하는 일이 그것이다. 그런데 이러한 교환은 기업별 차원에서보다는 산업·업종별 차원에서 이루어지는 것이 훨씬 효과적이다. 임금협상의 결과가 최소한 해당 산업(업종) 내의 모든 노동조합과 사업장에 일률적으로 적용되기 위해서는 기업 차원을 뛰어넘는 교섭구조를 필요로 하기 때문이다.

2004년 보건의료 부문의 산별 교섭은 이러한 점에서 연대임금정책의 괄목할 만한 출현이라고 할 수 있다. 당시 보건의료 부문은 먼저 임금인상률을 대병원은 2%, 중소병원은 5%에서 묶었다. 그 대신 비정규직의 고용보장과 우선적인 정규직화 그리고 보건업 최저임금제를 도입했다. 그런데 이러한 산별 교섭에서 경계할 일은 정규직의 양보가 비정규직의 보호보다는 기업의 이윤증대로 이어지는 일이다. 비정규직의 보호로 이어지는 연결고리가 없는 정규직의 양보는 정규직 노동조건의 동반하락, 나아가 고용구조의 하향집적화를 가져올 뿐이다. 더욱이 이러한 본말전도는 노동소득분배율의 저하를 가져와 성장과 분배의 선순환을 저해하기도 한다.

이러한 연대임금정책에는 임금수준의 격차조정뿐 아니라 동일노동 동일임금의 원칙을 실현시킬 수 있는 임금체계의 도입을 내포한다. 연공급임금은 근속에 따른 임금의 (자동적인) 상승을 가져오나 근속에 따른 숙련향상이 이루어지지 않을 경우 고용조정 압력은 거세어질 수도 있다. 특히 그 압력은 기업의 성장이 정체되고 고령화, 장기근속화가 진전될 경우 눈덩이처럼 증가할 것이다. 그 결과 중·고령층에 대한 조기퇴출, 신규고용의 억제 및 비정규직의 채용 등이 나타날 수 있다. 다시 말해 숙련 향상과 임금인상을 연계시킬 수 있는 임금체계, 가령 숙련급이나 직무급의 도입을 검토할 필요가 있는 것이다.

비정규직에 대한 근로조건의 개선과 관련하여 또 한 가지 중요한 것은 생산성 향상이며 이를 뒷받침할 수 있는 숙련개발이다. 생산성 향상이 없는 근로조건의 개선이란 결국은 도루묵일 수밖에 없다. 비정규직에 대한 처우의 개선도 궁극적으로는 시장의 조율범위를 벗어날 수 없기 때문이다. 이런 점에서 노사 간 연대임금정책의 일환으로 사회연대기금이 조성될 수 있다면 이를 비정규직의 교육훈련에 활용하고 정부가 지원하는 방안을 검토할 수 있을 것이다. 이는 연대임금정책뿐 아니라 비정규직의 직업능력개발을 활성화시키기 위해서도 노동조합의 참여를 유도할 필요가 있다는 사실을 의미한다. 그리고 이 경우 주체로서의 노동조합은 기업별 노동조합이라기보다는 산업별 노동조합의 형태로 나타난다.

〈표 8-2〉 종사자 지위별 노동조합 가입현황

(단위: 1,000명, %)

	무노조 사업체	유노조 사업체		
		가입대상배제	자발적 미가입	조합원
상용근로자	4,526(62.6)	511(7.1)	661(9.1)	1,538(21.3)
임시근로자	4,515(92.7)	230(4.7)	58(1.2)	69(1.4)
일용근로자	1,981(97.1)	44(2.2)	8(0.4)	8(0.4)
전체	11,022(77.9)	786(5.6)	727(5.1)	1,615(11.4)

자료: 노동부(2004).

3) 기업별 담벼락의 허망함을 넘어, 산별 교섭 구조의 추구

노동조합이 비정규직의 조직화에 나서야 하는 이유를 굳이 이 자리에서 강조할 필요는 없다. <표 8-2>는 노조가 있는 사업장의 경우 비정규직의 66%가 노조가입 자격이 주어지지 않아 비노조원으로 머문다는 사실을 보여준다. 다만 이 글에서는 이러한 비정규직의 조직화와 단체교섭을 통한 보호가 기업별 노조체제로서는 한계가 있다는 사실만을 지적하고자 한다.

산별 교섭 체제는 연대임금정책의 실현장이라고 할 수 있다. OECD에 따르면, OECD 국가들의 경우 1970년대 이후 노동조합의 조직률, 단체협약의 적용률 및 교섭의 집중도가 높을수록 임금의 불평등도는 전반적으로 낮아졌다고 평가하고 있다(OECD, 2004).

산별 교섭 체제와 관련하여 보건의료나 금속 부문의 교섭은 2004년 많은 진전을 이룩했다. 최초로 산별중앙협약이 체결되었을 뿐 아니라 내용에서도 연대임금정책의 요소를 담고 있기 때문이다. 이와 더불어 높이 날수록 멀리 보이듯 산별체제가 진전됨 따라 새로운 문제점이 나타난 한 해이기도 했다. 사용자단체의 구성이 늦어졌다거나 이중교섭의 문제(본조

<표 8-3> 노동조합의 조직률 및 단체협약의 적용률

	1980		1990		2000	
	조직률	단협적용률	조직률	단협적용률	조직률	단협적용률
오스트리아	57	95+	47	95+	37	95+
프랑스	18	80+	10	90+	10	90+
스웨덴	80	80+	80	80+	79	90+
네덜란드	35	70+	25	70+	23	80+
독일	35	80+	31	80+	25	68
영국	51	70+	39	40+	31	30+
미국	22	26	15	18	13	14
일본	31	25+	25	20+	22	15+
한국	15	15+	17	20+	11	10+
OECD 평균	47	67	42	66	34	60

자료: OECD(2004).

- 지부 간 교섭내용의 조율 및 구속력 문제)가 나타났다는 게 그러한 예이다. 이와 더불어 2004년은 단체협약 적용범위의 확대가 쟁점으로 드러난 해이기도 했다. 단체협약이 노동조합에 소속된 부문에만 적용됨으로써 막상 노조의 보호가 절실한 미조직 부문은 제외되는 현상이 발생한 것이다. 단협적용의 확대는 산별 교섭 구조의 안정성을 위해서도 필수적인 사항에 속한다.

<표 8-3>은 주요 OECD 국가의 노조조직률 및 단체협약적용률을 비교한 것이다. 이 표에서 확인할 수 있는 사실은 사실상 분권화된 교섭구조를 가진 미국·영국·일본·한국의 경우 노조의 조직률과 단체협약적용률이 비슷하다는 점이다. 특히 한국은 조직률 11%, 단협적용률 10%로 OECD 국가 중 꼴찌의 단협적용률을 기록하고 있다. 반면 프랑스는 조직률이 10%임에도 불구하고 90% 이상의 단체협약적용률을 보이는 데서도 알 수 있듯이, OECD 대부분의 국가에서는 단체협약 확장조항(extension)이 상당히 발달되어 있다.

한국에서 단체협약적용률이 이처럼 낮은 것은 노조의 조직률이 낮다는 것도 원인이지만 더 중요하게는 단체협약의 확장조항이 제대로 갖추어져 있지 않기 때문이라고 할 수 있다. 현재 한국에서는 사업장 차원의 일반적 구속력 조항이 존재하고 있다. 즉 동일한 사업장에 종사하는 노동자의 과반수가 하나의 단체협약의 적용을 받을 경우 나머지 노동자에게도 적용되도록 되어 있는 것이다. 그러나 직접 고용된 비정규직은 흔히 이러한 보호망의 바깥에 내몰려 있기가 십상이다. 또한 동일지역의 2/3를 포괄하는 단체협약을 지역 전반으로 확장시키는 지역적 구속력 조항도 있으나 이는 법전에만 존재한다고 해도 과언이 아니다. 지역적 구속력 조항은 지난 15년간 울산 및 대전 지역 시내버스 업체의 임금협상에 대해 한차례씩 적용되었을 뿐이다. 산업별 교섭 구조의 핵심적인 지렛대라 일컬어지는 산업별구속력 조항은 아예 규정자체가 없다.

노조의 자조노력수단으로서 산업별 교섭 구조의 확립에 덧붙여 지적할 사항은 간접 고용된 비정규직의 노동권이다. 예를 들어 파견이나 용역 노동자의 경우 근로계약의 당사자인 고용사업주는 사실상 노동공급을 알선하는 중간업자일 뿐 해당 노사관계를 좌우하는 것은 사용사업주이다. 그럼에도 현행 대법원의 판결에 따르면 사용사업주는 파견이나 용역 노동자들과 단체협약을 체결할 의무는 없다. 즉 간접 고용된 노동자의 노동3권 자체를 껍데기로 만듦으로써 그들의 집단적인 자조노력을 제한하고 있는 것이다(이러한 경우는 현재 노사정위원회에서 논의 중인 특수고용형태의 노동자에게도 발생할 수 있다). 마지막으로는, 실업자의 자조노력이다. 실업자에 대해서는 비록 초기업별 단위이긴 하지만 노조가입자격이 보장되어 이른바 실업자노동운동이 가능해야 하는 것이다. 이는 '노사관계 법·제도 선진화 방안'에서도 제시되고 있지만 이미 서울여성노조에 대한 대법원 판결 (2004. 2)에서는 확인된 바이기도 하다.

4) 무산된 사회적 대화, 이제 차는 떠나고

노동조합의 참여와 관련하여 마지막으로 짚고 넘어갈 사항은 그간 말도 많고 탈도 많았던 사회적 대화에 관한 것이다. 사회적 대화는 기업별대화와 산업별대화를 최종적으로 아우르면서 노동정치(labor politics)의 영역으로 들어간다는 점에서 사회적 주체들 간의 대화를 엮는 그물코의 벼리에 해당된다(박태주, 2004).

사회적 대화체제는 기업 내부에 갇혀 있는 교섭의 틀거리를 기업 바깥으로 확장하는 채널로 기능한다. 더욱이 노동시장과 노사관계에 대한 정책의 강한 규정력을 감안한다면, 이는 정책의 결정과 집행 과정에 대한 참가를 뜻한다. 그뿐만 아니라 사회적 대화기구에의 참여는 노동조합에 대해 전술 운용의 다양성을 제공한다. 노사정위는 결국 노동정치의 일환이며 이는 가령 민주노총이 밝힌 '준비된 투쟁'에 이르는 중요한 길목 역할을 할 수 있을 것이다. 물론 사회적 대화가 도깨비 방망이는 아니다. 그것이 사민주의 프로젝트가 될 수도 없다. 그런 만큼 과도한 기대는 금물이다. 기껏해야 노동조합으로서는 경제의 위기상황을 돌파하는 수세적 전술일 뿐이다. 다시 말해 신자유주의의 일방적인 관철을 저지하고 '규제된 유연화'를 사회적 합의에 의해 도입하겠다는 의지의 표현에 지나지 않는다. 한때 필자가 "사회적 대화기구에 참여하라, 그러나 기대는 마라"라고 했던 이유도 여기에 있었다.

2005년 1월 21일, 민주노총은 정기대의원대회에서 사회적 대화기구(노사정위원회)에 대한 참여 여부를 결정지으려 했으나 성원미달로 무산되고 말았다. 그러나 이번 사건은 단순히 사회적 대화에 대한 민주노총의 복귀가 지연된 것이라기보다는 민주노총이 전략적 선택시점 자체를 놓쳐버렸다는 의미를 갖는 것으로 보인다. 무엇보다도 민주노총은 2004년 9월 중앙위원회에 이어 또다시 사회적 대화에 대한 결정을 연기함으로써 지도력의 빈곤을 드러내고 말았다. 사실 민주노총이 언제 사회적 대화테이블에 앉을지도 미지수이지만 앉는다고 해서 현재의 지도력으로 합의를 이끌거나 합의의 이행을 담보할 수 있으리라고 보이지도 않는다. 이러한 지도력의 빈곤은 사회적 대화에 참여하면서도 투쟁과 근본주의적인 요구에 우선순위를 둠으로써 대화를 통한 타협과 합의의 공간을 스스로 좁히고 있다는 사실에서도 드러난다. 비정규직 입법과 관련한 2005년 2월의 총력투쟁 방침이나 2006년 5월의 '무상의료·무상교육 쟁취투쟁'은 그 대표적인 예이다.

이러한 마당에 정부가 사회적 대화에 대한 입장의 변화를 보이리라는 것은 어렵잖게 예상할 수 있다. 백년하청의 사회적 합의에 기대기보다는 정부 스스로가 아젠다를 설정하고 대안을 모색해나갈 가능성이 증대된 것이다. 비정규보호입법안의 입법화나 '노사관계 법·제도 선진화 방안'의 노사정위 논의 등이 그것이다. 물론 민주노총의 참여와 무관하게 정부는 기존의 사회적 대화틀을 활용하려 들겠지만 이미 사회적 권위와 대표성을 잃어버린 낡은 틀에 별다른 의미를 부여하지는 않을 것이다.

민주노총이 설사 뒤늦게 참여한다 하더라도 사회적 대화기구에 대해 가져왔던 정부의 기대나 미련은 썰물처럼 빠진 이후일 것이다. 이미 민주노총은 보일 것, 보이지 말아야 할 것을 죄다 보이고 말았기 때문이다. 참여정부가 노동정책의 핵심적인 수단으로 삼아온 사회적 대화가 한편으로는 정부의 적극적이지 못한 태도로, 더 중요하게는 민주노총의 지도력 부재와 전략적이지 못한 사고로 무산되는 순간이 다가오고 있는 것이다. 이 경우 정부가 대안적인 모습으로나마 사회적 대화를 지속적으로 추구할 것인지 아니면 과거의 권위주의적이고 노조배제적인 정책으로 복귀할 것인지는 관심의 대상이라 할 것이다.

4. 맺음말

이 글을 준비하면서 두 가지 사실만 진술하려 했다. 그 하나는 실업을 두려워하지 말라는 것이었다. 실업률 축소에 급급하여 일자리 개수 늘리기에 매달릴 일이 아니라 사회안전망과 적극적인 노동시장정책을 통해 실업문제에 접근하되 정책의 무게중심은 노동시장 내의 격차축소, 즉 '괜찮은 일자리' 만들기에 두어야 한다는 게 요지였다. 일자리의 양호성이 거세된 고용정책은 정부의 생색내기용 수사는 될 수 있을지언정 사회통합을 가속화시키지는 못한다. 그것은 외려 엄청난 예산을 들여 노동시장구조를 왜곡하고 고용의 질을 악화시켜 장기적으로는 한국경제의 성장동력까지 훼손한다.

두 번째는 사회통합정책의 과정에 노동조합을 참가시키라는 것이었다. 역대정권은 어느 정권이라 할 것 없이 노동조합을 경제성장의 걸림돌로 보아왔다. 이러한 역대정권의 후천적 습관에 덧붙여 참여정부는 노동조합에 대해 사회양극화의 주범이라는 혐의까지 덧보태고 있는 듯이 보인다. 민주화 이후의 민주주의를 고민하는 참여정부로서는 노동정치의 첫 단추부터 잘못 꿰고 있는 것이다. 노사 간 파트너십은 집단적인 노사관계의 축소나 노동조합의 약화를 꾀하는 것이 아니다. 그것은 노동조합이 강력하고 동시에 제도적으로 정착되었을 뿐 아니라 필요할 때 조합원을 동원할 의지와 능력을 갖추었을 때 비로소 가능하다. 켈리(Kelly, J)가 "상대방이 없어져 주기를 바라는 파트너와 파트너십을 맺는다는 게 가능한가?"라고 물었을 때, 이러한 파트너에는 사용자뿐만 아니라 정부도 포함된다.

물론 한국사회의 양극화가 노동시장만의 문제는 아니다. 경제의 양극화와 사회보장체제의 미비, 빈곤층을 약탈하는 주택·교육·의료 체제가 거미줄처럼 얽혀 빈곤의 문제를 증폭시키고 있는 것이다. 그럼에도 불구하고 보통사람에게 노동은 유일한 소득기회라고 한다면, 노동시장은 앞으로도 사회통합을 고민하는 사람들의 관심의 대상에서 벗어나지 못할 것이다.

⁑ 참고문헌

김용현. 2005. 「유사실업률 추이를 통한 실업률 수준 평가」 ≪노동리뷰≫, 1월호. 한국노동연구원.

노동부. 2004. 「2003년 노동조합 조직현황 분석」.

박태주. 2004. 「사회통합을 위한 노동시장정책」. 이종오 외. 『한국의 사회정책 개발 연구: 사회통합의 과제를 중심으로』. 대통령자문정책기획위원회.

황수경. 2003. 「노동력 활용지표에 관한 소고: 여성 유휴인력 지표를 중심으로」. ≪노동정책연구≫, 제3권 / 제4호. 한국노동연구원.

OECD, *OECD Employment Outlook 2004.*

빈곤의 심화와 사회복지
정책 대안

조흥식

1. 머리말

1960년대 이후 1997년 외환위기 때까지 우리나라는 압축경제성장을 해왔다. 고도성장 속에서 일자리를 창출하고 절대적 빈곤문제를 해결해왔던 것이다. 그런 점에서 일찍이 세계은행은 1993년 보고서에서 한국을 성장과 분배를 조화시킨 성공적 사례로 소개한 바가 있다.

그러나 1997년 외환위기에 의한 IMF 사태 이후 상황은 크게 달라져 우리 사회는 장기실업과 신용불량자 양산으로 인한 서민층의 몰락과 함께, 일하면서도 최저생계를 유지하지 못하는 신빈곤층의 확대와 더불어 이로 인한 가정해체와 생계형자살이 늘어나고 있는 실정이다. 이는 결국 소득불평등과 자산불평등에 의한 계층 간 양극화 현상을 두드러지게 나타내고 있다고 할 수 있다. 더구나 지구경제화에 따라 국가경쟁력이 강조되면서 시간제와 임시직 등 비정규직 노동자의 증가와 유연성의 강화를 특징으로 하는 노동시장구조의 변화와 함께 불평등과 빈곤을 완화할 수 있는 국가의 능력을 약화시키는 요인(Esping-Andersen, 1996; Smeeding, Rainwater and Burtless, 2001)이 서구복지국가와는 달리 사회안전망이 제대로 갖추어 있지 않은 상태에서 우리나라에도 어김없이 작용하고 있어 더욱 낭패를 겪고 있다.

물론 이러한 양극화 문제에 대응하여 국민의 정부 시절, 과거의 생활보호제도를 대체한 국민기초생활보장제도의 도입을 통해 근로능력 있는 집단을 포함한 모든 빈곤층에게 최저소득을 보장한다는 점에서 사회복지정책에 획기적인 기초를 마련한 바 있다. 그러나 이러한 탈빈곤정책의 대폭적인 개선에도 불구하고 아직 빈곤문제가 크게 완화되기보다 오히려 이혼·별거·가출 등에 의한 가족해체, 생활고로 인한 자살의 증가, 비정규직 양산 등으로 표현되는 노동시장의 구조 변화, 급속한 저출산 및 고령화의 진행 등 빈곤문제를 악화시키는 면이 있다. 더구나 빈곤의 대물림과 같은 세대 간 격차까지 우려되는 현상을 초래함으로써 장기적으로 경제성장의 동력을 잠식하는 사태에 이르고 있다.

그럼에도 불구하고 아직 우리 사회 일각에서는 첫째, 사회복지 정책과 프로그램은 항상 상향조정되는 속성과 경직성을 갖기 때문에 극히 조심스럽게 진행해야 하며 둘째, 복지수혜자의 증가와 경제성장 둔화로 인한 높은 실업률은 복지재정의 수요를 급속히 증대시킴으로써 재정적자를 악화시키는 결과를 가져오고 이것은 결국 기업과 개인의 조세부담을 가중시킴으로써 경제활동의 저하를 초래하는 원인이 된다면서 사회복지정책의 활성화를 반대하는 논리를 강하게 펴고 있다. 이러한 시각은 기본적으로 복지를 '소비적'이라고 보는 데서 비롯된다. 물론 복지는 재정지출을 필요로 하는 것이 사실이지만, 복지가 국민의 삶의 질과 연관되는 핵심적인 사회적 가치라는 점과 건실한 경제성장을 위해서 필수불가결하다는 사실을 잊어서는 안 된다. 최저생활보장, 보육, 노인수발, 의료비, 최저주거비,

기본교육비 등 복지비용의 인적 자원 개발에 필요한 사회적 투자 없이 경제성장을 이룬다는 것은 거의 불가능하다.

이제 우리는 빈부라는 계층의 양극화 문제를 해결하지 않고서는 선진국에 결코 진입할 수 없는 시점에 와 있다. 성장을 위해서라도 성장의 동력이 되는 인적 자원에 대한 사회적 투자를 활성화하는 사회복지정책과 함께, 우리 사회의 양극화 현상과 불평등을 해소하기 위한 적극적 사회복지정책으로 '상생·평등 사회 구현' 정책을 펴지 않으면 안 된다.

2. 빈곤의 심화와 사회안전망의 현실

1) 빈곤의 심화

압축경제성장에 따라 지속적인 혜택을 누릴 수 있었던 1997년 외환위기 이전 시기에는 빈곤문제가 소수 노인이나 장애인 등 일부 취약계층의 문제로 치부되어 대다수 사회구성원의 삶과 관련이 없는 것으로 여겨졌다. 그러나 외환위기를 계기로 하여 우리 사회에서 빈곤문제는 심각함을 보여준다. 특히 외환위기 이후의 빈곤문제는 다수의 근로능력 있는 빈곤층의 대두를 특징으로 한다는 점에서 이전 시기의 빈곤문제와 큰 차이를 보인다. 이는 외환위기로 인한 대량실업사태가 빈곤층 급증의 직접적인 원인이 되었던 것이다. 더욱이 더 큰 문제는 우리 사회의 빈곤문제가 실업자의 문제일 뿐만 아니라, 열심히 일을 해도 빈곤을 벗어나지 못하는 근로빈곤층(working poor)의 문제로까지 심화되고 있다는 점이다(박찬용·김진욱·김태완, 1999; 구인회, 2002). 이 결과, 빈부격차 및 건강상태격차를 드러내는 사회계층구조는 고착화되어 불평등은 심화되고 있으며, 도시와 농촌 간의 지역격차도 심화되고 있고, 세칭 3D 업종에 종사하는 외국노동자 문제도 심각해졌다.

일반적으로 빈곤추이에 중요한 영향을 미치는 요인으로는 경제성장이나 분배구조의 변화와 인구구성이나 가족유형의 변화 같은 인구학적 변화 등이다(Danziger & Gottschalk, 1995).

첫째, 경제성장은 소득수준의 상승을 의미하는 것으로서 특히 절대적 빈곤을 감소시킨다. 우리나라에서 산업화가 본격화된 이래 1990년대 중반까지 지속적인 경제성장으로 전반적인 소득수준이 향상되었다. 도시가구 소득을 분석한 연구에 따르면 실질소득이 1980년대에 꾸준히 증가했고 1980년대 후반에서 1990년대 중반에 이르는 시기에는 더 빠르게 증가했다. 반면에 1990년대 중반 이후에는 경제가 위기를 경험하고 정체상태에 들어섬에 따라 도시가구의 실질소득은 크게 하락했다. 1997년에는 실질소득이 전년 대비 3.1%, 1998년에는 전년 대비 18.2%가 감소했다. 1999년과 2000년에는 10% 이상 실질소득이 증가하여 1997년 수준(성명재, 2002)에 달하게 되었다.

둘째, 분배구조 즉 소득불평등도의 변화는 빈곤추이에 영향을 준다. 우리나라에서 소득불평등도는 1990년대 중반 이후 악화되는 추세로 반전했는데(유경준·김대일, 2002), 이러한 현상은 이전 시기와는 반대로 학력별 임금격차가 확대되어 소득불평등도의 악화를 초래했고 외환위기는 이러한 추세를 증폭시킨 데 기인하며, 특히 기술변화로 인한 고숙련인력의 수요확대가 임금격차의 확대원인으로 지적되어 소득불평등도의 악화추세는 외환위기가 진정된 2000년대에도 지속될 것으로 보인다(최강식·정진호, 2003).

셋째, 급속한 노인인구의 증가, 이혼 등을 통한 여성가구주 가구의 증가, 단독가구의 증가 등 인구학적 변화는 빈곤을 증대시키는 요인으로 작용한다. 우리 사회 전체가구에서 여성가구주 가구가 차지하는 비율은 1980년 15.1%, 1990년 15.7%, 2000년에는 18.5%에 달했다. 이들 여성가구주 가구 중 유배우가구나 사별가구, 미혼가구는 그 비율이 감소하거나 정체상태에 있는 반면 이혼가구의 비율은 1990년 6%에서 2000년 12%로 급증했다. 또한 전체 가구에서 60세 이상 노인가구주 가구가 차지하는 비율은 1980년 12.2%에서 1990년 14.1%, 2000년 19.4%로 증가했는데, 이러한 노인가구주 가구의 증가는 노인인구의 독립가구화 경향의 증대와 노인인구 증가를 반영한다. 이들 여성가구주 가구, 노인가구주 가구가 경제적 취약집단이라는 점을 고려할 때 우리 사회의 이러한 인구학적 변화는 적어도 빈곤을 증대시키는 구조적 요인으로 작용한 것으로 보이고 향후에는 그 영향이 더욱 커질 것으로 예측된다.

이와 함께 오늘날 전 세계적으로 노인인구의 급증과 저출산으로 인한 생산연령인구의 정체 내지 감소, 가족해체에 따른 편부모가구의 증가 그리고 무엇보다도 고용 없는 성장(jobless growth) 등은 상대적으로 빈곤에 빠질 가능성이 높아지는 위험사회(risk society)를 초래하고 있다. 그 결과 불평등과 빈곤의 심화 현상이 나타나고 연쇄적으로 사회복지의 수요가 증대됨으로써 공급 측면에서 재정위기를 초래하는 원인이 되고 있다. 그뿐만 아니라 세계자본주의체제하에서 관철되고 있는 자유무역과 자유경쟁의 결과는 '20 대 80의 사회' 혹은 '승자가 독식하는 사회(winner-take-all society)'를 만들어내고 있다. 이에 대한 인위적 조정기제가 발동되지 않는다면 소수에의 부의 집중과 다수의 상대적 박탈감 확산에 따른 양극화 현상을 막을 길이 없어진다. 우리나라도 IMF 경제위기를 구조조정과 대외적인 문호개방을 기조로 대응해온 과정에서 이러한 세계질서에 편입된 이상 양극화의 정도가 더욱 가속화될 것이란 전망을 해보면, 사회복지정책의 적극적 실천은 필수불가결한 방책이 아닐 수 없다.

2) 사회안전망의 현실

제2차 세계대전 이래 서구복지국가의 사회안전망은 낮은 실업률(완전고용)과 경제활동연령 기간 중에 지속적이고 안정적인 고용을 전제로 하는 것이었다. 즉 대다수의 사람들은 경제활동기간 중 근로소득으로 기본적인 생활을 영위하도록 하며 노령, 질병, 재해, 실업(주로 일시적인 실업), 장애, 가구주의 사망 등 주요한 사회적 위험에 대처하기 위해 사회보험제도를 통해 빈곤의 나락에 빠지는 것을 예방하도록 했다. 그리고 근로활동기간이 없어 사회보험제도의 적용을 받기 어려운 인구집단(아동, 장애인, 노인 등)에 대해서는 주로 사회수당제도로 대처해왔으며, 사회보험과 사회수당 제도를 통해서도 해결되지 못하는 극히 예외적인 빈곤상황에 대해서는 최후의 사회안전망으로서 공공부조제도를 활용해왔다.

그러나 이와 같은 전통적인 사회안전망은 1980년대 이래 고실업률과 장기실업이 지속됨에 따라 청년실업과 장년층의 조기퇴직이 늘어나고 있고, 노동시장 유연성이 강조됨에 따라 시간제, 임시직, 기간제 계약직 등 불안정고용이 크게 증가함으로 인하여 그 역할과 기능을 제대로 하지 못하고 있다. 이러한 상황은 기본적인 생활유지에 대한 일차적인 예방장치인 사회보험제도가 효과적으로 기능하는 데 큰 장애요소가 되고 있다. 인구의 노령화와 실업증가로 인해 연금, 실업급여 등 사회보험급여를 수령하는 사람은 많은 반면 경제활동연령층 및 고용인구의 감소로 보험료수입은 감소하기 때문에 보험재정이 크게 악화되고 있다. 더욱이 임시직이나 시간제 노동자들의 경우에는 자격관리와 보험료징수, 급여실시 등 보험제도의 관리운영 측면에서도 여러 가지 어려움을 자아낸다. 이러한 점 때문에 저개발국이나 중진국은 물론 선진복지국가에서도 임시직·시간제 노동자들은 사회보험의 적용에서 배제되어 있는 경우가 적지 않다(ILO, 2000).

그러나 우리나라 빈곤정책의 핵심적 역할은 국민기초생활보장제도를 중심으로 한 공공부조제도에 의해 이루어지고 있다. 아울러 구색은 갖추어져 있으나 내실이 빈약한 사회보험과 사회복지서비스를 통해 기본적인 생활을 영위하도록 하고 있다. 국민연금의 경우 2003년 11월 현재 취약계층근로자가 가입대상자인 지역가입자 992만 명의 45%가 납부예외자로 제도에서 배제되어 있고 나머지 가입자의 상당수가 장기체납상태에 있다. 또 3개월 이상 건강보험료 체납으로 보험혜택이 중지된 가구가 152만 세대(2003년 6월 현재)에 달해 저소득층의 상당수는 건강보험의 사각지대에 있다. 고용보험의 경우 피보험자가 임금근로자 수 대비 52.2%에 그치고 적용대상 대비 적용률도 61.9%(2002년 8월 현재)에 머물러 있어 저소득층의 상당수가 실업급여와 적극적 노동시장정책에서 제외되어 있다(황덕순, 2003).

이러한 사회보험 미적용층의 광범한 존재는 현 단계에서 우리나라 사회안전망의 역할이 지극히 제한되어 있음을 보여준다. 그러나 이러한 사회보험제도의 개선은 제도의 성숙과정을 필요로 하는 것으로 단기적으로 해결하기 어려운 점을 안고 있다. 이와 함께 아직도 소득격차를 조정하는 능력이 크게 떨어짐을 알 수 있는데, 우선 사회보장지출이 부족하며, 자영업자 소득파악의 어려움에 따른 세수문제를 안고 있으며, '자연상태'의 소득격차가 그대로 빈부격차로 유지되고 있는 것이다. 특히 우리 사회는 현재 자영업자 소득파악이 제대로 이루어지지 상태에서 간접세 위주의 조세정책을 펼치고 있으므로 조세정책을 통한 분배효과 향상에는 일정한 한계가 있기 때문에 사회복지정책을 통해 그 효과를 보완할 수밖에 없는 구조를 갖고 있다고 할 수 있다.

한편 우리나라 여성의 노동시장참가와 여성세대주가구의 증가는 가장 (소득활동자), 주부, 자녀로 구성되는 핵가족구조로 전제되어 있는 전통적인 사회보장체계의 변화를 요구한다. 즉 여성의 경제활동에 따른 탁아 및 보육 서비스가 중요한 사회복지정책 과제로 등장하고, 또한 빈곤의 여성화에 대처하기 위한 새로운 사회복지시스템의 구축을 필요로 하고 있다. 아울러 저출산·고령화 사회를 맞이하면서 새로운 사회복지서비스를 필요로 하고 있다.

3. 사회복지정책 대안

1980년대 중반 이후 한국사회는 계급과 이익 집단의 이해 표출이 급격히 나타나 그 어느 때보다도 사회복지에 대한 요구가 증폭되었다. 노인·장애인 등의 소외집단이 조직화되고 자기 목소리를 내기 시작했으며, 노동자 역시 주택문제해결과 사회보험개혁 등의 요구를 강하게 제기했다. 그러나 국가의 입장에서는 높아진 국민들의 복지요구를 주어진 재정규모 내에서 해결하기에는 국방비 등 경직성 경비의 부담이 너무 컸으며 국경 없이 펼쳐지는 경제전쟁이라는 새로운 상황은 그 어느 때보다도 사회간접자본에 대한 투자 등 경제활성화를 위한 투자를 강화해야 했다.

1980년대와 1990년대에 집중적으로 부각된 서구 복지국가체제의 위기와 시장공급을 강화시키는 신자유주의에 의한 복지국가의 재편과정은 김대중 정부하에서의 사회복지 부문에도 여전히 관철되었다. 이 결과 계층 간·지역 간 사회복지공급의 불평등을 가져와 중산층과 저소득층이 큰 고통을 겪는 상황에 빠져들어 가고 있다. 이는 김대중 정부의 생산적 복지정책을 이어받은 노무현 정부에 와서도 유효하다.

1) 정책방향

　서구복지국가의 문제는 사실상 국가복지의 과잉공급에 의한 불가역성의 문제로 제기되었다. 그러므로 서유럽의 이른바 '복지국가위기론'에 기대어 한국사회에서 복지가 갖는 기능이나 중요성을 폄하려는 담론은 결코 정당화될 수 없다. 더욱이 서유럽 복지체계를 주대상으로 제기되는 복지국가위기론은 이미 복지수준이 어느 정도에 도달하여, 그것의 정치적 역전(reversal)이 사실상 불가능한 나라들에서나 있음직한 '역사적' 개념일 뿐 아니라, 위기론이 본격적으로 등장하던 1970년대 중반 이후에도 서유럽의 복지수준(예산이나 국민총생산 대비 복지지출의 비율)은 그 증가율이 감소했을지언정 꾸준히 증가해온 게 사실이다. 더욱이 신자유주의 언술로 뒷받침된 세계화 담론이 거의 초담론으로 우리의 일상을 지배하고, 그럴수록 불평등구조와 소외가 날로 심화되고 있는 오늘의 상황은 복지의 필요성이 오히려 증가되고 있음을 보여준다(고세훈, 2000).

　사실상 한국의 복지는 양적·질적 측면에서 이른바 복지선진국과 차마 비교할 수 없을 정도이다. 서구국가들의 복지지출이 예산의 40~50%를 점하는 반면, 한국의 그것은 10%를 간신히 넘긴 실정이다. 양적 규모로 본다면, 한국의 1인당 GNP는 세계 30위권에 있지만 복지규모는 90위에 가깝다. 이러한 양적 취약성과 더불어 질적 취약성, 즉 복지의 전달체계나 낙인효과, 탈상품화 정도, 사회재계층화 효과 등에서 나타난 낙후성은 한국이 복지국가의 문턱에도 도달하지 못했음을 실감시킨다. 서유럽의 복지가 절대적 빈곤의 해소라는 일차적 관문을 지나 상대적 박탈감의 점진적 감소, 즉 사회적 배제 문제의 해소라는 방향으로 그 개념이 확대되어왔다는 점을 고려할 때 아직 절대적 빈곤 문제조차 제대로 해결하지 못하고 있는 한국의 현실은 우리 복지수준이 얼마나 열악한가를 그대로 보여준다.

따라서 지금 한국사회에서 필요한 것은 고성장·저실업 구조에 의존하여 구성된 이전의 허약한 국가 사회복지제도의 틀을 과감히 변화시키는 일이다. 다시 말해 제반 사회적 불행과 각종 사회문제에 대해 무기력할 수밖에 없는 국가 사회복지제도의 전면적 확충과 재정비 및 기존 사회복지행정체계의 효율적 재편 등을 통한 총체적인 사회안전망 구축이 빈곤문제 해결을 위한 사회복지정책 방향이 되어야 할 것이다.

2) 정책대안

양극화 문제의 핵심인 빈곤문제 해결을 위한 사회복지정책의 기본방향은 양적으로나 질적으로 열악한 국가복지의 강화를 기반으로 하되, 통합적인 풀뿌리 복지가 가능해지는 지역복지공동체 형성의 사회복지정책을 강화하는 것을 목표로 해야 한다. 이와 같은 목표를 달성하기 위한 중점 추진 분야로 첫째, 고령사회에 대비한 다층적 소득보장체계의 구축, 둘째로 절대적 빈곤 해소를 위한 국민기초생활보장체계의 충실화, 셋째로 건강보험·연금·산재보험·고용보험 등 4대 사회보험의 전 국민 개보험화와 적정수준의 급여체계 구축을 위한 사회보험의 내실화, 넷째로 양성평등적 가족친화 사회복지서비스의 활성화, 다섯째로 국민 개개인의 평생건강보장체계 구축 등 다섯 가지 분야에 정책의 초점을 두어야 한다. 그리고 이러한 5대 중점 추진 분야를 잘 수행하기 위해서는 복지행정 인프라 개혁과 적정재원의 확보가 전제되어야 한다.

(1) 다층적 소득보장체계 구축

인구고령화, 가족구조의 변화, 경제의 세계화, 노동시장 유연화 등 변화된 경제사회적 환경에서 모든 노령계층에게 안정적인 노후소득을 보장하기 위해서는 다층적 소득보장체계의 구축은 필수적이다. 이러한 다층적 소득보장체계 구축의 방향은 첫째, 기초보장에 대한 국가책임은 강화하되, 근로연령기의 적정 소득수준을 보장하는 적정보장은 공공 부문과 사적 부문의 역할분담을 통한 동반자관계에 의해 이루어져야 한다. 따라서 공공부조, 국민연금 등 공적 소득보장제도와 퇴직연금, 개인연금 등 사적 소득보장제도 등 다양한 노후소득보장제도 간의 상호역할 정립 및 내실화를 통한 적정 노후소득 보장방안을 마련해야 한다. 이러한 다층적 소득보장체계 구축의 기본설계로 1층구조는 조세를 기반으로 한 기초연금 도입 혹은 보편적 노령수당 도입이나 경로연금 확대, 2층구조는 사회보험료를 기반으로 한 국민연금 등 공적 연금, 3층구조는 퇴직연금·개인연금 등 민간연금 등으로 정한다. 그리고 단기적으로는 국민기초생활보장과 경로연금 등 공공부조와 국민연금의 유기적인 연계를 통한 노후소득 보장의 사각지대를 해소해나가야 한다. 또한 5인 미만 사업장에도 국민연금 확대사업을 지속적으로 추진하여 전 국민 개보험화가 이루어지도록 한다.

둘째, 비정규근로형태와 실업증가 등 고용불안정으로 보험료 갹출에 안정성을 갖지 못하므로 시민권을 토대로 하여 적어도 기초보장이 가능한 소득보장체계의 구축이 필요하다.

셋째, 결혼율 감소와 이혼율 증가 등에 따른 가족형태의 변화에 따라 남성은 주 소득자가 되고 여성은 가정주부인 전통적인 남성부양자모델에 입각하여 가족단위 부양을 전제로 한 '가구단위' 수급권보장형태에서 이제는 '개인단위' 수급권보장형태로의 전환이 필요하다.

(2) 기초생활보장체계의 충실화

우리 사회에서 경제적 양극화가 심화되고 있다는 점은 향후 빈곤층의 규모가 증가할 개연성이 높다는 것을 의미하는데, 이러한 상황에서 국민기초생활보장제도의 역할은 그 어느 때보다 중요하다. 현재 우리 사회는 한계산업에서 발생하는 실직자와 불완전취업자 그리고 과잉공급되어 있는 자영업 부문에서 경기침체로 인해 빈곤에 빠지는 집단, 즉 근로빈곤층(working poor) 문제가 심각하며, 이는 일정기간 지속될 것으로 전망된다.

국민기초생활보장제도 수급자규모 변화를 살펴보면, 2004년 전체 수급자 수는 140여만 명으로 2001년 142만 명보다 여전히 낮은 규모이나 2002년 135만 명, 2003년 137여만 명 등 수급자규모가 소폭 증가하고 있다. 그리고 의료급여수급자 수도 1999년 164만 명을 정점으로 2002년 142만 명으로 감소하다가 2003년 145만 명, 2004년 151만 명으로 소폭 증가하는 경향을 보이고 있다. 이렇게 볼 때, 국민기초생활보장제도가 시행되고 보다 많은 예산이 투입되고 있음에도 빈곤층 중 국민기초생활보장제도 수급자 수는 여전히 늘어나지 않고 있으며, 더욱이 2003년 이후 빈곤율이 증가세를 보이고 있어 정책 사각지대의 규모는 더욱 커질 전망이다.

현 단계에서 가장 중요한 문제는 첫째, 국민기초생활보장제도의 사각지대가 매우 커서 단기간 내에 이를 완전히 해소하기 힘들다는 점이다. 실질적으로 사각지대를 해소하기 위해서는 국민기초생활보장제도 운영체계를 내실화하는 문제와 보장대상을 확대하는 문제를 어떻게 조화시킬 것인가 하는 점인데, 현실적으로 차상위계층에 대한 보장이 용이하지 않은 제도 자체를 개편하는 데 치중하는 것이 바람직할 것으로 보인다. 일차적으로 국민기초생활보장제도를 장애인·노인·아동 등 근로무능력자로 구성된 가구와 근로능력미약자로 구성된 가구를 보장하는 제도 그리고 근로빈곤층을 보호하는 제도로 이원화하여 운영하는 방안을 검토할 필요가 있다.

둘째, 공공부조 지출수준을 결정하고, 그에 따라 세부적인 급여확대방향을 수립하는 것이 필요하다. 그리고 이를 토대로 빈곤층 및 차상위층의 복지욕구 우선순위에 따라 급여를 확대하는 정책을 수립함으로써 현 기초생활보장제도를 빈곤층의 다양한 욕구에 대처할 수 있는 탄력적인 공공부조제도로 개편해야 한다. 각종 현물급여를 개별급여 단위로 해야 하는데, 예를 들어 주거급여 등을 독자적 선정기준을 갖는 개별급여로 분리하여 국민기초생활보장 수급자가 아니라도 지원받을 수 있도록 한다.

셋째, 현 국민기초생활보장제도는 재산기준 및 재산의 소득환산을 통해 빈곤층의 자산형성을 억제하는 효과를 가지는 문제를 안고 있다. 자산이 빈곤층의 빈곤완화장치(poverty cushion)로서의 기능을 하고 있다는 점에 비추어볼 때, 이는 시급히 개선해야 할 과제이다.

넷째, 국민기초생활보장제도는 근로능력이 있는 수급자의 근로활동을 유인하는 것을 정책목표로 하고 있지만, 내용적으로 소득파악이 힘들어 근로소득공제제도 등을 본격적으로 도입하는 데 한계가 있다. 국민기초생활보장제도가 근로소득에 대한 지나치게 낮은 공제비율 등으로 인해 근로의욕을 고취하기에는 미흡하고, 대부분 일용근로자들인 국민기초생활보호대상자들은 소득을 숨기는 것이 현행제도하에서 오히려 유리하므로 소득파악 인프라 구축이 긴요하다.

다섯째, 자활지원사업은 근로연계복지 프로그램으로서 과거의 '취로사업형' 근로기회 제공에 비해서 기본적으로 진일보한 성격을 가지고 있지만, 서로 다른 성격을 가지는 프로그램인 공공부조와의 연계 속에서 배치됨으로 인해 마찰의 가능성이 상존하고 있다. 따라서 여타의 근로프로그램들과 통합적으로 추진되어야 할 필요가 있다.

여섯째, 전달체계의 문제를 해결해야 한다. 국민기초생활보장제도는 수급자의 선정·급여·관리를 담당할 충분한 인력과 조직을 갖추지 못하고 있으며, 그로 인해 수급자관리업무가 효율적으로 작동하지 못하고 있는데, 이러한 전달체계 문제들을 해결해야 한다.

(3) 사회보험의 내실화

사회보험제도의 사각지대 해소는 사회통합이라는 측면에서 매우 중요한 사회적 가치를 지니는 사회복지정책이며 사회보험 내실화의 근간이 된다. 최근 비정규직 보호정책이 사회적 논란이 되고 상황에서 사회보험제도 사각지대 해소정책의 중요성은 더해지고 있다. 우리나라 사회보험제도의 사각지대는 주로 비정규직근로자 중심으로 형성되어 있다.

사회보험제도의 사각지대 해소를 위해서는 무엇보다 국민연금과 건강보험에서 자영자로 분류되어 있는 5인 미만 사업장 근로자의 직장가입자로의 전환 그리고 시간제근로자의 경우는 사회보험에 적용되는 주당근무시간 축소 등의 제도적 정비가 강력하게 추진되어야 하며, 또한 보험료지원정책이 이루어져야 한다. 아울러 보험 장기체납가구에 대한 실태파악 및 지원대책을 수립하고, 보험료 일부 국고보조 등을 포함한 별도의 대책을 모색하며, 사회보험료 부과·징수 업무를 국세청으로 일원화하는 방안을 검토·추진하는 등의 정책을 모색해야 한다. 즉 4대 사회보험 부과징수체계를 통합하여 가입자의 자격관리와 자영업자 소득파악의 강화를 적극 추진하자는 것이다. 미국과 스웨덴 등은 이미 국세청이 사회보험료를 일괄적으로 징수하여 각 공단에 기금을 이전시키고 있으며 1999년에 영국도 사회보험료 징수기능을 국세청으로 완전히 이관했다.

다음으로, 사회보험의 기금관리체계의 개선이 이루어져야 한다. 기금관리감독체계의 문제점을 혁신적으로 개선하기 위해서는, 기금운용위원회를 상설기구로 만드는 방안을 적극적으로 검토해야 한다. 상설화될 기금운용위원회는 기금운용의 사회적 합의원칙을 충실히 살려나가는 선에서 독립기구로 만들되, 그 조직을 기금의 중장기적 운용전략 수립, 기금의 규제원칙 수립, 기금운용의 성과 평가 그리고 기금운용본부에 대한 일상적 감독업무수행 등의 기능을 충분히 행사할 수 있도록 편제해야 한다.

끝으로, 연금의 경우 재정재계산과 기여·급여율 조정이 이루어져야 하는데, 적정 급여수준 보장이 전제되어야 한다. 재정불안정 문제는 기여총액과 급여총액을 동일하게 하지 않는 한 지속적으로 제기될 수밖에 없는 문제이다. 공적 연금의 본질이 세대 간 소득이전에 있다면 재정불안정의 문제는 당연히 나타나는 문제로서, 기금고갈의 시점에서 부과방식으로의 전환을 생각하면 기금고갈론에 대해 그렇게 민감한 반응을 보일 필요는 없다. 다만 문제가 되는 것은 후세대의 부담을 어느 정도 수준에서 설정할 것인가의 문제이다. 그러나 적절성 여부는 현재의 경제·사회적 여건보다는 적어도 2020년대의 경제·사회적 여건을 가정하고 생각할 필요가 있다. 따라서 연금의 재정안정화 문제는 제도의 적자를 방지하는 차원이 아니라 사회 전체적으로 노인들의 노후소득을 어느 수준에서 보장할 것인가의 문제로 접근해야 한다. 경제사회적 상황이 연금재정에 매우 불리한 영향을 줄 것으로 예측된다 해도 국민연금은 적어도 최저한의 연금액을 보장해주는 원칙을 포기해서는 안 된다. 그러기 위한 최저기준으로는 ILO의 1952년 '사회보장의 최저기준에 관한 조약'에서 제시한 30년 가입 기준 40%의 연금액을 염두에 두어야 한다.

(4) 양성평등적 가족친화 사회복지서비스의 활성화

양성평등적 가족친화 사회복지서비스의 활성화는 여성의 사회참여를 진작시킬 수 있는 가족복지정책을 통해 우리가 아직도 지니고 있는 문화적 요소인 '복지동양주의(welfare orientalism)'를 국가가 강력히 지원하는 것을 뜻한다. 복지동양주의는 아시아인이 가진 가족의 강한 유대관계와 애타적인 온정주의의 사회적 조화와 근면 등을 중심으로 하는 유교적 가치관과 사회적 전통에 의해 총체적인 국가의 개입이나 복지관료제 없이 복지의 기능을 효율적으로 작동하도록 하는 것이다. 이것은 가족의 일원이나 확대가족을 돌보는 일에 대한 가족의 지지적인 역할을 강조하며, 가족들 스스로 가 가족구성원 중 힘든 사람을 돌볼 수 있는 능력을 개발하기까지 한다. 그러나 이것은 가족이데올로기를 통해 모든 문제를 가족에 일임하고 국가 는 그 의무와 책임을 회피하는 가족책임주의가 아니라, 오히려 국가가 가족복지정책을 통해 지원과 보장을 해줄 때 효과가 있다. 국가의 복지 지원과 후원이 없는 복지동양주의는 '사회적 사고(social risks)'를 이길 수 있는 기반을 무너뜨린다는 점은 이미 IMF 사태 이후의 빈번한 가족해체 현상을 보면 잘 알 수 있다.

이러한 양성평등적 가족친화 사회복지서비스가 이루어지려면 여성인 력의 적극적 고용평등프로그램이 활성화되어야 한다. 비정규직의 여성 비중 60% 이상, 여성임금근로자의 70%가 비정규직인 노동현실에서 여성 의 전문역량 강화, 적재적소 배치, 평생교육을 포괄할 수 있는 고용평등정 책의 틀이 필요하다. 아울러 이혼율 급증, 출산율 감소, 노인부양 문제 심화 등 가족 구조 및 기능의 변화, 가족성원들의 노동시장진출 필요성과 욕구의 증대, 부모와 아동의 권리를 해결할 수 있는 대안적인 가족정책이 필요하다.

또한 여성의 고용에 따른 영·유아 보육과 유아교육의 활성화가 필요하 다. 모든 영·유아가 동일한 교육·보육 서비스를 제공받고 수요자들이 안심 하고 편리하게 보육시설·유치원을 활용할 수 있도록 하기 위해서는 보육 및 유아 교육 선진국의 사례에서와 같이 모든 시설에서 유형에 따른 차이 없이 동일한 수준의 교사가 동일한 수준의 서비스를 제공할 수 있도록 정부 지원 및 관리가 체계화되어야 할 것이다. 그리고 지역사회 자원과의 연계방안이 적극 모색되어야 한다. 예를 들면 지역사회 유휴인력, 기업체, 시니어클럽, 여성단체 및 기타 자원봉사단체 등과 조직적 연계방안이 요구 되는 것이다.

한편 국가적인 출산율 저하, 사교육비의 문제 등 아동·청소년과 관련된 사회문제는 국가적 위기와 관련되는 수준에 이르고 있다. 특히 빈곤 아동과 청소년, 편부(모)가족의 아동과 청소년의 사회적 욕구 등은 기본적인 인권과 관련된 문제이며, 빈곤의 대물림과 관련된 사회통합 저해의 문제 등을 유발하고 있다. 따라서 빈곤 아동·청소년의 기본생활 보장, 빈곤 아동·청소년의 건강한 성장 보장, 균등한 교육·보육 기회 보장과 학교적응 지원 강화, 빈곤탈출을 위한 희망경로의 제시, 위험노출 아동·청소년의 보호 내실화, 효과적인 전달체계 구축이라는 6개정책과제를 제시한 2004년 7월 정부의 희망투자사업은 빈곤아동에 대한 최초의 종합대책이라는 점에서 의미가 있다. 그러나 아직까지는 희망투자사업이 본격적으로 시행되었다고 볼 수 있을 만한 정책적 변화가 가시화된 바 없어 다분히 선언적이라고 하겠다.

(5) 평생건강보장체계 구축

생활비 중에서 차지하는 과다한 의료비는 빈곤의 주요인이 된다. 노령화, 세계화, 의료기술의 발달에 따른 진료비 상승, 국민들의 보건의료에 대한 욕구증대 등의 요인은 시간이 경과함에 따라 더욱 가속화될 전망이며, 따라서 이러한 급격한 환경변화에 능동적으로 대처할 수 있는 평생건강보장체계를 확보하는 것이 더욱 중요해진다. 이러한 평생건강보장체계를 확보하려면 질병예방과 건강증진 정책의 활성화, 의료체계의 낭비적 요인 제거 그리고 보장성의 확대라는 세 가지 축이 서로 맞물려 돌아갈 수 있는 정교한 정책 설계와 추진이 필요하다.

(6) 복지행정 인프라 개혁

국민 모두가 체감할 수 있는 복지서비스를 제공하기 위해서는 복지행정 인프라 개혁으로서 사회복지전달체계의 개편이 필요하다. 복지행정 인프라의 개편은 첫째로 지역사회에 토대를 둔 차별화된 복지의 가능성 향상, 둘째로 주민의 욕구를 개별화하면서 종합적으로 충족할 수 있는 서비스체계 강화, 셋째로 사회적 자본의 확충과 참여기회 확대를 통한 복지총량의 증대, 넷째로 삶의 질 향상과 관련된 다양한 정책의 유관성을 고려한 부처 간 협력 및 조정의 강화, 다섯째로 복지제공의 효과성과 함께 효율성을 높이는 등의 원칙을 바탕으로 추진해야 한다. 복지행정 인프라의 정비와 확대는 정책의 실효성 있는 개혁을 위해 가장 기본적이고 우선적인 과제로 강조되어야 한다. 그동안 많은 사회복지정책 프로그램들이 공·사 간에 걸쳐 부족하고 부적절한 행정조직과 인력, 시설 등 인프라의 결함으로 인해 제대로 효과를 발휘하지 못한 경우가 많았기 때문이다.

구체적인 추진내용은 사회복지사무소의 설치로 대표되는 공공복지 인프라의 개편과 함께, 민간복지 인프라의 확충과 내실화, 공공과 민간의 협력 강화, 사회복지인력의 확충, 사회복지전산화의 강화 등이 주요사업이 된다.

(7) 적정재원 확보

빈곤문제 해결을 위한 적극적 사회복지정책을 현실로 옮기기 위해서는 상당한 재원의 투여가 있어야 함은 당연하다. 다음 <표 9-1>에서 보는 것처럼 2001년에 GDP 대비 사회복지비 지출비율은 8.70%이며, 중앙정부 예산 대비 사회보장 및 복지 예산은 14.7%로서 OECD 30개국 가운데 멕시코 다음으로 재정 면에서 열악하다.

이러한 열악한 재정문제를 해결하기 위한 방안을 강구하면 다음과 같다.

첫째, 사회복지세원의 확보가 필요하다. 먼저 새로운 세원의 발굴과 함께 추가적인 세입의 복지예산으로의 편입방안을 마련하는 것이 중요하

<表 9-1> OECD 국가의 주요 사회보장지표

(단위: %)

OECD 국가	중앙정부예산 대비[1]			GDP 대비[2]		
	기준 연도	사회보장 및 복지예산	보건 예산	기준 연도	사회복지 지출	사회복지지출 중 보건지출
한 국	'01 [3]	14.71	0.45	'01	8.70	3.24
미 국	'00	28.25	20.50	'99	14.68	5.93
캐나다	'00	44.61	1.38	'99	17.31	6.41
호 주	'98	35.46	14.81	'99	17.74	5.38
일 본	'93P	36.80	1.60	'98	15.05	5.65
뉴질랜드	'00	38.63	17.29	'99	19.97	6.12
오스트리아	'94	46.33	13.51	'98	27.62	5.77
벨기에	'88	42.30	1.74	'98	26.30	6.13
덴마크	'00f	40.90	0.72	'98	30.10	6.79
핀란드	'98	36.39	3.31	'98	26.67	5.28
프랑스	'93	38.83	21.71	'98	28.82	7.27
독 일	'96	50.03	18.89	'98	28.48	7.80
그리스	'98	17.92	7.06	'98	22.73	4.71
아이슬란드	'98	21.78	25.29	'98	19.64	7.02
아일랜드	'97	25.94	16.26	'98	15.77	4.66
이탈리아	'88	38.03	11.34	'98	26.42	5.51
룩셈부르크	'95	52.33	2.25	'98	22.09	5.53
네델란드	'97	37.38	14.79	'98	23.90	5.97
노르웨이	'98	39.03	4.76	'98	28.16	7.07
포르투갈	'88	25.72	9.04	'98	18.60	5.14
스페인	'97	39.63	5.85	'98	19.71	5.36
스웨덴	'99	46.29	2.04	'98	31.47	6.64
스위스	'99	49.15	15.59	'98	28.28	7.64
영 국	'99	36.50	15.42	'98	25.07	5.62
터 키	'01	5.93	3.09	'99	14.31	5.05
멕시코	'00	4.95	4.22	'99	8.23	2.03
체 코	'01	35.30	17.27	'99	20.34	6.74
헝가리	'00	32.24	6.09	'99	-	-
폴란드	'01	51.45	0.85	'99	23.27	4.65
슬로바키아	'01	30.29	17.92	'99	14.32	-

* p는 잠정치(preliminary), f는 예상치(forecasted).
** 중앙정부예산에는 일반·특별 회계와 기금을 포함하며 융자지출은 제외함.
자료: 1) IMF, *Government Finance Statistical Yearbook*(2001).
　　　2) OECD, *OECD Social Expenditure Database 1980~1998*(2001). 한국 자료는 보건
　　　복지부·한국보건사회연구원. 『한국의 사회복지지출추계: 1990~1999』(2002).
　　　3) 재정경제부. 『한국통합재정수지』(2002).

다. 아직 우리 사회는 자영업자 소득파악이나 지하음성경제에 대한 세원추적이 매우 낮다. 심지어 지하경제의 규모가 GDP의 20~30%에 이르는 것으로 추정되고 있다. 이러한 부문의 세원발굴은 우리 사회의 투명성 제고와 함께 세수를 증대시키는 이중적인 효과를 거둘 수 있다. 아울러 GDP 15%의 정부지출 복지예산(교육비 포함)을 확보하기 위해 전국적 소득조사를 실시하여 부의 무상 대물림과 탈세를 근절하며, 불로소득 및 공급탄력성이 낮은 부동산·골동품·귀금속 등의 부와 비생필품 소비에 대한 복지세의 신설, 최저생활 이하 가구에 대한 복지세상환제도의 도입 등 과감한 세제개혁에 의한 적절한 복지재원 확보가 이루어지게 한다.

둘째, 기존의 예산편성기조를 바꾸어야 한다. 기존의 정부예산이 주로 국방과 경제개발에 치중되어온 것이라면 이제 사회정책을 위한 예산기조로 바꿔야 한다. 이를 위해서 특히 경제개발·과학기술·국방 등의 예산에 대해 영점(zero-base)에서 시작하여 철저한 효과성 검증작업에 들어가야 한다. 우리나라의 재정구조는 그간 합리적인 구조라고 평가되기 어려운 상태였다. 차제에 재정구조에 대한 전면적인 수술을 하지 않으면 안 된다 (이영환, 2003).

셋째, 경제성장의 동력이 되며 잠재력 발굴과 연계되는 사회복지정책에 대해 과감한 투자를 해야 한다. 즉 지속 가능한 사회적 투자를 활성화해야 하며, 인적 자원 개발 및 배분을 통한 성장의 선순환에 필요한 사회복지정책 프로그램에 투자해야 한다. 예를 들어 사회복지서비스 분야에의 사회적 일자리 창출이라든가, 영·유아 보육료 및 유아교육예산 지원을 통해 50만 명의 여성이 노동시장에 진입하게 하는 일이다.

4. 맺음말

현재 양극화 문제에 대한 노동계·시민사회와 종교단체의 관심이 증대되고, 참여복지와 같은 복지친화적 성격의 담론이 형성되고 있음은 사회복지정책의 실현에 청신호이다. 그럼에도 불구하고 아직도 사회복지정책의 실현에 상당한 걸림돌이 곳곳에서 드러나고 있다. 자원기득권 옹호자들의 집단적·제도적 방어벽이 매우 견실한 데 반해 이러한 벽을 허물 수 있는 정부부처 내의 튼튼한 추진세력과 복지개혁의 사령탑이 부재하다. 아울러 복지개혁을 구현하는 데 긴요한 정부 내 행정시스템이 미비할 뿐만 아니라 복지개혁 운동세력의 연대도 약한 편이다.

그럼에도 불구하고 이렇게 한국의 사회복지정책 구도변화에 낙관적 전망과 비관적 한계가 모두 존재한다고 할 때, 어느 때보다 사회복지를 권리의 차원에서, 평등과 연대의 문제임을 강조하면서 통합적 사회보험운영, 보편주의적 공공보건 등을 제시하여 한국 사회복지의 불균형적인 이념 구도를 바꾸어놓을 수 있는 사회적 세력 형성이 필요함은 확실하다(조흥식, 2000).

이제 빈부의 양극화 문제 해결을 위한 사회복지정책 달성의 가능성은 우리 모두에게 달려 있다.

⋮ 참고문헌

고세훈. 2000. 「세계화, '복지국가위기론', 사민주의」. ≪세계지역연구논총≫, 14호.

구인회. 2002. 「빈곤층의 사회경제적 특성과 빈곤이행: 경제위기 이후의 시기를 중심으로」. ≪한국사회복지학≫, 48.

박찬용·김진욱·김태완. 1999. 『경제위기에 따른 빈곤수준 및 소득불평등 변화와 정책과제』. 한국보건사회연구원.

성명재. 2002. 「소득분배 변화와 결정요인 분석: 도시가구를 중심으로」. ≪재정포럼≫, 한국조세연구원.

유경준·김대일. 2002. 『외환위기 이후 소득분배구조 변화와 재분배정책 효과분석』. 한국개발연구원.

이영환. 2003. 『새 정부 보건복지정책 과제: 이제는 복지국가다』. 한겨레신문사·참여연대 공동주최 연속토론회자료집.

조홍식. 2000. 「새로운 한국형 복지모델의 모색」. 『21세기발전포럼자료집』. 대구사회연구소.

최강식·정진호. 2003. 「한국의 학력간 임금격차 추세 및 요인분해」. ≪국제경제연구≫, 9/3.

황덕순. 2003. 「취약계층근로자의 고용보험·국민연금 적용실태와 개선방안」. ≪노동정책연구≫, 3/3.

Danziger, S. & P. Gottschalk. 1995. *America Unequal.* New York: Russell Sage Foundation.

Esping-Andersen, G. 1996. "After the Golden Age? Welfare State Dilemmas in a Global Economy." G. Esping-Andersen(ed.). *Welfare State in Transition.* London: Sage Publications.

ILO. 2000. *World Labour Report 2000: Social Security and Income Protection in a Changing World.* Geneva: ILO.

Smeeding, T., L. Rainwater and G. Burtless. 2001. "U. S. Poverty in a Cross-National Context." S. H. Danziger & R. H. Haveman(eds.). *Understanding Poverty.* New York: Russell Sage Foundation.

농업·농촌의 붕괴와 도농 상생론

1. 머리말: 농촌과 도시는 둘이 아니다

2004년 정부는 119조 원 투융자계획에 기초한 농업·농촌종합대책을
발표하면서 10년 후(2013년)의 우리 농업과 농촌의 희망찬 미래상을 제시
했다. 즉 농업은 전업농 중심의 지속 가능한 생명산업으로 개편되고, 농업
인의 1인당 소득은 도시근로자에 상응하는 수준을 실현할 것이고, 농촌은
농촌다움을 갖춘 도·농 공존의 삶의 공간으로 발전할 것이라고 한다.

과연 정부가 말하는 대로 10년 뒤에는 농촌과 도시가 더불어 사는
균형발전사회가 될 것인가. 일반국민들과 농민들의 반응은 긍정적이라
보기 어렵다. 그동안에도 농촌에 많은 돈을 집어넣었지만 아무 효과도
없는데 또 무슨 돈을 투자하느냐, '농업농촌에 대한 투자는 밑 빠진 독에
물 붓기' 아니냐고 노골적으로 비판하는 국민들이 적지 않다. 반면 농민들
은 119조 원이라 해야 어차피 10년간 쓸 예산을 한몫에 묶어 발표한
것일 뿐 농촌에 대한 추가투자는 실제로 별로 없고, 지금처럼 투자해

308   제2부 | 분야별 진단과 대안

보아야 달라질 것도 없다고 냉소적이다.

위기에 처한 우리 농업과 농촌의 회생을 위해서 무엇을 해야 할 것인가. 한국경제에서의 농업·농촌의 위상이 변해야 한다. 그동안 농업과 농촌은 고도성장시대에는 공업화를 위한 희생의 대상으로 인식되어왔고, 오늘날 이른바 세계화 시대에는 성장의 걸림돌로 인식되고 있다. 따라서 농업정책은 이른바 국민경제의 이익을 앞세운 경제정책에 종속되어왔고, 총자본의 이익을 위해 농업 측의 이익이 희생을 당해왔다. 흔히들 우리나라의 농정을 1970년대 말까지는 증산농정이었고, 1980년대 말 이후에는 농업구조농정이라고 한다. 식량증산은 명백히 총자본의 이해(외화의 절약과 저농산물가격)를 반영한 것이지 농민의 이해와 반드시 일치하지 않는다. 경제이론적으로 공급량의 증대는 가격하락을 통해 오히려 농민에게 손해를 입힐 수 있다. 정부는 해외에서 농산물 수입을 꾸준히 늘려 국내 농산물가격을 낮은 수준에 유지하고자 했다. 다만 쌀만은 국내자급을 목표로 하면서 증산을 위한 가격지지를 했기 때문에 농민의 이해와 일치했다. 농업구조개선정책도 경제정책의 전체 방향이 농산물시장개방으로 설정되고 그 대응책으로서 추진된 것이다. 농업구조개선(규모화, 시설화, 현대화, 새로운 기술의 도입 등)은 단기적으로는(혹은 Early Bird에게는) 생산비 감소로 농업 부문에 긍정적으로 작용하나 장기적으로는 농업생산의 증대와 가격하락으로 소비자후생은 증대하나 생산자후생은 원래상태로 돌아가거나 오히려 나빠진다(이른바 Treadmill Theory). 더욱이 농업구조개선이 농산물시장개방과 함께 추진되면서 과잉공급과 농산물가격 폭락으로 농업 부문에 치명적인 결과를 가져오고 있다.

농업·농촌의 회생을 위해서는 국민들의 의식이 바뀌어야 한다. 즉 농업·농촌이 가지고 있는 다양한 기능 혹은 가치를 올바로 인식해야 한다. 농업에 대한 투자 덕분에 사시장철 신선한 야채와 과일을 먹을 수 있게 되었고, 아스팔트의 삭막한 도시를 벗어나 우리의 정서를 함양할 수 있는 것은 농촌경관이 유지되기 때문이요, 최근 각광을 받는 농촌관광은 도시민을 위한 휴식을 제공하는 것이다. 반면에 농업·농촌의 붕괴는 농민뿐 아니라 국민의 삶의 질을 악화시키고, 농촌지역뿐 아니라 중소도시의 몰락을 동반하면서 대도시의 인구집중에 따른 교통문제·환경문제·주거문제·실업문제·교육문제의 고통을 한층 더 가중시킨다. 더 이상 농업·농촌이 망가져 회복 불능상황에 빠지기 전에 농업·농촌이 지니는 가치를 올바르게 이해하고 그것을 살릴 수 있는 방안을 모색하는 것은, 농민을 위한 것이 아니라 바로 우리 자신을 위한 것이란 인식의 대전환이 필요한 시점이다. 이것은 동시에 우리가 근대화론에 입각한 성장제일주의를 극복하고, 물질 중심의 생활에서 벗어나 삶의 질을 중시하는 인간과 인간의 공생, 인간과 자연의 공생을 지향하는 새로운 공동체사회로 한 단계 업그레이드하는 길이기도 하다.

이 글에서는 한국경제에서 농업농촌이 어떠한 위상을 점하고 있는가를 비판적으로 살펴보고, 농업·농촌이 지니는 다양한 가치가 우리 사회에서 어떻게 파괴되고 있는가를 검토한 다음, 그것의 회생을 위한 농업·농촌의 발전비전을 제시하고, 그를 위한 농정혁신방안을 모색한다. 끝으로 농업·농촌의 회생이 농촌주민의 손에 달려 있다는 의미에서 농촌주민의 자각과 역량강화에 대해 언급한다.

2. 한국경제에서의 농업·농촌의 위상

우리나라는 2004년 2월 칠레와 최초로 자유무역협정(FTA)을 체결했다. 한 칠레 FTA가 체결되는 과정은 우리 사회에서 농업이 오늘날 어떠한 처지에 놓여 있는가를 잘 보여준다. 정부가 칠레를 FTA의 첫 상대로 잡은 것은 다른 나라들과 FTA 체결에 대비해 연습하는 가벼운 마음이었다고 한다. 칠레와는 경제교역 규모도 크지 않고, 지구의 남반부와 북반부에 위치해 기후가 반대라 농업에 대한 영향도 작을 것으로 생각했다. 동시에 칠레는 이미 다른 나라와 FTA를 많이 체결했기 때문에 FTA에 대한 노하우를 배울 수 있을 것으로 기대했다는 것이 관계자의 설명이었다. 그런데 막상 논의를 시작해보니 우리의 실익은 작고 농업 부문에 대한 피해가 예상보다 크다는 것이 밝혀졌다. 농민들은 한·칠레 FTA의 국회비준을 저지하기 위해 세 차례에 걸쳐 수만 명이 참여하는 대규모 시위를 벌였다. 이때 보수언론과 정치인, 정부와 재계, 학계는 한목소리로 한·칠레 FTA가 처리되지 않으면 마치 한국경제가 무너질 것처럼 위기감을 조성하며 시쳇말로 FTA 국회비준에 올인했다. 농민의 이익과 이른바 국익이 첨예가 대립하는 양상을 띠게 되면서, 농민과 농업은 개방화·세계화 시대의 경제성장의 걸림돌로 인식되고 '왕따'를 당하는 결과가 되었다.

우리나라는 1960년대 이후 수출 주도형의 불균형공업화를 통해 빠른 속도로 성장해왔다. 이 과정에서 농업은 고전적 경제발전론이 가르치듯이 경제성장을 위한 기여자로서 그 역할을 충실히 해왔다. 공업화에 필요한 값싼 식량을 공급하고, 공산품에 대한 시장을 제공했다. 무엇보다도 농촌 부문이 공급한 양질의 저임금노동력은 우리나라 공업화의 최대의 원동력이었다. 공업화를 통한 고도성장과정에서 우리나라는 세계에서 유례없는 급격한 구조전환을 겪었다. 우리나라의 구조전환 속도는 일본에 비해도 두 배 이상 빨랐다. 예를 들면 국민총생산(GNP)에서 농업생산이 차지하는 비중이 40%에서 7%로 떨어지는 데 걸린 시간은 일본이 73년, 한국이 26년이고, 농업취업자의 비율이 40%에서 16%로 낮아지는 데 걸린 시간이 일본 30년, 한국 14년이다. 오늘날 선진국에서 농업이 차지하는 비중이 생산과 취업자에서 1~3%인 것을 고려하면, 우리나라 농업의 상대적 비중이 지속적으로 하락할 것으로 예상할 수 있다.[1] 경제발전과정에서 농업의 비중이 감소하는 것은 자연스러운 현상이다(이른바 Petty의 법칙). 문제는 우리나라에서는 농업·농촌 부문이 급격한 구조전환과정에 제대로 적응하지 못해 농업은 해체되고, 농촌사회가 붕괴하고 있는 것이다. 선·후진국을 통틀어 우리처럼 대도시의 집중이 심하고, 농촌지역사회가 망가진 나라가 없다. 우리나라의 농가 호당 평균가구원수가 2.7명(2005년)으로 대부분의 농가가 정상적인 가족을 구성하지 못하고 있는 것이 그 단적인 예이다.[2]

우리나라 국민의 농업·농촌에 대한 감정은 이중적이다. 우선 명절이면 민족대이동이 일어날 정도로 뿌리 깊은 농촌연고, 공업화가 농업·농촌의 희생 위에서 이룩되었다는 일종의 보상심리, 도시와 농촌 사이에 존재하는 엄청난 격차구조에 대한 우려 등이 국민들 사이에 농업·농촌에 대한 보호와 지원을 해야 한다는 공감대를 형성하고 있다. 그러나 다른 한편에서는 농업과 농촌은 전근대적인 것이고 그 비중이 빨리 낮아질수록 우리 사회가 근대화되는 것이고, 경제성장을 위해서는 농업과 농촌의 희생이 불가피하다는 근대화론 혹은 성장이데올로기에 사로잡혀 있다. 그러나 이러한 이중적 감정구조는 최근 크게 흔들리고 있다. 대학에서 학생들을 가르치면서 거의 대부분의 학생들이 우리나라 농업과 농촌 문제에 대해서 생각해본 적이 없다는 사실에 놀란다. 더구나 내가 가르치는 학생들은 농촌지역을

---

1 주요 선진국에서 농업이 차지하는 비중은 다음과 같다. 국내총생산에서 농업이 차지하는 비중(2004년 기준)은 독일 1.1%, 미국 1.2%, 영국 1.0%, 이탈리아 2.6%, 일본 1.3%, 프랑스 2.5%이다. 농업취업자(경제활동인구 중)의 비중(2003년 기준)은 독일 2.3%, 미국 2.1%, 영국 1.7%, 이탈리아 4.8%, 일본 3.5%, 프랑스 2.9%이다.

2 이는 도시가구의 평균 가구원수 3.42명에 크게 미치지 못하고, 일본 농가의 평균가구원수 3.2명보다도 적은 수이다.

배후에 둔 지방국립대학 학생들이란 점에서 절망감조차 느낄 때가 있다. 그리고 국민들 가운데는 "그동안 농업 부문에 엄청난 투자를 했는데 달라진 것이 뭐냐, 우리 농업은 가망이 없는 것 아니냐"는 불신을 보이는 사람도 적지 않다. 그렇지만 다른 한편으로는 국민들의 삶의 질에 대한 관심이 높아지면서, 농업·농촌에 대한 국민의 요구가 단순히 값싼 농산물의 공급이 아니라 안전하고 건강한 식품의 공급, 국토 및 환경 보전이라는 공익적 기능의 유지·증진, 농촌 어메니티(amenity)와 아름다운 경관, 전통과 문화가 살아 있는 풍요한 농촌 등으로 확대되고 있다. 요약하면 그동안 농업·농촌을 지탱해온 일종의 농본주의적 정서는 쇠퇴하고, 농업·농업에 대한 새로운 인식이 희망으로 자리 잡아가는 것이다.

3. 농업·농촌의 공익적 기능(가치)과 그 현실

1) 지역사회 유지 기능

한국경제에서 농업 부문이 차지하는 비중은 2005년 말 현재 국민총생산의 2.9%, 총취업자의 7.6%, 전체인구의 7.1%에 지나지 않는다.3 그러나 이것은 전국 평균수치이고 수도권을 비롯한 광역대도시의 높은 집중도를 반영한 것일 뿐, 농촌을 배후로 한 시군 지역에서 지니는 농업의 의미는 전혀 다르다. 우리나라 농촌지역경제의 구성을 보면, 기간산업인 농업을

---

3 그러나 농산업(agribusiness)이라는 관점에서 보면, 농산물생산뿐 아니라 원자재, 식품가공, 비식품가공, 유통, 음식서비스 등을 합치면 농산업의 GDP 비중은 14%, 취업자의 20% 수준에 달한다. 단 농산업의 경우 국내농산물뿐 아니라 수입농산물의 전후방 연관산업도 포함되므로 그것을 가지고 국내농업의 비중을 따지는 것은 곤란하다.

중심으로 농업 및 농촌주민 관련 공공서비스 그리고 도소매·음식숙박업 등으로 되어 있다. 거의 대부분의 농촌지역에서는 제조업을 비롯한 2차산업은 무시할 정도의 비중을 차지하고 있다. 따라서 농촌지역경제는 한마디로 농업경제의 상황에 따라 좌우된다. 우리나라의 행정통계에서는 흔히 읍면 인구를 농촌인구, 동 인구를 도시인구로 구분한다. 이 구분에 따르면, 농촌인구의 비중은 1980년 42.7%에서 2005년에 18.1%로 하락했다. 이것은 농촌지역의 기간산업인 농업이 상대적으로 쇠퇴하고 있기 때문이다. 그런데 농업의 지역경제에서 갖는 의미는 순수 농촌지역이라 할 수 있는 읍면(혹은 군) 지역만이 아니다. 행정통계상 동(혹은 시)으로 분류되는 많은 지역에서도 농업은 기간산업의 지위를 차지한다. 즉 우리나라 전체 기초자치단체 232개 가운데 서울특별시와 광역시의 69개 구를 제외한 163개 시군의 거의 대부분은 정도의 차이는 있지만 농업경제에 의해서 지역경제가 좌우된다고 할 수 있다. 나아가 광역시의 경제상황도 배후에 있는 시군경제에 의해 크게 영향을 받는다는 의미에서, 농업경제는 시군지역뿐 아니라 광역시를 포함한 지방경제 전체에 영향을 미친다.

UR협정 타결 이후 농가경제 상황이 급속히 나빠지고 있다. 1980년대 이후의 실질농업소득의 연평균 변화율을 보면, 1980~1985년 7.5%, 1985~1990년 5.6%, 1990~1995년 4.8%로 점차 낮아지기는 했지만 플러스 증가율을 유지했으나, 1995~2000년에는 -4.1%, 2000~2005년에는 -2.8%로 실질농업소득이 오히려 감소하고 있다. 이것은 농업소득률(농업소득/농업조수입)이 1980년 74.9%에서 1995년에 65.4%로 하락하고 2005년에는 41.1%로 급락한 것과 무관하지 않다. 즉 UR 이후 농산물가격의 정체로 농업조수입은 별로 증가하지 않은 반면, 농업투입재의 증가로 농업경영비는 대폭 증대하고 있기 때문이다. 농업소득에 농외소득을 포함한 실질농가소득도 1995년의 2,780만 원에서 IMF 경제위기를 거치면서 2000

년 2,307만 원, 2005년에는 2,440만 원으로 감소했다. 반면 실질농가부채는 1995년 1,169만 원에서 2000년 2,021만 원, 2005년 2,177만 원으로 급증하고 있다.

농가경제의 위기는 도시와의 격차 확대로 심화되고 있다. 도시근로자가구소득에 대비한 농가소득의 비율을 보면, 1995년 95.1%에서 2000년에는 80.6%, 2005년에는 79.1%로 낮아졌다. 농가와 도시근로자가구의 가구구성의 차이를 최소화하기 위해 1ha 이상 농가만 도시근로자가구와 비교해 보면, 1990년대 중반까지는 실질소득에서 농가가 우위에 있었으나 2000년부터 격차가 발생하여 2003년에는 도시가구소득의 80.4%에 지나지 않는다. 그뿐만 아니라 농촌 내부에서도 소득불균형이 심화되고 있다. 예를 들어 농가소득 하위 20%의 평균소득에 대한 상위 20%의 배율을 보면, 1998년의 7.2배에서 2003년에는 12배로 증가했다.

이러한 요인들이 복합되어 농촌지역의 인구는 급속히 감소하고 농촌지역의 공동화가 진행되고 있다. 예를 들어 인구 2,000명 미만의 읍면의 수가 1990년 30개에서 2000년에는 170개로 늘어나고, 2010년에는 470개로 급증할 전망이다. 이처럼 농촌인구가 급감하게 되면 농촌지역 유지를 위한 최소인구의 부족 때문에 이농의 악순환이 되풀이되게 된다.

통계청의 '2003년 인구동태'자료에 의하면 전국 165개 시·군 가운데 약 절반에 달하는 79개 시군은 신생아보다 사망자가 많고, 군지역만 보면 88개 군 가운데 무려 66개 군(75%)에서 사망자가 신생아보다 많다. 이것은 시군 전체의 통계이고 농촌마을의 상황은 훨씬 심각하다. 필자가 장기관찰하고 있는 충청남도 내 두 마을의 경우 1995년 말에서 2002년 초까지 6년간 신생아는 겨우 2명에 지나지 않는데 사망자는 무려 33명이다. 전체 인구 319명의 약 30%는 65세 이상이고, 세대의 약 절반은 노인 혼자나 노인부부만 살고 있다. 이대로라면 이농이 없더라도 머지않아 마을 자체가 사라질 처지이다. 전국의 다른 농촌마을들도 이 두 마을과 사정이 별로 다르지 않다.

2) 식량안보기능

"지구생태계의 생존을 위협하는 10대요인의 첫 번째 요인은 경작면적의 감소와 식량부족 현상이다"(세계환경협의회 WBCSD).
"세계는 식량잉여의 시대가 끝나고 식량부족의 시대에 접어들고 있다. 인류가 21세기에 맞게 될 중심과제는 식량부족이다"(World Watch 연구소).
"인구증가와 소득향상에 의해, 식량수요는 30년 이내에 현재의 두 배로 증가할 것이다"(Ernest S. Micek, 카길 회장).

공업화와 도시화에 의한 식량재배면적의 감소와 물부족, 기상이변 등으로 인해 식량공급은 정체되고 있는 반면에 인구증가와 소득향상으로 식량수요는 빠른 속도로 증가하고 있다. 특히 중국의 곡물소비 증가는 국제적 수급불안정을 증가시키고 있다. 이런 이유로 국제농업전문가들은 세계적 식량위기의 도래가능성을 경고하고 있다. 세계식량위기의 가능성은 식량공급량의 절대적 부족 때문만은 아니다. 농산물수출은 소수국가가 장악을 하고 있을 뿐 아니라, 그것들을 이른바 곡물메이저가 지배하고 있기 때문이다.4

---

4 1997년 현재 주요 곡물별 상위 3개국의 수출점유율을 보면 다음과 같다. 쌀 55%(태국 27%, 베트남 17%, 미국 11%), 밀 56%(미국 24%, 캐나다 18%, 프랑스 14%), 옥수수 82%(미국 57%, 아르헨티나 15%, 프랑스 10%), 콩 90%(미국 67%, 브라질 21%, 아르헨티나 2%). 전 세계 곡물시장은 소위 '파이브 브라더스'라 불리는 5개 기업이 장악하고 있다. 세계 총 곡물교역량의 85%를 미국을 중심으로 한 곡물메이저가 취급하고 있는데,

국민들에게 식량을 안정적으로 공급하고 식량위기와 식량의 무기화에 대응하여 국내에 일정한 식량생산력을 유지하는 것은 농업의 가장 중요한 기능 중 하나이다. 그러나 우리나라의 경우 식량자급률은 2004년 현재 25.3%에 지나지 않는다. 더 심각한 것은 식량자급률이 1985년의 48.4%에서 1995년 29.1%, 2003년 26.9% 등으로 끝없이 낮아지고 있는 것이다. 이는 OECD 국가 중에서 가장 낮은 수준이다. 사정이 이러함에도 우리나라에서는 오늘날 비만을 걱정하고 다이어트에 열중하는 사람들이 늘어나면서 식량안보의 중요성이 잊히고 있다. 이처럼 식량자급률이 급격히 낮아지고 있는 것은 식생활의 변화로 식량수요가 증가한 반면에 우루과이라운드 이후 농산물시장개방이 확대되면서 농산물수입이 증가하고 국내 농업생산이 위축되고 있기 때문이다. 1980년 이후 우리나라 농업부가가치(실질)의 연평균변화율을 보면, 1980~1985년 7.6%, 1985~1990년 0.5%, 1990~1995년 3.1%, 1995~2000년 2.1%, 2000~2005년 0.4% 등으로 농업생산이 정체 혹은 절대적으로 감소하고 있다.

우리나라의 식량자급률은 앞으로도 더욱 하락하여 식량안보가 심각한 위협에 직면할 전망이다. 우선 그동안 식량자급률을 일정한 수준에 유지할 수 있었던 것은 쌀이 100% 자급되었기 때문인데, WTO 협상 결과 쌀 의무수입량이 2014년에는 현재의 2배 수준인 41만 톤으로 증가하게 됨에 따라 쌀의 자급률이 90% 전후 수준으로 낮아질 수밖에 없다. 여기에 WTO DDA 협상과 FTA의 진전 등으로 농산물시장 개방압력은 더욱 거세질 전망이지만 현재와 같은 국내농산물의 가격경쟁력 조건하에서는 국내농업생산의 위축은 피할 수 없다. 더욱이 농지면적과 경지이용률이

미국 국적의 카길(40%)과 ADM(16%)이 절반 이상을 차지하고, 프랑스 국적의 루이드레퓌스 12%, 아르헨티나 국적의 분게 7%, 스위스 국적의 앙드레 5% 순이다.

급격히 감소하고, 농업노동력의 고령화 등으로 국내의 농업생산기반도 점차 약화되고 있다.

3) 국토 및 환경 보전기능

농업은 홍수조절 효과, 수자원 함양, 토양유실 방지 및 토양보전, 대기정화, 수질정화, 산소공급 등 국토 및 환경 보전에 기여하는 가치가 매우 크다. 이것을 경제적으로 환산해보면, 홍수조절 효과 13조 원, 수자원 함양 및 수질정화 4조 원, 대기정화 및 기후순화 5조 원, 토양보전 및 오염원 소화 1조 원, 경관적 가치 1조 원 등 논밭의 환경적 가치는 연간 약 24조 원에 달하는 것으로 평가되고, 이는 농업의 연간 부가가치생산액과 맞먹는다. 또한 농업은 야생동물들에게 서식지를 제공하여 생물자원을 보호하고 생태계를 보전하는 역할을 수행하며, 유전자원이 상대적으로 열악한 우리의 현실에서 이는 매우 의미가 크다.[5] 예를 들어 논은 141종의 조류와 28종의 포유동물, 24종의 양서류 및 파충류의 서식지이다. 논밭이 수행하는 환경적 기능은 농업생산이 유지될 때 수행된다는 점에서 우리나라 농업생산의 위기는 국토 및 환경 보전기능의 위기를 의미한다.

그러나 농업은 환경에 대해 부(負)의 효과도 준다. 화학비료와 농약의 과다사용으로 인한 토양의 산성화, 토양 및 수질 오염, 자연생태계 파괴 등이 발생하고, 집약적 축산은 가축분뇨 및 오폐수로 인한 수질오염, 악취와 공기오염 등을 가져오고, 논농업에서 발생하는 메탄가스는 온실효과를

---

[5] 한국과 미국의 유전자원 보유현황을 비교해보면, 보유자원수에서 한국은 14만 점으로 43만 점인 미국의 28%, 보유종수에서 1,117종으로 1만 1,681종인 미국의 10%에 지나지 않는다.

유발한다. 따라서 농업생산을 유지하되, 그것을 환경친화적으로 조화를 추구하는 것이 중요하다.

4) 사회문화적 기능

농업·농촌은 농촌거주자에게는 지역사회의 안정과 균형, 지역정체성의 확립, 농촌문화의 보전, 전통문화의 계승 등을 제공하는 역할을 하고, 도시거주자에게는 보건과 휴양의 공간, 정서적 안정과 기능회복, 자연과 전통문화 체험 등을 제공한다. 특히 최근에는 농촌 고유의 생태적·문화적·경제적 가치를 지닌 자연환경, 역사문화, 전통지식과 생산품, 공동체 등 유무형 자원을 기반으로 한 농촌 어메니티(rural amenity)의 중요성이 매우 커지고 있다. 특히 농업·농촌은 사람들의 정서함양뿐 아니라 자연과 전통문화의 체험, 생명 및 생태계의 존중, 인간성 회복과 공동체적 의식을 고양시키는 인간교육의 장으로 중요한 역할을 한다. 그러나 우리나라에서는 경제성장과정에서 근대화와 개발을 앞세워 농업·농촌이 지니는 생태적·문화적 가치를 파괴해왔으며, 도시흉내를 낸 농촌개발로 인해 농촌의 어메니티가 훼손되었다.

4. 농업·농촌 발전의 비전과 농정혁신

1) 농업·농촌 발전의 비전

제3절에서 살펴본 바와 같이 오늘날 농업과 농촌은 식량공급기능 이외에 ① 식량안보 ② 지역경제의 유지 ③ 국토 및 환경의 보전 ④ 인간교육

⑤ 전통 및 문화의 계승매체 등 다양한 공익적 기능을 수행한다. 농업·농촌이 지니는 이러한 다양한 공익적 기능(가치)을 제대로 실현할 수 있는가에 우리나라 농업·농촌의 장래가 달려 있다고 할 수 있다. 이러한 공익적 기능을 제대로 발휘하기 위한 농업·농촌 발전의 비전을 이마무라(今村奈良臣) 교수의 '6C 농업·농촌' 개념을 원용하여 제시해보겠다.

우선 산업으로서의 농업의 발전은 생산비, 신뢰와 소비자의 시점을 고려해야 한다.

① Cost(생산비): 농업생산성이나 경쟁력의 지표이며 농업소득에도 영향을 미친다. 생산비는 입지조건(자연적·사회적·시장적 제조건 등), 생산제조건(생산기반정비, 농업수리, 농업기계화 등)이나 농업경영구조(경영규모, 경영형태, 기업형태 등) 혹은 경영자능력 등 주체적 조건에 의해서 크게 규정된다.

② Confidence(신뢰): 농산물은 인간의 생존과 관련 있는 필수품이기 때문에 안정적 공급뿐 아니라 안전, 안심, 건강, 개성 등의 질적 측면에서 신뢰가 기본이다. 특히 시장 외 유통(산지직거래, 택배 등) 농산물의 경우에는 신뢰가 중요하다.

③ Consumer(소비자): 농산물이나 가공식품 등 식료에 관한 소비자의 수요나 그 변동을 적확히 생산에 반영시키는 메커니즘이나 정보가 중요하다.

다음으로 (광의의) 환경으로서의 농촌발전은 지역, 환경, 문화의 시점을 고려해야 한다.

① Community(지역, 농촌사회): 정주조건의 중요성을 표현한다. 사람이 농촌에 정주하지 않으면 환경을 유지·보전할 수도 없고, 농촌문화도 쇠퇴한다. 정주조건으로서는 취업 및 소득 조건, 생활환경조건, 지역자원유지관리조건(농지, 농로, 수리, 임야 등)이 중요한 검토과제이다. 취업 및 소득 조건에서는 농업의 복합산업화(제2차산업 및 제3차산업화)를 전개해야 한다.

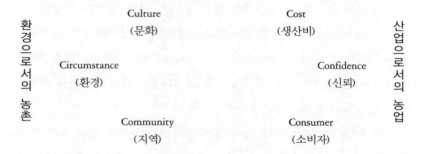

〈그림 10-1〉 농업·농촌의 다면적 기능을 살린 농업·농촌 발전의 비전

환경으로서의 농촌

Culture
(문화)

Circumstance
(환경)

Community
(지역)

Cost
(생산비)

Confidence
(신뢰)

Consumer
(소비자)

산업으로서의 농업

② Circumstance(환경): 국토의 유지·보전, 수자원이나 녹지자원의 유지·보전, 농촌경관의 보전 및 창조가 필요하다. 이는 지속적 농업(sustainable agriculture)을 통한 인간과 자연의 공생관계의 확립을 의미한다. 또한 농촌생활환경의 정비에서도 이러한 관점이 중요하다.

③ Culture(문화): 역사적 문화유산의 보전과 계승을 말한다. 각 지역의 역사적 문화나 전통예능, 식생활문화의 계승과 보전 또는 생활이나 생산에 관한 조상들의 지혜나 전통기술의 계승·발전을 추구한다.

'산업으로서의 농업'과 '환경으로서의 농촌'은 현대사회에서 긴장관계를 형성하기 때문에 이것의 조화를 어떻게 실현하는가가 농업·농촌 정책의 기본과제이고, 농촌주민에게 주어진 역할이다.

2) 농정패러다임의 혁신

(1) 농정 이념 및 대상의 전환

UR 협상 타결 직후 '문민정부'의 농어촌발전위원회는 「농정개혁의 방향과 과제」라는 보고서에서 "농정을 개혁하기 위해서는 산업화와 도시화 과정에서 사회 전반적으로 농림수산업과 농어촌이 지니는 다양한 공익적 기능을 간과해왔던 경제주의 또는 능률지상주의에서 탈피해야 한다"라고 하고 농정목표로서 ① 농업의 다양한 공익적 기능 실현과 식량자급력 향상 ② 농어민의 복지수준을 도시민과 대등한 수준으로 향상 ③ 농어촌지역을 다양한 산업이 입지하고 풍요한 생활공간이 되도록 개발하겠다고 했다. 이러한 농정목표는 '국민의 정부', '참여정부'에서도 표현을 달리하면서 계승되고 있다.

그러나 이러한 농정목표는 농정의 중점이 '국제경쟁력 있는 농업 육성'을 위한 농업구조개선에 놓이면서 실현되지 못했다. 농업구조개선정책은 농업경영의 규모화와 생산성 향상에는 기여했지만, 농촌문제의 해결에는 도움이 되지 않았다. 생산성 향상에도 불구하고 농가의 실질소득은 정체하고 도·농 간 소득격차는 확대되고 있다. 그뿐만 아니라 효율제일주의에 기초한 엘리트농정은 농촌지역의 쇠퇴, 환경악화, 농산물의 과잉생산, 농가계층 간 격차심화 등을 초래했을 뿐 아니라 농가를 벗어나기 어려운 부채의 늪에 빠뜨렸다.

생산성제일주의라는 좁은 이념으로는 국민의 지지를 받기 어렵고, 농업의 국제경쟁력도 높일 수 없다. 각종 여론조사에서 "값이 비싸더라도 수입농산물보다 국산농산물을 사용하겠다"는 국민이 70% 이상을 차지하는 이유는 농업·농촌에 대한 국민의 요구가 단순히 값싼 농산물의 공급이 아니라, 안전하고 건강한 식품의 공급, 국토 및 환경 보전이라는 공익적 기능의 유지·증진, 아름다운 경관과 전통문화가 살아 있는 풍요한 농촌 등으로 확대되고 있기 때문이다. 농정이념을 효율주의의 좁은 틀을 벗어나 지역주의와 환경주의 이념을 강화하여 농업·농촌의 다원적 기능을 극대화하고 농촌주민의 삶의 질을 향상하는 방향으로 혁신해야 한다.

농정이념의 혁신과 더불어 농정의 대상과 범위도 확대되어야 한다. 농정을 농업(인)을 대상으로 한 농업정책이라는 좁을 틀을 벗어나, 일반국민과 소비자의 관점에서 식품의 안전성과 영양공급, 환경보전과 농촌지역의 진흥 등을 중시해야 한다. 즉 농정의 대상을 농업, 식료, 농촌지역으로 확대해야 한다. 농정의 대상과 범위가 농업과 농업자에서 국민과 국민경제로 확대됨에 따라 농정에서 국민적 합의의 중요성이 점차 높아진다. 이는 한편에서는 농업과 농촌 문제가 농업관계자만의 문제가 아니라 국민생활에도 영향을 미치게 되었기 때문이고, 다른 한편에서는 농업(인)의 비중이 낮아져 국민경제뿐 아니라 농촌지역에서도 소수자로 되고 있어 다수자인 비농업(인)의 지지(합의) 없이는 농업에 대한 지속적 지원이 불가능하기 때문이다.

농정의 대상을 부문(sector)에서 지역(territory)으로 전환해야 한다. 이것은 부문정책의 필요성을 부정하는 것이 아니라 각 부문정책은 지역의 관점에서 종합되어야 함을 강조하는 것이다. 그동안 우리나라의 농촌정책은 부문정책 중심이었다. 즉 농업근대화 혹은 농촌공업 육성 혹은 농촌생활환경 개선 등 부문정책이었지, 농촌이라는 지역에 기초한 종합적 농촌정책은 거의 추진되지 않았다. 정부가 그동안 수차례에 걸쳐 농어촌종합대책을 발표했지만 그것은 농업정책＋농촌정책＋농민정책이란 점에서 종합이지 정책 상호 간의 유기적 관련성은 부족했다. 특히 최근에는 농업경쟁력 제고를 위한 농업구조개선의 필요성이 강조되면서 농정이 농업정책에만 편향됨에 따라 농촌정책 혹은 농민정책은 상대적으로 소홀히 다루어졌다. 그러나 농업＝농촌 혹은 농업생산성의 향상＝농업발전＝농촌발전이라는 등식은 더 이상 성립하지 않았다. 따라서 농정은 농업정책이라는 좁은 틀을 벗어나 농촌이 지니는 다양한 잠재력(potential)을 극대화하고, 농촌지역사회의 지속적 발전에 기여하기 위해서 농업·지역·환경을 포괄하는 통합적 농촌정책(integrated rural policy)으로 전환해야 한다. 농업발전은 농촌발전이란 종합적 프로그램의 일부로 자리 잡고, 농업의 발전을 위해서도 농촌개발이 불가결하다는 인식의 확산이 필요하다.

그동안 농촌정책은 '국토의 균형적 발전' 혹은 '도시와 농촌의 격차 시정'이란 관점에서 소득증대 혹은 사회간접자본의 정비 등을 중심으로 추진되어왔다. 그러나 이러한 목표는 달성되지 않았고 오히려 불균형이 확대되고 격차가 심화되었다. 그것은 전체 경제정책의 방향이 농업과 농촌에 불리하게 설정되었고, 농촌정책도 농촌의 고유성에 기반을 두기보다는 도시적인 관점에서 추진되었기 때문이다.

농촌정책은 도시정책과 근본적으로 달라야 한다. 도시의 어메니티(amenity)가 집적의 이익을 추구한다면 농촌의 어메니티는 자연의 분산적 이익 혹은 생태적 이익을 추구한다. 따라서 국민 최저한(national minimum)의 관점에서 교통, 교육문화, 생활환경, 산업진흥 등을 위한 정책이 추진되어야 하는데 그 구체적 내용은 도시와 다른 농촌다움(rurality)을 살리는 것이다.

(2) 농정추진체계의 혁신: 농정의 분권화

농정은 서로 개성을 달리하는 개개의 지역을 대상으로 하기 때문에 정책의 주체는 숙명적으로 지역일 수밖에 없다. 더욱이 가격정책이나 소득정책 등 전통적인 농업정책에서 농정의 대상이 농업구조의 개선, 환경보전이나 농촌지역 활성화로 확대되면 될수록 중앙집권적 농정에서 지방분권적 농정으로 전환해야 할 필요성이 증대된다. 그럼에도 우리는 아직도 중앙집권적 설계주의 농정을 벗어나지 못하고 있다. 그동안 정부는 지역농정체제의 확립(문민정부), 지방농정의 강화(국민의 정부) 등을 강조하여왔다. 또한 문민정부는 국제화·지방화 시대에 발맞추어 농정의 수립·추진에 농어민의 참여를 확대시켜야 한다고 했고, '국민의 정부'는 '농업인에 의한, 농업인이 주인 되는, 농업인과 함께하는 농정'을 표방했다.

그러나 양 정부는 농민을 농정에 참여시키지 않았고, 중앙집권적 농정을 지방분권적 농정으로 전환하지도 않았다. 이는 정부가 여전히 중앙집권적 설계농정을 벗어나지 못하고 있기 때문이다. 지방정부 각자가 시군 농어촌 발전계획과 지역농업계획을 수립하고 그에 기초하여 예산을 세우고 집행한다고 하지만, 그것은 지역의 자율적 계획이 아니라 중앙정부시책의 시군 축소판 내지 개정판에 지나지 않았다. 농민들도 스스로 사업계획을 세우기보다는 정부가 정해준 메뉴를 선택할 뿐이었다. 심지어 농민들은 수익성보다는 보조금이나 저리융자라는 정부지원에 현혹되어 무리하게 사업을 벌인 경우도 적지 않았다. 이와 같은 중앙집권적 설계농정은 천문학적 숫자의 농가부채만 남긴 채 실패로 끝났다. 그리고 농민들은 농가부채는 농정실패의 산물이므로 정부가 탕감 내지 경감해주어야 한다고 주장하고, 정부는 농민을 달래기 위해 주기적으로 농가부채대책을 수립했다. 결국 중앙정부 중심의 농정은 한편에서는 막대한 예산을 쓰고 다른 한편에서는 농가부채대책이란 부메랑을 얻어맞는 악순환을 되풀이해오고 있다.

정부는 말로는 지방농정 혹은 자율농정을 표방하면서도 실제로는 왜 중앙집권적 농정을 벗어나지 못하는 것일까. 우선 중앙정부의 관료주의를 탓할 수 있을 것이다. 관료들은 오랜 통제행정에 익숙해 있기 때문에 자율농정이라 해서 자신의 권한이 약해지는 것을 원하지 않는다. 그뿐만 아니라 중앙관료는 지방관료나 농민의 자율적 능력을 신뢰하지 않는다. 즉 중앙정부의 권한을 넘겨주려고 해도 지방정부에 그런 일을 할 만한 사람이 없다는 말을 흔히 듣는다. 이 말은 본말이 전도된 잘못된 억지주장이다. 지방정부에 권한을 넘겨주어야 시행착오를 겪으면서 인재가 양성되는 것이다.

그런데 관료주의보다 더 무서운 것이 정치논리이다. 1980년대 이후 정부는 수많은 농정대책을 내놓았지만, 그것들은 장기적 비전과 계획에 의한 농정이라기보다는 그때그때의 심각한 농촌문제에 대한 농민들의 불만을 무마하거나 집권당의 농촌지지기반 확충을 위한 농민 길들이기 혹은 환심 사기의 수단으로 이용되었다. 정부는 각종 실현될 수 없는 장밋빛 슬로건을 내걸고, 대통령의 임기 내에 가시적 성과를 얻기 위해 무리한 투자계획을 세우고 집행하기도 했다. 즉 집권당이 정치적으로 생색을 내기 위해서는 중앙정부가 농정을 직접 챙기지 않으면 안 되었던 것이다. 이처럼 중앙농정은 득표라는 정치논리에 의해 시혜적 성격을 띠게 되고, 그 결과에 대해서는 책임지지 않는 속성을 지닌다.

지방분권적 농정 혹은 농정의 분권화는 단순히 중앙정부의 권한과 재원의 일부를 지방으로 이양하는 것을 의미하는 것이 아니다. 중앙정부와 지방정부 그리고 관과 민의 역할을 올바르게 정립하고, 그에 기초하여 국가사무와 지방사무를 재조정하고, 그에 필요한 지방정부의 재정능력을 강화시키는 조치가 필요하다. 이를 위해 우선 현행 국가위임사무를 폐지하고, 국가위임사무 가운데 반드시 국가가 할 필요가 있는 사무는 중앙정부가 직접 집행하고 부득이 지방정부에 위탁해야 할 사무는 법정 수탁사무화해야 한다. 그러나 국가사무와 자치사무의 구분을 명확히 하고 추진방식을 재정립하는 것은 용이한 일이 아니다. 일반적으로 말하면 농산물가격 안정과 소득보장처럼 일정기준에 따라 전국적으로 적용되는 사무, 식량안보와 농산물수급처럼 국민생활과 직접 관련이 있는 사무 그리고 국민최저한(national minimum)의 관점에서 국가가 책임져야 할 생활환경 정비, 복지 및 공공 서비스의 인프라는 국가가 직접 담당해야 한다. 이를 위해 필요하다면 기존의 지방행정기관과 특별행정기관의 일부를 통합하여 중앙정부의 지방농정청(가칭)을 설립하는 것이 좋다. 한편 농업개발, 경제활동 다각화, 환경 및 경관 보전 등 지역적 성격이 강한 농촌발전정책과 주민생활과 밀착된 공공서비스는 지방정부가 담당한다. 이 경우 지역발전계획은 그

지역 정부가 주도권을 가지고 수립하되 국가목표와 지방목표의 충돌을 피하고 계획의 실효성을 높이기 위해 중앙정부와 지방정부 사이에 계약제도를 도입하는 것도 검토할 만하다. 사무이양에는 반드시 재정이양이 뒤따라야 한다. 국가보조금은 점차 줄이고 국세 일부의 지방세 이전, 지방채의 자주적 발행권 등 지방의 자주세원을 확대하고, 국고보조금은 포괄보조금 방식으로 전환하는 등 지방의 재량권을 높일 제도개혁이 필요하다. 다만 지역 간 재정력의 격차가 크기 때문에 그것을 보전하기 위한 지방교부세 등 지방재정조정제도를 적극 활용할 필요가 있다.

한편 주민참가 없는 지방분권화는 중앙권력과 지방권력의 연계, 지방권력과 지방엘리트의 유착을 통해 오히려 '풀뿌리 보수주의'를 강화할 우려가 있다. 지방공무원과 주민의 자질 향상을 위한 노력이 중요하고, 지자체 행정에 대한 주민참가(관민분권)를 위해서는 주민투표나 정보의 공개, 주민감사 그리고 행정평가 시스템 등이 도입되어야 한다.

5. 맺음말: 농촌주민의 정보 수신력과 발신력

우리나라 농업이 국민경제에서 차지하는 비중은 선진국에 비해 상당히 높은 수준이다. 앞으로 우리나라의 농촌과 농업은 급속한 구조조정을 격지 않을 수 없을 것이다. 그러나 국민경제에서 농업·농촌의 비중이 낮아진다고 해서 그 가치가 적어지는 것은 아니다. 오히려 농업·농촌이 우리 사회의 건전한 발전을 위해 수행해야 할 역할이 있다면, 그러한 역할을 적은 비중으로 감당해야 한다는 의미에서 역설적으로 농업·농촌의 중요성은 증대한다고 할 수 있다. 오늘날 선진국에서는 안전한 식품의 안정적 공급, 경제적 일자리 제공, 농촌지역사회의 유지, 국토 및 환경의 보전, 전통 및 문화의 계승 등 농업의 가치가 날로 높게 평가되고 있다. 또한 생활공간, 경제활동공간, 환경 및 경관 공간, 문화 교육 공간으로서의 농촌의 가치가 증대하고 있다.

농정은 적어도 향후 10년 혹은 20년 후 농업과 농촌이 어떤 방향으로 변할 것인가 혹은 변해야 하는가에 대한 올바른 전망에 기초해서 수립되어야 한다. 향후 농업·농촌의 구조조정방향은 한편에서는 국민이 우리 농촌과 농업에 대해서 무엇을 원하는가, 다른 한편에서는 농민을 비롯한 농촌주민이 국민의 요구에 어떻게 부응할 수 있는가에 따라 규정될 것이다. 전자는 우리 농업·농촌의 가치에 대한 국민들의 인식과 밀접한 관련이 있고, 후자는 농촌주민의 주체역량과 밀접한 관련이 있다. 농촌주민은 국민(소비자)이 농업과 농촌에 대해 무엇을 원하는가를 정확히 파악하는 수신능력을 갖추어야 함과 동시에 자신이 가지고 있는 가치를 적극적으로 창조하고 홍보할 수 있는 발신능력도 갖추어야 한다.

그러나 그동안 농업·농촌 정책이 정치논리에 따라 중앙정부의 주도하에 추진되어왔기 때문에 농촌주민은 주체적 역량을 키우지 못하고 외부에 대한 의존성만 증대되었다. 그러나 농촌지역사회를 지속적으로 유지하기 위해서는 지역 스스로 운명을 결정하고 책임질 수 있어야 한다. 장기적 관점에서 농촌주민의 주체역량을 강화하기 위한 노력(capacity-building)을 하지 않으면 안 된다. 이를 위해서는 각종 교육 및 훈련 기회를 확대해야 할 뿐 아니라, 농촌주민 스스로 자신의 문제를 찾아내고 그 해결책을 고민할 수 있는 새로운 정책프로그램이 개발되어야 한다. 여기서 중요한 것은 지역주체 간의 협력 및 지역 외부와의 네트워크 형성과 파트너십이다.

미중 주도하의 세계경제 성장구조와
신자유주의적 함정

조혜경

1990년대 이후 세계경제 지형변화의 가장 중요한 한 요인으로 중국경제의 급부상을 들 수 있다. 연평균 GDP 9% 이상의 놀라운 속도로 숨가쁜 성장을 지속하면서 중국은 2004년 GDP 세계 6위 및 세계무역 3위에 올라섰다. 세계경제 및 동아시아 지역에서 중국경제의 비중이 급격히 확대되는 가운데 미국을 제치고 중국이 한국의 최대 교역 상대국으로 등장함에 따라 중국의 비약적인 경제성장과 그것이 한국경제에 미치는 영향에 대한 문제가 최근 한국경제의 진로를 둘러싼 활발한 논의에서 최대의 관심사가 되고 있다.

현재 중국경제의 부상과 한중관계를 둘러싼 국내 논의에서 지배적 견해인 중국낙관론 혹은 중국기회론은 한국 정치·경제의 대미종속성 탈피를 주장하는 반미 민족주의 담론과 결합하며 미국(-일본)의 패권주의에 대한 견제세력으로서 중국에 기대를 걸어보는 대리만족적 심리가 반영되고 있는 듯하다. 한편 최근 한국경제 침체국면의 장기화와 비관적 전망이 대두되면서 중국 산업이 한국을 추월할 것이라 경고하는 중국위협론이 일각에서 제기되고 있다. 국내 논의에서 주류를 형성하고 있는 이 두 가지 입장은 중국경제 성장이 한국경제에 미치는 영향에 대해 서로 다른 결론을 내리고 있긴 하지만, 중국경제의 고속성장이 미국을 추월, 중국이 국제무대에서 미국과 경쟁하는 패권국가로 부상할 것이라는 동일한 전제에서 출발하고 있다.

이 글에서는 한국경제의 진로와 관련, 그 외적 조건으로서 세계경제 성장동력의 두 축을 이루고 있는 미국과 중국의 경제관계를 분석대상으로 한다. 논의의 출발점으로 우선 1980년대 이후 주요 국가들의 경제성장을 비교함으로써 중국의 미국추월론의 경제적 사실관계를 확인하고 신자유주의적 세계화 시대 세계경제의 성장구조와 미국의 주도권 유지 및 확보를 위한 전략을 간단히 살펴본 다음, 미국의 새로운 패권전략과 중국을 비롯한 동아시아경제의 상호연관성을 설명하고자 한다. 이어서 세계경제에서 중국의 위상과 미중 관계를 평가한 후, 마지막으로 미중 주도의 세계경제 성장이 갖는 한국경제에 대한 함의를 생각해보고자 한다.

1. 세계화 시대 세계경제의 성장구조

1) 중국의 미국추월론의 환상

경제대국론과 미국추월론으로 대표되는 중국신화(China myths)는 1990년대 초반 국제통화기금과 세계은행이 구매력기준의 중국경제력 평가를 발표한 직후에 등장하여 현재까지 정치, 경제 및 학계의 중론으로 자리 잡고 있다. 2003년 말 골드만 삭스가 경제규모 면에서 중국이 향후 4년 내에 독일을 따라잡고, 2015년에는 일본, 2039년에는 미국마저 추월하여 세계 제1위의 경제대국이 될 것이라며 중국의 미국추월을 재확인하는

〈그림 11-1〉 주요 국가들의 달러화로 환산한 GDP 성장

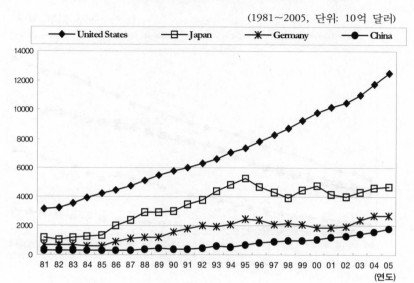

(1981~2005, 단위: 10억 달러)

주: 2005년 수치는 추정치.

자료: IMF, World Economic Outlook Database.

등, 중국의 미국추월은 이제 시간의 문제로 이해되고 있다.

　개혁개방정책을 실시한 이후 중국은 연평균 9.4%라는, 타의추종을 불허하는 발전속도를 기록하고 있으며, GDP 규모는 1981년 4,518억 위안(3,015억 달러)에서 2004년 13조 2516억 위안(1조 6,000억 달러)으로 급증했다. 그 결과 미국과 중국 경제규모의 상대적 차이는 1980년 11배에서 2004년 7.3배로 축소되었지만, <그림 11-1>에서 볼 수 있듯이 양국 경제규모의 절대적 격차는 더욱 확대되었다. 구매력을 기준으로 한 1인당 GDP의 경우도 양상은 마찬가지이다(<그림 11-2>). <그림 11-1>과 <그림 11-2>는 지난 25년간 중국의 비약적인 성장에도 불구하고 중국경제가 미국을 추월할 것이라는 주장이 허상임을 보여준다고 하겠다.

〈그림 11-2〉 구매력기준의 1인당 GDP

(1980~2004, 단위: 달러)

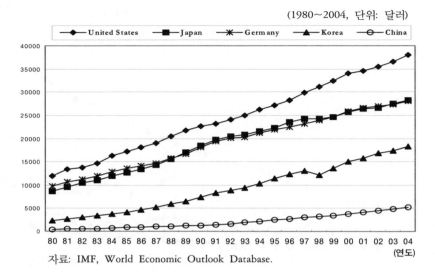

자료: IMF, World Economic Outlook Database.

2) 일본 및 유럽연합의 약세: 미국 주도의 세계경제

1980~2004년 세계자본주의 중심부국가들의 경제성장을 비교해볼 때, 1990년대 중반 이후 미국경제의 안정적 성장세의 지속과 이와 대조적인 일본 및 독일의 성장둔화를 확인할 수 있다(<그림 11-2>). 1990년대 중반 이후 독일과 일본의 성장둔화 및 경제침체 현상은, 이미 1970년대 초반 시작하여 클린턴 정부를 거치면서 현 부시 정권에 이르기까지 일관되게 관철되고 있는 미국 주도의 세계경제질서의 신자유주의적 재편과정의 부산물이다.

상품과 자본 이동의 자유화를 전면에 내세운 신자유주의적 세계화의 진전과정에서 세계경제는 미국이라는 세계중앙은행의 달러발행과 경상수지 적자에 따른 경기순환에 직접적인 영향을 받게 되었고, 다른 한편에서는 금융시장의 불안정 증대로 금융위기가 빈번하게 발생하는 상황을 동반하게 되었다. 그러나 신자유주의적 경제개혁과 자본거래의 자유화에 따른 금융시장의 불안정이 세계자본주의 중심부 국가들의 경제성장에 미치는 결과에서는 분명한 차이가 존재한다. 일본은 1980년대 호황기의 부동산 거품이 1990년대 초 붕괴되면서 금융시스템 전반의 위기를 초래했으며 그 결과인 장기적 구조불황에서 여전히 헤어 나오지 못하는 상태이다. 1990년대 경기부양을 위한 모든 정책수단이 실패하고 일본경제는 전후(戰後) 최악의 위기를 경험하고 있으며(손열, 2005: 102~110) 독일을 비롯한 유럽연합은 투자부진, 실질임금 감소, 민간소비 약화, 실업증가로 인한 유럽식 사회복지국가의 전반적 위기에 봉착해 있다. 미국 또한 1980년대 초반 주택저축조합 부도사태, 1986~1987년 주가폭락, 1990년대 말 신경제(new economy)의 거품붕괴로 인한 주가폭락사태로 일련의 금융위기를 경험했지만, 일본과 유럽과 달리 실물경제는 이에 타격을 받지 않고 안정적인 성장세를 유지하고 있다.

일본과 독일이 전반적 내수침체 및 성장둔화에 직면하게 되면서 1990년대 중반 양국의 미국추격전은 종말을 고하게 되었다. 동시에 양국의 수출은 민간소비지출이 지속적으로 증가하고 있는 미국 시장에 의존하게 되는데 이는 1990년대 중·후반 이들 국가의 대미무역흑자가 다시 확대되고 있는 데서 확인할 수 있다(<그림 11-3>). 경제적 차원에서 미국의 실질적 경쟁세력인 독일과 일본 경제의 약세는 세계경제의 견인차로서 미국의 강화라는 결과를 가져왔다. 이들 국가들의 경제성장이 미국 시장의 수요변화에 의해 직접적인 영향을 받게 되는 상황은 수출 주도형 성장모델을 가진 동아시아 국가들에게 동일하게 적용된다. 이 점에 대해서는 다음 장에서 좀 더 자세히 살펴볼 것이다.

<〈그림 11-3〉 미국의 주요 무역상대국과의 무역수지

(1985~2004, 단위: 100만 달러)

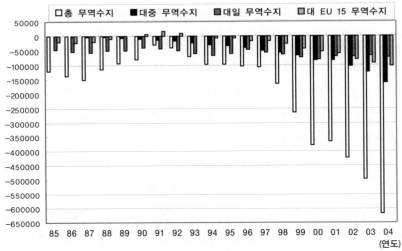

자료: IMF, World Economic Outlook Database.

3) 부시 정권의 새로운 세계전략

부시 정권의 등장과 함께 가시화되고 있는 미국의 새로운 세계전략은 시장개방과 탈규제의 신자유주의적 경제공세가 군사적 패권 및 팽창주의와 결합된 것이다. 여기에서 관철되는 주요목표는 에너지자원 공급시장에 대한 지배를 통해 세계시장에서 경제적 지배력을 장악하고 이로써 도전이 불가능한 미국 중심의 안정적인 일극지배체제로 전환시키려는 것이다. 이를 관철하는 수단은 미국의 압도적인 군사적 우세와 세계기축통화로서의 달러화의 지배적 위상이다. 유럽연합이라는 경제블록의 등장과 1999년 유로화의 출범으로 세계기축통화로서 달러화에 대한 실질적 위협이 등장한 가운데 미국의 입장에서는 유럽연합의 독자적인 정치적·군사적 노선을 사전에 저지하고 유로화와의 경쟁에서 달러화의 우위 및 세계원유시장 유가계정에서 달러화의 지배적 위상을 유지하는 것이 미국 중심의 일극지배체제를 형성하는 데 절대적으로 요구된다.

여기에서 미국헤게모니의 세계적 관철이 어떤 방식으로 이루어지는지를 살펴볼 필요가 있다. 미국의 헤게모니는 ① 군사적 헤게모니 ② 금융헤게모니 ③ 이데올로기 헤게모니에 기초하고 있으며, 이 세 가지 요소는 서로 긴밀하게 결합되어 있다. 세계화 시대 미국식 주주자본주의 및 시장이데올로기의 헤게모니는 기업에 대한 국가·은행·노동조합의 영향력을 배제시킴으로써 주식시장을 통해 기업을 지배·통제하는 시스템을 구축해나가고 있으며, 이는 미국의 금융패권을 강화시키는 결과를 가져온다. 이 과정에서 걸림돌이 되는 요소들은 전쟁이라는 극단적인 수단도 불사하는 군사적 헤게모니를 이용해서 제거해나가고 있는 것이다. 부시 정권의 세계전략은 1980년대 이래 미국의 경제적 헤게모니의 약화에 대한 군사적 패권을 전면에 내세운 공세적 대응이라 할 수 있다.

또한 부시 정권이 패권전략의 경제적 수단으로 실험하고 있는 재정 및 경상수지 적자정책은 세계경제의 대미의존성을 심화시킴으로써 세계무역구조의 불균형 및 세계경제의 불안정을 극대화하고 있다. 그로 인해 세계경제의 불균형확대가 세계경제 성장을 가능하게 하는 역설적 현상이 나타나고 있다.

2. 미국의 패권적 세계지배전략을 경제적·군사적으로 보조하는 하위파트너로서 동아시아

세계무역구조 불균형의 확대에서 미국과 동아시아 국가 간의 무역불균형은 현재 세계경제의 아킬레스건이다. 2004년 미국의 경상수지 적자 규모는 GDP 대비 5.2%인 6,177억 달러로 사상 최대치를 기록하면서 세계무역의 경상수지 적자 총액인 총 648억 달러의 10배를 넘었다. 한편 ASEAN+3(한중일) 국가의 2004년 무역흑자총액은 전 세계 무역흑자의 95%를 차지하고 있다. 현재 미국의 경제가 유럽 및 일본과 비교해서 더 빠른 속도로 성장하고 있기 때문에 미국의 경상수지 적자 및 동아시아 - 미국 무역불균형은 더욱 확대될 전망이며 그 해결전망은 불투명한 상태이다.[1]

1) 동아시아 금융위기: 달러화의 승리

1997~1987년 외환위기를 경험한 동아시아 국가에서 자국통화의 대폭 평가절하가 이루어지면서 이들 국가의 대미무역 흑자가 급격히 확대되고 있다. 수출의 급성장은 경제위기 극복에 중추적 역할을 담당했으며, 신자유주의적 구조개혁의 사회경제적 부정적 여파 및 국내 유효수요 부족을 수출을 통해 상쇄하는 경제성장구조가 확립되었다. 그 결과 이 국가들은 달러잉여를 자국통화로 교환할 경우 발생하는 자국통화의 평가절상을 피하고 무역흑자를 계속 유지하기 위해 달러화표시 자산에 달러흑자를 재투자할 수밖에 없는 상황에 놓여 있다. 미국의 무역 및 재정 적자정책은 동아시아 국가들의 대미의존성과 환율방어를 위해 달러화자산을 매입할 수밖에 없는 불가피한 상황에서 작동한다.

---

[1] 최근 대두하는 세계경제 위기설은 이러한 세계경제 성장의 구조적 허약성을 반영하고 있다(리처드 던컨, 2004 참조).

2) 동아시아: 미국의 새로운 세계지배전략의 자원공급처

재정 및 경상수지 적자 확대를 통해 세계경제의 견인차로서 미국의 입지를 강화하고 있는 부시 정권의 경제정책은 미국의 성장이 대규모 외국자본의 유입에 의존하는 결과를 가져왔다. 부시 정권의 패권전략이 아프가니스탄 및 이라크 전쟁으로 구체화되면서 2002년 이후 미국연방정부 부채가 급증하고 있다. 미국은 교역상대국에게 달러화표시 자산(주식, 부동산, 국채, 직접투자)의 매각을 통해 재정적자의 재원을 조달하고 있으며 이 과정에서 미국은 세계 최대의 채무국으로 전락했다. 여기에서 주요 대미무역 흑자국인 일본, 중국, 한국, 대만의 높은 저축률 및 외환보유고(이들 4개국이 전 세계 국제준비자산의 51%를 차지)는 미국 정부의 해외부채의 자금조달의 원천지가 되고 있다.

2005년 1월 말 외국인이 보유하고 있는 1조 9,603억 달러의 미국채 중 1조 12억 달러를 일본·중국·한국·대만·홍콩의 중앙은행이 보유하고 있다(<표 11-1>). 이는 2001년 12월 이들 5개 중앙은행이 보유한 미국채 5,123억 달러와 비교할 때 2배 이상의 증가한 것이다.[2] 이러한 상황은 동아시아 국가의 딜레마를 단적으로 보여준다. 동아시아 국가들의 미국시장에 의존한 경제성장구조로, 최근 달러화약세에도 불구하고 달러화하락이 불러올 수출부진과 경제침체 가능성 때문에 달러를 포기하기 어려운 상황을 말해주는 것이다. 즉 동아시아 국가들의 달러화자산—특히 미국채

---

[2] 동아시아 국가들은 최근 달러화 약세추세에 따른 엄청난 손실을 감내하면서 중앙은행의 개입을 통해 환율방어에 전력을 기울이고 있다. 반면 2004년 국제금융시장에서 환투기의 증가와 함께 미국 국내신용시장에서는 미재무부 증권매도추세가 나타나고 있으며 그에 반해 외국인에 의한 순매입은 신규발행액을 초과하고 있다(US. Federal Reserve, 2005: 42 참조).

<표 11-1> 동아시아 주요 미국채 보유국

(단위: 10억 달러, %)

	2005. 1		2003. 12		2002. 12		2001. 12	
	액수	비중	액수	비중	액수	비중	액수	비중
일본	701.6	35.8	551.4	36.1	378.1	26.2	317.9	17.1
중국	194.5	9.9	157.7	10.3	118.4	8.2	78.6	4.2
한국	67.7	3.5	62.9	4.1	38.0	2.6	32.8	1.8
대만	59.2	3.0	51.4	3.4	37.4	2.6	35.3	1.9
홍콩	52.9	2.7	49.8	3.3	47.5	3.3	47.7	2.6
합계	1,023	54.9	758.9	49.7	619.4	42.9	512.3	27.6
전체 *	1960.3	100	1,525.7	100	1,444.6	100	1,854.8	100

주: 발행된 총 미국채 중 외국인 보유의 국채총액.

자료: US. Department of Treasury.

—매입은 달러화에 대한 '신뢰' 때문이 아니라 이 국가들의 정치적·경제적 대미 경제의존성에서 기인한다.

부시 정권의 세계전략의 성공적 관철은 타국에서의 지속적인 자본유입에 의존하고 있다. 미국의 경상수지 적자 확대는 동아시아 국가들의 수출주도 경제성장을 경제적으로 지원하는 것이며, 이 국가들이 무역흑자를 통해 벌어들인 달러가 미국으로 재투자되어 미국의 세계전략에 필요한 자금으로 사용되는 것이다.

3. 미국의 패권전략과 중국

1) 미중 경제관계의 구도

냉전종식 이후 미중 양국의 경제관계는 경쟁적 대결·각축 구도가 아니라 상호 경제이익 추구에 기반을 둔 협력관계에 더 큰 비중을 두고 있다. 미중의 상호 경제적 이해관계를 설명하기 위해서는 세계경제에서 중국경 제가 갖는 위상을 살펴볼 필요가 있다.

(1) 국제분업체계의 주변부에서 저임금에 기초한 세계의 공장으로서 중국

세계무역에서 중국의 급부상은 외국자본에 의해 주도되는 수출경제구 조에 기반을 두고 있다. 이 점에서 중국정부가 추진해온 외국자본의 직접투 자를 활용한 수출경제 육성정책은 과거 일본·한국·대만의 국내기업 주도 의 수출성장전략과 근본적인 차이를 갖는다. 그 결과 1990년대 들어 외국 자본의 대중국 직접투자 증가와 함께 중국의 무역거래에서 외국 기업 비중이 급속도로 증가하고 있다.

특히 2001년 세계무역기구(WTO) 가입 이후 해외기업의 조립가공기지 로서 중국의 위상은 더욱 강화되고 있다. 2001년 이후 외자기업의 중국진

〈표 11-2〉 중국무역에서 외자기업의 비중

(단위: %)

	1986	1991	1995	1997	1999	2001	2003	2004
수출	0.4	16.7	31.5	41.1	45.5	50.0	54.8	57.0
수입	1.9	26.5	47.7	54.5	51.8	51.7	56.2	57.8

자료: Ministry of Commerce of PRC.

출 확대는 중국수출품의 고부가가치화를 이끌어내는 데 주도적인 역할을 담당하고 있다. 또한 외국 기업의 대중국 진출에서 투자형태의 변화에 주목할 수 있는데 과거 합작투자형식이 지배했던 것에 반해 1990년대 중반 이후 100% 자회사 설립을 통한 독자기업 비중이 높아지고 있다. 2004년 중국 수출에서 고기술상품 비중은 작년 대비 50% 증가하며 총수출의 28%에 이른다. 100대 외자수출기업 중 90개가 전자산업 분야의 조립업체로서 이들 기업이 고기술상품 수출에서 차지하는 비중은 87.3%이며, 이들 기업의 95%가 독자기업이다. 외자 주도의 수출경제 발전은 중국경제의 고성장에 주요 동력을 작용했지만, 외자기업들의 저임금을 이용한 이윤 창출에 일차적으로 그 성과가 귀결되고 국내시장에 대한 파급효과는 고용 창출이라는 제한적 의미를 가질 뿐이다.

(2) 중국의 시장개방: 세계자본주의 내수시장 확대

2001년 이후 급격히 증가하고 있는 고정자산투자를 통한 국내총수요의 급증은 세계 생산자본에 새로운 활력을 제공하고 있다. 또한 중국의 WTO 가입에서 합의한 국내시장의 전면적 개방으로 외국자본의 중국 시장 진출의 기회가 증폭되었다. 특히 과거 외국자본의 투자가 제한되어 있던 금융 및 자본 시장 개방으로 세계금융자본의 사업영역의 확대를 의미한다.

이상에서 살펴본 바와 같이 중국경제의 성장이 세계자본의 이해에 부합하는 한 미국이 중국경제 성장을 견제해야 할 근거는 희박하다. 그 이유를 구체적으로 살펴보면 다음과 같다.

첫째로, 개발도상국가인 중국은 미국의 경쟁대상이 아니다. 앞에서 언급한 대로 수출상품의 고부가가치화를 주도하는 것이 해외기업이라는 점과 중국 기업의 경쟁력은 여전히 노동집약적 저임금의 소비재생산에 기초하고 있다는 점에서 중국 기업은 미국의 주력산업 — 금융, 의약, 항공, 첨단기술

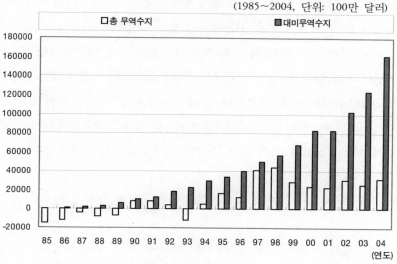

〈그림 11-4〉 중국의 무역수지와 대미무역수지의 변화

(1985~2004, 단위: 100만 달러)

□총 무역수지　　　■대미무역수지

자료: US. Census Bureau, 중국통계청.

등―의 위협대상이 아닌 것이다.

둘째로, 미중 경제관계에서 중국경제의 대미의존성 심화이다. 외국 기업에 의해 주도되는 가공무역형태의 중국 수출경제구조로 인해 중국은 동아시아지역 주요 교역상대국인 대만·한국·일본·말레이시아·태국·필리핀과 막대한 무역적자를 기록하고 있으며, 이들 국가들과의 무역적자는 대미무역흑자를 통해 상쇄되고 있다(<그림 11-4>). 중국 무역흑자의 원천은 섬유의류제품이며 이를 통해 수입초과를 보이고 있는 원자재 및 전자산업 분야 무역적자를 상쇄하는 것이다. 결국 중국의 무역흑자는 미국국민의 소비지출의 지속적 증가 여부에 달려 있다.

셋째로, 중국의 저가소비재 수출품이 미국 시장을 장악함으로써 미국 내의 인플레 억제 및 1990년대 미국경제 호황의 순환구조가 작동하는 데 간접적으로 기여를 하고 있다. 즉 낮은 소비자물가는 임금상승을 억제함으로써 저금리정책을 유지할 수 있게 하며, 이는 투자 및 소비를 촉진하여 부동산·주식 시장 호황을 이끌어내고 있는 것이다.

이와 같이 개혁개방정책 도입 이후 중국이 세계경제의 신자유주의적 흐름에 저항 없이 흡수되는 상황에서 자본과 기술력의 우위에 있는 선진국 기업들이 큰 목소리로 중국예찬론을 외치는 것은 당연하다고 하겠다. 이들이 중국이라는 거대시장을 발견하면서 터뜨린 흥분의 환호성이 바로 중국 경제기적의 신화와 근거 없는 중국의 미국추월론의 실체인 것이다.

2) 미중 공동의 경제적 이해관계에서 중국의 종속적 입지

상호 경제적 이익추구를 위한 협력체제를 유지하고 있는 미중 경제관계에서 주도권을 쥐고 있는 쪽은 미국이라고 할 수 있다. 이것은 앞에서 언급한 바와 같이 중국경제의 일방적인 대미의존성에서 기인한다.

2004년 중국의 대미수출액은 1,967억 달러로 중국 GDP의 11.9%, 1,620억 달러 규모의 대미 무역흑자는 GDP의 9.8%를 기록하고 있으며, 대미 무역흑자는 중국의 총무역흑자액 319억 달러의 5배가 넘는다(<그림 11-4>). 이에 반해 미국의 대중무역은 미국 GDP의 2% ─ 수출 0.3%, 수입 1.7% ─ 에 불과하다. 반면 해외에서의 자본 유입에 의존하고 있는 현재 미국의 경제성장구조의 취약성과 관련해서 중국이 행사할 수 있는 영향력은 매우 협소하다. 미중 양국 경제의 상호의존관계에서 중국의 종속적 입지는 최근 논쟁의 대상이 되고 있는 환율정책 및 중국의 외환보유액 이슈와 관련해 중국정부가 처한 정책적 딜레마에서도 확인할 수 있다. 최근 1조 달러를 넘어선 중국의 외환보유액의 70% 이상이 미국채 매입에 사용되는 것으로 추정되고 있다. 중국정부가 최근 보유자산 다변화를 선언하기도 했으나, 실제로 그 실현가능성에 많은 의문이 제기되고 있다. 막대한 규모의 미 달러화 자산을 축적한 중국정부는 달러화 급락으로 인한 막대한 자산 손실 리스크에 노출되어 있는 상태이다. 다른 한편 외환보유액을 국내투자에 사용할 경우, 과잉유동성·인플레·자산버블·투자과열 문제를 심화시킬 수밖에 없다. 따라서 중국의 미국채 매도 위협의 효과는 제한적이다.

3) 미중 석유자원 확보경쟁: 미중 관계 변화의 핵심 변수

공동의 경제적 이해에 기초한 미중 관계의 지속 가능성과 관련하여 가장 큰 변수는 미국과 중국 사이에서 벌어지는 치열한 석유확보전쟁이다.[3] 최근 미국 정부의 대중국 전략에서 견제의 방향으로 중심이동이 가시화되는 것은 부시 정권의 패권전략의 핵심인 자원안보 측면에서 양국의 대립전선이 형성되고 있기 때문이다. 중국정부는 부시 정권에 의해 불량국가로 분류된 국가들과 군사적·경제적 연대를 강화하면서 석유자원 확보를 위한 공격적인 외교에 나서고 있다. 중국정부는 국영석유회사를 내세워 수단과 이란 등 불량국가들을 상대로 무기밀매 및 군사적 지원을 강화하고 있으며 그에 대한 대가로 이 국가들에게서 대규모 유전개발 시추권과 정유권을 확보하고 있다.[4] 이러한 중국정부의 석유자원 확보를 위한 대외

---

[3] 미국에 이어 세계 2위의 원유수입국으로 부상한 중국이 2005년 전 세계 산업용 원유의 43%, 차량용 석유의 34%를 소화할 것으로 전망되고 있다. 석유자원의 안정적인 공급을 확보하는 것은 중국경제의 생존과 직결된다.

[4] 중국의 국영석유회사인 Sinopec과 이란의 군사적 협력관계에 대한 견제의 필요성이 최근 미국 정부 내에서 부각되고 있다. 1997년 이래 중국은 이란에게 화학무기 등 군사장비를 제공하고 있으며 이에 대한 대가로 이란의 대중국 원유수출 증가, 1998년 이란의

전략이 중동·아프리카·남미의 반미국가들에 집중하고 있는데, 이러한 중국정부의 움직임이 부시 정권의 신안보전략에 대한 정면도전으로 인식되고 있으며 그 결과 미국 내부에서 대중국 견제의 필요성이 부각되고 있는 것이다.

석유자원의 안정적 공급 및 지배를 둘러싼 중미 양국의 전략이 정면 대칭구도로 진행되면서 서로에게 걸림돌로 작용하고 있지만, 미국 정부의 입장에서는 미국석유자본이 중국국영석유회사 주식을 대량 소유하고, 중국 에너지시장 진출을 강화하고 있는 상황에서 대중국 강경정책을 관철하는 데 어려움이 있다.[5] 이러한 미국석유자본의 경제적 이해관계가 정치적 견제의 필요성과 상호 충돌하는 가운데 미국의 대중국전략은 실용주의노선과 네오콘의 강경노선 사이에서 아직 명확한 결론을 내리지 못하고 있으며 현재까지는 실용주의노선이 우세를 이루고 있다. 부시 정권 패권전략의 중심인 중동지역 질서재편이 완료되기 전까지는 미국은 중국과의 대결을 가능한 회피하고자 할 것이며 동시에 미국 내 정치·경제 상황과 중국의 자원외교 전개양상에 따라 대중국 견제의 수위가 결정될 것이다.

앞서 살펴본 바와 같이 중국의 공산당권력에 대한 현 시기 미국의 포용정책은 경제적 이유에 기인하는 것이며, 정치·군사적 측면에서 미국의 대중

정유공장 보수공사와 카스피 해 oil terminal 건설공사, 2001년 이란 유전시추권, 2004년 700억 달러 규모 천연가스 매입과 유전개발공동합의를 이루어냈다(*International Herald Tribune* 2005. 2. 26 / 27).

5 최근 미국과 유럽에 근거를 둔 석유자본의 대중국사업에 변화가 보인다. 2004년과 2005년 초반 BP, Royal Dutsch/Shell, Exxon-Mobil이 소유하고 있던 Sinopec의 지분을 매각했으며, 2005년 가을 셸(Shell)과 유노컬(Unocal)은 중국과의 합작기업에서 철수했다. 여기에는 중국 사업이 갖는 정치적 위험부담에 대한 인식이 작용한 것으로 평가되고 있다. 이에 대해 중국해양석유총공사(CNOOC)는 인도네시아와 타이 등지의 유전을 개발하고 있는 미국 9위 석유회사 유노컬의 인수(140억 달러 규모)하겠다고 발표한 바 있다.

국 포용정책은 근본적인 한계를 지닌다. 미국은 필요에 따라 언제든지 중국의 공산당일당독재, 민주주의 억압, 소수민족 탄압을 비롯한 인권문제를 정치적으로 이슈화시켜 대중국 견제를 정당화할 수 있는 카드를 쥐고 있는 반면, 중국 입장에서는 미국의 대중국 강경노선에 대해 별다른 대응방안을 가지고 있지 못하다. 인권 및 민주화 문제가 국제사회에 제기될 경우 중국이 경제외교를 통해 다른 국가들을 포섭하는 데는 한계가 있다.

4) 미국의 동아시아전략과 중국

부시 정권의 동아시아전략은 동아시아 국가들을 미국의 새로운 패권전략 관철의 군사적·경제적 보조축으로서 활용, 포섭함으로써 동아시아지역에서 미국이 헤게모니를 유지하는 것이다. 이를 위해서는 미국을 배제한 동아시아 지역공동체 형성을 저지하는 것이 절대적으로 요구된다. 미국이 동아시아지역에서 자신의 헤게모니를 계속적으로 유지하기 위해 사용하는 수단은 북한 및 대만 문제를 매개로 냉전시대 산물인 정치적·군사적 긴장관계를 조성하는 것이다. 북핵문제로 인한 동아시아 안보불안 증가, 핵무장 등 군비경쟁 가능성, 일본 극우세력의 정치적 대두 등 동아시아지역 내부의 국가 간 정치적 긴장 및 갈등이 첨예화될수록 동아시아지역에서 세력균형의 담보자로서 미국의 절대적 필요성이 더욱 부각된다고 하겠다.

여기에서 부시 정권은 냉전시대 동아시아 안보전략의 중심축인 미일 안보협력체제를 강화함으로써 동아시아지역에서 패권주의적 팽창전략의 대리자로서 일본을 일차적으로 포섭하고 있다. 즉 일본과 미국의 긴밀한 경제·정치·군사적 동맹관계를 형성함으로써 동아시아 지역협력에서 한중일 연결고리를 성공적으로 해체시키고 있는 것이다.

4. 중국 고성장 동력 및 구조적 취약성

1) 경제성장 구조의 취약성: 고성장 속의 디플레이션

지난 20년간 중국의 경제성장 및 향후 지속성장 가능성의 평가에서 지배적인 견해인 중국낙관론의 현실적 타당성을 확인하기 위해서는 현재 중국경제가 당면한 구조적 취약성과 그 해결전망에 대한 검토가 요구된다.

개혁개방 이후 중국경제 고도성장의 추진력은 수출과 신용팽창을 통한 고정자산 투자확대 두 가지를 들 수 있다. 급속한 신용팽창은 개인소비에 대한 고정자산자 비율의 지속적인 증가로 인한 과잉투자열풍을 가져왔다. 과잉투자열풍은 지방정부의 시장수요를 무시한 국유 및 집체 부분의 무분별한 투자확대에 기인하며 1980년대 후반과 1990년대 초반 인플레이션과 경기과열의 경제위기상황을 야기하기도 했다. 지방정부의 주도로 이루어진 경쟁적인 생산규모 확대는 소규모단위 기업들의 난립을 가져왔으며 저급제품 생산영역에 과잉설비와 시장경쟁의 격화를 초래했다. 1990년대 중반까지 거의 모든 제조업상품의 공급이 소비자의 구매력으로 구입할 수 있는 수요를 초과하는 과잉공급 현상이 나타나면서 국유기업의 생산성과 수익성이 지속적으로 감소하고 부실기업이 급증하게 된다. 이로 인해 중국정부는 1990년대 중반 시장원리에 따른 대대적인 국유기업 구조개혁에 착수하게 되었고, 방직·석탄·철강·석유화학·자동차·전자재 등 주요 국유 분야에서 생산총량 억제 및 낙후된 생산능력 퇴출 등 구조조정을 가속화했다. 그러나 구조개혁과정이 동반하는 대규모 실업과 신빈곤층 형성은 민간소비를 위축시킴으로써 국내 유효수효의 부족에 따른 과잉공급 현상은 악화일로가 되고, 결국 1990년대 후반 접어들어 디플레이션이 뿌리를 내리게 되었다.

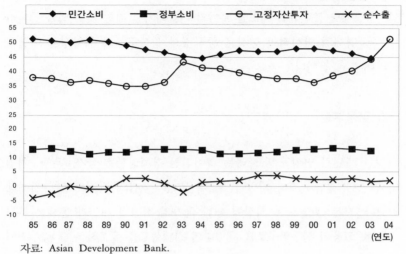

〈그림 11-5〉 중국 GDP 구성의 변화

(1985~2004, 단위: %)

자료: Asian Development Bank.

과잉생산능력과 디플레이션 상황에서 국내시장의 산업생산능력을 확대하기 위한 신규투자는 손실로 이어질 수밖에 없다. 내수시장 성장의 구조적 한계가 분명해지는 가운데 중국정부는 그 대안으로서 세계시장을 겨냥한 수출경제 육성에 집중하게 된다. 이러한 배경에서 중국정부는 그간 미온적인 태도에서 벗어나 WTO 가입을 서둘렀으며, 그 대가로 지금까지 선진국의 시장개방 요구에 정면으로 반대해왔던 기존노선을 포기할 수밖에 없었다. 1990년대 후반 세계시장을 겨냥한 수출 주도형 성장전략의 확립과 동시에 중국의 대미무역 흑자가 급격히 확대된다.

중국 GDP 구성의 변화를 나타내는 <그림 11-5>에서 확인할 수 있듯이 2000년대에 들어 민간소비가 GDP에서 차지하는 비중은 계속해서 하락하는 반면 고정자산투자의 비중은 급증하여 2004년 GDP의 51%라는 경이적인 수준에 이르게 된다.6 중국의 개인소비에 대한 고정자산투자

비율이 2003년 99%를 기록하고 있는데 이는 세계에서 그 유례를 찾아보기 힘들 정도의 경제불균형을 의미한다. 1997~2004년에 연평균 8.3%의 경제성장에도 불구하고 제조업 분야의 디플레이션 지속 및 실업률 증가라는 중국경제의 역설적인 현상은 중국경제 성장구조의 취약성을 여실히 드러내주는 것이다.

2) 금융부실

지난 25년간 연평균 9.4%라는 경이적인 경제성장은 국가 - 은행 - 기업의 긴밀한 결합구조에 기반을 둔 내국자본 중심의 발전모델에 기초해 있었다. 자본·생산·노동 시장에 대한 국가의 직접적 개입과 통제는 투자 - 생산 - 고용의 선순환구조를 유지하여 경제성장을 유도하는 데 중추적인 역할을 담당했다. 여기에서 국유상업은행은 국가 신용대출정책을 집행하는 기관으로서 기능하면서 성장의 자금을 조달해왔다. 그러나 국유기업에 대한 정치적 신용대출에 기초한 성장은 과잉투자로 인한 초과설비 및 산업 부문 간 자원분배의 불균형이라는 구조적 문제를 양산해가는 과정이기도 했다. 이러한 중국의 성장모델은 국유상업은행의 막대한 부실채권의 누적(GDP의 40~50%로 추정)으로 인해 1990년대 중반 이후 한계에 부딪히

---

6 중국정부는 경기과열 및 인플레이션의 위험을 막기 위해 부동산 및 제조업 산업분야의 투자를 억제하고, 서부대개발 같은 국토개발과 인프라 건설사업에 투자를 집중하고 있다. 2004년 정부 주도의 국토개발에 소요된 고정자산의 투자규모는 GDP의 45%에 이르는 것으로 추정되고 있다. 여기에서 중국경제의 성장이 정부 주도의 고정자산투자에 일방적으로 의존해 있는 상황이 언제까지 지속될 수 있는가 하는 의문이 제기된다. 15년 전 국토개발사업의 이익률이 투자비용 1달러당 50센트였던 데 반해 2004년에는 20센트로 하락했다. 전문가들은 중국의 고정자산투자를 GDP의 40%로 낮추게 된다면 경제성장률이 현재의 절반으로 축소될 것이라고 평가한다.

게 되었다. 중국 금융시스템의 부실은 막대한 규모의 부실채권뿐 아니라 금융 감독관리능력 부실문제를 포함하는 것으로, 다른 모든 신흥시장국가들에게 공통되는 금융시스템의 후진성과 이로 인한 금융위기 위험성의 문제를 안고 있다.

국유상업은행의 부실채권 문제해결에서 중국정부는 은행대출 축소가 가져올 국내수요 둔화 및 경기침체와 은행대출의 확대가 불러올 부실채권 증가라는 딜레마에 직면하게 된다. 이에 대한 해결책으로 중국정부는 1990년대 후반 시장경제의 완성이라는 목표를 내세우며 국유기업 및 은행의 구조개혁을 가속화하고 1999년 자산관리공사 설립을 통해 1조 4,000억 위안의 부실채권을 매입함으로써 국영은행의 부실채권 처리에 본격적으로 착수하게 된다. 그러나 신규 부실채권의 증가로 실질적인 효과를 거두지 못하고 있는 실정이다.[7] 더구나 WTO 가입 협약에 따라 2006년 말 본격화되는 자본시장 개방을 앞두고 은행부실 문제의 근본적인 해결이 더욱 시급해지고 있다. 중국 자본시장의 미성숙으로 인해 국유기업 및 은행 부실 문제의 국내적 해결가능성이 매우 협소하고 외국자본을 활용하는 방법 이외의 다른 대안이 실질적으로 부재한 상태이다.[8]

---

[7] 부실채권 처리문제는 국유기업 개혁문제와 직결되어 있다. 최근 중국정부는 향후 4년 이내에 회생 불가능한 국유기업의 퇴출을 핵심으로 하는 국유기업의 구조조정을 완료한다는 계획을 발표했다. 대규모 실업을 초래하는 과감한 국유기업구조조정이 지방정부 차원에서 실현될 수 있을지에 대해서 의문이 제기된다. 또한 개혁의 사회적 비용을 어떻게 조달할 것인지도 여전히 미지수이다. 정부재정이 취약한 상태에서 개혁의 사회적 비용을 은행에 전가할 경우 은행부실상태는 더욱 악화될 것이다.

[8] 중국 국내증시는 카지노를 방불케 한다. 기업경영이 악화되는 상황에도 주가가 상승하는 등 기업의 수익성과 주가지수의 연관성이 부재하며, 국내 130개 증권거래소의 절반은 파산상태에 있다. 상해증시는 2000년 이후 4년 동안 주가지수가 40% 하락하는 등, 세계 최악의 실적이라는 불명예를 안고 있다

외국자본의 활용을 통한 은행부실 해결이라는 현실적 대안은 외부에서 야기될 수 있는 금융위기의 우려 때문에 자본시장 개방을 최대한 지연·제한하고 자본거래에 대한 통제를 유지하고자 하는 중국정부의 기본입장과 상충되고 있다. 현재 위안화 평가절상에 대한 압력 및 투기자본 국내유입 급증, 정부의 과열경기 연착륙을 위한 투자억제정책의 결과로 중국 기업들이 국내에서의 자금조달이 한계에 부딪히면서 해외금융시장을 통한 자금조달이 증가하고 있는 추세 등 금융시장으로부터 압박이 증대되는 상황에서 중국정부의 자본시장 개방에 대한 딜레마는 더욱 커지고 있다.

중국정부의 자본시장 개방정도 및 속도조절능력과 무관하게 다른 한편에서는 WTO 가입 합의에 따라 해외 금융자본의 중국 은행 및 금융 시장 진출이 급격히 확대됨으로써 중국의 세계금융시장에의 편입은 이미 시작된 상태이다. 국내 실물경제뿐 아니라 향후 금융시장에서 외국자본의 영향력 증가는 중국정부의 경제통제능력을 제약하고 외자 주도의 경제성장구조를 더욱 심화시킬 것이다.

13억 인구의 거대국가라는 점과 발전도상국으로서의 중국의 성장잠재력에도 불구하고 고성장속의 디플레이션이라는 역설적인 현상과 금융시스템의 취약성이라는 문제의 해결 없이 중국경제의 지속성장을 기대하기는 어렵다.

5. 한국경제에 대한 함의

무역과 자본 거래의 자유화를 내세운 신자유주의적 세계화 과정에서 중국경제의 성공은 국제분업체계의 편입을 통해 세계시장의 요구에 부합하는 국내 생산관계의 형성 및 재조직의 산물이었다. 세계의 공장인 중국에서 생산·가공조립된 값싼 수출품이 세계시장을 장악해나가고 있으며 이러한 추세는 중국의 WTO 가입과 함께 무역자유화 물결에 직접적으로 편승하여 더욱 강화될 것이다. 세계적으로 심화되고 있는 경제양극화 현상에 편승하여 중국의 저가소비재 수출이 호황을 이루는 것이다. 이때 세계시장에서 중국이 발휘하는 가장 큰 위력은 세계시장에서 제조업 상품가격의 디플레이션이다.[9] 이 측면에서 증명되고 있는, 중국이 수출하고 있는 디플레이션의 위력이 한국경제에 미치는 영향은 너무도 명백하다.

1997~1998년 외환위기 당시 IMF 구제금융체제에서 시작된 구조조정 결과로 이미 성장동력을 상실한 한국경제에게 중국이 수출하는 디플레이션은 친자본-반노동의 신자유주의적 경제개혁의 파괴적 효과를 증폭시키는 요인으로 작용하고 있다. 중국의 저임금수출품이 야기하는 가격디플레이션 현상은 기술력을 가진 소수의 대기업을 제외한 모든 기업의 존속근거를 박탈하고 있다. 또한 국내 임금상승에 대한 가장 확실한 억제수단으로 사용되고 있으며 그 결과 과거 노동운동 및 반독재민주화운동의 성과물인 경제민주화의 후퇴를 강요한다. 이는 수출경쟁력을 지닌 일부 대기업들의 이해에 전적으로 부합하는 것으로, 한국경제가 수출 주도의 성장모델을 지속하는 한 이들 기업의 지배력을 더욱 강화시키는 결과를 가져옴으로써 이 기업들의 이해관계에 따라 한국사회 전체의 운명이 내몰리는 비극적인 상황을 맞이하게 될 것이다.

---

9 1996~2003년 제3세계 발전도상국들 중 제조업수출국가들의 교역조건(terms of trade)은 매년 1, 2%씩 하락한 반면, 원자재수출국가의 교역조건은 매년 0.5%씩 증가하고 있다. 세계적인 차원에서 유효수요의 확대가 이루어지지 않는 이상 디플레이션 문제해결은 불가능하다.

❖ 참고문헌

던컨, 리처드. 2004. 『달러의 위기, 세계경제의 몰락』. 국일증권경제연구소.
손 열. 2005. 「일본의 기업거버넌스 변화와 국가 - 기업 간 관계: 세계화, 장기
　　　불황, 제도변화」. 진창수 엮음. 『1990년대 구조불황과 일본 정치경세시
　　　스템의 변화』. 한울아카데미.

IMF, World Economic Outlook Database.
International Herald Tribune 2005. 2. 2.6 / 27.
US. Federal Reserve. 2005. *Flow of Funds Account of United States*. Washington
　　　DC. 3. 10.

제 3 부

논　쟁

재벌 개혁
이해관계 충돌 및 조정의 현실적 고려사항

김상조

1. 머리말

케인스는 다음과 같이 말했다. "나는 국가 간의 경제적인 관계를 극대화할 것이 아니라 극소화하려는 사람들의 의견을 지지한다. 사상, 지식, 예술, 환대, 여행 — 이런 것들은 그 성격상 국제적인 것이 되어야 한다. 그러나 재화(goods)는 큰 무리와 불편함이 없다면 국산품을 쓰도록 하자. 그리고 특히 금융(finance)은 주로 내국인의 것이 되도록 하자"(Harrod, 1972: 526에서 재인용).

60여 년 전 당시 금융최강국이었던 영국의 재무부장관이 한 말이 금융약소국인 한국의 오늘날 상황에 문자 그대로 적용되지는 않을 것이다. 그럼에도 불구하고 사상과 재화와 금융의 세 영역에서 국제화 또는 내국화의 필요성에 대한 순위를 매긴다면, 케인스가 나열한 순서 자체에 이견을 제시할 사람은 많지 않을 것이다.

한국의 상황은 어떤가. 필자의 섣부른 단정일지 모르나 한국에서 국제화

정도의 영역 간 순위는 케인스의 그것과는 완전히 반대인 것 같다. 1997년 경제위기 이후 금융의 국제화는 유례를 찾아볼 수 없을 정도로 급속히 진전되었으나, 사상의 국제화는 크게 뒤처져 있는 것으로 보인다. '대안이 없다(There is no alternative)'라는 이른바 신자유주의의 목소리가 높아진 것만큼이나 비타협적 민족주의 및 계급주의의 목소리 또한 조금도 줄지 않았으며, 이러한 태도를 옹호하는 '신식민지 또는 금융약소국의 특수성' 논리 역시 과거와 크게 달라지지 않은 것으로 보인다.

필자는 금융의 세계화 또는 초국적금융자본의 전 지구적 지배가 초래하는 불안정성의 위험과 노동대중의 삶의 기반 파괴위험을 강조하는 논의에 대해 전적으로 공감한다. 그러나 이러한 문제제기가 아무리 정당하다고 해도, 이것이 곧 한국 기업 및 금융기관에 내재한 소유·지배 구조상의 문제를 외면하는 태도까지 정당화해주지는 못한다.

2003년 초 SK글로벌(현 SK네트웍스) 분식회계사건 와중에 소버린 자산운용이 SK그룹의 사실상 지주회사인 SK(주)의 지분 14.99%를 취득함으로써 외국인에 의한 적대적 M&A 위협이 현실화되었고, 이른바 국적자본의 경영권보호 문제가 뜨거운 사회적 쟁점으로 부각되었다. 필자는 이 논쟁에 개입할 의도도 능력도 없다.[1] 다만 한 가지 지적하고자 하는 것은, 이 문제를 외국자본 대 국적자본의 대립이라는 하나의 관점에서만 바라보는 한 대안을 쉽게 찾을 수 없다는 점이다.

좀 더 구체적으로, 소버린 자산운용이 주식을 매집할 당시 SK(주)의 전체 시가총액(약 1조 원)은 SK(주)가 보유한 SK텔레콤의 지분 20%의 가치

---

[1] 비록 필자가 소속된 시민단체(참여연대)가 이 논쟁의 한 축을 형성한 것처럼 알려져 있으나, 이것은 전혀 의도된 것이 아니다. 그렇게 만들어졌을 뿐이다. 물론 필자가 속한 시민단체의 활동에 대한 비판(어떤 관점에 선 것이든)은 겸허하게 수용할 것이지만, 이 논쟁에 개입할 생각은 전혀 없다. 그 이유를 설명하는 것이 이 글의 주된 목적 중 하나이다.

(약 3조 원)에도 미치지 못했다. 즉 SK(주)의 입장에서 SK텔레콤 주식은 무수익자산, 아니 무가치자산이었다. 이런 터무니없는 현실이 문제로 인식되지 않는 한, 그리고 이 문제를 우리 스스로의 힘으로 해결할 수단을 찾지 못하는 한, 이른바 국적자본의 경영권 보호는 가능하지도 바람직하지도 않다. 지배구조를 조금만 개선하면 가치가 크게 높아질 주식이 바로 눈앞에 있는데, 주식시장을 개방해놓고 외국인이 이 주식을 사지 못하게 막을 방법은 없다. 외국투자가는 무수익자산을 수익자산으로 돌려놓을 기회를 쉽게 포착하는 데 비해, 국내투자가는 그 기회를 선점하지도 못할 뿐만 아니라 이것을 문제로 인식조차 못하는 것이 더 큰 문제일 수 있다. 이것이 국내자본에 대한 제도적 역차별의 문제일 수만은 없다.

이미 역사적 유효성을 상실한 '박정희식 발전국가모델'을 대체할 새로운 조절기제 또는 새로운 성장모델을 모색하기 위한 노력은 매우 시급하고 중요한 과제이다. 그러나 이러한 거대담론이 사회세력으로 자리 잡기 위해서는, 각 개인의 경제생활에 당장 영향을 미치는 '구체적 현실문제에서의 작지만 견고한 성공경험들의 축적' 또한 매우 중요하다. 김대중 정부의 실패 및 최근 노무현 정부의 혼란과정에서 여실히 증명되었듯이, 눈앞에 산적한 과제에 비해 개혁·진보 진영의 역량은 너무나 부족하다. 현 상황에서 개혁·진보 진영 전체가 모두 동의할 수 있는 새로운 조절기제 또는 새로운 성장모델을 선험적으로 설계하는 것은 사실상 불가능하다. 상당한 과도기 동안 개혁·진보 진영은 분업과 협업의 지혜를 발휘할 수밖에 없다. 각각의 세부영역에서 결코 과거로 되돌아갈 수 없는 진보의 디딤돌들을 축적해나갈 때, 거대담론은 추상성을 벗고 우리 눈앞에 구체적 현실로 다가올 것이다.

이러한 관점에서 이 글에서는 재벌개혁을 추진하는 과정에서 반드시 고려되어야 할 이해관계 충돌의 구체적 현실 및 이를 해결하기 위한 미시적 조정기구와 관련된 몇 가지 구체적 사안들을 검토하고자 한다.

2. 소액주주운동 평가와 대안

참여연대의 소액주주운동의 현실적 성공은 이에 대한 찬사에 못지않게 격렬한 비판을 불러왔다. 그 비판은 이중적이다. 한편에서는 경영의 자율성에 대한 과도한 간섭 또는 기업가정신의 훼손을 우려하는 보수적 관점의 비판이 제기되었고, 다른 한편에서는 앵글로색슨식 주주자본주의 모델의 이식을 촉진하는 첨병이라는 진보적 관점의 비판도 제기되었다. 소액주주운동에 대한 이 두 가지 관점의 비판은 매우 이질적인 것이다. 그럼에도 불구하고 이른바 '트로이의 목마'론이 함축하듯이, 참여연대의 소액주주운동은 궁극적으로는 외국자본의 이익에 봉사함으로써 국민경제의 안정성과 자율성을 위협하고 있다는 비판의식에서는 이 두 가지 관점이 상당 정도의 공감대를 형성하고 있으며, 이것은 한국경제가 직면하고 있는 문제의 특수성을 보여주는 것이라고 할 수 있다. 소액주주운동에 대한 찬사와 비판은 모두 일정 정도의 과장을 포함한 것이지만, 소액주주운동이 1997년 경제위기 이후 한국의 경제개혁 또는 재벌개혁을 상징하는 것이었던 만큼 이에 대한 객관적 평가는 한국경제의 새로운 질서를 모색하는 과정에서 매우 중요한 과제임에 틀림없다.

참여연대의 소액주주운동은 자본시장의 발전에 따라 함께 성장한 경제주체인 '주주', 더 나아가 '소액주주'를 운동의 새로운 주체로 설정했다는 점에서 기존의 노동운동 또는 소비자운동 등과는 다른 특징을 보여주었다. (소액)주주를 새로운 운동주체로 설정함으로써 얻게 된 가장 큰 효과는 그에 상응하는 새로운 운동수단을 갖게 되었다는 데 있다. 즉 상법과 증권거래법에서 보장된 소수주주권이라는 가장 자본주의적인 운동수단을 통해 자본에 내재된 문제점을 가장 예리하게 비판할 수 있게 된 것이다. 하지만 소액주주운동의 이러한 장점은 곧 이에 대한 이념적 비판의 근거가

되었다. 즉 자본의 수단을 이용한 자본주의체제 내의 운동이라는 이른바 정통좌파적 관점의 비판이다. 이 비판은 반론의 여지가 있을 수 없는 너무나 자명한 것이다. 그러나 이 비판은, 노동조합이 사용자를 상대로 임단협을 진행하는 것은 고용의 주체로서 자본을 전제한 것이기 때문에 자본주의체제 내의 운동이라는 비판과 마찬가지로 실천적 대안의 여지를 지나치게 축소하는 것이 된다.

이념적인 논의를 제외할 때, 소액주주운동의 보다 현실적인 문제는 그 운동주체의 정체성에 있다. 소액주주운동의 실질적 주체는, 그 표현과 달리 대부분 소액주주가 아니기 때문이다. 선진국의 주주행동주의(shareholder activism) 역사에서도 소액주주가 자발적으로 주체가 된 사례는 거의 없다. 기업을 구성하는 다양한 이해관계자 중에서 소액주주는 기업지배구조 개선을 위해 장기적으로 헌신할 유인(incentive)이 가장 취약한 주체이다. 소액주주의 입장에서는 목소리(voice)를 내는 비용을 지불하기보다는 주식을 팔고 탈출(exit)하는 것이 보다 합리적인 행동이기 때문이다. 따라서 주주행동주의의 실질적 주체는 대부분 경우 주식매각의 탈출구가 제한되어 있는 기관투자가였다.

반면 한국의 주주행동주의는 시민단체에 의해 시장 외부에서 주입된 것이다. 따라서 이것은 결코 장기적으로 지속될 수 없는 과도기적인 현상이다. 최근 한국에서도 주주행동주의가 시장내부화(market-internalization)하는 경향이 나타나고 있는데, 관건은 그 시장내부화를 주도하는 기관투자가의 성격이다. 국내 기관투자가가 적극적 주주(active shareholder)로서의 행동 특성을 갖추지 않는 한, 한국의 주주행동주의는 외국자본에 의해 주도될 수밖에 없다. 이는 현재 한국의 주주행동주의가 직면한 가장 심각한 문제점이다.[2]

대안은 무엇인가. 그 하나는, 외국인 투자가에 의한 주주행동주의 자체를 제한하는 것을 생각할 수 있다. 토빈세 등 단기적 투기자본의 이동을 제약하는 장치, 외국인 투자가의 자금출처를 투명하게 공시하도록 하는 장치, 외국자본의 투자이득에 대한 공평과세를 확립하는 장치 등이 그 예가 될 수 있다. 그러나 주주행동주의를 근원적으로 부정하는 것은 금융 자유화 및 금융 세계화의 시대적 조류에 역행하는 것인 만큼, 그 논리의 정당성 여부를 떠나 일국적 노력만으로는 한계가 있을 수밖에 없다. 다만 이들 장치 중 일부는 한국 정부가 당연히 할 수 있고 또 해야 함에도 불구하고, 1997년 경제위기 이후 이른바 외자유치의 필요성 때문에 방기했던 부분도 분명히 있다.3 물론 개선되어야 할 부분이다.

또 하나는, 이른바 '외국자본에 대한 대항마'로서 국내 기관투자가를 육성하는 것을 생각할 수 있다. 국적은행을 보호하여 대출과 투자를 겸하는 겸업은행으로 발전시키자는 주장(이찬근, 2003)이나 주식사모펀드(private equity fund)를 활성화하자는 주장(예컨대 이헌재펀드 등) 등이 그 예가 될 수 있다. 현 수준에서 이들의 자산운용능력이나 독립성에 대한 우려가

---

2 참여연대가 재벌기업의 주주총회 참여를 위해 의결권 위임을 권유할 때, 그 대상에는 당연히 외국인 투자가만이 아니라 국내 기관투자가도 포함되었다. 그러나 참여연대에 의결권을 위임한 국내 기관투자가는 사실상 전무했다. 국내 기관투자가 중 상당 부분이 재벌의 계열사이거나 독립적 기관투자가라 하더라도 재벌기업과의 거래관계 유지를 위해 주주권을 행사할 수 없었기 때문이다.

3 그 대표적인 사례가 SK그룹과 J. P. 모건 사이의 이면옵션계약 건이다. 1999년 SK그룹 은 J. P. 모건과의 소송을 화해로 종결하면서, 실제 소송당사자인 SK증권이 아닌 SK글로벌 의 해외현지법인에 손실을 전가하는 이면옵션계약을 체결했으며, 이 옵션계약은 2002년 말 국내 증권거래소시장에서의 거래와 해외현지법인을 통한 차액변제라는 이중거래의 형태로 실행되었다. 이 사건을 참여연대가 검찰에 배임혐의로 고발함으로써 최태원 회장 등에 대한 형사소송이 진행되고 있다. 그런데 그 거래의 상대방인 J. P. 모건에 대해서도 참여연대가 금감원에 조사를 요청했으나, 실질적으로 아무런 제재조치가 내려지지 않았 다. 이것은 제재근거규정의 미비에서만 비롯된 문제가 아니다.

없는 것은 아니나,[4] 겸업은행 육성 및 주식사모펀드 활성화 등은 한국금융 산업이 반드시 달성해야 할 과제라는 점에서 그 기본방향에 대해 이의를 제기할 수는 없다. 문제는, 국내자본의 경영권을 보호하는 국내 기관투자 가의 역할을 주주행동주의와 배치되는 것으로 사고하는 경향이다. 안정주 주로서의 역할은 맹목적 헌신과는 분명히 다르다. 잠재적 부실징후 또는 지배구조의 문제에 침묵하는 소극적 안정주주는 한 기업의 위험을 금융시 장 전반으로, 나아가 국민경제 전체의 위험으로 확산시키는 매개고리가 될 수 있다. 국내 기관투자가의 장기적 헌신성은 적극적 주주행동주의의 가능성을 전제할 때만이 그 의미를 가질 수 있다. 따라서 감시대상인 산업자본에서 독립된 감시자로서의 금융자본을 확립하는 것이 최소한의 조건으로 전제되어야 한다. 국내자본의 경영권 보호를 이유로 산업자본과 금융자본의 결합을 강화하는 논의는 경계해야 한다.

마지막으로, 시민단체와 기관투자가 이외에 주주행동주의의 또 다른 주체를 상정해볼 수 있다. 우리사주조합 또는 노동조합이 그것이다. 소수 주주권은 법률적 수단일 뿐이며, 따라서 노동조합의 수단이 될 수 있다. 대부분의 상장·등록 법인에 우리사주조합이 결성되어 있고 많은 경우 우리사주조합 지분이 소수주주권 행사의 지분율 요건을 상회하는 현실을 감안할 때, 노동조합이 주주행동주의의 주체가 될 필요조건은 이미 상당 정도 갖추어져 있다. 예컨대 증권거래법상 상장·등록 법인의 경우 사외이 사 후보를 추천하기 위해서는 1%(자본금 1,000억 원 이상의 대규모 법인의

---

4 최근 동북아 금융허브 구상의 일환으로 여유 외환보유고 및 연기금자산을 활용하는 한국투자공사(KIC) 설립이 추진되고 있다. 외환보유고나 연기금자산은 자산운용의 안정 성이 무엇보다 중요하기 때문에, 한국투자공사 자체의 지배구조의 건전성이 보장되지 않는다면 특히 정치적 요구나 관료들의 이해관계로부터 독립성을 확보하지 못한다면, 매우 위험한 결과를 초래할 수도 있을 것이다.

경우에는 0.5%)의 지분만 있으면 되고, 이 지분율 요건을 충족하는 우리사주조합은 다수 존재한다. 즉 증권거래법상의 소수주주권은 노동조합이 이사회구성에 참여할 수 있는 가장 현실적인 수단으로 이미 주어져 있다.[5] 물론 노동자의 경영참가는 기업지배구조 개선의 단순한 차원을 넘어서는 문제이며, 노동자경영참가법 제정 등의 법·제도적 뒷받침이 필요한 과제이다. 그러나 노동자경영참가라는 진보진영의 과제는 어느 날 갑자기 달성되는 것이 아니다. 법·제도의 도입을 위한 노력과 함께, 경영참가의 성공적 경험을 사용자 측에 그리고 노동조합 자신에게 보여주는 것이 반드시 필요하다. 소수주주권이라는 소유권에 기초한 권리의 성공적 실현은 노동자경영참가라는 사회적 권리의 확립에 기여할 수 있다. 그 가능성을 배제할 선험적 이유는 없다.

참여연대 소액주주운동을 둘러싼 논란은 앞으로도 계속될 것이다. 그러나 주주행동주의의 가치를 이념적인 이유에서 거부하는 것은 진보의 주요한 수단을 버리는 결과를 가져올 것이다. 문제는, 참여연대가 시장 외부에서 주입한 주주행동주의의 원리를 시장 내부에서 스스로의 이익을 위해 발전시켜나갈 새로운 주체를 형성하는 것이다. 적극적 주주로서의 국내 기관투자가와 기업의 가장 중요한 내부 이해관계자로서의 노동조합이 그것이다.

---

5 최근 KT, 현대자동차 등의 노동조합이 우리사주조합을 통해 경영참가의 초보적 실험을 시도하는 것은 매우 중요한 의미를 가진다.

3. 이해관계의 충돌과 조정

과도한 단순화이기는 하지만, 기업지배구조는 앵글로색슨식 주주자본
주의 모델(shareholder capitalism)과 유럽대륙식 이해관계자 자본주의 모델
(stakeholder capitalism)로 대별된다. 최근 이들 모델의 장단점에 대한 이론적
연구 그리고 각국의 특수성에 대한 실증적 연구가 활발하게 진행되고
있다. 분명한 것은, 현재까지의 연구결과만으로는 이들 기업지배구조 모델
에 대한 우열을 결정할 선험적 기준은 발견되지 않았다는 것이다. 기업지배
구조의 작동결과는 각국의 특수한 역사, 문화적 환경 그리고 경제발전단계
에 의존한다는 것을 감안하면 이들 모델 간의 우열을 판정하기 위한 기준을
찾는 노력 자체가 무의미한 것일 수도 있다. 더구나 최근에 와서는 각국의
기업지배구조는 형태적 수렴(convergency of form)은 물론 이보다 훨씬 강한
정도로 기능적 수렴(convergency of function)이 진행되는 양상을 보이고
있다(Gilson, 2000). 또 한 가지 분명한 것은, 이상의 이념형적 모델이 그
순수한 장점을 발휘하는 데 필요한 전제조건들을 한국경제는 대부분 결여
하고 있다는 것이다. 주주자본주의 모델이 우리에게 맞지 않는 옷이라면,
이해관계자 자본주의 모델 역시 우리에게는 지극히 생소한 것이다. 박정희
식 발전국가모델은 그만큼 독특한 것이며, 또한 그 잔재는 여전히 강하게
남아 있다.

결국 한국의 기업지배구조 개선, 특히 재벌개혁을 위한 대안의 모색은
재벌구조의 형성과정에 각인된 경로의존성(path dependency)과 여타 경제
제도(금융제도, 노사관계제도, 하도급제도 등)와의 상호보완성(complemen-
tarity)의 복잡한 맥락 속에서 이루어질 수밖에 없다.

따라서 마지막으로 분명한 것은, 필자는 물론 참여연대의 소액주주운동
역시 재벌개혁의 종착점에 대해 어떤 선험적 결론을 갖고 있지 않다는

것이다. 경제학에는 이론적으로나 실증적으로 답을 찾기 어려운 세 가지 난제가 있다. 규모의 경제(economies of scale), 범위의 경제(economies of scope), 소유지배구조(ownership & governance structure)의 문제가 그것이다. 재벌구조는 이 세 가지 문제와 모두 관련되어 있다. 경제력집중, 문어발식 확장, 총수의 황제경영 등 이른바 재벌구조의 폐해를 지칭하는 용어들이 각각의 문제에 대응하는 것이다. 그러나 이러한 문제제기의 정당성 여부와는 별개로, 중소기업·업종전문화·전문경영인체제가 곧바로 재벌구조의 대안으로 정당화되는 것은 아니다. 재벌구조의 현상유지를 주장하는 논리가 오류인 것만큼, 재벌구조의 현상적 반대극단을 대안으로 주장하는 논리 역시 오류이다.

자본주의 경제체제에서 기업의 규모, 사업다각화의 범위, 소유지배의 구조를 판단하는 최종의 의사결정권한은 기업가(entrepreneur)에게 있다. 그 기업가는 소유경영인일 수도 전문경영인일 수도 있다. 관건은 기업가의 의사결정과정을 사전적으로 감시하고 그 결과를 사후적으로 평가하는 시스템의 건전성이다. 다시 한 번 강조하건대, 필자는 새로운 조절기제 또는 새로운 성장모델을 모색하는 거대담론의 필요성을 조금도 부정하지 않는다. 다만 기업가의 행동을 감시하고 평가하는 미시적 시스템의 구축과 그 실천경험이 뒷받침되지 않고서는 거대담론은 현실적 힘을 갖기 어렵다는 점을 강조할 뿐이다. 구체적 현실에서 발생하는 이해관계의 충돌을 어떻게 조정할 것인가가 필자의 관심사항이다. 이하에서는 이와 관련된 몇 가지 현실적 문제를 검토하기로 한다.

재벌개혁운동과정에서 부딪히는 가장 어려운 문제 중 하나가 바로 재벌 기업과 재벌총수가 상당 부분 동일시될 수밖에 없는 현실적 제약조건을 극복하는 것이다. 재벌기업이 과거 한국경제 성장의 동력이었으며, 앞으로도 상당 기간 동안 그러할 것이라는 점은 의문의 여지가 없다. 따라서 재벌개혁의 목표가 재벌기업의 해체 또는 재벌그룹의 해체로 단순화될 수는 없다. 대우그룹 해체 이후 그 주요 계열사들이 건실한 독립기업으로 회생하고 있는 최근의 상황을 근거로 그룹의 굴레를 벗어난 독립기업의 가능성을 발견할 수도 있겠지만, 대우그룹 부도과정에서 금융기관에 전가된 부실채권의 부담(결국 공적 자금 투입을 통해 국민부담으로 전가)을 감안할 때 이것이 일반적인 재벌개혁의 방안이 되기는 어렵다.

문제는 재벌기업의 생산력과 재벌총수의 지배권 사이의 관계를 어떻게 설정할 것인가이다. 재벌기업의 지배권은 이미 창업자의 손을 떠나 그 2세, 3세에게로 승계되어 있다. 그런데 2세, 3세 재벌총수 중 승계과정의 사회적 정당성을 갖춘 경우는 단 하나도 없으며, 심지어 창업자에 비견될 수 있는 경영능력을 입증한 경우도 거의 없다. 그럼에도 불구하고 무능·부당한 2세, 3세들의 지배권을 즉각 배제할 경우 적어도 단기적으로는 재벌기업의 생산력 자체가 크게 훼손될 위험이 매우 높다는 사실이 재벌구조에 내재된 경로의존성 문제의 가장 대표적인 예이다. 과거에 걸어온 경로 때문에 미래의 진로가 제약을 받는다는 경로의존성 문제의 특성상 재벌총수의 지배권 문제에 대한 대안은 쉽게 발견되기 어렵다. 특히 대규모기업의 지배권 변경은 수많은 이해관계자의 권리와 의무를 새롭게 정의하는 것을 요구하기 때문에, 금융제도·노사관계제도·하도급제도 등 여타 경제제도와 상호보완성을 갖추어야 한다는 문제도 대안을 발견하는 데 커다란 제약이 된다.

지금 재벌총수들은 지배권의 과잉 속에 지배권 위기에 직면해 있다.[6] 그러나 근로시간단축 협상, 손배가압류 문제 처리, 노사관계 로드맵 논의

---

6 이병천, 「참여정부의 경제정책: 한국형 제3의 길, 동요와 출구」, 학술단체협의회 주최 참여정부 100일 평가 학술토론회 자료집(2003).

등 최근의 노사관계 현안의 진행과정을 볼 때 그리고 LG카드·삼성카드 등 재벌계 카드사의 부실처리, 산업자본의 금융지배 방지를 위한 로드맵 논의 등 금융구조조정의 진행과정을 볼 때, 재벌총수의 지배권 위기의식이 노동자와 저축자의 권리인정을 통한 계급타협적 대안모색으로 진전될 가능성은 전혀 확인할 수 없다. 지배권 위기의 탈출방향은 여전히 국가권력 (노무현 정부)의 보수적 성격을 강화하는 쪽에 맞추어져 있을 뿐이다. 여기에 는 민족주의적 정서의 강화도 중요한 요인으로 작용하고 있다. SK(주)의 지분을 매집한 소버린 자산운용, 외환은행을 인수한 론스타 등은 한국경제 의 경로의존성과 상호보완성에 크게 구애받을 필요가 없는 행동의 자유를 갖고 있다. 외국자본의 적극적인 M&A 시도는, 보수진영은 말할 것도 없고 진보진영에서도 민족주의적 정서를 고양시키는 계기가 되었다.

그런데 민족주의적 정서의 강화는 진보진영의 이해관계자 자본주의적 대안7과 충돌할 위험성이 내재되어 있음을 지적하지 않을 수 없다. 이해관 계자 자본주의는 다양한 이해관계자 사이의 충돌을 조정하는 비시장적 제도를 그 핵심으로 한다. 반면 민족주의는 외국자본 또는 제국주의와의 대립을 주요모순으로 설정함으로써, 국내의 다양한 계급·계층 간의 이해관 계 충돌의 의미를 부차화하는 경향을 갖는다. 외국자본에 대항하여 국내자 본의 이익을 보호하는 것이 모든 내국인 공통의 이익이라는 암묵적 가정이 전제되어 있기 때문이다. 이 암묵적 가정은, 서론에서 언급한 케인스의 말에서도 보듯이 논리적 정당성과 정서적 호소력을 갖고 있다.

그러나 모든 내국인 공통의 이익이라는 암묵적 가정은 구체적 현실문제

---

7 한국진보진영의 대안이 이해관계자자본주의 또는 사민주의로 그 성격이 통일되어 있는 것은 결코 아니다. 그러나 정통좌파의 노동계급주의적 대안 역시 민족주의적 정서에 서 완전히 자유로운 것은 아니다.

앞에서는 대부분 성립하기 어렵다는 것을 수많은 부실기업 구조조정과정에서 경험한 바 있다. 대표적인 예로, 1999년 대우자동차의 국유화 제안이 무산되고 해외매각으로 귀착된 가장 중요한 이유 중 하나는 대우자동차 노조와 현대자동차 노조의 이해관계 충돌, 자동차노조와 은행노조의 이해관계 충돌을 조정할 수 있는 수단과 경험을 갖고 있지 못한 데 있다. 채권은행단의 출자전환을 통한 대우자동차의 국유화는 여타 자동차회사의 경쟁력에 악영향을 미치며, 은행의 자본건전성을 저하시키기 때문이다.

주주자본주의 모델이 세계화를 근간으로 하고 있으며, 이해관계자 자본주의 모델이 민족주의와 친화성을 갖고 있는 것은 틀림없다. 그러나 한국의 사회제세력 간의 역관계는 유럽대륙식 이해관계자 자본주의의 그것과는 너무나 거리가 멀다.[8] 이런 상황에서 부지불식간에 국내적 이해관계의 충돌을 부차화하는 민족주의 정서의 강화는 이해관계자 자본주의의 성립을 촉진하기보다는 오히려 방해할 가능성마저 있다. 국내적 이해관계 충돌을 조정하는 데 성공경험을 축적하는 것이 아니라 오히려 실패를 거듭함으로써 대안의 실현 가능성에 대한 신뢰를 저하시키기 때문이다. 그 결과는, 원래 의도와는 정반대로 이해관계 충돌의 조정을 원자적 개인의 이기심에 의존하는, 즉 시장근본주의의 강화로 나타날 수밖에 없다. 1997년 이후의 구조조정과정에서 한국경제가 걸어온 길이 바로 이것이다.

민족주의 정서는 한국사회가 가진 역동성의 가장 중요한 원천이다. 그러나 이것이 국내적 이해관계의 충돌을 은폐해서는 안 된다. 민족주의가 건강성을 유지하기 위해서는 그리고 이해관계자 자본주의가 대안으로서의 실현가능성을 보여주기 위해서는 국내적 이해관계의 충돌을 드러내는

---

8 이정우 청와대 정책기획실장이 제기한 '네덜란드모형'에 대한 반응을 보라. 보수진영의 거부반응은 말할 것도 없고, 진보진영의 반응 역시 시기상조론이 지배적이었다.

데 주저함이 없어야 한다. 시장질서가 진공상태에서 만들어지는 것이 아니듯, 새로운 조절기제 또는 새로운 계급타협의 질서 역시 진공상태에서 창출되는 것이 아니다. 다양한 이해관계자의 권리와 의무를 확인하고 그것의 충실한 이행을 담보하는 성공적 경험의 축적 없이는, 대안은 현실이 되기 어렵다.

4. 국가의 역할

박정희식 발전국가모델의 핵심 요소였던 산업정책은 김영삼 정부 초기에 공식 폐기되었다. 한편으로는 신자유주의에 기초한 세계경제 환경의 변화에 부응한 것이기도 하지만, 다른 한편으로는 국가권력으로부터의 자유를 요구하게 된 국내재벌의 축적전략 변화에 기인한 것이기도 했다. 경기위기 수습을 위해 국가의 전면적 시장개입이 이루어진 김대중 정부에서도, 벤처산업 육성을 제외하면 산업정책은 여전히 금기의 대상이었다. 그나마 벤처산업 육성정책 역시 21세기 첨단산업에 구래의 산업정책적 수단을 적용함으로써 실패하고 말았다.

노무현 정부 들어서서 산업정책은 새로운 모습으로 부활하고 있다. 크게는 동북아 경제허브 건설의 일환으로, 작게는 산업클러스터 육성의 이름으로 산업정책의 로드맵이 만들어졌다. 필자는 OECD 회원국이라는 허울이 산업정책의 필요성을 부정할 수는 없다고 판단한다. 더구나 최근 급격하게 진행되고 있는 성장잠재력의 마모, 이에 대비된 중국경제의 놀라운 성장을 감안할 때 산업정책은 거시적 안정화정책 및 미시적 구조개혁정책과 함께 국가 경제정책의 필수적 구성요소로 자리 잡아야 할 것이다.

그러나 우려가 없는 것이 아니다. 산업정책은 산업 간 또는 기업 간의 복잡한 전후방 연관효과를 정확하게 평가하고 이에 따라 적절한 보상과 제재를 부여할 수 있는 시스템을 필요로 한다. 1960~1970년대 산업정책은 수출실적이라는 왜곡 가능성이 적은 지표를 통해 기업의 성과를 측정하고 이에 따라 세제·금융상의 혜택 또는 신규사업진출 허가 등의 특혜를 선별적으로 제공하는 국가의 역할을 통해 수행되었다. 물론 대단히 성공적인 시스템이었다. 하지만 평가와 보상에서 국가가 직접적으로 역할을 하는 시스템은 이제는 더 이상 유효하지 않다. 국가는 제도적·산업적 인프라를 조성하는 역할에 주력할 수밖에 없으며, 평가와 보상의 역할은 민간경제주체의 영역으로 대부분 이전되어야 한다. 산업정책의 대상에 따라 정도의 차이는 있겠지만, 시장기구를 직접 이용하거나 또는 최소한 시장에서 생산되는 정보를 적극 활용하는 시스템이 되어야 한다. 결국은 금융의 역할이 관건이 된다.

그런 점에서 볼 때 노무현 정부의 산업정책은 과거와 전혀 다른 관점(동북아 경제허브) 및 개념(산업클러스터)에 근거하고 있다는 신선함에도 불구하고, 그 금융적 기초를 외자유치와 재벌의 설비투자에 두고 있다는 점에서 과거의 틀을 완전히 벗어나지는 못한 것으로 보인다. 외국자본과 국내재벌을 투자의 중심주체로 설정하는 한, 이들의 투자계획안을 심사하고 견제할 수 있는 금융기관의 독립적 역할은 축소될 수밖에 없다. 독립적 감시기능이 제대로 작동하지 않으면, 이들 기업 산하에 있는 노동조합 및 하도급기업과의 관계 역시 협력적·수평적 네트워크로 재편되지 못할 가능성이 매우 높다.

1997년 경제위기 이후 한국의 금융산업은 이미 과거로 되돌아갈 수 없는 비가역적인 변화를 경험했다. 의도한 것이든 아니든 간에 금융은 이제 더 이상 수동적인 자금제공자의 역할에 머무를 수 없게 되었다. 기업에 대한 정보생산자로서, 나아가 기업지배구조의 한 축을 담당하는 주체로서 금융기관의 역할을 적극적으로 수용하지 않고서는 노무현 정부의 신산업정책은 커다란 장애에 봉착할 가능성이 높다.[9]

한편 산업정책의 수행 그리고 부실기업의 처리는 수많은 이해관계자 사이의 명시적·암묵적 계약관계에 커다란 영향을 미치게 된다. 이해관계의 충돌이 부각되었을 때, 이를 조정하는 시스템의 구축 역시 국가가 반드시 수행해야 할 중요한 역할이다. 이해관계 충돌의 조정은 시장기구를 통한 당사자 간의 자율적 조정, 영리 또는 비영리 목적의 전문적 조정기관, 그리고 노사정위원회 등 사회적 협의기구 등으로 이어지는 다층적 시스템을 필요로 하며, 이러한 제도적 인프라를 구축하는 것은 국가의 책임이다.

이에 더하여 필자가 한 가지 강조하고자 하는 것은, (준)사법적 규율의 공평성과 엄격성이다. 공정거래위원회, 금융감독위원회, 노동위원회, 검찰, 법원 등의 감독기관 내지 사법기관은 이해관계 충돌을 조정하고 판정하는 최후의 보루이다. 이들 감독기구 및 사법기구에 대한 사회적 신뢰가 확립되어 있지 않으면 어떠한 경제모델, 기업지배구조 모델도 성공할 수 없다.

주주자본주의를 대변하는 미국 그리고 이해관계자 자본주의를 대변하

9 최근 금융기관의 국적성을 회복해야 한다는 주장이 강하게 제기되고 있다. 그 논리적 타당성과는 별개로 이 주장의 실현방안을 모색하고자 한다면 국유금융기관의 민영화일정 역시 재검토되어야 할 것이다. 사회안전망의 확충 필요성, 노령화사회에 대한 대비, 통일비용 준비 등을 감안할 때 재정건전화는 매우 중요한 과제이며, 따라서 경제위기 극복과정에서 투입된 공적 자금은 조속히 회수되어야 한다. 그러나 예금보유공사가 보유한 금융기관 주식의 매각을 통한 공적 자금의 조기회수는 금융기관의 건전한 소유·지배 구조 구축이라는 또 다른 중대한 과제와 충돌하고 있다. 예금보험공사 보유주식을 국민연금 등의 연기금 또는 재벌에게 넘기는 것으로 공적 자금 회수와 국적금융기관 보호의 두 가지 과제를 동시에 추구하려는 것은 매우 위험한 발생이다. 충돌하는 과제들 사이의 우선순위 선택에 대한 명확한 의사결정이 필요하다.

는 독일은 특히 법질서의 형식적 측면(판례법 중심 대 성문법 중심)에서 크게 다르지만, (준)사법적 규율의 공평성과 엄격성에서는 공통의 기반을 갖고 있다. 동아시아 발전국가모델이 외형상 이해관계자 자본주의 모델과 유사함에도 불구하고, 양자 사이에 존재하는 결정적 차이 하나가 바로 (준)사법적 규율에 대한 신뢰 여부이다. 권리 위에서 잠자는 자를 보호할 필요는 없겠지만, 법적 수단이 없어서 또는 법 적용의 자의성 때문에 억울한 피해를 감수해야 하는 상황이 반복된다면, 주주자본주의의 시장기구는 물론 이해관계자 자본주의의 비시장적 조정기구도 작동할 수 없다.

5. 맺음말

1997년의 경제위기는 좁게는 기업지배구조(corporate governance)의 위기였지만 넓게는 국가지배구조(national governance)의 위기였다. 재벌은 독점자본으로서의 경제권력을 확립했지만, 취약한 축적기반으로 인해 천민자본으로서의 속성을 탈각하지 못하고 오히려 강화할 뿐이었다. 국가는 자본에 대한 절대적 권위를 상실한 지 이미 오래되었을 뿐만 아니라, 축적조건을 정비하는 총자본으로서의 기능과 관련해서도 재벌과 끊임없이 마찰을 빚었다. 이러한 지배블록 내부의 균열은 결국 노동대중에 대한 헤게모니 상실로까지 이어졌고, 사회통합력은 완전히 마비되었다. 한편 노동대중은 1987년 노동자대투쟁 이후 한국사회의 새로운 세력으로 등장했지만, 객관적 조건의 악화와 주체적 역량의 미성숙으로 인해 대안세력으로 결집되지는 못했다. 어떠한 사회세력도 사회통합의 주체로 기능할 수 없을 정도로 낡아버린 기존 질서에 대해 IMF와 외국자본이라는 외적 강제가 부과됨으로써 한국경제는 새롭게 재편되었다. 1997년 이후의 구조조정과정에도 불구하고 또는 그 구조조정과정 때문에 한국의 사회통합력은 여전히 회복되지 않고 있다. 재벌, 국가, 노동조합 중 어느 누구도 자신의 의도를 상대방에게 관철할 수 있는 헤게모니를 갖지는 못하면서도, 상대방의 의도는 언제나 좌절시킬 수 있는 비토권(veto power)만을 갖는 상황이 계속되고 있다.

기업지배구조 개선(즉 재벌개혁)은 국가지배구조 개선(즉 새로운 조절기제의 모색)의 축소판이다. 이해관계의 충돌을 조정하는 데 실패하면 모두가 패배자가 될 수밖에 없다. 그렇다고 해서 이해관계의 충돌을 은폐하는 것은 문제해결에 전혀 도움이 되지도 않을 뿐 아니라 오히려 문제해결을 더욱 어렵게 한다. 고통스럽지만 결코 피해 갈 수 없는 과도기적 진통이다. 국가지배구조의 개선을 위해서라도 기업지배구조의 측면에서 작지만 견고한 성공경험들의 축적을 통해 결코 과거로 되돌아갈 수 없는 진보의 디딤돌들을 확보해나가는 노력이 필요하다.

⁞ 참고문헌

이찬근. 2003. 「유럽 소국의 기업지배권 방어기제: 국내재벌개혁에의 시사점」, 한국사회경제학회. ≪사회경제평론≫, 제21호. 관악사.

Harrod, R. F. 1972. *The Life of John Maynard Keynes.* Pelican Book.

Gilson, R. J. 2000. "Globalizing Corporate Governance: Convergence of Form or Function." *Working Paper*, no. 174, Columbia Law School, The Center for Law and Economics Studies.

경제'개혁'의 방향을 다시 생각한다

장하준

1. 머리말

1997년 외환위기 이후 우리나라는 과거의 '잘못된' 경제체제를 고치려는 많은 노력을 했다. 정부의 지나친 개입(특히 '관치금융')과 재벌의 독점적 지배라는 반(反)시장적인 요소들로 특징지어지는 과거의 경제체제를 고치기 위해 우리는 자본시장개방, 무역자유화, 노동시장 유연화, 공기업민영화, 각종 규제완화(특히 외국인 투자에 대한 규제완화), 금융자유화, 기업지배구조의 개조 등 많은 변화를 시도하여 왔다. 이러한 '개혁'정책들은 시장원리를 확산시켜 우리 경제의 효율성을 높이고 재벌들의 독식(獨食)을 막아 경제의 공정성을 높이고 분배를 개선할 것이라고 기대되었다.

외환위기 이후 몇 년은 언뜻 이러한 정책들이 효과를 거두는 듯이 보였다. 1998년의 위기에서 다른 아시아 국가들보다 더 빨리 탈출했다. 재계 2~3위를 다투던 대우그룹을 비롯하여 많은 수의 비효율적인 재벌들이 해체되었고, 살아남은 재벌들은 부채비율을 낮추고 계열기업 수를 축소했다. 또 기업과 금융기관들이 주주 중심의 경영에 눈을 뜨면서 최근 몇 년간은 사상 최대의 경상이윤율을 기록하게 되었다. 그러나 2003년에 들어 지난 몇 년간 경기회복을 주도해온 소비의 증가가 신용불량자의 누적이라는 형태로 표출되면서 우리 경제는 눈에 띄게 감속(減速)을 하게 되었다. 많은 보수논객들은 이것이 마침 2003년 출범한 노무현 정부가 성장보다 분배를 중시하고 반기업적 정서를 고무하기 때문이라고 주장하지만, 이는 문제의 본질을 파악하지 못하는 주장이다. 현재 경제문제의 핵심인 투자의 저조는 어제오늘의 일이 아니라 외환위기 이후 지속되어온 것이기 때문이다. 우리 경제의 국민소득 대비 투자율은 1990∼1997년에 평균 37.1%이었으나 1998∼2002년에는 2/3 수준인 평균 25.9%로 떨어졌다. 심한 경제수축을 경험한 1998년을 제외해도 평균 27.1%의 수준에 불과하다. 지난번 정부가 집권 후반기에 신용카드업 자유화조치를 취하여 결국 신용불량자를 양산하게 된 것도 투자가 살아나지 않은 상황에서 소비를 통해 경기를 부양하려 했기 때문이다. 비정규직의 비율이 OECD 최고수준에 달할 정도로 노동시장을 유연화했음에도 불구하고 실업은 증가하고 빈곤층은 지속적으로 증가하는 상황이 닥쳐온 것도 결국은 투자가 되지 않아 일자리가 생겨나지 않기 때문인 것이다.

노무현 정부 내부인사들을 비롯하여 이른바 '개혁성향'을 가진 사람들 중 많은 수는 현재 경제문제가 과도기적 현상이며 무엇보다도 '개혁'이 불충분하게 추진되었기 때문이라고 주장한다. 지금 문제는 시장원리가 충분히 도입되지 않았기 때문에 생기는 것이므로, 시장을 더 개방하고 기업지배구조의 투명성을 높이며 규제를 과감하게 완화하면 경제의 활력이 회복될 것이라는 주장이다. 그러나 필자는 '개혁적' 인사들의 '개혁불충분론'은 보수논객들의 '노무현 정부 책임론'만큼 틀린 주장이라고 생각한다. 현재 경제문제는 1997년 환란 이후 추구된 개혁정책들이 불충분했기 때문이 아니라 그 정책의 방향 자체에 문제가 있어 생긴 것이기 때문이다. 왜 그런가를 하나하나 짚어보자.

2. 재벌개혁의 문제점

현재 재벌개혁은 재벌이라는 구조가 과다한 차입경영, 무분별한 다각화, 피라미드식 출자 등의 부당한 수단을 통한 가공자본의 창출 등에 기초한 기형적인 기업구조라는 인식에서 출발한다. 그리고 이러한 기형적 구조 때문에 우리 기업의 효율성이 낮다는 것이다. 그러나 이 분석에는 많은 문제점이 있다.

우리나라 기업들, 특히 재벌기업들이 금융기관을 통한 차입에 의존하여 성장해온 주된 원인은, 흔히 생각하는 대로 소유권 약화를 꺼린 기업들이 주식시장을 통한 자금동원을 기피했기 때문만이 아니라 자본축적의 역사가 일천한 관계로 기업내부자금이 절대적으로 부족했기 때문이다. 실제로 비율적으로 따져볼 때, 우리 기업들은 선진국 기업들보다도 주식시장을 통해 더 많은 자금을 동원했는데, 1970~1980년대에 우리 기업들이 신주 발행을 통해 조달한 자금은 총자금의 13.4%로 미국(-4.9%), 독일(2.3%), 일본(3.9%), 영국(7%) 등 주요 선진국에 비해 훨씬 높은 수치이다. 또 고도의 차입경영은 우리나라에만 국한된 것도 아니다. 흔히들 350~400%라는 우리 기업들의 부채비율이 병적으로 높은 것으로 생각하지만, 일본도 고도 성장기에는 500%대의 부채비율을 기록했다. 또 우리나라의 부채비율이 366%였던 1980년대에 스웨덴(555%), 노르웨이(538%), 핀란드(492%) 등의 부채비율은 우리나라보다 훨씬 높았으며 프랑스(361%), 이탈리아(307%) 등도 우리와 유사한 부채비율이었다. 여기에서 주목할 점은 이 시기에 부채비율이 높은 이 나라들이 부채비율이 낮은 영국(148%)이나 미국(179%)보다 경제가 훨씬 더 잘되었다는 것이다. 이와는 반대로 브라질(56%), 멕시코(82%) 등은 미국이나 영국보다 부채비율이 월등히 낮았음에도 경제가 잘 안 되었다. 부채비율 자체가 문제가 아니라는 증거들이다.

다각화의 문제도 다시 생각해보아야 한다. 지금은 전문기업이 미덕인 것처럼 여겨지지만, 기업의 다각화는 위험을 분산하여 적극적 투자를 가능하게 하고 기존 계열사에서의 보조를 통해 신산업에 진출하는 것을 돕는 장점이 있다. 우리 기업들이 전문화만 추구했다면 반도체, 조선, 자동차 등 현재 우리의 주축산업들의 발전은 어려웠을 것이다. 물론 재벌들이 중소기업의 영역까지 침범하는 것은 문제가 있지만, 그렇다고 다각화 자체를 죄악시해서는 안 된다.

그리고 피라미드형 출자 등을 통한 가공자본의 창조도 나쁘게만 볼 수는 없다. 이러한 가공자본은 내부자금이 절대적으로 부족한 우리 기업들이 적극적인 투자를 하는 것을 가능하게 해주었기 때문이다. 더욱 중요한 것은 가공자본이라는 개념을 거짓으로 만들어낸 자본의 의미로 해석해서 마치 허구적인 것으로 보아서는 안 된다는 것이다. 무엇이 자본인가 하는 것은 사회적 관계 속에서 결정되는 것이며, 따라서 모든 자본은 궁극적으로 가공된 것이기 때문이다. 불환지폐, 은행신용, 금융파생상품 등 지금은 당연히 자본으로 통용되는 많은 것들이 자본주의 초기에는 자본으로 인정되지 않았다. 이러한 것들이 자본으로 인정받게 된 것은 시간이 흐르면서 법과 제도가 바뀌었기 때문이다. 우리가 그토록 배우고 싶어하는 선진금융기법의 핵심도 더 효율적인 가공자본의 창조이다. 따라서 계열사 출자시 실제로 돈을 내지 않았다는 이유만으로, 특히 출자한 회사가 피출자사의 주식을 인수하고 그에 따라 법적인 책임을 지게 되는 상황에서, 재벌계열사 간 출자만을 가공자본으로 보는 것은 옳지 않다. 가공된 자본이 문제가 있는가 아닌가는, 가공성 자체보다는 그것이 얼마나 소득과 고용을 창출하는가에 의해 판단되어야 한다.

재벌들을 비롯한 우리 기업들이 비효율적이라는 주장도 재검토할 필요가 있다. 우리 기업들이 높은 이자비용 때문에 경상이윤율이 국제적 기준에 비해 낮은 것은 사실이지만, 영업이익률 등 다른 기준을 사용하면 우리나라 기업의 효율성은 국제적으로 매우 높은 편으로 나온다. 예를 들어 1988~1997년에 한국제조업체의 평균매출액 대비 경상이익률은 2.1%로 대만의 4.5%, 미국의 4.2%, 일본의 3.3%에 비해 낮지만, 이자 등 금융비용을 제외한 매출액 대비 영업이익률은 7%로 미국의 6.6%, 대만의 6.5%, 일본의 3.3%보다 높다. 다시 말해 기업효율성을 측정하는 방식에 따라 재벌의 효율성에 대한 판단이 크게 달라질 수 있다는 것이다. 그리고 무엇보다도 주목할 점은 최근 재벌의 경상이윤율이 사상최고를 기록했음에도 불구하고 국민경제적으로는 투자와 성장이 되지 않고 있다는 것이다. 2002년에는 제조업체의 경상이익률이 4.7%에 이르러 1988~1997년 평균인 2.1%의 2배가 넘었고, 현금예금은 46조 6,000억으로 1991~1997년 평균인 20조 5,000억의 2.3배나 되었다. 언뜻 보면 유사 이래 최대의 건전경영이다. 그러나 제조업 설비투자는 외환위기를 기점으로 과거의 2/3 수준으로 떨어졌다(1991~1997년 평균 31조 5,000억에서 1998~2002년 평균 20조 6,000억으로). 2002년의 설비투자는 20조 7,000억 원으로 1991년의 22조 9,000억 원보다도 낮다. 이 기간 동안 국민총생산이 (명목금액 기준) 2.7배나 늘었음을 감안하면 2002년의 설비투자는 사실상 1991년의 1/3 수준이라고 할 수 있다. 이렇게 통상적인 기준으로 본 기업의 효율성이 개선되었음에도 불구하고 경제 전체가 잘되지 않고 있다면, 현재 통용되는 기준(특히 경상이윤율)이 경제 전체에 대한 기업의 기여를 판단하는 데는 적절치 않은 기준이라는 결론을 내리지 않을 수 없다.

3. 기업금융의 고갈

재벌개혁과 함께 추진된 금융개혁은 금융기관의 안정성과 수익성 제고를 강조하는 방향으로 전개되었다. 이에 따라 금융기관들은 상대적으로 위험성이 높은 기업금융을 극도로 회피하게 되었다.

1996~1997년 우리 기업들은 (은행 및 비은행) 금융기관 차입, 주식발행, 회사채발행 등을 통해 118조 원의 외부금융을 조달했는데, 1998~2001년에는 이것이 불과 31% 수준인 49조 4,000억 수준으로 줄어들었다. 특히 금융기관 차입은 1996~1997년 연평균 38조 3,000억에서 1998~2001년 연평균 -2,000억으로 완전히 증발했다. 은행대출금 중 기업대출의 비율은 1991년 88.5%, 1995년 77%에서 2002년에는 45.3%까지 떨어졌다. 이는 결국 대규모 주식을 발행할 수 있는 일부 대기업을 제외한 여타 기업들은 거의 외부자금을 동원할 수 없게 되었다는 것을 의미한다. 주식발행을 통해 자금을 동원할 수 있는 대기업들도 외국인 소유 주식의 비율이 높아지면서 투자에 점점 더 제한을 받게 된다. 외국인 주식소유자는 주로 투자신탁이나 연기금 등 기관투자가들인데, 이들은 기업의 장기적인 성장보다는 배당금이나 주가차액 이득에 관심이 많기 때문에 장기성 대규모투자를 싫어하는 경향이 높다. 결과는 앞에서도 지적한 바와 같은 투자율의 급격한 저하였다. 그 결과 이제 우리 기업들은 노후화된 설비의 개체(改替)마저도 못하는 상황에 이르렀다. 1991~1997년 우리 제조업체의 유형자산(기계, 건물 등)은 연평균 12% 가량 증가했으나, 위기 이후(1998~2002년)에는 연평균 약 3%의 증가에 그쳤다. 그나마 이것도 위기 이후 부채비율을 갑자기 낮추라는 정부정책 때문에 기업들이 자산재평가를 통해 자산가치를 인위적으로 늘렸기 때문이며, 그 효과를 배제하면 우리 제조업체의 유형자산은 이 기간 연평균 2% 가량 감소했다.

2002년에 들어 은행차입이 전년 3조에서 42조로 급격히 늘어난 데 힘입어 우리 기업의 외부자금 조달은 86조로 1996~1997년의 73% 수준까지 회복되었다. 그러나 이렇게 기업금융이 늘었음에도 불구하고 국민소득 대비 투자율은 도리어 2001년의 27.1%에서 26%로 떨어졌다. 그렇다면 2001년의 3조에 비하면 무려 14배, 1996~1997년의 16~17조와 비교해도 2배 반 가량 되는 막대한 은행대출금들이 설비 등 생산적인 곳에 투자되지 않고 어디로 사라졌을까? 지금 부동산시장에서 떠돌고 있는 막대한 유휴자금의 많은 부분이 바로 2002년에 폭발한 은행의 영양가 없는 기업대출의 산물이라는 결론을 내릴 수밖에 없다. 이렇게 볼 때, 현재 문제가 되고 있는 개인신용불량과 부동산 과열 등의 문제도 바로 기업금융의 붕괴라는 맥락에서 이해되어야 한다. 은행들이 수익성과 안전성을 추구하면서 위험성이 높은 기업금융을 피하고 소비자금융에 집중하게 되면서 이곳에서 과당경쟁이 생겼고, 이에 따라 소비자대출이 급증하면서 신용불량자가 양산되었다. 또한 기업대출이 줄어들어 유휴자금이 많이 생기면서 이것이 부동산시장으로 유입되어 부동산 경기의 과열에 일조를 했던 것이다.

4. 자본시장개방의 문제

2003년 봄 소버린의 SK(주) 주식매집 사건을 계기로 본격적으로 시작된 자본의 국적성 논쟁은 1997년 외환위기 이후 공적 자금 투입으로 국유화된 금융기관들의 민영화를 계기로 더욱 가열되고 있다. 2003년 말 현대투자증권의 미국계 자본에 대한 매각이 결정되면서, 투신업계의 외국자본에 의한 지배에 대한 우려가 높아지고 있다. 또 외환위기 이후, 제일은행을 필두로 하여 외환은행·한미은행 등이 외국자본에 넘어가고 국민은행·하나은행의 경우에도 외국자본의 비중이 커지면서, 우리나라의 외국자본에 의한 은행 지배는 아시아 최고이며 OECD에서도 최상위권에 들 정도가 되었다는 사실에 많은 사람이 충격을 받았다. 이에 더해 우리금융지주회사를 인수할 마땅한 국내자본이 없다는 의견이 제기되면서, 은행산업의 외국자본 점령에 대한 위기감이 고조되고 있다.

이렇게 되자, 최근 우리금융지주회사의 민영화에 대비하여 국내자본으로 사모펀드를 구성하려는 움직임이 나타나고 있고, 최근 발간된 한국은행 보고서는 국내에 독자적인 금융자본이 형성될 때까지 은행의 민영화를 연기해야 한다고 주장하기에 이르렀다. 물론 이러한 걱정을 하면 많은 사람들이 이는 감상적인 민족주의에 기초한 발상이라고 비판한다. 1960년 대식 종속이론의 부활이라고도 한다. 그러나 이것은 단순히 감상적인 이야기가 아니라 실증적 자료에 기초한 이야기이다.

세계화의 진전으로 이제 다국적기업을 넘어 초국적기업이 되었다는 선진국의 대기업들의 경우에도 장기전략 수립, 연구개발, 브랜드 관리, 고부가가치상품의 생산 등 핵심 기능은 아직도 거의 전부가 본국에서 행해지고 있다. 최고경영진도 대부분이 본국인이다. 1998년 독일의 다임러 - 벤츠 그룹이 미국의 크라이슬러를 인수했을 때 처음에는 양사의 동반자적 결합이라며 이사회에 독일인 - 미국인 동수를 내세웠지만, 합병 후 이사 11명 중 미국인이 1명밖에 남지 않았다는 것이 그 좋은 예이다. 우리나라의 경우를 보면, 최근 한국은행 보고서가 지적한 대로 외환위기 이후 외국계 자본에 넘어간 은행들은 기업금융을 기피하고 손쉬운 가계금융에 치중하여 우리 경제의 활력을 해쳐왔다. 또 제조업체의 경우, 외환위기 이후 급격히 늘어난 외국인 주주들이 배당을 높이라는 압력을 강하게 행사하여, 기업이 투자를 위해 이윤을 유보할 수 있는 여지를 점점 줄여왔다. 이렇게 외국자본의 이익이 국민경제의 이익과 일치하지 않는 경우가 많다는 것을 알기 때문에, 겉으로는 자본에 국적이 없다고 외치는 선진국들도 실제로는 공식적·비공식적인 방법으로 국내자본을 보호해온 것이다.

미국도 2차대전까지는 자본수입국으로서 외국인 투자를 엄격히 제한했다. 연안(沿岸)해운업에 외국인 투자를 금지했고, 외국인의 토지소유·채광권·벌목권 등을 엄격히 규제했다. 특히 은행의 경우에는 미국에 영주하지 않는 외국인 주주들에게는 투표권을 주지 않았고 외국인이 이사가 될 수 없도록 했다. 제조업체의 경우는 외국인 고용을 금지하여 외국 기업을 차별했다. 뉴욕 주정부는 뉴욕 시를 런던에 맞서는 금융중심지로 육성하기 위해 1880년대부터 외국은행의 업무를 제약하고 1914년에는 아예 외국은행의 지점설치를 금지했다. 지금도 독일·스웨덴·스위스·네덜란드 등 대부분의 유럽선진국들에서는 주요 대기업의 주식을 정부나 정부관련 금융기관이 일정 부분 소유하여 안정지분 확보를 도와주거나, 주식신탁제도나 차등주식제도 등을 통해 비핵심 주주의 의결권을 제한한다든가 하는 방법으로 외국자본에 의한 적대적 인수·합병을 규제하고 있다. 핀란드 같은 나라는 1930년대부터 1993년 유럽연합(EU) 가입 때까지 외국인 소유지분이 20%를 넘는 모든 기업을 위험 기업(dangerous enterprise)으로 공식 지정하여 국가가 특별관리를 했다. 프랑스의 경우는 국영기업을 민영화할 때 정부가 소유하거나 영향력을 행사할 수 있는 금융기관이나 기관투자가들에게 일정한 몫의 주식을 넘겨 외국자본으로부터 주요 기업을 보호해왔다. 일본은 주거래은행, 보험회사, 거래기업, 계열기업 등이 조금씩 지분을 가지는 형태로 50~70%를 안정지분화하여 외국자본을 견제하고 있다.

이렇게 볼 때, 자본의 국적성이 중요함은 백번 강조해도 부족하다. 그러나 자본의 국적성에 대한 논의가 또 다른 극단으로 흘러 국내자본은 무조건 좋다는 식이 되어서는 곤란하다. 국민경제적 관점에서 가장 중요한 것은 어떤 자본이 얼마나 생산성 향상을 위한 장기적 투자를 할 것인가 하는 점인데, 이를 결정하는 것은 자본의 국적만은 아니기 때문이다. 자본의 국적 이외에 그 성격을 결정하는 요인 중에 첫째로 들 수 있는 것은 그 자본이 산업자본인가 금융자본인가 하는 것이다. 같은 국내자본이라고 해도, 설비와 기술로 승부해야 하는 산업자본은 유동성이 높은 금융자본보다 더 장기적인 투자를 하는 경향이 높다. 둘째, 금융자본의 경우에도 어떤 금융자본인가가 중요하다. 같은 금융자본이라고 해도 단기수익을 주된 목표로 하는 펀드형 자본은 은행자본에 비해 국민경제에 득이 덜 될 확률이 높다. 셋째, 산업자본과 금융자본의 상호관계도 중요하다. 같은 은행자본이라도 금융제도나 규제에 따라 산업자본과 밀접한 관계를 맺고 장기적 기업금융을 통해 투자를 촉진할 수도 있고, 기업금융을 회피하면서 고수익의 소비자금융에만 치중하여 투자를 저해할 수도 있다.

물론 자본의 종류에 따라 그 성격이 달라진다는 것은 확률론적인 이야기이지, 절대적인 것은 아니다. 산업자본이 금융자본보다 더 장기적인 관점을 가지고 투자하는 경향이 있다고 하더라도, 경영자가 스톡옵션을 통한 이득을 취하기 위해 단기적으로 주가부양을 할 인센티브가 높거나, 적대적 M&A가 활발하여 주가유지가 중요해지는 경우에는, 산업자본도 단기주의로 흐르게 된다. 반대로 펀드라고 해도 꼭 단기적인 관점만 가지고 행동하는 것은 아니다. 예를 들어 환경문제에 민감한 펀드 중에는 단기적 이익보다는 장기적인 환경친화성을 보고 투자하는 펀드도 있다. 또 다른 예로, 국민연기금이나 최근 정부에서 구상하고 있는 한국투자공사 등 공공성이 있는 펀드라면, 정부정책에 따라서는 은행보다 더 안정적이고 장기적인 투자를 할 수도 있을 것이다. 산업자본과 금융자본의 관계에서도, 제도를 어떻게 만드느냐에 따라 그 결과가 크게 달라질 수 있는 것이다. 독일·일본 등에서와 같이 산업자본과 금융자본이 밀접한 관계를 맺게 되면 장기적 투자를 촉진할 수 있다는 것은 많은 사람이 인정하지만, 지금 우리나라는 재벌이 금융기관을 인수하여 그것을 사금고(私金庫)화할 위험을 고려하여 재벌의 금융기관, 특히 은행소유를 엄격히 규제하고 있다. 그러나 재벌의 은행소유지분 한도를 지금보다 높이더라도, 재벌이 많은 지분을 가진 은행에서 대출을 받는 것을 금지한다든가 하는 방법으로 부작용을 줄일 수도 있다. 그리고 무엇보다도 독일이나 일본처럼 은행이 기업주식을 본격적으로 소유한다면 은행과 재벌 간의 상호견제도 가능하게 된다.

이렇게 볼 때, 중요한 것은 어떻게 제도를 정비하여 장기적 투자를 할 수 있는 자본을 육성하느냐 하는 것이다. 여기에서 자본의 국적성은 매우 중요하지만, 그것만이 판단기준이 되어서는 안 된다. 그 자본이 산업자본인가 금융자본인가, 그리고 금융자본도 어떠한 형태의 금융자본인가, 또 산업자본과 금융자본이 어떠한 관계를 맺고 있는가 등 고려할 점이 많기 때문이다.

5. 주주자본주의의 문제

무엇보다도 현재 개혁정책에서 가장 우려되는 것은 그 궁극적 목표가 주주자본주의(shareholder capitalism)라는 점이다. 주주자본주의는 다음과 같은 논리에 기초하고 있다. 첫째, 기업은 주주의 소유물이고 따라서 주주의 이익을 위해 운영되어야 한다. 둘째, 주주의 이익이란 주가로 표현되는 기업가치의 극대화를 말한다. 셋째, 이러한 기업가치 극대화를 위해서는 적대적 인수·합병이 활성화되어 무능한 경영자를 갈아치울 수 있어야 한다. 넷째, 자본주의체제하에서 기업가치의 극대화는 곧 사회적 이익의 극대화이다. 언뜻 보아 흠잡을 데 없는 논리체계이다. 주인인 주주를 위해 기업이 경영되고 그 결과는 사회 전체에도 이익이 된다는데, 감히 반론을 제기할 수 있겠는가? 그러나 이러한 논리에는 이론적·실증적으로 문제가 많다.

기업의 주인은 주주라는 것은 법적인 해석일 뿐이고, 실제로 영미계 나라들을 제외한 대부분의 선진국에서는 주주란 직접금융의 조달자로서 경영진·노동자·채권자·하청업체·지역사회 등 여러 이해당사자(stakeholder) 집단 중 하나에 불과하다고 보는 견해가 지배적이다. 실제로 대부분의 주주들은 기업의 장기적 성공에 따른 이익보다는 단기적 배당이나 주가차액 이익을 추구하기 때문에, 주주의 이익만을 따르는 것이 기업의 장기적 발전에 좋지 않은 경우가 많다. 그리고 기업의 가치는 주식시장이 가장 잘 판단한다는 가정도 문제가 많다. 18세기 초 영국의 남해회사(South Sea Company)에 대한 투기부터 시작하여 20세기 말 세계를 휩쓴 인터넷 거품까지 지난 300여 년의 자본주의역사는 주식시장이 기업가치의 판단에서 얼마나 비효율적일 수 있는가를 극명하게 보여준다. 특히 기업의 실적이 분기별로 평가되는 주식시장의 속성상 단기주의(short-termism)의 만연은 불가피하고, 이는 설비와 기술에 대한 꾸준한 투자를 통한 경영을 어렵게 한다. 1990년대 초까지만 해도 미국이나 영국에서 주식시장의 단기주의로 인한 기업경쟁력의 저하에 대한 우려가 팽배했던 것은 이러한 이유에서이다. 또한 적대적 인수·합병이 활성화되어야 기업경영의 효율성이 유지된다는 주장도 근거가 희박하다. 일련의 실증연구에 따르면, 어떤 기업이 적대적 인수·합병의 대상이 되는가는 대부분의 경우 그 효율성보다는 그 덩치나 자금동원력에 의해 결정된다. 인수·합병 이후에 기업의 효율성이 증가한다는 증거도 없다. 대부분의 비영미계 선진국들이 지난 50여 년간 적대적 인수·합병 한 건 없이 경제발전을 이룩했다는 점도 이를 뒷받침한다.

그러나 무엇보다도 중요한 것은 과연 주주이익의 추구가 국민경제 전체에 득이 되는가 하는 점이다. 주주자본주의는 글자 그대로 주주의 이익을 추구하는 체제이며, 따라서 주식시장이 교과서적으로 돌아간다고 해도 주주의 이익과 사회적 이익이 일치한다는 보장은 없다. 그러나 앞에서 지적한 바와 같이 주식시장이 단기적 효율성도 담보하지 못하고 더욱이 장기적인 투자를 어렵게 한다면 주주의 이익은 국민경제 전체의 이익과 배치될 확률이 높다.

최근 주주자본주의를 해야 경제가 잘된다는 주장이 지배적이지만, 주주자본주의를 추구한 영국이나 미국은 지난 반세기 동안 경제열등생이었다. 미국은 2차대전 직후 경제적으로 단연 1위 국가였지만, 그 상대적 지위가 계속 기울어져 왔다. 1990년대 말 이른바 미국경제의 부활도 주식시장의 거품에 힘입은 반짝경기에 불과했다. 주주자본주의의 원조라고 할 수 있는 영국은 유럽연합 15개국 중 밑에서 5등 안에 드는 2류 국가로 전락했다. 우리나라도 주주자본주의가 자리 잡으면서 기업의 장기투자가 어려워지고 기업들이 장기적 목표의 추구보다는 경영권방어에 더 힘을 써야 하는 상황이 되어간다. 이런 추세가 계속되면, 아직도 설비와 기술개발에 대한 투자가 절실한 우리 경제의 앞날은 어두울 수밖에 없다. 지금이라도 기업의 경영에서 주주의 이익뿐 아니라 여러 이해당사자의 이익, 나아가 국민경제의 이익이 적절히 고려되는 체제를 건설하는 데 노력을 기울여야 한다. 이는 장기적으로 볼 때 진정으로 주주를 위하는 길이기도 하다. 주주자본주의에 의해 기업과 경제의 장기적 발전이 제약된다면 주주들도 결국은 손해이기 때문이다.

6. 재벌개혁의 대안

그렇다면 현재 추구되고 있는 재벌개혁에 대한 대안은 무엇인가? 한마디로 재벌체제의 장점이 있다는 것을 인정하고, 주주의 이익만이 아닌 국민경제의 이익을 위해 그 장점을 살리면서 단점을 억제하는 것이다.

재벌체제의 장점은 앞에서도 말한 대로 경영권의 중앙집중, 대규모 자금동원력, 위험분산능력 등을 통해 적극적인 투자와 신산업으로의 진출을 용이하게 하는 것이다. 그러나 이는 그만큼 위험도 큰 체제이다. 계열기업 간의 상호보조를 통해 단기적으로는 이익이 없어도 장기적으로는 전망있는 산업을 키울 수 있지만, 장기적으로도 채산성이 없는 기업을 계열사 간 보조를 통해 지탱할 수 있게 해줌으로써 부실을 장기화하고 계열사의 연쇄부실을 가져올 수 있다. 총수로 권한이 집중되어 대규모투자를 과감하고 신속하게 할 수 있는 커다란 강점이 있지만, 이 투자가 실패할 경우그 대가가 크다.

이러한 재벌체제의 단점을 막기 위해서는 현재 개혁에서 추진하는 대로회계의 투명성 제고, 사외이사제도의 도입, 소액주주권한의 강화 등을통한 외부감시 기능을 높이는 것도 도움이 될 수 있다. 그러나 이보다더 중요한 것은 종업원·거래은행·하청업체 등 기업의 내부사정을 잘 아는이해당사자들에 의한 내부감시를 강화하는 것이다. 많은 주주들은 사실상자신들이 투자한 기업의 사정을 잘 모르는 국외자이기 때문이다. 그리고무엇보다도 중요한 것은 총수의 이익과 주주의 이익뿐 아니라 주주의이익과 사회적 이익이 합치할 수 있게 조정하는 장치를 만드는 것이다.특히 우리나라 재벌들은 지금까지 국민의 희생을 바탕으로 한 정부의보조와 보호하에 성장했으며, 따라서 재벌기업들은 총수 가족의 것도 아니지만 주주들만의 것도 아니라는 것을 명심해야 한다. 재벌총수를 통제한다면 그것은 국민 전체의 이익을 위한 것이어야지, 그것이 주주들만의 이익을 위해서이면 곤란하다.

또 재벌체제를 유지한다는 것이 꼭 기존의 총수 가족의 지배권을 보장해 주어야 한다는 것도 아니다. 일본의 경우에서와 같이 가족소유가 없이도 주거래은행제도, 관련사 간 상호 주식소유 등을 통해 재벌체제의 장점을 유지하는 것이 가능하기 때문이다. 그러나 안정지분이 확보되지 않은 상태에서 총수 가족에 의한 통제를 단시간 내에 없애려 하면 재벌구조 자체가 붕괴되고 국민경제의 외국자본에 의한 접수가 일어날 수 있다. 그렇기 때문에 재벌들은 역사적으로 국민들에 대해 자신들이 진 빚을 인정하고 사회적 감시와 통제를 받아들이는 것이 필요하며, 국민들은 이러한 전제하에 재벌들이 안정지분을 확보하는 것을 도와주는 정치적인 대타협이 필요하다. 재벌들의 안정지분 확보를 위해서는 출자총액제한을 완화하고, 지주회사 설립요건을 완화해주며, 재벌들 사이의 상호출자를 시도하고, 일본과 같이 관련기업이나 금융기관의 우호지분 소유를 장려하며, 국민연금의 사용으로 국민지분을 만들어주는 등 여러 가지 방법을 모색할 수 있을 것이다. 이를 대가로 재벌들은 주주자본주의 이론을 통해 자신들의 소유권을 주장하며 사회적 간섭을 피하려는 구태를 버리고 사회적 통제를 받아들여야 한다.

민주사회에서 기업에 대한 사회적 통제는 기본적으로 정부의 산업정책을 통해 이루어져야 한다. 무엇보다도 재벌들이 큰 투자결정을 할 때 정부는 국민경제적 입장에서 이를 감시·조정해야 하는데, 이는 부채비율규제 등 주주 입장에서만 본 금융적인 총량규제를 통해서가 아니라 성장·고용·수출 등 국민경제적 파급효과를 다각적으로 고려한 산업정책적 시각에서 이루어져야 한다. 물론 이 과정에서 주주, 그 외의 이해당사자, 사외이사, 시민단체 등 앞에서 말한 여러 집단들이 정부를 견제하는 것도 필요할 수 있다.

7. 산업정책

산업정책의 부활을 이야기하면 많은 사람이 반대한다. 과거에는 경제가 단순하여 정부의 개입이 쉬웠지만 경제가 복잡화된 상태에서 정부개입은 시장의 효율을 저해한다는 것이 한 이유이고, 또 한 이유는 국가개입은 필연적으로 권력남용과 정경유착 등의 문제를 낳게 된다는 것이다.

경제가 발전되어 민간 부문의 분석력과 집행력이 증대되면서 과거식의 직접적 개입의 필요성이 줄어드는 것은 사실이다. 그러나 우리나라는 아직도 선진국에 비해 30~40년씩 뒤떨어져 있는 중진국으로 정부가 적극적 개입을 할 단계에 있다는 것을 잊어서는 안 된다. 영국·미국을 비롯한 지금 선진국들도 거의 모두 과거에 자신들이 최고 위치에 오르기 전까지는 모두 정부의 보호와 보조 속에 경제를 발전시켰다는 것을 잊어서는 안 된다.

우리는 흔히 영국을 자유무역의 시조로 알고 있지만, 영국이야말로 유치산업보호를 발명한 나라라고 할 수 있다. 특히 1721년에는 영국 최초의 수상인 로버트 월폴(Robert Walpole)의 지도하에 본격적으로 국가 주도 산업화가 시작되는데, 이때부터 19세기 중반까지 영국이 쓴 산업 및 무역 정책은 유치산업에 대한 보호관세 및 보조금지급, 수출품 원재료에 관한 관세 환급, 수출보조금 지급 등 20세기 후반 일본이나 한국이 쓴 정책과 매우 유사했다. 미국의 경우는 한술 더 뜨는데, 유치산업보호론을 세계 최초로 이론화한 사람은 흔히 알려진 바와 같이 독일경제학자 프리드리히 리스트(Friedrich List)가 아니라, 지금도 10달러짜리 지폐를 장식하고 있는 미국 초대 재무장관 알렉산더 해밀턴(Alexander Hamilton)이었다. 해밀턴의 이론은 그의 생전에는 자유무역체제하에서 농산물을 수출하고 값싸고 질 좋은 영국의 공산품을 수입하고 싶어 했던 남부지주들의 저항을 받아

실행에 옮겨지지 못했지만, 1816년 영미전쟁 종식 후 실행에 옮겨지게 되었다. 해밀턴의 이론은 이후 미국이 세계 최고 제조업국가로서 지위를 완전히 굳힌 1945년까지 130여 년간 미국경제정책의 기조를 이루었는데, 이 기간 동안 미국은 35~55%에 달하는 세계 최고율의 제조업 관세를 유지하며 자국산업을 발전시켰다.

그리고 또 한 가지 잊지 말아야 할 점은 경제가 복잡해진다고 정부개입 자체가 불필요해지는 것은 아니라는 점이다. 민간기업은 그 성질상 자신들의 이익만을 보고 행동하므로 정부가 사회 전체의 이익을 위하는 정책을 써야 할 필요는 경제발전단계에 상관없이 상존하는 것이다. 경제발전단계에 따라 개입의 형태가 달라질 수는 있어도 개입 자체가 불필요해지는 것은 아니라는 말이다. 따라서 대부분의 선진국 정부는 아직도 주요 기업 일정 지분의 국가소유, 첨단산업에 대한 연구비보조, 지역개발기금을 통한 특정 산업의 간접지원, 약소국에 대한 통상압력의 행사, 자국에 투자하는 외국 기업들에 대한 비공식적인 압력을 통한 고용창출이나 하청산업육성 등 여러 방법으로 개입을 지속하고 있다. 예를 들어 자유시장경제의 보루를 자처하는 미국도 연구개발비의 60~70%를 연방정부가 보조하며(우리나라의 경우는 연구개발비 중 정부가 부담하는 부분이 약 20%에 지나지 않음) 산업발전의 방향에 막대한 영향을 미치고 있다. 첨단기술 분야에서 미국이 우위를 보이는 항공·컴퓨터·반도체 산업 등의 경우에는 막대한 국방산업연구지원, 제약이나 생명공학의 경우에는 국립보건연구원을 통한 적극적인 연구지원에 힘입은 바 크다.

마지막으로, 정부의 개입이 꼭 권력의 남용이나 정경유착으로 이어지지 않는다는 것도 지적되어야 한다. 프랑스·노르웨이·핀란드·오스트리아 등 둘째가라면 서러울 정도로 민주주의가 발달하고 부패도 적은 선진국들이 지난 50여 년간 은행의 국가소유, 선별적 산업정책, 주요 산업의 국유화,

외국인 투자의 엄격한 제한 등 이른바 한국식 개입주의적 정책을 추구해서 경제적인 성공을 거두어왔다는 것을 우리는 알아야 한다. 이러한 예들은 권력남용과 정경유착을 막기 위해서 반드시 정부의 역할이 축소되어야 하는 것이 아님을 보여준다.

8. 맺음말

1997년 환란 이후 개혁을 추구해온 사람들 중 많은 수는, 그것이 우리 경제를 더 효율적이고 공평하게 만들 것이라는 믿음을 가지고 일해왔다. 그러나 이러한 개혁정책이 추진된 지금, 이들의 이러한 바람은 잘못된 것이었다는 것이 점차 드러나고 있다. 개혁정책을 통한 시장질서의 확대는 바라던 대로 효율성과 공평성을 증대시키기는커녕, 우리 경제의 장기적 활력을 파괴하고 빈부격차와 사회갈등을 증폭시키고 있는 것이다. 일부 개혁론자들은 이러한 결과가 새 체제로의 이행에 따르는 과도기적 현상이 라고 주장한다. 또 다른 사람들은 이것이 정부의 개혁의지 부족에 따른 개혁의 불충분 때문이라고 주장한다. 그러나 이 글에서 우리가 설명하려고 했던 것과 같이, 현재 우리가 목격하고 있는 경제의 문제들은 우리 개혁 아젠더의 근간을 이루고 있는 신자유주의·주주자본주의 체제의 필연적 결과이다. 이제 우리 경제의 개혁방향 자체에 대한 근본적인 질문들을 던져볼 때이다.

한국 경제시스템의 위기와 대안정책

이찬근

1. 핵심을 놓친 위기논쟁

보수언론과 야권에서는 친노동자적이고 반시장적인 정책을 불사하는 노무현 정권의 등장으로 인해 강성 노조의 발호가 심각한 수준에 이르러 투자가 위축되었다는 위기론을 강력히 제기하고 있다. 이에 대해 집권여당과 개혁진영에서는 위기론을 적극 부정하는 모양새를 띠면서 위기냐 아니냐를 놓고 논란이 거듭되고 있다. 그러나 우리 경제가 놓은 현실은 틀림없는 위기상황이다. 1997년 말 외환금융위기 발발 이후 만 7년이 다가오는 현시점에서 국민경제의 구체적 현실은 매우 참혹하다. 성장, 분배, 투자, 일자리가 모두 부진을 면치 못하고 있고, 무엇보다도 실물투자의 장기침체로 일자리의 전망은 보이지 않는다.

그렇다고 보수 측이 주장하는 위기론이 그 근거와 내용에서 옳은 것은 아니다. 그들의 위기론은 사실상 정치공세적 측면이 강할 뿐, 문제의 핵심을 짚고 있지 못하다. 국민경제를 둘러싼 현 위기는 정권의 교체나 경제민주화 욕구의 분출 같은 정치사회적 변동에 따른 것이 아니라, 외환위기 이후 경제의 패러다임을 일본식에서 미국식으로 과격하게 개편하는 과정에서 빚어진 시스템적 위기이다.

이른바 미국식을 전범(典範)으로 경제 전반에 걸친 구조개혁을 추진함에서 자본시장의 규율을 일방적으로 강조하고, 선진 외국자본을 개혁의 파트너로 삼아야 한다는 '외국자본의 순기능론'에 경도되어 국내 자본시장을 준비 없이 무차별 개방한 것이 현 위기의 근본 원인이다.

2. 외자지배가 초래한 우량의 역설

그간 자본시장의 전면개방을 계기로 국내에 진출한 외국자본은 종래 은행 대출자본 위주의 유입형태에서 주주자본 위주로 외양을 크게 바꾸었다. 1992년 주식시장 첫 개방 이후 IMF 위기사태 이전에 14.6%에 불과하던 시가총액 대비 외국인의 주식보유 비중은 2000년 30.1%, 2003년 40.1%로 급증했으며, 이는 일본(17.7%) 대만(23.1%) 태국(32.8%) 등 여타 동아시아 국가들에 비해 월등히 높은 수준이다.

이를 두고 주식시장에 대한 외자지배의 정도가 아직 절반에 못 미쳤다고 안도하는 사람도 있겠지만, 재벌그룹이 지배권 유지를 위해 붙들고 있는 붙박이 주식(계열사 간 순환출자 등)을 떼어놓고 생각한다면 외국자본의 비중은 이미 유동주식의 60%를 웃돈다고 볼 수 있다. 더욱 두드러진 특징은 이들 외국인 투자가 약 700개에 달하는 국내 상장기업에 고르게 분산되어 있는 것이 아니라, 일부 대기업과 시중은행에 집중되어 있다는 점이다. 예를 들면 외국인 투자는 삼성전자, LG전자, 현대자동차, 기아자동차, 포스코, 한국통신, SK텔레콤 등을 비롯해서 10대 그룹 상장사의 약

48.5%의 지분을 인수했고, 8개 시중은행에 대해 평균 65%의 지분을 확보했다. 이로써 외국자본은 예전처럼 빚쟁이로서 단지 채권의 회수를 요구하는 수준이 아니라, 이제는 주주란 꼬리표를 달고 주인으로 행세하면서 주주이익 극대화를 외치고 있다. 이들 외국계 주주자본이 대체로 기관투자자를 중심으로 하는 금융자본이라고 볼 때, 이들은 기업의 정상적인 발전을 지원한다기보다는 포트폴리오의 위험 - 수익관계에 입각해서 단기적 주주이익의 극대화를 노리고 있다.

그 결과 기업이 경쟁상황에서 살아남기 위해 이윤을 창출해야 한다는 정통의 시장경제원리는 허물어졌다. 그 대신에 기업이 창출한 이익을 일방적·전폭적으로 주주를 위해 처분해야 한다는 주주 이익 극대화의 원리가 깊게 자리 잡았다. 바로 이 때문에 외국인이 지배적인 지분을 확보한 국내의 우량기업은 주주를 위한 이익창출에 치중함으로써 이익의 적극적인 재투자를 통한 고용창출을 외면하고 있다. 이것이 바로 국민경제가 '우량의 역설'이란 구조적인 모순에 빠져든 근본원인이다.

당초 외국인 투자는 국내 총투자의 파이를 키워 새로운 일자리를 만들고, 선진 경영기법을 들여와 투명성을 높이고 경쟁력 향상에 크게 기여할 것으로 기대되었다. 그러나 외국인 주주의 단기적 이익욕구는 오히려 기업의 중장기 경쟁력 투자를 제약하고 총투자의 규모를 위축시키고 있다. 가뜩이나 제조업 대국으로 용틀임하는 중국의 위협 속에서 우리 경제는 하루빨리 고부가가치화로 탈바꿈해야 하고, 이를 위해서는 첨단설비투자, 연구개발투자, 교육훈련투자가 적극적으로 이루어져야 함에도 국내 자본시장을 포위한 외국인 주주의 단기주의 압력은 이런 꼭 필요한 투자의 발목을 잡기에 이른 것이다.

3. 국민경제의 투기화

이 외에도 주주이익 극대화의 논리는 국민경제의 투기화를 한껏 부추기고 있다. 브릿지증권, 만도기계, OB맥주의 외국계 대주주들은 유상감자를 통해 유보금을 탈취해갔고, 한미은행을 인수한 시티은행은 국내의 감시장치를 피해 초과이윤을 빼돌릴 목적으로 상장폐지를 시도하고 있다. 뉴브릿지캐피탈은 위기에 처한 제일은행을 인수하는 과정에서 미래의 부실까지도 정부가 책임지도록 풋백옵션을 요구했고, 골드만 삭스는 진로에 대한 기만적 채권매집과 법정관리공방을 불사했고, 조지 소로스가 인수한 서울증권은 고배당을 실시하여 자본을 회수하고 이에 협력한 경영진에게 과도한 스톡옵션을 부여하기도 했다. 이 외에도 타이거펀드와 소버린은 낙후된 재벌지배구조를 개혁한다는 그럴듯한 명분을 내걸고 각기 SK텔레콤과 SK(주)를 상대로 그린메일링, 적대적 M&A의 위협을 통해 초과이윤의 달성을 시도했으며, 론스타펀드는 외환카드 인수과정에서 시장을 교란하고 불법적으로 노동자를 정리해고했다.

그런데 이상과 같은 수탈적 투기행위는 금융공학적인 투기의 개념만으로는 포착하기 어렵다. 금융공학적 관점에서 보면 투기자본은 흔히 행태상 (초)단기적 특성을 띠는 자본을 의미한다. 헤지펀드(사모펀드의 일종)의 행태에서 볼 수 있듯이 투기자본은 일시적인 시장의 불안정성 혹은 시장의 비효율·불균형 현상을 중시한다. 따라서 투기자본은 시계(time horizon)가 매우 짧고, 그 행동이 기회주의적이다. 즉 투기자본은 시간의 경과에 따라 위험이 증대한다고 보기 때문에 가급적 매입시점과 매각시점을 동시화하려고 한다. 이를 가리켜 재정거래(arbitrage)라고 하며, 혹자는 arbitrage trading에 투입된 자본을 투기자본이라고 한정적으로 정의하기도 한다.

그러나 외환위기 이후 (초국적) 금융자본이 실물경제의 건전한 발전을 제약하기에 이른 국내 상황을 감안한다면, 투기성 금융자본을 금융공학적인 관점에서 협소하게 정의하는 것은 문제의 종합적 인식과 대책 마련에서는 바람직하지 못하다. 보다 광의의 관점에서 실물경제의 안정과 발전을 제약하는 자본을 투기성자본으로 정의하고 접근하는 것이 더욱 실천적일 수 있다.

그간 국내에는 실물경제의 정상적인 작동을 제약하는 투기성 금융자본이 자본자유화의 물결을 타고 국내 자본시장에 자유롭게 진입·퇴출이 가능하며, '주주가치극대화의 원리'로 자신들의 이윤추구행동을 정당화하고 있다. 이렇게 국내증시를 장악한 투기성 금융자본은 기업은 주주의 것이고, 이사회와 경영자는 주주이익의 극대화를 최우선으로 추구해야 한다는 이른바 영미식 기업지배구조 개혁을 압박함으로써 실물경제의 건전한 발전과 안정을 제약하고 있다. 따라서 주주가치극대화 원리에 입각한 경영압박과 기업지배구조의 주주편향적 개혁이 투기성 금융자본에 의한 이윤추구를 정당화하고, 급기야 경제 전반을 투기화하는 논리임을 이해해야 한다.

4. 주주자본주의의 법제적 모순

이상의 문제는 금융 주도의 축적체제로 전환한 영미식 경제에 두드러진 현상으로서, 위기 이후 영미식 '자본시장 주도의 경제시스템'을 채택한 우리나라로서는 물질적 선진화가 미완성인 상태에서 금융자본의 덫에 빠져든 형국으로 매우 심각한 우려의 대상이 아닐 수 없다. 최근 OECD가 발표한 소득불평등지수가 가장 높은 4개국이 멕시코, 미국, 한국, 영국이라는 사실은 이를 입증하는 것이다.

기존의 시장중시 신고전파 주류경제학은 시장메커니즘을 통해 최대의 효율과 최대의 성장이 가능하고, 성장은 트리클다운(trickle-down) 효과를 통해 분배문제도 해결한다고 주장해왔다. 그러나 신고전파 경제학의 원조 격인 미국은 오늘날 선진국 중에서 가장 경제가 불평등한 나라로 전락해 있다. 이는 다름 아니라 미국경제가 산업자본주의 단계에서 금융자본주의 단계로 전환하고, 주주이익 극대화에 포획됨에 따라 트리클다운 효과가 발휘되지 않는, 즉 분배적 정의의 가능성이 전적으로 차단된 경제로 탈바꿈했기 때문이다.

미국자본주의의 핵심적인 모순은 주주가치극대화에 따른 주가편중의 단기경영이 실물투자·실물경제 성장을 저해하고 있다는 점이다. 미국이 취하는 사적자본에 대한 극단적인 자유주의적 접근이 모순의 출발점이다. 기업은 사실상 인위적 혹은 가상의 법률적 존재임에도 불구하고, 미국의 법 체계는 기업에게 개인에게 준하는 인격을 부여하고, 인간에게 적용되는 모든 자유와 권리를 허용했다. 바로 이 때문에 양심에 의한 도덕적 통제를 받는 인간과 달리 내재적인 자율규제장치가 없는 기업은 주주가치를 유일한 목표로 추구하고, 그 과정에서 초래되는 모든 외부성의 비용을 무시하고 있다.

게다가 통상적으로 잘못을 저지른 개인에게 그가 가진 것 이상으로 책임을 물을 수 없듯이, 법인격이 부여된 기업에 대해서도 유한책임성이 합법화되어 있다. 따라서 기업이 기업활동을 통해 외부에 아무리 큰 희생을 초래하더라도 기업은 자신이 보유한 자산의 범위 내에서만 책임을 지며, 기업의 주인인 주주에 대해서도 그가 투입한 주식자본 이상으로 책임을 물을 수 없다. 이러한 기업과 주주의 유한책임성은 기업으로 하여금 비용을 가급적 외부에 전가하는 행동을 유발하며, 이로 인해 도덕적 해이가 만성적으로 초래될 수 있는 구도가 허용되었다.

물론 기업을 끌고 가는 이사진과 경영진이 일반시민과 달리 도덕성과 사회성이 없는 인간이라고 볼 수는 없다. 그럼에도 불구하고 이들이 도덕성과 사회성을 발휘하지 못하는 까닭은 이들에게 도덕적·사회적 선택의 여지가 부여되어 있지 못하기 때문이다. 이들에겐 주주 이익 극대화란 목표가 일방적으로 주어져 있고, 이들이 운신의 폭으로 누릴 수 있는 것은 단지 목표를 달성하기 위한 수단을 선택하는 영역에서일 뿐이다. 이들이 아무리 도덕적·사회적인 판단을 중시하려 해도, 이것이 주주 이익 극대화란 목표와 충돌한다면 즉각 보류되어야 한다. 기업이 도덕성과 사회성을 추구하는 것은 비용을 수반하기 때문에 재무적인 합리성의 제약을 받기 때문이다.

　미국의 기업법은 주주 이익 극대화에 짜 맞추어져 있으며, 이를 관철하는 법적 장치는 세 가지이다. 다름 아니라 주주만이 배타적으로 보유한 의결권, 파생적 소송권, 기업매각권이다. 이로써 주주는 의결권을 갖고 이사와 경영진을 교체할 수 있으므로, 이사와 경영진은 주주의 이익에 포로가 될 수밖에 없다. 또한 이사와 경영진에게는 신의성실 의무(fiduciary duty)가 규정되어 있고, 이것이 지켜지지 않을 경우에는 주주가 이들을 상대로 소송을 걸 수 있다. 그리고 주주는 가장 높은 값을 지불하는 자에게 기업을 매각할 수 있다. 기업의 인수합병 및 자산매각은 이사회의 결의를 거쳐야 하지만, 주식공개매집(tender offer)의 경우에는 주주가 이사회의 동의 없이 기업을 매각할 수 있다. 물론 기업의 적대적 인수에 대해 경영자와 이사회는 몇 가지 방어장치를 갖고 있지만, 이것의 효력은 크게 제한된다. 방어장치의 발동이 진정으로 주주의 이익을 위한 것인지, 아니면 이사와 경영자의 자리 지키기를 위한 것인지 법원의 판단을 받아야 하기 때문이다.

5. 주주에 의한 수탈체제

오늘날 미국에서는 기관투자자의 비중이 크게 확대되어 1,000대 기업에 대해 약 58%의 지분을 보유하고 있다. 학자들은 이러한 기관화 현상을 두고 드디어 책임 있는 주주가 나타나 기업의 도덕성과 사회성을 감시할 수 있을 것이라며 큰 기대를 걸었다. 그러나 지금까지의 기관투자자의 주주행동주의는 기대에 크게 못 미친다. 이들이 적극적인 행동을 보일 유인이 뚜렷치 않을 뿐만 아니라, 설혹 행동을 취한다 해도 주주 이익 극대화의 범주를 벗어나지 못하기 때문이다.

미국 내 전체 7,500개의 뮤추얼펀드 중 사회적 책임투자(socially responsible investment)의 절차를 도입한 경우는 불과 175개사이며, 이들의 사회성 점검은 담배·도박·술·무기를 취급하는 회사에 대한 투자를 거부하는 수준에 불과하다. 또한 교사들의 연기금인 TIAA-CREF와 공무원 연기금인 CalPERS의 경우 투자자의 공익적 신분에 비추어 사회적 책임투자를 적극화할 것이라는 기대가 크지만, 이들의 관심은 여전히 재무적 성과와 주가에 집중되어 있다. 이들 양 연기금이 지금까지 채택한 주주결의안의 대부분은 이사진의 개편 혹은 적대적 인수합병 시 경영자의 방어수단 발동을 막기 위한 것으로서 주주 이익 극대화의 범위를 벗어나지 못한 것이다.

이렇게 미국의 주주자본주의는 자본의 극단적 이기주의를 허용하는 방향으로 흘러가고 있다. 따라서 미국경제의 현실은 향후 우리 경제가 궁극적으로 도달할 지점이 얼마나 암울한 형세일 것인가를 말해준다. 매사추세츠 대학 크로티(J. Crotty) 교수의 연구결과에 따르면 미국의 비금융업체가 창출한 순이익의 70~80%는 철저히 주주자본의 이익을 위해 처분되고 있다. 즉 창출한 이익을 사내유보해서 미래를 위한 재투자에 사용하는 정상적인 기업성장의 메커니즘이 붕괴되고, 기업을 구조조정해서 최대한으로 이익을 짜낸 후 이를 배당금 지급, 자사주 매입, 스톡옵션 형태로 주주자본과 경영자가 나누어 갖는 다운사이징 - 주주 이익 극대화의 메커니즘이 작동하고 있다.

과연 우리는 미국식 모델을 그대로 따라야 할 것인가. 미국은 주주를 위한, 즉 금융자본을 위한 경제로 자리 잡았고, 그 결과 인내하는 자본(patient capital)의 부족으로 제조업이 황폐화되고 선진국 중에서 가장 빈부 격차가 심각한 사회로 전락했는데, 우리도 대책 없이 이런 길을 따라야 하는 것일까.

6. 잘못 꿴 첫 단추

왜 이런 일이 발생한 것일까. 첫 단추가 잘못 꿰어진 것은 다름 아닌 1997년에 발생한 외환위기에 대한 잘못된 진단이다. IMF - DJ는 물론 학계 - 시민단체까지 모두 한 목소리로 내부적 결함 때문에 위기가 발생한 것으로 진단했다. 지난 25년 동안 금융의 투기화로 인해 세계 각국에서 무려 100여 차례에 걸쳐 외환금융위기가 속발·빈발해왔음에도 불구하고, 우리나라에서는 이런 외부적 조건의 모순은 일체 접어놓고 재벌체제 - 정경유착 - 관치금융의 구체제가 과잉투자를 초래함으로써 위기를 초래했다는 내부적 결함만을 집중 추궁했다.

채권자의 이해관계를 대변하는 IMF는 당연히 내부결함론을 지지했고, 약체정권으로 출발한 DJ는 구정권을 무력화시키기에 유리하다는 정치적 계산하에 내부결함론을 지지했고, 종래 재벌성토에 앞장서 온 학계와 시민단체는 재벌 후려치기의 절호의 기회로서 내부결함론을 지지했다.

그 결과 구체제의 해체를 위한 대수술이 이루어졌고, 그런 가운데 외국

자본은 한국경제의 개혁과 선진화에 기여할 전략적 파트너로 인정받았다. '자본시장개방론 - 외자순기능론'은 이렇게 형성되었고, 고삐가 풀린 외국자본은 주주라는 꼬리표를 달고 이 땅에 들어와 주주가치극대화를 외치며 단기적 이윤 챙기기에 나섰다. 그렇게 주식시장과 은행권은 외자에 접수되었고 한국경제는 성장의 동력을 상실한 채 '창틀에 갇힌 작은 용'이 되고 말았다.

7. 금융개혁의 완전한 실패

국내금융권은 재벌 - 정경유착 - 관치금융으로 얽힌 연결고리의 한 매듭으로서 외환금융위기를 초래한 주범으로 인식됨으로써 그간 엄청난 구조개혁을 강요당했다. 그 과정에서 금융의 중심축을 은행에서 자본시장으로 이동하려는 시도, 전면적인 외자지배를 허용하려는 시도, 금융기관 간의 무차별 통합을 통한 대형화 시도가 이루어졌다.

대안연대 등 진보적 전문가진영의 일각에서는 금융은 원천적으로 실물경제의 지원산업임에도 불구하고 급격한 자본시장 중시의 개혁은 실물경제와 금융을 괴리시킴으로써 기업금융의 위축을 가져와 제조업의 경쟁력을 훼손할 수 있으며, 국내 금융산업은 앞으로도 상당 기간 로컬산업의 한계를 벗어나지 못할 것이므로 외자지배와 대형화는 독과점화와 위험과다 회피 등 역기능이 오히려 클 수 있다고 경고해왔다.

그러나 정부 측에서는 금융산업은 중국과 차별화할 수 있는 21세기 고부가가치 전략산업이므로, 윔블던화의 위험을 감수하더라도 자본시장을 적극 개방하고 선진 금융기관을 유치해야 하며, 금융의 수익성 강화를 위한 대형화를 허용해야 한다는 입장을 취해왔다. 결국 금융개혁은 정부의 뜻대로 이루어졌고, 그 결과 이상 세 가지 줄기의 금융개혁은 금융시장의 불안, 투자의 위축, 금융배제의 문제를 심화시키면서 모두 실패로 끝난 것으로 보인다. 그 판단의 근거는 다음과 같다.

첫째, 은행에서 신용대출도 변변히 못 받아온 기업이 절대 다수인 상황에서 불특정 다수의 시장참가자에게 자신의 신용을 입증해 재원을 조달해야 하는 자본시장 중심으로 금융의 중심축을 이동시키려 한 것은 국내 기업현실을 도외시한 조치였다. 그 결과 '국내저축 - 국내투자의 연계관계'가 더욱 단절되었다.

둘째, 전면 외자지배체제에 들어간 은행권은 수익성 지상주의에 빠져 기업금융을 외면하고 가계금융에 치중함으로써 미증유의 가계금융파탄을 초래했으며, 카드사태와 같은 시스템적 위기상황에서도 주주이익만을 의식해 최소한의 위험분담을 기피함으로써 '금융시장 안정화'를 저해하고 있다.

셋째, 국내에서 이루어진 은행 대형화는 고객기반·지역기반·사업기반에서 하등의 차별성이 없는 시중은행 간의 합병이 대부분으로서 원천적으로 시너지의 가능성이 없을 뿐만 아니라, 조직문화의 충돌로 인해 최소한의 규모의 경제효과도 상쇄시키며 오히려 독과점화의 폐해, 사업의 단작화(monoculture)에 따른 수익성 급등락 현상만 심화시키고 있다.

8. 난센스 재벌개혁

금융개혁만이 아니라 재벌개혁 또한 외자지배라는 국민경제의 새로운 변화를 적극적으로 고려하지 못한 채 오랜 관성에 의해 그대로 추진되고 있다. 때문에 재벌개혁은 여전히 경제정의적 관점에서 재벌총수의 지배권을 압박하는 데 중점을 두고 있을 뿐, 외자지배에 따른 국민경제의 전략적 자유의 제약이란 문제를 적극적으로 인식하지 못하고 있다.

현행 재벌개혁방식의 이러한 한계성은 2003년 4월에 발생한 SK(주)에 대한 외국계 투기자본, 소버린의 지배권 위협사건을 계기로 한때 표면화되기도 했다. 논쟁의 한 축인 참여연대는 국민경제의 최대 모순은 경제민주화의 발목을 잡고 있는 기득권적 재벌이며, 국내외 자본 모두가 독과점적 이익을 추구한다는 점에서 자본의 국적을 구분하는 것은 무의미하다고 주장했다. 이런 관점에서 참여연대는 주주가치에 입각한 자유시장주의적 재벌개혁을 지지하며, 이는 자본주의 발전에서 꼭 딛고 가야 할 단계이자 현 상황에서 별다른 대안이 없으므로 필요에 따라 외국자본을 재벌개혁의 지렛대로 삼아야 한다는 입장을 취한다. 이에 대해 대안연대 측은 국민경제의 최대 모순은 자본자유화 이후 초국적금융자본에 의해 국민경제가 장악된 것이며, 재벌은 여러 가지 파행성에도 불구하고 사회적 국민적 요구를 근본 부정할 수 없다는 점에서 일정 수준 국적자본의 성격을 띤다고 주장했다. 이런 관점에서 대안연대는 외국자본에 의한 물적 기반의 파괴 현상이 매우 심각하므로 이상론적인 주주가치방식의 재벌개혁을 지양하고, 외자로부터 국내재벌의 지배권을 지킬 수 있는 새로운 대안을 모색해야 한다는 입장을 취한다.

그러나 이러한 논쟁에도 불구하고, DJ 정부에 이어서 현 정부 내 재벌개혁방침은 대체로 참여연대 측의 입장과 대동소이하다. 이들은 여전히 외자 순기능론에 경도되어 있으며, 도대체 한국의 재벌을 외국자본에 넘겼을 때 국민들의 삶에 무엇이 좋아지는 것인가란 의문에 답하지 못하고 있다. 즉 이들은 재벌이 갖는 두 가지의 특징을 제대로 이해하지 못하고 있다. 재벌에겐 각종 탈법·불법을 일삼아 유지해온 족벌세습구조라는 경제정의에 어긋나는 단점만 존재하는 것이 아니다. 재벌에겐 복합그룹경영을 통해 내부 자본시장, 내부 경영자시장을 형성함으로써 대규모 위험사업에 대한 위험분담자로서 기능해왔다는 장점이 동시에 존재한다. 따라서 외자에 의한 재벌사의 적대적 인수는 복합적인 의미를 갖는다. 특히 외자인수로 인해 재벌이 해체될 경우, 재벌의 단점이 시정된다는 긍정적인 측면 외에도 재벌구조를 통해 그간 한국경제가 누려온 차별적인 강점까지도 파괴된다는 사실에 심각한 문제가 있다.

9. 스웨덴 좌파의 실용주의적 선택

국민경제의 총체적 파탄, 경제의 투기화 만연 그리고 파행적 금융개혁과 난센스 재벌개혁이란 현실인식에 비추어볼 때, 영미식 일변도의 시스템개혁에 대한 근본적인 반성이 요구되지 않을 수 없다. 대안연대와 제도경제연구회 등 진보진영의 일각에서는 그간 영미식 자본주의의 결함에 대한 연구, 유럽대륙형 자본주의의 차별적 특성에 대한 연구 등을 통해 '자본주의 시장경제의 다양성'을 제기함으로써 국가적 위기상황에서 제도적·정책적 상상력을 확대할 필요가 있음을 역설해왔다.

이와 관련 새롭게 관심을 끈 것은 유럽의 소국이다. 유럽의 소국인 스웨덴·핀란드·네덜란드·스위스 등은 유럽의 대국인 영국·프랑스·독일·스페인·이탈리아보다 잘살거나 삶의 질에 손색이 없다. 이들 나라가 매우 개방적인 나라라고 알려져 있지만, 그렇다고 세계적인 기업을 키우고 경제력을 높이는 데 외국자본에 크게 의존한 것은 결코 아니다. 유럽소국을 선구적으로 연구해온 피터 카젠슈타인(Peter Katzenstein)은 이들 유럽소국들은 개방을 원칙적으로 수용했으나, 경제대국과 달리 국적자본을 키우고 다스리는 방식으로 다양한 국내적인 조절장치를 마련함으로써 개방의 코스트를 최소화하면서 국민경제의 안정적 발전을 기했다는 점을 중시한다. 예를 들면 비가 오는 날을 대비해서 국내기업들로 하여금 투자적립금을 쌓아두게 한다거나, 국적은행을 통해 지역 - 산업정책을 추진했다거나, 노동자의 경영참여를 통해 사회적 통합을 이루어냈다거나 혹은 유력기업의 지배권을 보호하는 대신 자본의 사회적 책임을 추궁했다는 점을 이들 나라의 차별적인 대내적 조절장치로서 높이 평가한다.

미국 같은 경제대국이야 개방을 해도 그 충격이 경제규모에 비추어 별로 크지 않아 개방코스트의 흡수가 용이하고 게다가 필요에 따라서는 패권적 지위를 이용해서 타국에 코스트를 전가할 수 있으므로 이렇다 할 대내적 조절장치의 마련이 필요하지 않았지만, 경제소국으로선 대외개방과 대내조절을 교차시키는 노력이 필요했을 것이라는 탁월한 분석이다.

이들 유럽소국은 그간 높은 수준으로 자본시장을 개방했지만, 그렇다고 주요 기업의 지배권이 외국자본에 넘어갔다고 볼 수 없다. 이른바 주요 기업과 금융기관에 대한 '자본의 국적성'이 두루 관찰된다. 자본이란 모름지기 이윤을 추구한다는 점에서 동질적이지만, 그러나 국민경제와 사회의 공동체적 이익의 관점에서는 일정 수준 통제성을 가질 수 있는 혹은 사회적 책임을 요구할 수 있는 자본이 무엇인가를 잣대로 자본의 국적성을 논의할 수 있다.

이와 관련 스웨덴의 발렌베리(Wallenberg) 재벌의 존재는 매우 흥미롭다. 발렌베리 재벌은 150년의 역사를 갖고 5대째 이어지고 있는 재벌로서, 산하의 14개 상장기업이 스웨덴 주식시장 시가총액의 50%를 차지할 정도로 그 규모가 막대하다. 우리에게 잘 알려진 에릭슨, 엘렉트로룩스, 사브, 스카니아, ABB, SE은행 등이 대표적인 그룹기업이다. 발렌베리 재벌도 우리나라 재벌과 다름없이 소액주주로서 피라미드 소유구조를 통해, 또한 재벌가문에 대한 특혜성 차등주식(주당 의결권이 10~1,000개인 주식)을 통해 지배권을 유지하고 있다. 도대체 1932년 이후 무려 70년간 집권해온 스웨덴의 진보적인 사민당 정권은 어떻게 이런 경제정의에 정면으로 어긋나는 재벌의 존재를 용인한 것일까.

스웨덴의 사민당 정부는 한때 발렌베리 가문의 기업들을 국유화하는 방안을 검토하기도 했으나, 치열하게 국제경쟁을 벌여야 하는 이들 기업을 공무원에게 맡길 수 없다고 인식했다. 그러던 중 1930년대 내내 세계대공황의 여파로 스웨덴경제가 휘청거리자 사민당은 마침내 발렌베리 등 재벌 가문에게서 국민경제에 공헌한다는 약속을 받고 지배권을 인정하기에 이른다. 이른바 1938년의 살췌바덴 협약에는 이런 고뇌가 녹아 있다. 이로써 발렌베리는 지배권의 대가로 노동권을 인정하고 양질의 일자리, 기술투자, 85%의 높은 소득세를 납부한다는 사회적 협약을 받아들였다. 이것이야말로 스웨덴 국민과 좌파정권의 현명한 실용주의적 선택이었다. 만약 차등주식을 폐기함으로써 발렌베리 계열의 기업들이 속속 외국자본에 팔려나갔다면 사민당은 결코 이처럼 파격적인 사회적 약속을 받아낼 수 없었을 것이다. 공동체의 이익이란 관점에서 자본의 국적성을 인정한 스웨덴의 지혜는 오늘날 기득권의 해체에 쏠려 있는 우리나라의 경제개혁에 큰 귀감이 아닐 수 없다.

10. 상상력의 해방을 통한 해법의 모색

이상과 같은 문제의식에 비추어 우리나라가 추진 중인 경제사회개혁은 근본적으로 방향을 수정할 필요가 있다. 그간 우리나라의 개혁논리는 세계적 추세에 맞추어 영미식 자유주의에 입각한 자유시장경제논리로 연고주의와 도덕적 해이에 빠진 구체제를 개혁하자는 것이었으나, 이는 외자지배의 모순을 극대화함으로써 국민경제의 파탄을 초래한 것으로 판명되었다. 그 대안으로 진보진영의 일각에서 제시한 것은 유럽식 사민주의에 입각한 사회적 시장경제의 논리였으나, 이 역시 미국의 과잉 패권주의, 자본시장의 폭주란 엄혹한 현실조건에 비추어볼 때 그 원형적인 적용이 불가능하다고 보아야 한다. 이에 우리나라 경제사회가 지향해야 할 실사구시의 노선은 절충적인 형태로서 '경쟁적 사민주의' 혹은 '사회적 자유주의'와 같은 한국판 제3의 길이 되어야 한다고 판단된다. 그 주요한 방향성은 다음과 같다.

첫째, 영미식 개혁이 우리 몸에 맞지 않다고 해서 영미식 스탠더드를 완전히 거부할 수 없는 것이 우리의 현실이다. 무엇보다도 미국의 강력한 영향권 아래에 있는 한국은 자본시장개방과 이를 통한 외자의 강도 높은 개입을 거부하기 어렵다고 보아야 한다. 또한 국내적으로도 국민연금의 천문학적인 규모팽창에서도 확인되듯이 우리 내부의 사정에 의해서도 경제의 금융화 추세가 불가피하므로, 향후 자본시장의 존재를 인정하는 방향에서 경제의 안정화를 위한 정책대안을 마련할 필요가 있다.

둘째, 개방을 대전제로 인정하되 국민경제의 안정화를 도모할 목적으로 다양한 대내적 조절장치를 마련해야 한다. 자본은 속성상 이윤을 추구한다는 점에서 동일하지만, 사회적 목표의 달성과 경제의 안정화를 추구함에서 이에 협력하는 자본과 그렇지 않은 자본을 구분하는 것은 가능하다. 따라서 '자본의 도덕성'과 별개로 '자본의 국적성'이 일부 존재한다는 점을 인식하고 사회적 통제를 수용하는 국내자본을 대상으로 소유지배권의 안정을 기할 필요가 있다.

셋째, 미국의 강력한 영향력하에서 자본시장의 개방을 숙명으로 받아들여야 하는 제약조건을 인정하는 가운데 국민경제의 성장동력을 회복하고 동시에 사회적 형평성을 높일 수 있는 방안은 국내의 보수진영(대자본)과

진보진영(노동) 간의 '사회적 대타협'을 이루어내는 것이다. 그간 주주가치 패러다임이 고착화됨에 따라 금융 부문은 전면 실물경제와 유리되었고, 국내의 재벌자본은 지배권을 위협받기에 이르렀고, 국민대중은 일자리의 전망을 상실했으며, 정부는 정책적 운신의 폭을 상실한 채 좌불안석이 되어 있다. 바로 이러한 상황은 한국판 사회적 대타협을 가능케 하는 공간이다.

11. 몇 가지 구체적인 대책

사회적 대타협은 문제해결의 접근방식을 의미할 뿐이며, 중요한 것은 무엇을 대타협의 내용으로 삼을 것인가에 있다. 목표는 국민 대다수의 삶의 질을 높이는 것이고, 이를 위해서는 지속적인 성장과 동시에 형평성을 높이는 방안이 강구되어야 한다. 이때 제약조건이 되는 것은 자본시장의 존재이고, 자본시장을 통한 주주의 단기적 압력이다. 따라서 구체적 정책 대안은 자본시장의 존재를 인정하되, 주주 이익 극대화의 한계를 극복할 수 있는 것이어야 한다. 그래야만 위험의 적극적인 분담이 가능해짐으로써 인내하는 자본이 공급되고, 중장기 경영이 재차 확립될 수 있기 때문이다. 필자는 구체적 대안정책을 다섯 가지로 정리하고자 한다.

첫째, 사회적 책임을 전제로 비금융계열사에 대한 재벌의 지배권을 인정해야 한다. 재벌의 내부자본시장은 그간 자원의 내부적 배분과 집중을 통해 인내하는 자본을 공급함으로써 자동차·반도체와 같은 대규모 위험사 업을 가능케 하는 장치이다. 따라서 국내자본시장의 발전이 아직 취약하다 는 점을 감안할 때, 복합그룹체제를 통한 재벌의 내부자본시장 기능이 갖는 장점을 인정해야 한다. 단 이러한 조치는 재벌의 사업영역이 비금융권에 한정된다는 조건하에서 이루어져야 한다. 그간 제2금융권을 중심으로 이루어져 온 재벌의 금융사지배는 사금고로서의 폐해뿐만 아니라 은행과 제2금융권의 유기적인 결합을 제약함으로써 겸업화·복합화를 통한 금융산업의 발전을 가로막는 요인이므로 이를 시정해야 한다. 이는 금융전업그룹이 발전할 수 있는 중요한 조건이다. 한편 재벌계금융사의 분리과정에서 재벌의 지배권이 불안해질 수 있으므로, 비금융계열사에 대한 지배권안정에 대한 특단의 배려가 필요하다. 이러한 특혜를 대가로 재벌은 사회적 공헌을 제도화해야 한다. 재벌은 그간 국가적 지원과 국민적 희생 덕분에 발전할 수 있었으나, 이제 글로벌 경쟁논리로 인해 고용창출의 기제로서 한계에 봉착해 있다. 따라서 재벌은 사회적 타협의 관점에서 이윤의 일정비율을 사회공헌기금 혹은 주력업종의 발전기금으로 출연해야 한다. 이렇게 조성된 재원은 무엇보다도 고용창출에 큰 몫을 하는 중소기업의 역량확충을 위한 재원으로 사용해야 하며, 특히 중소기업의 금융접근성을 높일 목적으로 금융기관이 중소기업관련 신용정보시스템을 정비하고 담당인력(RM)을 확충하고 신용정보를 축적하는 데 사용할 수 있다.

둘째, 주요 금융기관에 대한 안정주주화가 필요하다. 특히 우리금융지주, 한투·대투의 해외매각은 국내금융권에 대한 외자지배를 완결짓는 것으로서 실물경제와 금융 간의 연계성을 더욱 파괴하고, 나아가서는 국민경제의 물적 기반 붕괴를 가속화시킬 것이므로 이를 강력히 저지해야 한다. 이로써 몇 개 남지 않은 주요 금융기관에 대한 지배권을 국내에 유지함으로써 국적자본 - 외자의 최소한의 균형 잡힌 경쟁구도를 구축하고, 금융권의 안정을 기해야 한다. 그렇다고 국내산업자본에 의한 금융기관 추가인수를 허용해서는 안 된다. 정부당국이 금융기관을 감시·감독하고 금융기관이 기업체를 감시·감독하는 것이 시장경제체제 내에서의 위험관리를 위한 역할분담이므로, 산업자본이 금융자본을 인수하는 것은 이 같은 대원칙을 부정하는 것으로서 금지해야 한다. 특히 재벌에 의한 금융기관 인수 및 보유는 재벌의 위험과 금융기관의 위험을 중첩시켜 국민경제의 위험을 가중시킨다는 점에서도 철저히 불허해야 한다. 다른 한편 우리금융지주, 한투, 대투에 대한 국내적 인수대안으로서 토종 사모펀드(PEF) 조성방안이 제기되었으나 사모펀드가 특성상 투기적 금융자본의 속성에서 자유롭지 못하다는 점에 비추어 새로운 국내적 인수대안을 모색해야 한다. 남아 있는 대안은 많지 않다. 노후생계자금인 국민연금을 주식에 투자할 수 없다는 연금운용에 대한 보수성의 원칙도 중요하지만 연금의 전략적 활용이 국민경제 안정화의 중요한 대안이라면 운명공동체적 관점에서 유연하게 접근할 필요가 있다. 필요하다면 국민연금의 주식운용을 재무목적의 효율적 자산운영과 공공목적의 전략적 자산운용으로 회계를 구분하고, 전략적 자산운용을 통해 주요 금융기관에 안정주주로 출자토록 할 수 있도록 해야 한다.

셋째, 주식시장을 교란하고 국부를 탈취하는 투기행위에 대한 감시 및 규제책을 마련해야 한다. 외환위기 당시 외환시장을 교란하는 투기행위에 대해서만 관심이 집중되었으나, 이제는 주식시장에 참여하는 금융자본의 파행성에 관심을 집중해야 한다. 이를 위한 방안으로서 유상감자, 고배당 등 계속기업의 원칙을 위배하는 투기적 행위에 대해 정부가 조사권을 발동할 수 있어야 하며, 주식시장에 대해 최소한 선진국 수준으로 주식거래세, 자본이득세를 도입해야 한다. 이 같은 대책은 국내주식시장을 폐쇄하겠다는 것이 아니라, 주식시장의 건전성을 높이기 위한 최소한의 조치임을 이해해야 한다. 한편 선진 각국의 사정에 비추어볼 때, 오늘날 주식시장은 유통시장의 기능에 치우쳐 신규자본의 조달원으로서의 역할이 미미하므로, 국내의 자본시장 육성은 방향을 주식시장 중심에서 채권시장 중심으로 바꾸어야 한다. 이런 채권시장의 육성은 동북아 전진기지 개발 및 국토균형

발전이라는 시대적 과제를 추진함에서 인프라 조성 재원의 적극적인 조달
원으로서 중요한 의미를 가질 수 있다.

넷째, 금융 대형화가 아니라 금융 겸업화를 체계적으로 추진해야 한다.
우리 경제가 추구해야 할 금융의 경쟁력은 경쟁질서를 왜곡시키는 대형화
가 아니라, 은행과 자본시장을 유기적으로 결합시키는 겸업화이다. 따라서
시너지효과를 원천적으로 기대할 수 없는 방향으로 이루어진 대형화에
대해서는 분할과 같은 특단의 시정조치를 요한다. 한편 자본시장 육성의
불가피성과 금융의 겸업화추세, 근접자본으로서의 관계금융 강화 필요성
에 비추어볼 때, 가장 시급한 것이 복합상품 판매능력, 컨설팅능력을 갖춘
금융인의 양성이므로, 금융기관은 단기수익극대화 논리에 치우쳐 인원
구조조정에 급급할 것이 아니라 인력이 전략적인 자원임을 재인식하고
사내에 소정의 여유인력 풀을 유지함으로써 체계적인 교육훈련프로그램
을 개발하고 적극적인 교육투자를 아끼지 말아야 한다. 이러한 금융 인적
자원의 육성을 통해 금융기관은 기업고객 관리자(RM)를 대거 확충함으로
써 상시적 정보채널을 가동해 정보의 비대칭성을 해소하고 정성적인 신용
평가능력을 높여 근접자본으로서 기업고객의 니즈에 다각적으로 부응할
수 있다.

다섯째, 주주 - 경영자 - 정규직 노동자 간의 이윤 갈라먹기의 고리를
끊어야 한다. 스톡옵션은 경영자를 주주가치 패러다임에 포획시킴으로써
기업의 사회적 역할을 포기토록 하는 장치이므로, 주주 - 경영자 간의 이윤
갈라먹기의 고리를 끊을 목적으로 스톡옵션의 행사를 규제해야 한다. 이의
한 방안으로서 스톡옵션 행사는 발급 후 일정기간 경과 후에 가능토록
하고, 동 기간 중 자산매각·정리해고 등 무리한 이윤창출 행위가 있었을
경우 스톡옵션의 행사를 불허할 수 있다. 한편 미국식 기업지배구조는
주주에게만 발언권(voice option)과 이탈권(exit option)을 모두 보장하고, 종

업원에게는 발언권과 이탈권을 일체 부정하는 왜곡된 형태이므로, 종업원의 소유지분을 높여 소유구조의 안정을 기함으로써 주주가치 패러다임의 일방적인 전횡을 저지하고 종업원발언권을 통해 중장기경영을 구축할 필요가 있다. 이를 위해서는 우리사주제도의 적극적인 개혁을 통해 종업원이 자신의 현금부담으로 지분을 확대하는 기존의 방식이 아니라, 기업이 창출한 경영성과의 일정 비율을 우리사주조합에 주식으로 출연토록 해야 한다. 이는 미국식 종업원지주제도(ESOP)의 도입을 의미하나, 우리나라의 경우에는 미국식 ESOP에서는 매우 제한적으로 허용된 종업원경영참여를 더욱 적극적으로 허용할 필요가 있다. 단 치열한 경쟁환경에서 경영자에 의한 독립적인 경영판단의 원칙도 중요하므로, 종업원의 경영참여는 경영개입의 방식보다는 경영감시를 위주로 하는 것이 바람직할 것이다.

재벌개혁 논쟁과 스웨덴 모델

신정완

1. 머리말

최근에 재벌개혁의 방향을 둘러싸고 참여연대와 대안연대회의(이하 '대안연대') 사이에 논쟁이 뜨겁게 전개되어왔다. 이 논쟁은 참여연대의 소액주주운동에 대한 대안연대 소속 일부 학자들의 강력한 비판으로 시작되었다.[1] 이들에 따르면 참여연대가 주도해온 소액주주운동은 이념적으로는 기업경영의 원리로서 주주가치경영을 최우선시하는 주주자본주의(shareholder capitalism)를 지향하고 있다는 점에서 문제가 있을 뿐 아니라, 특히 IMF 경제위기 이후 진행된 자본시장의 전면개방과 결합되어 결과적으로 해외금융자본, 특히 투기적 금융자본의 이익에 봉사해왔다는 것이다. 그리고 과거 재벌기업 및 재벌총수의 행태에 비판받을 점이 여럿 있는 것은 사실이나, 참여연대는 재벌기업이 한국경제의 고도성장에 크게 기여해온

---

[1] 참여연대에 대한 비판에 적극적으로 참여한 대표적인 대안연대 소속 학자로는 이찬근 교수, 장하준 교수, 정승일 박사를 들 수 있다.

점을 무시하고 있는데다 재벌기업을 대신할 만한 새로운 성장동력도 형성되지 않은 상태에서 재벌총수의 소유지배권을 급속히 약화·해체시키는 방향의 재벌개혁을 주장함으로써 국내의 중추기업과 중추산업을 해외자본, 그것도 투기적 금융자본의 수중으로 넘기는 결과를 가져오기 쉽다는 것이다. 게다가 이미 확인되고 있듯이 이러한 방향의 재벌개혁은 재벌기업들의 투자저하, 은행들의 기업금융 감소, 거시경제적 선순환고리의 단절 등을 초래하여 결국 경제성장과 국민경제의 자율성을 약화시킬 수밖에 없다는 것이다.

이러한 문제들에 대한 주요 해결책으로서 대안연대 학자들[2]은 재벌·정부·노동조합의 계급타협 또는 국민적 대타협을 제시한다. 즉 재벌총수의 소유지배권을 당분간 인정·보호해주는 대신 재벌기업은 투자와 고용 증대에 주력하고 사회공헌기금 출연 등을 통해 사회에 기여하며 다양한 수준에서의 사회적 통제를 수용하도록 한다는 것이다.

한편 대안연대의 대표적 논객인 이찬근 교수는 이러한 입장을 지지해주는 중요한 경험적 레퍼런스(reference)로서 '스웨덴 모델'의 경험을 자주 거론해왔다. 대안연대 학자들이 지지하는 이해관계자 자본주의(stakeholder capitalism) 모델의 최선의 사례인 스웨덴 모델의 전성기에, 스웨덴의 노동조합과 사민당 정부는 발렌베리(Wallenberg) 가문으로 대표되는 거대금융 가문들의 소유지배권을 인정·보호해주고 그 대가로 금융가문들은 투자와 고용 증대에 주력하고 고율조세에 기초한 복지국가형성에 협력함으로써 원활한 경제성장과 완전고용, 복지수준 향상을 동시에 이룰 수 있었다는 것이다. 따라서 한국의 경우에도 영미식 주주자본주의 모델을 무비판적으

---

2 이하에서는 '대안연대 학자들'이라는 표현과 '대안연대'라는 표현을 혼용할 것이다. 두 경우 모두 참여연대를 적극적으로 비판해온 대안연대의 대표적 논객들을 지칭한다.

로 추종함으로써 국민경제의 생산력기반을 손상시키고 사회통합을 저해할 것이 아니라, 스웨덴을 비롯한 유럽소국들의 계급타협 또는 국민적 대타협 경험을 비중 있게 참고함으로써 국민경제의 자율성과 생산력기반을 가능한 한 지켜내고 고도성장과 완전고용, 복지증진을 달성하는 방향으로 나아갈 필요가 있다는 것이다.

이러한 주장은 그 충정은 십분 이해되지만 스웨덴 노사관계 전공자인 필자의 입장에서는 다음과 같은 점에서 상당히 곤혹스러운 주장이다. 첫째, 이찬근 교수와 그의 입장에 우호적인 ≪말≫지가 스웨덴 모델의 내용을 소개해온 부분에서 부정확한 설명이 여럿 발견될 뿐 아니라 스웨덴 모델의 중추적 부분에 대해서도 사실관계를 잘못 소개하고 있다. 둘째, 스웨덴 모델의 성과와 한계에 대해서는 논자의 입장에 따라 그리고 어떤 시기를 중심으로 파악하느냐에 따라 다양한 평가들이 나올 수 있겠으나 스웨덴 모델의 경험을 주로 재벌총수들의 소유지배권을 인정·보호해줄 필요가 있다는 주장을 지지하는 경험적 레퍼런스로 활용하는 것은 한국의 노동운동 등에 부정적 영향을 미칠 가능성이 높아 보인다.

필자는 이 글에서 우선 스웨덴 모델의 중추적 요소인 스웨덴식 노사관계 또는 스웨덴식 계급타협의 발전사와 기업의 소유지배권 문제에 대한 스웨덴의 노동조합 및 사민당 정부의 접근방식을 서술하고자 한다. 이를 통해 재벌개혁논쟁이 일단 사실관계에 대한 보다 정확한 지식에 기초하여 전개되는 데 기여하고자 한다.3 또한 스웨덴 모델의 경험이 우리의 재벌개혁논쟁에 던져줄 수 있는 몇 가지 함의를 제시하고자 한다.

---

3 재벌개혁문제와 관련해 이찬근 교수의 스웨덴 모델 소개방식을 비판한 글로는 최병천(2004: 144~157)이 있다.

2. 스웨덴에서 계급타협과 기업의 소유지배권 문제

1) 스웨덴의 계급타협 역사

　스웨덴에서 계급타협의 핵심 주체는 전국적 수준의 고용주단체인 SAF
(스웨덴고용주연합)와 주로 육체노동자를 포괄하는 전국적 수준의 노동조합
인 LO(전국조직) 그리고 사민당이었다. LO는 1898년에 사민주의자들의
주도로 결성되었고 SAF는 LO와 사민당에 대항하기 위해 1902년에 결성되
었다. SAF는 처음부터 매우 중앙집권적으로 조직되어 회원기업 및 회원단
체들에 대해 강한 구속력을 행사했으며, 이에 기초하여 노동조합운동에
대해 완강한 전투적 자세를 견지했다.
　각국의 초기 노동조합운동에서 흔히 발견할 수 있듯이 스웨덴에서도
많은 고용주들은 노동조합을 교섭상대로 인정하려 하지 않았다. 반면에
노동조합들은 파업발생시 고용주들이 파업참가자들을 해고하고 그 자리
에 비노조원 등 유순한 노동자들을 채용하는 방법 등을 통해 노동조합을
사실상 무력화시켜 왔기 때문에 고용주의 노동자 채용·해고권을 제한해야
한다고 주장했다. 잦은 충돌을 거치며 일정한 타협의 분위기가 조성되었다.
그리하여 SAF는 1905년에 회원 기업 및 단체들에게 상대 노동조합과의
단체교섭시에 고용주의 배타적 경영권과 노동자들의 노동조합결성권을
동시에 인정한다는 점을 명시한 SAF 정관 23조(이후 35조, 다시 32조로
변경)를 단체교섭협약문에 항상 삽입해 넣으라는 회람을 돌렸다. 23조의
내용은 다음과 같다.

　　협약의 결정사항을 준수함에 있어 고용주는 노동자들이 조직되어 있든
　아니든 관계없이 노동을 지도하고 배치하며 노동자를 채용하고 해고하며

활용할 권리를 갖는다. 다른 한편 노동조합결성권도 침해받지 않는다. 노동자의 해고가 노동조합결성권을 침해하는 것으로 해석될 수 있는 상황에서 이루어졌다고 노동자들이 간주할 경우에는, 다른 조치들이 취해지기 전에 노동자들은 자기 조직을 통해 정의(正義)를 확보하기 위해 이 문제에 대한 조사를 요구할 수 있다.

이 문제에 대해 노사 간에 타협이 이루어진 것이 1906년의 '12월 타협'이다. 흔히 '대타협'이라고 불려온 이 타협을 통해 SAF 정관 23조의 내용대로 고용주들은 노동자에 대한 자유로운 채용·해고·배치 권한을 인정받는 대신 그 대가로 노동자들은 노동조합결성권을 공식적으로 인정받았다. 이른바 고용주의 '경영대권'을 인정한 12월 타협의 기본골격은 1960년대 말 이전에는 근본적인 도전을 받지 않았다.

1차대전 이후 1938년의 살쮀바덴 협약에 이르는 전간기(戰間期)에는 장기불황의 여파로 노동쟁의가 빈발했다. 그리하여 스웨덴은 유럽에서 노동쟁의가 자주 발생한 편이었을 뿐 아니라 쟁의유형에서도 파업과 직장폐쇄라는 극한적 형태를 많이 취한 대표적 나라였다. 그 와중에서도 계급타협의 분위기도 형성되어 갔는데, 예컨대 1920년대 후반에 들어 LO는 테일러리즘(Taylorism)의 형태로 자본이 주도한 합리화운동에 대해 긍정적인 입장을 취하게 되었다.

살쮀바덴 협약의 직접적 계기가 된 것은 1933년에 건설노동자들이 전개한 장기파업이었다. 1932년 집권에 성공한 사민당은 공황극복을 위해 병원건립 등을 통해 내수진작과 고용창출을 도모하고 있었는데 건설노동자들의 장기파업으로 병원건립계획 등에 차질이 생겨 노사관계 안정화의 필요성을 절감하게 되었다. 한편 야당인 부르주아정당들은 파업규제를 위한 정부의 적극적 조치를 강력하게 요구했다. 이러한 상황에서 사민당 정부는 입법조치를 통해 노동쟁의 문제를 해결하는 방안을 진지하게 고려하게 되었고 이러한 의사를 LO와 SAF에 전달했다.

입법조치를 통한 노사관계규율에 대해서는 LO와 SAF 모두 분명한 반대 입장을 취했다. 그리하여 LO와 SAF는 양자 간 자율협의를 통해 문제를 해결하겠다는 의사를 사민당 정부에 통보했고 사민당 정부는 이를 수용했다. 여러 해에 걸친 협상 끝에 1938년 12월에 노사 간 분쟁사항의 해결방식에 관한 '주(主) 협약'이 체결되었다. 흔히 '살쮀바덴 협약'으로 부르게 된 주 협약의 골자는 다음과 같다.[4] 첫째, LO와 SAF에서 각기 3인씩 파견되는 대표들로 노동시장위원회를 구성하여 기업이나 산업 단위에서 노사 간 교섭을 통해 해결되지 않는 분쟁사항이 발생할 경우에는 이 문제를 노동시장위원회에서 다루기로 했다. 이를 통해 노사 간 분쟁사항이 정부의 개입을 부르게 되기 전에 일단 노사 중앙조직들에 의해 걸러짐으로써, 노사 자율협상을 통해 분쟁이 해결될 가능성이 높아졌다. 또 이를 통해 하부조직들에 대한 LO와 SAF의 장악력이 한층 강화되었다. 둘째, 노동쟁의절차를 제도화하는 동시에 파업이나 직장폐쇄와 같은 극한적 형태의 노동쟁의가 발생하는 것을 어렵게 만들었다.

살쮀바덴 협약 체결 이후 스웨덴의 노사관계는 극적으로 안정되어 노동쟁의 발생률이 매우 낮아졌다. 또한 정부의 개입 없이 노사 자율협의를 통해 노사관계상의 제반 문제를 해결해가는 관행이 정착되었다. 이후 LO와 SAF는 많은 후속협약 등을 통해 노동시장의 평화를 유지해가며 문제를 해결해갔다.

그런데 여기에서 하나 확인하고 넘어가야 할 것이 있다. 스웨덴 계급타

---

4 이 협약이 '살쮀바덴 협약'으로 불리게 된 것은 협약체결을 위한 많은 회의가 주로 스톡홀름 근교의 휴양지인 살쮀바덴에서 열렸기 때문이다.

협의 역사에서 큰 분기점으로 평가되는 살쮀바덴 협약의 내용은 철저하게 좁은 의미에서의 노사관계와 관련된 의제들, 그것도 주로 분쟁해결방식에 국한되어 있었다는 것이다. 대안연대의 이찬근 교수가 쓴 일부 글에서는 마치 살쮀바덴 협약에서 스웨덴 주요 기업들에 대한 발렌베리 가문 등 거대금융가문의 소유지배권을 인정해주는 대가로 발렌베리 가문 등은 투자와 고용 증대에 전념한다는 내용의 타협이 이루어진 것처럼 서술하고 있는데, 이는 사실과 다르다.5 살쮀바덴 협약에서 발렌베리 가문 등 금융가문의 소유지배권 인정 문제는 전혀 의제로 다루어진 바 없다. 또한 발렌베

---

5 예컨대 이찬근 교수는 이렇게 이야기한다. "스웨덴식 계급타협의 전형이라고 볼 수 있는 1938년의 살쮀바덴 협약에서는 노조의 단결권과 자본의 경영권을 자본과 노동이 상호 교차적으로 인정했는데, 이 협약의 정신에 따라 스웨덴에서 대형자본에 의한 기업집단지배가 계속 가능했다고 볼 수 있다"(이찬근, 2002: 21, 각주 18). 그러나 노조의 단결권과 자본의 경영권이 상호 인정된 것은 1906년의 12월 타협에서였고 이때 경영권이란 소유지배권을 의미하는 것이 아니라 노동자의 채용·해고·배치 권한을 의미한다. 또한 살쮀바덴 협약과 대형자본에 의한 기업집단지배 인정은 전혀 관계가 없다. 또 이찬근 교수는 ≪말≫지에 게재한 글에서 이렇게 이야기한다. "이런 상황인식에서 스웨덴 노조와 재계는 어렵게 만나 경영권과 노조단결권을 서로 인정해주기로 합의했는데, 이것이 바로 살쮀바덴 협약입니다. 이후 이 협약은 스웨덴에서 노사타협의 문화를 만드는 데 큰 역할을 합니다. 발렌베리 가문은 다른 주주에겐 1주당 1개의 의결권을 주지만 자기네들은 1주당 10~100개의 의결권을 갖는, 도무지 상식적으로 말이 안 되는 차등주식을 발행하고 있습니다. ……그렇다면 발렌베리 가문은 어떤 논리로 다른 사회세력들을 설득한 걸까요. ……발렌베리는 한때 90%에 달했던 세계 최고율의 누진소득세를 받아들였고 투자와 고용, 기술과 부가가치 창출에서 누구보다 앞장서서 국민경제에 보답하겠다고 약속했지요 ……이건 단지 아름다운 이야기가 아닙니다. '지배권안정'과 '국민경제에 대한 공헌'을 맞교환함으로써 차변과 대변을 일치시킨, 지극히 합리적인 계급타협일 뿐입니다"(이찬근, 2003: 60). 이 글은 마치 발렌베리 가문이 소유지배권을 인정받는 대가로 투자와 고용 증대에 전념하겠다고 사민당 정부나 노동조합과 구체적인 타협을 한 것같이 설명하고 있는데 이는 사실과 다르다.

리 가문은 살쮀바덴 협약뿐 아니라 스웨덴에서 이루어진 어떠한 노사협약에도 주체로 참여한 바 없다. 고용주들을 대표하는 전국적 수준의 위력 있는 단체인 SAF가 있는 상황에서 발렌베리 가문이 협의의 주체로 나설 수도 없었고 그럴 필요도 없었다. 물론 발렌베리 가문이 스웨덴재계에서 큰 실질적 권력을 갖고 있는데다 스웨덴이 매우 작은 사회라는 점을 고려하면 노사관계 및 정부의 경제·사회 정책 등과 관련하여 발렌베리 가문이 SAF 등과 비공식적으로 자주 협의했을 개연성은 매우 높다. 그러나 적어도 공식적으로는 발렌베리 가문이 재계를 대표하여 협의의 주체로 나선 적은 없다. 또한 전통적으로 발렌베리 가문은 '침묵의 가문'이라는 별명이 붙을 정도로 사회적 이슈에 대한 공적 논의의 자리에 나선 적이 드물었다. 필자가 과문한 탓인지는 몰라도 스웨덴 노사관계의 역사를 다룬 스웨덴학계의 대표적 연구물들에서 살쮀바덴 협약 등과 관련하여 발렌베리 가문의 역할을 언급한 문헌은 아직 발견하지 못했다.

스웨덴 모델의 형성과정에서 또 하나의 중요한 분수령으로 작용한 것이 1950년대 후반부터 작동된 종합적인 경제운영모델인 렌 - 메이드네르 모델이다. 이 모델은 LO의 경제학자인 요스타 렌과 루돌프 메이드네르가 40년대 말에서 50년대 초까지의 기간에 입안하여 50년대 후반에 사민당 정부에 의해 채택된 종합적인 정책패키지이다. 이 모델의 핵심 정책요소로는 긴축재정정책, 연대임금정책, 적극적 노동시장정책을 들 수 있다. 이 모델이 나온 배경은 2차대전 종전 이후의 경기과열과 높은 수준의 인플레이션의 지속이었다. 당시 사민당 정부는 인플레이션을 우려하여 LO에게 임금인상 요구 자제를 여러 차례 요청해왔다. 그런데 그러면서도 정작 사민당 정부는 다소 팽창적인 거시경제정책을 쓰고 있었다.

렌과 메이드네르는 이 점을 비판하며 정부가 긴축재정정책을 통해 인플레이션을 억제해야 한다고 주장했다. 또 이를 위해선 노동조합의 임금인상 요구도 자제되어야 하는데, 이를 효과적으로 달성하기 위해선 기업의 수익성 수준에 관계없이 동일노동에 대해서는 동일임금을 지급하는 연대임금정책을 실시함으로써 노조 간의 과도한 임금인상 요구경쟁을 완화시킬 필요가 있다는 것이다. 그런데 동일노동 동일임금 원칙을 관철시키면 수익성 수준이 낮은 중소·영세 기업 등에서는 인건비부담이 증가하여 생산규모를 감축하거나 아예 시장에서 퇴출되는 경우가 생기고 그 과정에서 실업자들이 양산될 수 있다는 문제가 있다. 이 문제에 대처하기 위해서는 정부가 적극적 노동시장정책을 강력하게 시행할 필요가 있다는 것이다. 이를 통해 경쟁력이 낮은 부문에서 발생하는 실업자들을 경쟁력이 높아 빠르게 성장하는 부문, 당시 스웨덴의 현실에서는 주로 거대기업들로 신속하게 이동시킴으로써 실업문제도 해결하고 고용의 질도 높이며 산업구조조정도 원활히 달성할 수 있다는 것이다.

이러한 렌-메이드네르 모델이 수익성 수준이 높아 임금지불능력도 높은 거대기업들의 인건비부담을 줄여줌으로써 이러한 기업들의 이익에 봉사한 것은 사실이다. 또한 이러한 기업들의 지배주주인 발렌베리 가문 등 금융가문들의 이익에 봉사한 것도 사실이다. 그러나 ≪말≫지의 일부 글이 넌지시 암시하는 것처럼, 렌-메이드네르 모델이 LO 및 사민당과 발렌베리 가문 사이에 체결된 계급타협모델인 것은 아니다.[6] 렌-메이드네르 모델의 입안과정에는 SAF도 관여한 바 없다. 철저하게 LO 내부에서 입안되어 사민당 정부가 채택한 모델일 뿐이다. 물론 이 모델의 핵심요소의 하나인 연대임금정책이 거대기업들에게 유리한 정책이었고 SAF를 주도한

---

6 예컨대 ≪말≫지의 이정환 기자는 이렇게 이야기한다. "대주주뿐 아니라 기업 차원에서도 기꺼이 정부와 노동계에 협조한다. 연대임금제도의 도입이나 노동자의 경영참여도 스웨덴에서는 가능했다. 기업이 사회를 걱정하지 않으면 대안은 없다는 데 발렌베리 그룹이 동의했기 때문이다"(이정환, 2004: 72).

집단이 주로 거대기업의 자본가들이었다는 점에서 SAF가 렌 - 메이드네르 모델을 내심 환영했을 수는 있겠으나 이 모델이 명시적인 계급타협의 산물로 만들어진 것은 아니다.

스웨덴 모델에 결정적인 균열이 생긴 것은 1960년대 후반 이후였다. 노동운동의 급진화추세 속에서 스웨덴 모델에 대한 풀뿌리 노동자들의 저항이 고조되어 자본가들의 '경영대권'에 대한 도전이 증가하여 결국 1976년에 노동자의 경영참가를 가능케 한 '공동결정법(MBL)'이 제정됨으로써 전통적인 스웨덴식 노사관계의 틀이 크게 흔들렸다.7 또한 1970년대 중반에 LO가 기업소유의 급진적 사회화 구상인 임노동자기금안을 제출함으로써 노사관계가 극단적으로 악화되었다. 임노동자기금안이 사실상 무산된 1980년대 초부터는 사민당 정부가 경기침체에 대응하기 위해 '제3의 길'이라는 자유주의적 성향의 경제정책을 강력히 추진했다. 그 과정에서 금융규제 및 외환규제가 크게 완화되었고 그 과정에서 스웨덴 기업들의 해외직접투자가 급증했다. '이탈선택(exit option)'의 기회가 커진데다 임노동자기금논쟁 등을 겪으며 LO를 불신하게 된 자본은 자본유출 위협을 통해 국가와 노동에 대해 큰 교섭력을 행사할 수 있게 되었다. 스웨덴은 해외시장에서 경쟁하는 거대기업들 중심의 산업구조를 갖고 있었던 관계로 자본의 이탈 위협이 한층 효과적으로 작용할 수 있었다.8 그리하여 1990년에는 SAF가 과거 수십 년간 유지되어온 LO와 SAF 사이의 중앙단체

---

7 전통적인 스웨덴식 노사관계의 핵심요소의 하나는 정부의 개입 없이 노사협의를 통해 문제를 해결해 간다는 것인데, 공동결정법의 제정은 노사협의를 통한 것이 아니라 사민당정부와 LO가 입법조치로 밀어붙인 것이므로 스웨덴식 노사관계의 전통에서 이탈한 것으로 볼 수 있다. 또한 스웨덴식 노사관계의 또 다른 핵심요소는 자본의 경영대권에 대한 존중이었는데 이것도 공동결정법에 의해 깨졌다.

8 물론 발렌베리 그룹 소속기업들도 이탈위협을 구사했다.

교섭에서 완전히 이탈하겠다고 선언했고 점차 각종 코포라티즘적 제도에서 이탈해갔다. 결국 유명한 스웨덴 모델이 해체되어간 것이다.

2) 기업의 소유지배권 문제에 대한 스웨덴 사민주의세력의 접근방식

잘 알려진 바와 같이 스웨덴은 오래 전부터 주로 중화학공업 부문에서 국제시장에서 경쟁하는 거대기업들이 중심이 된 산업구조를 갖고 있었다. 그리고 이러한 거대기업들의 소유지배구조는 고도로 집중된 성격을 띠고 있어서, 발렌베리 가문을 대표로 하는 소수 거대금융가문들은 투자회사를 통한 기업들에 대한 지분소유나 계열기업들 간의 상호출자 그리고 차등의 결권주식제도 등을 통해 소유지분에 비해 훨씬 큰 지배력을 행사해왔다. 한국의 재벌기업들과 유사한 소유지배구조를 가져온 것이다.[9] 그리고 1970년대에 임노동자기금논쟁이 개시되기 전에는 사민당 정부나 LO가 이에 대해 문제제기를 하거나 시정을 시도한 적이 없다. 이러한 점이 이찬근 교수나 ≪말≫지로 하여금 한국에서도 스웨덴에서처럼 재벌총수와 노동조합, 정부 간에 재벌총수의 소유지배권 인정·보호를 매개로 한 계급타협을 이룰 필요가 있다고 주장하게 된 배경이라 생각된다.

그런데 LO나 사민당 정부가 거대금융가문들의 소유지배권을 인정해준 배경은 현재 우리 사회에서 진행되고 있는 재벌개혁논쟁의 맥락과는 사뭇 다르다. 한국의 경우 오래 전부터 재벌비판이 제기되어온 것은 독과점 문제 외에도 재벌총수의 '황제경영'과 이것이 낳는 많은 부작용에 기초하

---

9 스웨덴 모델 전성기에 발렌베리 가문 등 거대금융가문들이 지배한 기업집단들의 소유지배구조는 한국의 재벌기업들의 소유지배구조와 순수 지주회사 모델의 중간형태에 가까웠다.

여 주로 공정거래와 책임경영·전문경영 촉진의 관점에서 재벌 약화 또는 해체론이 제기되었던 것이고 이것이 1990년대에 들어 참여연대의 소액주주운동으로 구현되었다. 그러다 IMF 경제위기 이후 자본시장 전면개방에 따라 국내 재벌기업 등에 대한 해외자본의 적대적 M&A 가능성이 높아지면서 대안연대의 '재벌인정론'이 나오게 된 것이다.

그런데 스웨덴의 경우 기업의 소유지배권 문제에 대한 사민당이나 LO의 전통적 관심은 생산수단 소유의 사회화라는 전통적인 사회주의적 문제의식에 의해 지배되었다. 즉 기업소유의 사회화를 단행할 것인가 말 것인가, 또 단행한다면 언제 어떤 방식으로 단행할 것인가가 지배적인 고민거리였지 독과점폐해 완화와 공정거래 촉진 등의 관점에서 금융가문이 계열기업들에 대해 행사하는 소유지배권을 분할·해체하여 예컨대 이 기업들을 독립 대기업들로 육성할 것인가 여부는 정책적 의제로 진지하게 고려되어 본 적이 없다.

이렇게 된 요인으로는 다양한 것들을 들 수 있다. 첫째, 사민주의자들의 전통적 이념의 영향을 들 수 있다. 거대경제담론의 측면에서 마르크스경제학에 상당히 의존해온 스웨덴 사민주의자들은 기업규모의 대규모화와 기업의 소유지배권의 집중을 자본주의 발전에 따른 자연스러운 현상으로 간주했다. 그리고 이는 상당히 바람직한 현상으로 간주되기도 했다. 언제 그때가 올지는 모르지만 생산수단 소유의 사회화가 불가피하고 또 바람직한 시점이 온다면 분산된 소유지배구조보다는 집중된 소유지배구조가 사회화에 유리하다고 판단한 것이다. 둘째, 집중된 소유지배구조는 자본측과의 협상에 따르는 거래비용을 감소시키기 때문에 정치적 편의의 관점에서도 좋은 측면이 있었다. 셋째, 거대금융가문들이 소유한 거대기업들은 국제시장에서 잘 경쟁하여 경제성장과 고용창출에 긍정적인 효과를 가져왔다. 넷째, 스웨덴의 거대금융가문들은 지배주주로서의 역할을 제대로 수행했을 뿐 아니라 사회적 행태도 건전하여 사회적 물의를 빚거나 국민들에게 지탄받는 일도 없었다.

그러다 1970년대 중반에 LO가 임노동자기금안을 제출하면서 상황이 급전한다. 임노동자기금안의 골자는 민간 대기업의 이윤의 일부를 신규발행주식의 형태로 매년 노동조합이 소유·관리하는 임노동자기금에 의무적으로 적립하게 함으로써 장기적으로는 기업소유의 사회화를 달성하겠다는 것이었다. 이 글에서 임노동자기금안의 제출배경에 대해 자세히 설명할 여유는 없으나10 발렌베리 가문 등에 집중된 기업의 소유지배구조에 대한 점증하는 비판도 배경의 하나로 작용했다. 어쨌든 민간 대기업들의 소유지배권을 정면으로 공격한 임노동자기금안의 목표는 기업소유의 사회화였지, 거대금융가문들에 의한 소유지배구조를 해체시켜 예컨대 독립 대기업 등으로 육성하는 것 등은 아니었다.

임노동자기금안이 사실상 무산된 후 기업의 소유지배권 문제가 사회적 이슈로 다시 등장한 것은 1990년대에 들어서였다. 1980년대에는 스웨덴 기업들의 해외직접투자 급증이 산업공동화의 우려를 낳았는데 1990년대 이후에는 해외자본에 의한 스웨덴기업의 M&A가 문제시되는 상황이 전개되었다. 해외자본의 유입이 특히 활발했던 1995~1999년에는 스웨덴이 해외직접투자 총유입규모 순위에서 세계 6위를 기록했으며 국민1인당 유입규모에서는 세계 2위를 기록했다. 그러나 해외에서 스웨덴으로 유입되는 직접투자의 경우 신규기업의 설립이라는 형태로 들어오는 것은 별로 없고 주로 기존 기업의 지분 취득이라는 형태로 들어와 고용창출에 별로 기여하지 못하고 있다는 점이 문제시되고 있다. 또한 최근에 해외자본에 의해 M&A되어 외국인 소유기업으로 전환된 기업들 중 상당수가 과거에

---

10 임노동자기금논쟁을 자세히 분석한 연구로는 신정완(2000) 참조.

스웨덴을 대표해온 굴지의 기업들이었다는 점에서 우려를 낳고 있다.11 2001년 현재 스웨덴 상장기업 주식총액의 43%를 외국인 투자가들이 보유하고 있어 현재 한국의 주식시장과 비슷한 양상을 보이고 있으며 2000년 현재 스웨덴 민간 부문 노동자의 17%가 외국인 기업에 근무하고 있다.

이렇게 해외자본에 의한 스웨덴 기업 소유가 급증하게 된 주요 요인으로는 다음과 같은 점을 들 수 있다. 첫째, 1980년대 이후 자본시장 개방조치가 단계적으로 일관되게 추진되었다. 둘째, 1990년대 초에 스웨덴이 금융위기를 겪은데다 그 여파로 스웨덴 통화인 크로나화의 급격한 평가절하가 이루어진 관계로 스웨덴 기업들의 달러화 기준 주가가 크게 하락했다. 셋째, 외국인들이 집중적으로 주식을 매입한 스웨덴 기업들은 국제시장에서 경쟁하는 다국적기업들이다. 일반적으로 다국적기업들은 전 세계적으로 최근에 국제적 M&A와 구조조정이 가장 활발하게 일어난 기업들이다. 넷째, 스웨덴의 경우 고조세로 인해 개인들의 재산형성이 어려워 개인투자가의 형성이 미약했다. 다섯째, 스웨덴의 기관투자가들은 전통적으로 안정지향적이고 소극적인 투자행태를 보여 지배주주로서 등장하여 경영권을 행사하려는 의지가 약했다. 여섯째, 스웨덴의 조세제도가 국내투자가보다는 해외투자가에게 유리하게 짜여 있었다.

이렇게 스웨덴 주식시장에서 외국인 투자가가 차지하는 비중이 커지고 외국인 투자가가 지배주주로 등장하는 기업들이 많아짐에 따라 발렌베리 가문 등 전통적 금융가문들이 국내경제에서 차지하는 비중은 상당히 감소되었다. 반면에 발렌베리 가문은 외국 기업, 특히 유럽의 유수기업들의

---

11 1990년대에 해외기업에 매각된 대표적인 기업으로는 자동차회사인 볼보(Volvo)의 승용차 부문과 사브(Saab), 제약회사인 아스트라(Astra)와 파머시아(Pharmacia), 목재회사인 스토라(Stora), 상업은행인 노르드방켄(Nordbanken) 등을 들 수 있다.

주식 매입에 적극적이어서 명실상부하게 전유럽적 차원의 금융가문으로 발전해가고 있다.

스웨덴 기업들의 소유지배구조와 이에 대한 스웨덴 사민주의자들의 접근방식과 관련하여 이찬근 교수나 ≪말≫지의 설명방식의 문제점은 마치 스웨덴 사민주의자들이 집중된 소유지배구조 자체는 원리적으로 문제가 있다고 생각했으나 그럼에도 불구하고 집중된 소유지배구조하에서 스웨덴 기업들이 산출하는 좋은 성과를 고려하여 손익계산을 한 결과 집중된 소유지배구조를 의식적으로 인정해주는 쪽으로 선택한 것 같은 느낌을 준다는 것이다. 또한 이 문제를 둘러싸고 마치 명시적인 계급타협이 있었던 것 같은 느낌을 준다는 것이다. 그리고 이를 현재 한국의 재벌개혁 논쟁의 맥락에서 '재벌인정론'의 주장을 뒷받침해주는 논거로 활용한다는 것이다.

그러나 스웨덴 사민주의자들의 경우 집중된 소유지배구조의 해체라는 구체적으로 의식된 대안이 있는 상태에서 이보다는 집중된 소유지배구조를 인정해주고 그 대가로 투자와 고용 증대에의 헌신을 이끌어내는 정치적 교환을 선택한 것이 아니다. 스웨덴 사민주의자들은 상당 기간 사회화냐 사적 소유의 인정이냐는 전통적인 사회주의적 사고틀 속에서 고민한 것이고, 기업의 사적 소유를 인정한 후에는 소유지배구조의 구체적 틀을 어떻게 짤 것인가 하는 문제에 대해서는 별로 고민한 바 없다. 소수 금융가문에 집중된 민간 대기업들의 소유지배구조는 오랜 뿌리를 가진 것이었고, 이러한 기업들이 비교적 좋은 성과를 올리고 있는데다 복지국가의 건설 등 사민주의세력이 해야 할 일들이 많은 상태에서 민간기업의 소유지배구조 개편 문제는 아예 정책적 의제거리로 의식되지도 않았던 것이다.

3. 스웨덴 모델의 경험이 재벌개혁논쟁에 주는 함의

참여연대와 대안연대 사이에 진행되어온 재벌개혁논쟁은 사실 복잡한 쟁점을 많이 포함하고 있는데, 기업의 소유지배구조 문제에 대한 전문적 식견이 없는 필자는 이 논쟁에 깊이 개입할 능력을 갖고 있지 못하다. 다만 스웨덴 모델의 경험에 비추어 대안연대의 '재벌인정론'에 대해서는 앞에서 수행한 사실관계의 정정 외에도 다음과 같은 문제제기를 할 수 있을 것 같다.

첫째, 재벌개혁논쟁에서 대안연대의 입장을 뒷받침해주는 주요 경험적 레퍼런스로 스웨덴 모델의 경험을 활용하는 것은 비교시점의 불일치 문제에 직면하게 된다. 스웨덴 모델과 관련하여 이찬근 교수나 ≪말≫지에서 주로 거론하는 것은 1938년의 살쮀바덴 협약과 1950년대의 렌 - 메이드네르 모델이다. 즉 스웨덴 모델의 형성기와 전성기의 경험을 주된 레퍼런스로 삼고 있다. 그런데 이 시기는 국제자본시장이 지금처럼 발전하지도 않았고, 포드주의적 대량생산체제에 기초하여 노자 간 계급타협이 비교적 용이하게 이루어질 수 있었고, 국민국가의 정책자율성도 온전히 확보되어 케인스주의적 거시경제 운영이 큰 제약 없이 이루어질 수 있었던 시기이다. 해외경제 부문과의 교류는 거의 전적으로 무역영역에 한정되어 전개되었다. 그러나 현재의 스웨덴경제는 한국경제 못지않게 자본시장개방이 이루어져 스웨덴 주식시장에서 외국인 투자자가 차지하는 비중도 크고 굴지의 스웨덴 기업들이 속속 외국인 소유로 넘어가는 한편 스웨덴 기업들의 해외직접투자 규모도 매우 큰 상황에 있다. 케인스주의의 전성기의 경험을 현재 우리 경제상황에 대한 처방으로 활용하기는 쉽지 않다. 물론 창조적 상상력을 발휘하여 우리 실정에 맞게 변용시켜 수용할 수 있는 제도와 정책, 관행 등은 있겠으나 이찬근 교수 등이 가장 강조하는 거대기업과 노동조합, 정부 간의 조합주의적 계급타협의 틀은 1980년대 이후 근본적으로 해체되어왔다는 점은 중요하게 고려되어야 할 것이다.

둘째, 대안연대에서 주장하는 대타협의 내용이 재벌총수와 정부 간의 타협일 수는 있겠으나 왜 이것이 노동운동까지 포함하는 계급타협으로 간주되어야 하는지 불분명하다. 대안연대가 역설하는 바와 같이 기업의 소유지배구조나 경영원리와 관련하여 영미식 주주자본주의 모델을 무비판적으로 추종할 필요는 없다. 그리고 자본의 국적성 문제도 현실적으로는 상당히 중요한 문제임에 틀림없고 해외자본 중 투기적 금융자본에 대해 경계하고 이에 대해 보호막을 형성할 필요가 있다는 점도 받아들일 수 있다. 그리고 재벌개혁 문제와 관련하여 재벌총수의 소유지배권을 너무 단기간에 해체시킬 경우에 발생할 수 있는 부작용에 대한 경고도 진지한 검토를 필요로 할 것이다.

그러나 설령 대안연대의 제안대로 정부가 국적자본 보호 차원에서 재벌개혁의 속도와 내용을 조절하여 재벌총수의 소유지배권을 당분간 인정·보호하기로 결정한다고 해도 이것이 정부와 재벌총수 사이의 타협일 수는 있을지언정 왜 노동운동까지 포괄하는 계급타협으로 격상되어야 하는지 이해하기 어렵다. 현재 재벌총수의 소유지배권을 조속히 해체시켜야 한다고 강력히 주장하는 노동운동세력은 없다. 적어도 현재시점에서는 재벌총수들이 자신의 소유지배권을 보호받기 위해 노동운동으로부터의 지원을 절실히 필요로 하는 것 같지는 않아 보인다. 그리고 계급타협이라고 할 때는 계급 간에 무언가 주고받는 정치적 교환이 이루어지는 것인데, 만일 노동운동이 재벌총수의 소유지배권을 강력히 보호해주기로 한다면 재벌총수 및 재벌기업들이 노동자들에게 반대급부로 제공해줄 수 있는 것은 무엇인가? 대안연대 학자들이 기대하는 투자와 고용 증대라는 것은 재벌기업의 경제적 계산에 따라 이루어질 수 있는 것이지 재벌총수와 노동운동

간의 주고받기식 교환의 산물로 이끌어낼 수 있는 것은 아니다. 설령 이것이 가능하다 해도 이것은 일회성 이벤트로 끝날 공산이 크다. 합리적인 경제적 계산에 기초하여 결정된 투자만이 지속성과 합리성을 확보할 수 있을 것이다. 그리고 노동과 자본의 계급타협이라는 것은 대부분 많은 시행착오를 통한 학습과정을 경유하며 형성되는 것이고 이렇게 형성된 계급타협이 대체로 안정성을 갖는다고 볼 수 있다. 지금은 과거의 이야기가 된 스웨덴식 노사관계도 그것이 형성되고 정착되기까지 오랜 시간과 많은 시행착오가 필요했다는 점을 기억해야 한다. 그러나 대안연대에서 주장하는 계급타협은 단번에 여러 의제를 포괄하며 이루어지는 정치적 교환(one shot big deal)의 느낌을 강하게 준다. 이러한 정치적 교환은 장기적으로 유지되기 어려울 것으로 판단된다.

셋째, 대안연대의 주장이 잘못하면 과거 박정희모델에서와 같은 과도한 성과지향적 재량주의(performance-oriented discretionalism)의 만연을 초래할 수 있다는 점에 유의할 필요가 있다. 물론 대안연대 학자들도 과거 박정희모델로 회귀하는 것이 바람직하지도 가능하지도 않다는 점은 분명히 하고 있다. 그러나 공정하고 투명한 게임의 룰이 정착되지 않은 상태에서 성과중심적 사고에 기초하여 제도의 틀을 짜려 할 경우에는 과도한 성과지향적 재량주의의 덫에 다시 걸릴 수도 있다. 또 이런 성과지향적 재량주의는 한번 작동하기 시작하면 관성을 갖게 되어 자기증폭의 동학을 만들어낼 수 있다는 점에도 유의해야 할 것이다.

넷째, 재벌총수의 소유지배권의 인정·보호를 핵심고리로 하여 계급타협 또는 국민적 대타협을 이루자는 제안은 잘못하면 대안연대의 대다수 학자들이 지향하는 이해관계자 자본주의 또는 사민주의적 자본주의의 발전에 장애가 될 수 있다. 참여연대의 김상조 교수가 적절히 지적했듯이 민족주의는 국내의 다양한 계급·계층 간의 이해관계 충돌의 의미를 부차화하는 경향을 갖는다(김상조, 2004: 244). 현재 노동운동의 힘이 아직 취약하고 진보정당은 이제 막 첫발을 내디뎠으며 재벌기업과 재벌총수는 여전히 막강한 권력을 가진 상태에서 민족주의적 정서와 이해관계에 기초하여 이루어지는 계급타협이나 국민적 대타협은 이해관계자 자본주의의 작동에 필요한 요소인 계급·계층 간 힘의 균형상태에 도달하는 것을 더 어렵게 하기 쉽다. 필자가 보기에 이찬근 교수 등 대안연대의 대표적 논객들은 이념적으로 발전국가주의와 사민주의의 결합물을 지향하고 있는 것 같은데 한국의 계급 간 세력관계를 고려할 때 재벌총수의 기득권 보호를 핵심고리로 삼아 계급타협을 이룬다면 발전국가주의만 전면화되고 사민주의는 극도로 부차화되어 사민주의적 이념이나 정책의 발전을 더 어렵게 할 수도 있다. 국민적 합의라는 정치적 위광까지 부여받은 재벌총수나 재벌기업의 이해관계에 노동운동이 끌려 다니게 될 가능성이 높은 것이다. "귤이 회수(淮水)를 건너면 탱자가 된다"는 옛말이 있다. 잘못하면 스웨덴 모델의 경험을 레퍼런스로 삼아 주장되는 진보적 계급타협론이 한국의 현실에서 정부와 노동운동이 재벌총수와 재벌기업을 앞에서 끌어주고 뒤에서 밀어주며 재벌총수는 계속 큰소리치는 모양으로 귀결될 가능성은 우려하지 않아도 될까?

다섯째, 스웨덴의 경험에 비추어보면 거대기업 위주의 경제성장정책은 장기적으로는 고용창출에 큰 도움이 못되며 계급타협의 틀도 위태롭게 만들기 쉽다. 렌 - 메이드네르 모델은 1970년대 이후에는 잘 작동하지 못했다. 1970년대 이후 세계적으로 장기불황이 온 측면도 있지만, 국제시장에서 잘 경쟁하는 거대기업들도 자본집약도가 높은 기술구조로 인해 1970년대 이후엔 고용창출에 크게 기여하지 못했다. 중소기업 부문이 취약하고 거대기업의 고용창출능력도 시원찮은 상황에서도 완전고용이 유지된 것은 주로 공공 부문의 급속한 팽창 때문이었다. 1980년대에 들어서는 세계화의 물결 속에서 거대기업들의 해외직접투자가 급증하여 산업 공동화 문제에 대한 사회적 우려가 고조되었으며 거대기업들은 해외로의 이탈 위협을 통해 정부와 노동조합에 대해 우월한 교섭력을 행사하게 되었다. 이것이 스웨덴식 계급타협의 틀이 해체되어간 핵심요인의 하나였다. 또 1990년대에 들어서는 주로 국제무대에서 활동하는 거대기업들이 해외자본의 M&A 타깃이 되어왔다.

한국경제에서 당분간 재벌기업을 대신할 만한 새로운 성장동력을 발견하기 어렵다는 대안연대 학자들의 주장은 설득력이 크다. 그리고 앞으로 한국국민이 무엇을 먹고 살 것인가를 고민해야 한다는 주장도 큰 호소력을 가지며, 무엇보다도 이 문제에 대해 진지하게 고민할 계기를 제공한 데에 대안연대 학자들의 공헌이 있다고 생각된다. 사실 그동안 진보·개혁진영에서 이 문제에 대한 고민이 약했던 것이 사실이고 이렇게 된 것은 IMF 경제위기 이전에 오래도록 지속된 고도성장의 효과였다고 할 수 있다.

그러나 앞으로도 재벌기업들이 우리의 일자리를 책임져줄 수 있을까? 재벌총수의 소유지배권만 확실히 보장해주면 재벌총수와 재벌기업들은 노동운동과 타협하여 진보적 노사관계를 형성하고 사회복지제도의 확충에도 적극적으로 동참할까? 재벌기업들이 앞으로도 국제시장에서 잘 경쟁하며 좋은 성과를 올린다면 그것은 좋은 일이나 그것은 그것대로 두고 새로운 성장동력을 발굴하는 데 더 큰 힘을 쏟아야 하는 것은 아닐까? 그리고 진보적 노사관계의 형성이나 사회복지제도의 확충은 재벌총수와의 빅딜(big deal)을 통해서가 아니라 노동운동과 진보정당의 꾸준한 역량강화 노력에 기초하여 보편적 설득력을 가진 안정되고 정합성 있는 제도와 정책을 마련함에 의해 달성해가는 것이 정도가 아닐까? 도덕적 당위의 측면뿐 아니라 현실적 실현가능성의 측면에서도 말이다.

4. 맺음말

재벌개혁논쟁은 참으로 많은 고민거리를 던져주는 중요한 논쟁이고
이러한 논쟁을 촉발시키고 전개시켜왔다는 점에서 대안연대 학자들의
공로가 인정될 수 있을 것이다. 그러나 재벌총수의 소유지배권 보호를
통해 계급타협을 이루어내고 이해관계자 자본주의를 발전시켜가자는 주
장은 약점이 많아 보인다. 현실의 제반조건을 고려할 때 이 주장이 관철된
다면 유럽적 이해관계자 자본주의보다는 동아시아적 발전국가주의로 귀
결할 가능성이 더 높아 보인다. 그리고 발전국가주의는 규범성과 현실성
모두에서 문제가 있다. 또한 이러한 주장을 뒷받침해주는 경험적 레퍼런스
로서 스웨덴 모델의 경험을 활용하는 것은 아무래도 부적절해 보인다.

▪ 참고문헌

김상조. 2004. 「재벌개혁: 이해관계 충돌 및 조정의 현실적 고려사항」. ≪시민
　　　과세계≫, 제5호. 참여사회연구소.
신정완. 2000. 『임노동자기금 논쟁과 스웨덴 사회민주주의』. 여강.
이정환. 2004. 「대안 없는 한국경제, "삼성전자만 '잡으면' 된다"」. ≪말≫,
　　　6월호.
이찬근. 2002. 「유럽소국의 기업지배권 방어기제」. ≪사회경제평론≫, 21호.
＿＿＿. 2003. 「재벌도 대타협해야 산다」. ≪말≫, 8월호.
최병천. 2004. 「이찬근의 노동 - 재벌 '빅딜론'을 비판한다」. ≪이론과실천≫,
　　　8월호.

한국 재벌의 현황과 정책과제

김진방

1. 머리말

한국의 재벌은 계열사 출자에 의존해서 적은 지분으로 많은 기업을 절대적으로 지배한다. 많은 기업을 절대적으로 지배하므로 경제력 집중의 문제를 가져오고, 적은 지분으로 절대적으로 지배하므로 대리인 문제를 일으킨다. 재벌정책의 많은 부분은 이러한 소유지배구조를 개선하거나 그에 따른 문제를 완화하기 위한 것이었다. 1997년의 경제위기 이후에는 기업의 투명성을 제고하고 책임성을 강화하는 데 정책의 초점이 맞추어졌다. 지배주주의 전횡과 사적 이익 취득을 외부주주가 막을 수 있게 함으로써 지배주주와 외부주주 사이의 대리인 문제를 완화하려 한 것이다.

이러한 정책만의 결과는 아니겠지만, 재벌은 발행주식을 늘리고 차입을 줄여서 자본구조를 바꿨다. 동시에 자본시장이 개방되면서 외국인의 주식 소유가 늘어났다. 그러나 계열사 출자도 늘어나면서 내부자의 주식지분은 여전히 높다. 소유와 지배의 괴리는 줄어들지 않은 것이다. 이러한 변화를

수치로 정리하고 분석하는 것이 이 글의 목적이며, 정리와 분석은 정책제안
으로 이어진다.

2. 자본시장 확대와 외국인 주식소유 증가

기업이 외부투자자에게서 자금을 조달하는 방식은 직접금융과 간접금
융으로 나눌 수 있다. 직접금융은 기업이 주식이나 사채를 발행하고, 그것
을 투자자들이 인수함으로써 이루어진다. 기업어음을 매개로 이루어지는
것도 직접금융에 포함시킬 수 있다. 간접금융은 금융기관에 예치된 자금이
기업에 대출됨으로써 이루어진다.

한국 기업은 간접금융에 크게 의존해왔다. 특히 은행에서의 차입이
커다란 비중을 차지했다. 경제위기 이후 정부는 이러한 은행 중심의 금융체
계를 자본시장 중심의 금융체계로 바꿔야 한다고 판단했다. 주식시장과
회사채시장을 통한 자금조달의 비중을 높이고, 발행된 주식과 회사채의
거래도 활발하게 이루어지게 해야 한다는 것이다.

주식시장과 회사채시장의 확대를 위해 여러 가지 조처가 취해졌다.[1]
그러한 조처만의 결과는 아니겠지만, 상장자본금은 1996년 말 43조 원에
서 2002년 말 110조 원으로 증가하여 2.6배가 되었고, 시가총액은 117조
원에서 259조 원으로 증가하여 2.2배가 되었다. 상장회사채 잔액은 같은
기간에 57조 원에서 141조 원으로 증가하여 1.6배가 되었다. 자본시장의
비중은 대출금 대비 주식과 회사채 금액으로 측정할 수 있는데, 대출금

---

1 주식시장 확대를 위한 조처로는 회사형 투자신탁(mutual fund)제도 도입, 연기금의
주식보유비중 증대, 코스닥시장 진입제한 완화, 제3시장 개설 등을 들 수 있다.

〈표 16-1〉 금융시장 추이

(단위: 1조 원, %)

	1995	1996	1997	1998	1999	2000	2001	2002
주식(A)	141.2	117.4	71.0	137.8	349.5	188.0	255.9	258.7
회사채(B)	45.9	56.5	73.1	86.0	119.4	111.1	141.2	141.3
대출(C)	446.0	513.6	620.5	590.9	604.8	685.6	737.4	874.1
기업대출(D)	235.9	270.8	335.8	312.3	312.6	326.8	327.9	376.9
D/C	52.9	52.7	54.1	52.9	51.7	47.7	44.5	43.2
A/D	59.9	43.4	21.1	44.1	111.8	57.5	78.0	68.6
B/D	19.5	20.9	21.8	27.5	38.2	34.0	43.1	37.5
(A+B)/D	79.3	64.2	42.9	71.7	150.0	91.5	121.1	106.1

자료: 한국증권거래소(www.kse.or.kr), 상장주식총괄표, 상장채권총괄표, 한국은행
(www.bok.or.kr), 금융자산부채잔액표.

잔액은 1996년 말 512조 원에서 2002년 말 874조 원으로 증가하고, 이
중 기업대출 비중이 52.7%에서 43.2%로 줄어들었다.[2] 따라서 기업대출
대비 상장주식 시가총액은 43.4%에서 68.6%로 상승했고, 기업대출 대비
상장회사채 잔액은 20.9%에 37.5%로 상승했다.

함께 지적해둘 사실은 1998년 이후 발행된 사채와 그 이전에 발행된
사채는 그 성격이 다르다는 것이다. 1997년까지의 사채는 대부분 보증보험
이나 보증기금이 지급을 보증한 사채였으나, 1998년 이후에 발행된 사채는
대부분 무보증사채이다. 사채가 명실 공히 직접금융의 수단이 된 것이다.

주주의 구성도 크게 달라졌는데, 이는 대외개방과 무관하지 않다. 각
상장기업에 대한 전체 외국인 주식지분 한도는 1992년 10%에서 1997년

---

2 예금은행 대출 중 기업의 비중은 1996년 말 63.3%에서 2002년 말 48.3%로 더
많이 줄었는데, 같은 기간 가계의 비중은 31.2%에서 49.6%로 늘어났다.

<표 16-2> 상장주식 소유자별 분포(시가 기준)

(단위: 1조 원, %)

	1995	1996	1997	1998	1999	2000	2001	2002
정부 및 공기업	16.5 (11.8)	12.7 (10.8)	7.7 (11.0)	26.7 (19.7)	60.2 (16.4)	26.7 (14.4)	20.8 (8.1)	14.6 (5.7)
기관투자자	44.9 (32.1)	35.9 (30.7)	18.4 (26.2)	18.5 (13.7)	62.0 (16.9)	29.5 (15.8)	40.3 (15.8)	41.0 (15.9)
일반법인	17.9 (12.8)	17.3 (14.8)	13.7 (19.5)	26.8 (19.8)	70.1 (19.1)	36.5 (19.6)	43.9 (17.2)	52.1 (20.2)
개인	43.7 (31.3)	36.0 (30.8)	20.8 (29.6)	39.1 (28.9)	94.9 (25.9)	37.3 (20.0)	57.1 (22.392)	57.8 (22.3)
외국인	16.7 (12.0)	15.2 (13.0)	9.6 (13.7)	24.4 (18.0)	79.5 (21.7)	56.2 (30.7)	93.7 (36.6)	93.2 (36.0)
합계	139.7	117.1	70.3	135.6	366.7	186.2	255.9	258.7

자료: 한국증권거래소(www.kse.or.kr), 소유자별 주식분포.

12월 55%로 높아졌고, 외국인 1인당 한도는 같은 기간에 3%에서 50%로 높아졌다. 1998년 5월에는 공공법인을 제외하고는 상장주식 투자한도가 완전히 폐지되었으며, 그해 7월에는 비상장주식 투자도 자유화했다. 이에 따라 외국인의 상장주식 보유액은 1992년 말 4.9%에서 1996년 말 18.0%를 거쳐 2002년 말 36.0%로 급격히 증가했다. 이는 대부분의 OECD 국가들보다 높은 비율이다.[3]

한편 개인이 보유하는 상장주식은 1996년 말 30.8%에서 2002년 말 22.3%로 줄었다. 정부 및 공기업의 상장주식 보유도 10.8%에서 5.7%로

---

[3] 1999년 기준 외국인 보유비중은 일본 12.4%, 미국 6.4%, 프랑스 34.0%, 독일 15.6%, 영국 29.3%, 캐나다 7.0% 등이다. 벨기에, 핀란드, 스웨덴도 35%를 넘지 않는다. 네덜란드는 43.6%이다(증권거래소, ≪주식≫, 2001. 4월호).

줄었다. 기관투자자의 비중은 더 많이 감소하여 30.7%에서 15.9%로 줄었다. 다만 일반법인의 비중이 14.8%에서 20.2%로 늘었는데, 그 대부분이 계열사 사이의 출자이므로 가공자본의 증가에 불과하다.

종합하면, 경제위기 이후 기업의 자금조달 수단은 차입에서 사채와 주식으로 빠르게 이동했으며, 주식으로의 이동은 외국인 주식투자의 급격한 증가와 함께 진행되었다.

3. 재벌기업의 차입 감소와 내부자금 증가

금융시장에서 관찰되는 변화는 기업의 자본구조에서도 관찰된다. 총자본 중 주식과 회사채의 비중이 증가한 것이다. 이 변화는 상위 재벌기업에서 두드러진다. <그림 16-1>은 1993년부터 2002년까지의 삼성, 현대, LG, SK 등 4대 재벌 비금융계열사의 자본구조를 보여준다. 1997년까지 5년 동안 4대 재벌기업의 자산이 줄곧 빠르게 증가했는데, 그에 필요한 자금의 대부분이 금융기관 차입으로 조달되었음을 알 수 있다. 그러나 1998년부터는 차입이 오히려 감소한다. 특히 1998년과 1999년에 급격히 감소하여 80조 원에서 32조 원으로 줄어든다. 같은 기간에 대규모의 주식 발행이 이루어지는데, 4대 재벌기업의 자본금 및 주식발행초과금은 1997년 말 16조 원에서 1998년 말 18조 원을 거쳐 1999년 말 51조 원으로 증가한다. 그 이후에는 자본의 규모와 구성이 크게 달라지지 않는다. 다만 삼성은 차입이 계속 크게 감소하고, 이익잉여금이 급격히 증가한다. 내부자금 비중이 증가한 것이다.

사채의 규모와 비중은 1993년부터 1997년 사이에 차입과 유사한 변화를 보여준다. 4대 재벌의 차입이 1993년 말 30조 원에서 1996년 말 49조

〈그림 16-1〉 4대 재벌 비금융계열사의 자본구조

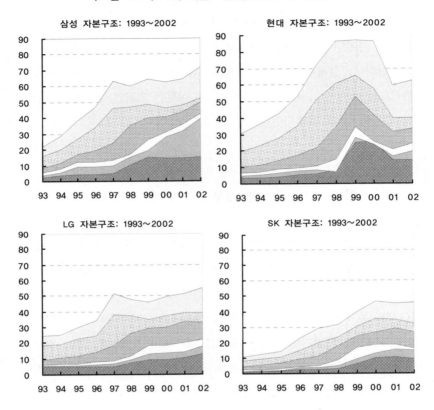

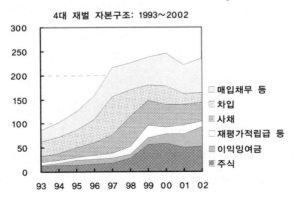

원, 1997년 말 80조 원으로 증가할 때 사채는 11조 원에서 26조 원과 38조 원으로 증가했다.[4] 그러나 차입이 급격히 감소한 1998년에는 사채가 급격히 증가한다. 4대 재벌의 사채 잔액이 1997년 말 39조 원에서 1998년 말 61조 원으로 증가한 것이다. 그렇지만 1999년 말에는 51조 원으로 감소한다. 특히 삼성의 사채는 1998년 말 18조 원에서 1999년 말 14조 원을 거쳐 2002년 말 9조 원으로 크게 줄었다.

다시 정리하면, 1997년의 경제위기 이후 상위 재벌의 자금조달에서 차입은 상대적으로뿐만 아니라 절대적으로도 감소했다. 차입의 급격한 감소에 대응해서 1998년의 무보증사채 발행과 1999년의 주식발행이 있었으며, 그 이후에는 이익잉여금의 비중이 커졌다. 간접금융에서 직접금융으로의 이동에 이어서 외부자금에서 내부자금으로의 이동이 진행된 것이다.

이러한 변화는 중하위 재벌에서도 관찰되지만 그 정도는 상위 재벌과 같지 않다. 필자는 10위 내외의 두 재벌, 15위 내외의 두 재벌, 그리고 20위 내외의 한 재벌 등 5개 재벌 비금융 계열사를 조사했는데, 이들은 모두 1998년과 1999년에 주식을 발행하면서 차입을 줄였다. 그러나 이 기간에도 사채발행은 두드러지지 않으며, 차입은 2000년부터 증가와 감소를 되풀이한다. 그리고 이익잉여금 등 내부자금의 비중은 여전히 미미하다.

---

4 대우를 포함해서 계산하면, 차입은 1993년 말 36조 원에서 1996년 말 61조 원과 1997년 말 100조 원으로 증가하고, 같은 기간 사채는 15조 원에서 32조 원과 48조 원으로 증가한다.

4. 확대된 소유와 지배의 괴리

앞에서 말했듯이, 재벌은 계열사 출자에 의존해서 적은 소유로 많은 기업을 절대적으로 지배한다. 이러한 구조는 경제위기 이후의 대규모 주식 발행에도 불구하고 개선되지 않았다. 총수의 기업지배권은 여전히 절대적이고, 소유와 지배의 괴리는 더욱 커졌다.

이는 <표 16-3>에서 확인할 수 있다. 4대 재벌 계열사의 자본금이 1997년 말 15조 원에서 1999년 말 34조 원으로 증가했다. 2년 사이에 발행주식이 2.3배로 늘어난 것이다. 이렇게 발행된 주식을 모두 외부투자자가 인수했다면 총수 일가와 계열사 지분은 절반으로 줄었을 것이다. 실제로 4대 재벌 총수와 친인척의 지분은 7.4%에서 4.6%로 줄었다. 그러나 계열사 지분은 26.7%에서 줄지 않았다. 그 결과 내부지분은 36.7%에서 34.3%로 줄었을 뿐이다. 새로 발행된 주식의 4분의 1 이상을 계열사가 인수하여 내부지분율을 계속 높게 유지한 것이다.[5] 그리고 이러한 내부지분과 총수 일가 지분의 차이는 더욱 커졌다.

2000년 이후에는 발행주식이 거의 늘지 않으면서 내부지분이 증가한다. LG는 2001년부터 지주회사체제로 전환하면서 총수 일가가 보유하던 여러 계열사 주식을 지주회사 주식으로 바꿨는데, 이 과정에서 총수 일가 지분이 크게 증가했다. SK는 2000년에 계열사 지분과 자기주식이 크게 증가했는데, 그 많은 부분은 SKC&C의 SK(주) 주식 매집과 SK(주)의 자기주식 매집에 의한 것이다. 외부지분을 줄이고 내부지분을 늘려 총수의 기업지배권을

---

5 필자는 중하위 5개 재벌의 소유구조도 조사했다. 이들의 발행주식은 1998년과 1999년에 1.5배로 늘어났다. 그러나 계열사 지분은 31.2%에서 41.0%로 늘고, 총수일가 지분도 5.5%에서 5.9%로 늘면서 내부지분은 37.7%에서 54.2%로 늘었다.

<표 16-3> 4대 재벌의 자기자본과 내부지분

(단위: 10억 원, %)

연도	재벌	기업수	자본금	자본총계	내부지분			
					총수가족	계열사	자기주식	합계
1997	삼성	56	4,433.6	14,687.4	4.19	23.63	2.21	31.70
	현대	53	4,006.6	11,843.3	13.98	28.83	2.14	45.64
	LG	51	4,530.6	9,902.8	5.86	30.64	0.28	37.14
	SK	40	1,798.7	5,460.0	4.57	23.11	2.41	29.98
	합계	200	14,769.5	41,893.5	7.40	26.69	1.76	36.70
1999	삼성	40	8,180.7	33,352.6	3.93	21.09	1.70	28.16
	현대	34	14,311.2	36,891.4	5.99	25.87	2.77	34.82
	LG	42	7,823.2	20,880.1	4.44	33.22	1.20	39.47
	SK	38	3,267.8	17,242.7	2.78	32.99	2.44	38.83
	합계	154	33,582.9	108,366.8	4.55	26.95	2.09	34.30
2001	삼성	63	7,618.8	47,128.8	3.79	22.64	2.87	31.27
	현대	42	10,148.5	23,581.1	4.31	26.52	5.69	36.66
	LG	48	9,451.5	23,332.9	8.50	31.32	3.35	43.80
	SK	55	5,097.7	20,076.8	2.01	37.86	5.50	45.79
	합계	208	32,316.5	114,119.6	4.55	27.89	4.01	37.50
2002	삼성	63	7,755.2	54,922.9	3.93	22.94	4.00	32.69
	현대	43	10,481.3	27,231.8	4.58	28.07	6.29	39.08
	LG	50	10,506.1	28,581.9	11.34	32.08	1.39	45.66
	SK	60	4,497.8	16,201.0	1.57	31.44	4.26	37.56
	합계	216	33,240.4	114,119.6	5.44	27.19	3.94	37.60

* 12월 31일 기준. 단, 금융보험사는 익년 3월 31일 기준.

* 지분율은 보통주 기준.

* 2000년에 분리된 현대자동차와 2001년에 분리된 현대중공업을 현대에 포함.

* 내부지분 합계는 가족과 계열사 지분 및 자기주식 외에 비영리법인과 임원 지분 포함.

* 재벌별 지분율은 계열사 지분율의 가중평균이며, 가중치로는 자본총계를 사용했음.

강화하려는 의도로 추정된다. 삼성과 현대도 계열사 주식과 자기주식을 매수해서 내부지분율을 높였다.

높은 내부지분율은 재벌의 기업지배권을 외부 주주의 도전에서 지켜준다. 아무리 기업의 수익이 줄어들고 주식가격이 낮아져도 적대적 인수나 합병은 있을 수 없다. 주주총회의 표대결도 있을 수 없다. 흩어져 있는 외부 주주에게서 34.3% 이상의 주식을 사들이거나 의결권을 위임받는 것은 불가능하기 때문이다.

높은 내부지분율이 재벌의 도덕적 해이를 허용한다면, 소유와 지배의 괴리는 재벌의 도덕적 해이를 부추긴다. 2002년 말 4대 재벌 총수 일가와 계열사의 주식지분율이 6.1%와 30.2%인데, 계열사 보유 주식이 모두 주주에게 분배되면 총수 일가의 주식지분율은 9.3%가 된다. 이것은 총수 일가의 소유권 혹은 잔여청구권이기도 하다. 따라서 재벌이 1,000억 원의 회사재산을 축내거나 빼돌리면, 그로 인해 주식가격이 그만큼 떨어지더라도 재벌의 손해는 93억 원에 불과하다. 나머지 907억 원은 외부주주가 부담한다. 그래서 총수는 기업의 수익이나 가치보다 자신과 가족의 사적 이익을 추구한다.

높은 계열사 지분이 항상 총수의 기업지배권을 보장해주는 것은 아니다. 그렇지만 총수 일가의 지분이 일부 계열사에 집중되어 있고, 그 계열사가 다른 많은 계열사에 출자하고 있다면, 총수의 기업지배권은 안전할 것이다. 더욱이 한 계열사가 여러 계열사에 출자하고, 한 계열사에 여러 계열사가 출자한다면, 총수의 기업지배권은 더욱 안전할 것이다. 어느 출자회사의 외부주주도 피출자회사의 경영을 감시하거나 통제하려 하지 않을 것이기에 그러하다. 그리고 이것이 한국 재벌체제의 중요한 특징이다.

삼성의 예를 들면, 2001년 말 현재 총수 일가 지분 중 68.2%가 삼성전자·삼성생명·삼성에버랜드·삼성물산에 집중되어 있으며, 이 네 회사의 계열사 출자가 전체 계열사 출자의 78.6%를 차지한다. 그리고 이 네 회사가 한 계열사에 함께 출자하는 경우가 많으며, 때로는 다른 계열회사도 함께 출자한다. 이러한 소유구조가 아니었다면 엄청난 규모의 회사재산을 총수 자녀에게 넘기는 일이 그렇게 쉽지는 않았을 것이다.[6]

재벌의 소유구조는 경제위기 이후에도 달라지지 않았다. 오히려 총수 일가 지분이 감소하고 계열사 지분이 증가하면서 소유와 지배의 괴리는 더 확대되었으며, 순환출자가 더해지면서 계열사 출자는 더욱 복잡해졌다. 삼성에버랜드에 삼성카드, 삼성캐피탈, 삼성전기, 삼성SDI 등이 새로 출자한 것이 그 예이다. 순환출자는 현대와 SK에도 등장한다. 현대엘리베이터가 현대상선의 주식을 매수했는데, 그 이전에 현대상선은 현대증권과 현대종합상사를 거쳐 현대엘리베이터에 출자했었다. INI스틸과 현대모비스의 현대자동차 출자도 기아자동차를 거친 순환출자를 형성한다. SK는 경제위기 이전에도 SK건설과 SK해운을 포함하는 순환출자가 존재했으며, 경제위기 이후에는 SKC&C를 거친 순환출자가 더해졌다. 이처럼 복잡한 계열사 출자는 투명성과 책임성을 훼손하고 총수의 지배를 강화한다.[7]

6 예를 들면, 삼성물산과 제일모직은 삼성에버랜드의 대주주였다. 그런데 삼성에버랜드는 주식을 발행해서 총수의 자녀에게 7,700원씩에 넘겼다. 그렇지만 삼성전기, 삼성SDI 등의 계열사에는 200,000원씩에 인수하게 했다. 200,000원이 적정가격이라면 삼성물산과 제일모직의 외부주주들이 손해를 입은 것이며, 7,700원이 적정가격이라면 삼성전기와 삼성SDI의 외부주주들이 손해를 입은 것이다. 그러나 어떤 외부주주도 이러한 일을 막을 수 없었다.

7 SK는 이 점에서 다른 재벌과 구분된다. 총수 일가의 지분이 1999년에 이미 2.8%로 낮아지고, 2002년 말에는 1.6%로 더욱 낮아진다. 더욱이 SK, SK텔레콤, SK글로벌 등 3대 핵심회사의 지분은 0.1%에 불과하다. 이것만으로 보면, SK는 총수의 기업지배권이 매우 취약하다고 판단된다.

5. 재벌을 둘러싼 새로운 환경

재벌기업의 내부지분 규모와 구성만을 보면, 경제위기 이후 총수의 기업지배권은 오히려 강화되었다고 말할 수 있다. 그러나 재벌을 둘러싼 환경이 바뀌면서 재벌은 변화를 강요받고 있다.

새로운 환경 중 하나는 외국인 주식지분의 급증이다. 앞에서 지적했듯이, 재벌은 1998년과 99년에 주식을 발행해서 자금을 조달하고 차입을 줄였다. 4대 재벌의 경우 이때 발행한 주식이 1997년까지 발행한 주식과 맞먹는 수량이었다. 한편 1998년 5월 주식시장이 전면 개방되면서 외국인의 주식 투자가 차츰 증가하여 2002년 말에는 상장주식의 36.0%를 보유하게 되었다. 4대 재벌 평균 내부지분이 37.6%이므로 외부지분의 절반 이상을 외국인이 갖고 있는 것이다.[8] 이들 외국인 투자자들은 재벌의 선택에 민감하게 반응하고, 그들의 반응은 주식가격의 등락으로 이어진다. 주식시장에서의 '이탈'을 통한 규율이 작동하기 시작한 것이다.

물론 투자자의 이탈과 주식가격의 하락이 재벌총수의 기업지배권 상실로 이어질 가능성은 낮다. 2002년 말 현재 4대 재벌의 내부지분율이 37.6%에 이르고, 5대 이하 재벌의 내부지분율은 이보다도 높다. 외부투자자가 그 이상의 주식을 사들여서 기업지배권을 차지하기는 매우 어렵다. 그렇지만 외부자금이 필요하면서 사채나 차입으로는 자금을 조달하기 어려운 재벌에게는 투자자의 이탈과 주식가격의 하락이 부담으로 작용할 것이다.

재벌의 대규모 주식발행과 주식시장의 대외개방이 가져온 변화 이외에

---

8 4대 재벌 소속회사 중 상장회사는 내부지분이 평균보다 낮은 경우가 많다. 그렇지만 4대 재벌 소속 상장회사의 외국인 지분율은 전체 상장회사 평균보다 높은 경우가 많다.

도 여러 가지 법규의 개정이 가져온 변화도 있다. 특히 기업의 투명성과 책임성을 높이기 위한 개정이 많이 이루어졌다. 기업과 대주주 사이의 거래는 이사회를 거치도록 했으며, 이러한 거래를 포함한 여러 가지 사항을 공시하게 했다. 불성실 공시에 대한 처벌도 강화했다. 결합재무제표를 통해 기업집단의 실상이 드러나게 했고, 분식회계와 부실감사에 대한 처벌을 강화했다. 소수주주의 회계장부열람도 다소 쉬워졌다. 이사의 '충실의 무'를 새로 규정하여 책임을 강화했으며, 지배주주도 이사와 같은 책임을 지게 했다. 주주대표소송의 요건을 완화하여 소수주주가 이사와 지배주주의 책임을 전보다는 쉽게 물을 수 있게 했다. 이러한 변화로 인해 재벌체제가 해체되지는 않겠지만 총수의 전횡이나 사적 이익 추구가 예전보다는 어렵게 되었다.

어렵다는 것이 없다는 것을 의미하지는 않는다. 2001년 3월 26일 제일기획과 삼성SDI가 총수 가족이 갖고 있던 e삼성과 e삼성인터내셔날 주식을 200여억 원에 인수하겠다고 발표하자, 두 회사의 주식 시가총액이 일주일 사이에 4,500억 원이나 떨어졌다. 그런데도 주식인수 계획은 취소되지 않았다. SK에서도 비슷한 일이 진행되었다. 1998년 SK텔레콤은 총수에게서 SKC&C 주식을 191억 원에 인수했으며, 2000과 2001년 SKC&C는 SK(주) 주식 10.7%를 1,972억 원에 매집해서 그중 7.3%를 총수에게 넘겼다. 이때 SKC&C가 대가로 받은 것은 워커힐 주식이었다. 두산도 신주인수권을 총수 가족에게 몰아주었다. 경영의 투명성과 책임성을 높이기 위한 여러 가지 조처들에도 불구하고 이러한 내부거래가 행해진 것이다. 오직 검찰이 SK 총수를 배임혐의로 구속한 다음에야 주식거래를 취소했으며, 그제야 두산도 총수 가족의 신주인수권을 포기했다. SK글로벌이 2002년에도 회계장부를 거짓으로 작성하여 공시했다는 사실과 은행과 회계법인이 이러한 사기를 도왔다는 사실도 검찰의 수사를 통해서야 드러났다.

6. 개혁을 위한 정책과제

재벌기업의 내부지분율은 여전히 높다. 지배주주의 지분은 줄었지만 계열사 지분이 줄지 않았기 때문이다. 이렇게 높은 내부지분율이 총수의 기업지배권을 안전하게 지켜주고 있다. 주식시장의 '이탈'을 통한 규율이 어느 정도 작동하지만 기업지배권을 위협할 정도는 아니다. 경영의 투명성과 책임성을 높이기 위해 여러 가지 법규의 개정이 이루어지긴 했다. 그러나 외부주주가 나서서 총수의 전횡이나 사적 이익 취득을 막기는 여전히 어렵다.

이러한 상황이 짧은 기간에 나아질 것 같지는 않다. 지금의 재벌체제가 고착되거나 악화될지도 모른다. 그러한 사태를 막고 기업과 경제의 효율성을 높이기 위해서는 국가가 나서야 한다. 여러 가지가 있겠으나 서둘러 취해야 될 조처로는 세 가지를 들 수 있다.

첫째, 투명성과 책임성을 높이기 위한 추가의 조처들이 필요하다. 마냥 미루어지고 있는 증권집단소송법 제정을 서둘러야 하며, 소송을 어렵게 하려는 시도를 막아야 한다. 이와 함께 상법을 개정해서 집중투표제를 의무화하거나 증권거래법을 개정해서 사외이사 선임에 외부주주의 의사가 반영될 수 있게 해야 한다.

둘째, 기업에 대한 공적 규율을 강화해야 한다. 투명성과 책임성을 높이기 위한 여러 가지 조처들이 취해지더라도 사적 규율이 제대로 작동하기까지는 시간이 걸릴 것이며, 그동안에는 공정거래위원회와 금융감독원은 물론 검찰도 나서서 외부투자자의 이익을 보호해야 한다. 불법적인 상속과 경영권 세습을 막기 위해서는 국세청도 나서야 한다. 법원의 더욱 적극적인 법률해석과 엄격한 법률적용도 요구된다. 사적 규율을 정착시키기 위해서도 그러하다.

셋째, 소유구조의 개선을 유도해야 한다. 공정거래법의 출자총액제한을 강화하면, 직접적으로는 소유와 지배의 괴리를 줄일 수 있고, 간접적으로는 지주회사체제로의 전환을 유도할 수 있다. 지주회사체제로 전환하더라도 소유와 지배의 괴리는 축소되지 않겠지만 출자관계가 단순하게 바뀌면서 책임성이 강화될 수 있다. 2001년의 공정거래법 개정으로 허용되기 시작한 금융보험계열사의 의결권 행사를 다시 금지하는 것도 소유와 지배의 괴리를 줄이는 수단이 될 수 있다.

이러한 조처들은 모두 자본 대 자본의 관계를 개선하기 위한 것이다. 산업과 금융의 분리를 위한 조처들도 그렇게 규정할 수 있겠지만 여기서는 논의하지 않기로 한다. 자본과 노동의 관계도 기업과 경제의 효율성을 결정하는 중요한 요인이지만 역시 논의하지 않기로 한다.

세계화 시대 재벌개혁 논쟁에 부쳐

'재벌강화론' 비판을 중심으로*

장시복

1. 들어가는 말

1997년 외환위기 이후 한국경제의 가장 큰 화두는 신자유주의적 세계화 (neoliberal globalization)에 입각한 구조조정이었다. 이러한 재편은 기업지배 구조의 개선, 금융시장의 자유화, 노동시장의 유연화, 공기업의 사유화 등 한국경제에 심대한 영향을 주었다.[1] 이 과정에서 "우리가 살기 위해서는

---

* 이 글은 2003년에 발표했던 글(장시복, 「세계화 시대 재벌개혁 논쟁에 부쳐 ─ 재벌강화론 비판」, ≪시민과세계≫, 제4호, 참여사회연구소)을 일부 수정한 것이다. 4년이 지난 동안 당시에 있던 논쟁은 해결이나 합의점을 찾기보다는 상황변화에 따라 해소되었다. 따라서 출판을 위해서는 상황변화를 반영한 새로운 글쓰기를 필요로 했지만, 당시의 논점이 해결되지 않은 채 해소되었다는 측면에서 필자는 이 글의 문제의식을 살리기 위해 지금까지의 상황전개에 대한 몇 가지 비판적 평가를 첨부하고 원문을 수정했다.

[1] 사실 이러한 재편은 1990년대 초반부터 지속적으로 이루어져 온 개방과 자유화와 맞물려서 진행되었다. 이러한 맥락에서 1997년 외환위기 이후 한국경제에 신자유주의적 세계화를 바탕으로 한 구조재편이 시작된 것은 아니며. 오히려 1997년 외환위기는 신자유

한국경제를 세계화해야 한다"는 구호가 요란하게 신문지상을 뒤덮었고, 모든 곳에서 세계화는 절대명제로 받아들여졌다.

그런데 세계화가 절대명제이고 한국경제가 세계화해야만 생존할 수 있다는 현란한 장밋빛 구호와는 달리 한국경제에 급속하게 관철된 신자유주의적 세계화는 심각한 위험으로 현실화되었다. 무엇보다도 세계화는 경쟁에서 승리하지 못하면 아무것도 얻지 못한다는 법칙, 승자만이 모든 것을 얻는다는 점을 사람들에게 일깨워주었다. 게다가 1997년 외환위기 이후 초국적자본이 한국기업을 구매하고 한국에서 자본축적을 수행하면서 그동안 국내기업이 지배하던 시장을 지배했으며, 주식이나 채권 등 포트폴리오투자를 통해 금융이득을 늘리고 국내기업의 지배구조를 위협하게 되면서 한국경제에 대한 우려는 현실화되었다.

신자유주의적 세계화의 어두운 그림자가 한국경제를 덮치고 '상실의 시대'가 오자 초국적자본에 대한 대응을 통해 국민경제를 지켜야 한다는 사람들은 재벌에 주목하기 시작했다. 1997년 이후 계열사의 감소, 해외자본의 재벌 계열사 매입, 해외 투자가들의 주식지분 증가로 인한 기업지배구조의 약화 등 초국적자본이 재벌을 포위해서 공격하고 있는 상황에서 '국적자본'인 재벌을 강화하여 국민경제 차원에서 경제발전을 이룩해야 한다는 주장이 제기된 것이다.

이 주장은 그동안 재벌개혁의 중심 화두였던 주주가치 이론을 비판하면서 제기되었고, 이 비판에 대한 재비판과 재벌강화론이 가진 문제점에 대한 여러 가지 의견들이 제시되면서 세계화 시대 재벌개혁 논쟁이 확대되었다. 그러나 주주가치 이론에 대한 적절한 비판인데도, 세계화 시대에

주의적 세계화를 한국경제에 전면화하는 중요한 계기로 해석되어야 할 것이다(Cho and Kim, 1999; Chang et al., 1998).

자본의 국적성을 중심으로 재벌개혁을 논하는 것은 문제의 핵심을 찌르지 못한 것이다. 오히려 재벌개혁 논쟁은 신자유주의적 세계화를 추동하는 초국적자본의 성격과 국내재벌의 초국적화와 결부시켜 논의되어야 의미가 있을 것이다.

이러한 맥락에서 이 글은 재벌개혁을 둘러싼 논의를 비판적으로 평가하는 것을 목적으로 한다. 특히 이 글은 재벌을 지렛대로 신자유주의적 세계화에 대응해야 한다는 재벌강화론의 주장을 비판적으로 검토할 것이다. 이 글에서 재벌강화론을 비판하는 핵심은 '자본의 국적성'이라는 이들 주장의 근거이다. 자본 국적성의 문제를 비판적으로 검토하기 위해 이 글은 우선 1997년 외환위기 이후 초국적자본의 한국경제 지출과 재벌의 대응을 중심으로 변화한 한국경제의 상황을 검토한다. 이후 재벌강화론의 주장을 살펴보고 '자본의 국적성' 문제를 중심으로 이를 비판한다. 이 글은 세계화 시대 재벌개혁에 관련한 담론을 비판하는 것이 목적이기 때문에 이 글의 주장을 뒷받침할 실증분석을 수행하고 있지는 않다. 이것은 이 글의 한계이지만 이 한계는 이 글에서는 해결하기 어려운 과제이므로 추후 연구를 통해 보완하려 한다.

2. 초국적자본의 한국경제 진출

1) '관리된 개방'의 해체와 급격한 자유화

1960년 이후 공업화과정에서 한국은 국가 주도로 '전략적' 산업정책('strategic' industrial policy)을 통해 경제발전을 이룩했다. 국가는 생산 부문의 계획, 투자형태의 통제, 보조금과 독점권, 국내생산자에 대한 시장보호,

엄격한 외국인 자본 제한을 제공했다. 이러한 정책을 통해 국가는 재벌을 중심으로 한 성장을 추구했으며 은행을 관리하고 산업재편을 유도하며 새로운 생산물과 기술을 확보하기 위해 연구·개발 부문에 집중적으로 투자했다(Chang, 1997, 1998; Weiss, 1998).

이러한 산업정책은 '관리된 개방(managed openness)'을 통해 대외 부문에 대한 강력한 통제와 병행되었다. 한국 정부는 이미 50년대부터 외환거래를 통제해 거주자가 외환이나 외국 채권을 보유·거래하는 것을 금지했고 경상계정의 거래를 통제했다. 이와 같은 강력한 외환규제는 1980년대까지 모든 자본유출에 적용되었다(이천표 1997; Lee 2000). 또한 해외직접투자 정책을 통해 한국은 초국적자본의 진입과 소유를 제한하면서 지나치게 노후화된 기술이 들어오지 못하게 하고 초국적자본이 들여오는 기술을 심사했으며, 기술파급을 극대화하는 정책수단을 사용하여 수출경쟁력이 심각하게 훼손되지 않도록 했다(Mardon, 1990).[2]

그러나 한국의 초국적자본에 대한 통제는 1990년대 들어서면서 서서히 느슨해지기 시작했다. 이러한 1990년대 자유화는 국내외적 요구의 산물로 이해할 수 있다. 세계경제의 장기침체로 인한 이윤획득의 어려움을 극복하기 위해 초국적자본은 한국경제에 진출하기 위해 많은 압력을 가해왔다. 또한 재벌도 자본축적의 어려움을 한편으로는 노동에 대한 공세로, 다른 한편으로는 자유화를 통한 세계적 자본축적을 지향하는 것으로 해결하기

---

2 이러한 정책으로 인해 해외직접투자나 해외포트폴리오투자는 한국경제 발전에서 중요한 기여를 하지 못했다. 1970년대 후반기에 GNP 대비 해외직접투자 비율은 약 3%로 아르헨티나, 브라질, 멕시코의 거의 절반 수준이었다. 1980년대에 들어서 한국 정부는 첨단산업에 대한 해외직접투자를 장려하기 시작했지만, 1985년 GNP 대비 비율은 1965년의 경우보다 오히려 낮았다. 전체적으로 평가해보면 1965년 이후 해외직접투자가 총 외자도입액 중 5%를 넘은 적이 없었다(Amsden, 1989).

위해 자본자유화를 강하게 요구했다(이병천 외, 1998).

이러한 상황에서 1990년 경상수지가 적자로 돌아서자 정부는 내국인의
해외증권발행과 외국인의 직접투자를 자유화하는 외환관리법 개정을 통
해 해외자본 유입을 촉진했다. 또한 1992년에는 해외투자자들이 한국
주식시장의 주식을 직접 사는 것이 허가되었다(이천표, 1997; Lee, 2000).

게다가 지속적인 자유화는 김영삼 정부가 들어선 이후 더욱 빠르게
진행되었다. 채권시장에서는 1994년 이후 외국투자가들이 국내채권에
투자하는 것이 허용되었고, 주식시장에서는 펀드의 설립, 옵션거래의 규제
완화 같은 포트폴리오투자가 촉진되었다. 해외직접투자와 관련해서도
1993년 이후 대상업종이 확대되고 투자절차가 간소해졌다.

특히 1996년 한국이 29번째로 경제협력개발기구(Organization for Econo-
mic Cooperation and Development: 이하 OECD)에 가입한 사건은 그동안
'관리된 개방'이 '급격한 자유화'로 전환되는 결정적인 계기를 제공했다.
OECD 회원국은 OECD 규약을 준수해야 하며 이 규약에는 OECD의
내부절차, 여타 국제기구와의 관계, 경상무역외거래 및 자본이동의 자유화,
거시적 경제정책 조정, 경제개발 검토, 통화 및 외환문제 개선, 환경 보전,
노동조건 개선, 과학 및 기술진흥, 농업 및 어업 문제, 이중과세 방지,
소비자 보호 등 광범위한 분야를 대상으로 하고 있다. 이 중 경상무역거래
및 자본이동의 자유화는 한국경제의 급격한 대외개방을 야기한 '충격요법'
에 가까운 조치였다.

2) 1997년 외환위기와 초국적자본의 급속한 유입

1996년 OECD 가입으로 인한 '급격한 자유화'의 충격이 흡수되기도
전인 1997년 외환위기가 촉발하자 자유화는 유례를 찾아보기 힘들 정도로

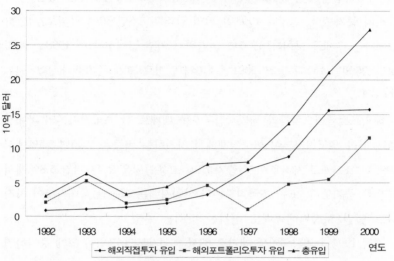

〈그림 17-1〉 1990년대 이후 해외자본의 유입

-◆- 해외직접투자 유입 -■- 해외포트폴리오투자 유입 -▲- 총유입

연도

자료: Crotty and Lee(2001).

급속하게 진행된다. 주식과 채권 등 국내자본시장은 완전히 개방되었고 외국투자자의 국내주식 소유한도도 철폐되었다. 기업채권에 대한 외국인의 직접투자도 자유화되었고, 외국인 직접투자와 관련된 다양한 규제들도 모두 사라졌다. 또한 국내 금융기관들에 대한 외국인 소유도 인정되었다.

이 결과 1990년대부터 증가세에 있던 초국적자본 유입이 비약적으로 크게 늘어났다. <그림 17-1>은 외환위기 이후 초국적자본의 전례 없는 유입증가를 잘 보여준다. 순해외포트폴리오투자 유입은 1992년~1999년까지 매년 5억 달러씩 증가하다가, 2000년 12억 달러 증가했다. 1992년~1997년까지 매년 10억 달러씩 증가하던 총 해외자본 유입도 외환위기와 구조조정 과정에서 크게 늘어 1998~2000년 620억 달러로 증가했다(산업자원부, 2003; Crotty and Lee, 2001).

해외포트폴리오투자(foreign portfolio investment)보다 더 크게 증가한 것

은 해외직접투자였다. 1980년~1994년까지 해외직접투자는 평균 10억
달러씩 증가했다. 그러다 1995년 20억 달러, 1996년 30억 달러로 서서히
늘어나는 추세를 보이다, 1997년 외환위기 이후 급격히 늘어 1998년 90억
달러, 2000년 152억 달러, 2001년 110억 달러로 크게 증가했다(산업자원부,
2003).[3]

　해외포트폴리오투자와 해외직접투자를 매개로 한 초국적자본의 국내진
출에 따라 초국적자본이 한국경제에서 차지하는 비중은 1996년 5.5%에서
1999년 18.5%로 세 배 이상 증가했고, 고용인원은 같은 기간 5.8%에서
9.7%로 증가했다. 또한 초국적자본의 산업지배는 그동안 국내자본이 차지
하고 있던 시장지배력에도 심각한 타격을 주었다.

　결국 1997년 외환위기를 계기로 해서 해외자본의 유입이 크게 증가하면
서 국내기업(특히 재벌)이 지배해온 시장은 초국적자본과의 경쟁에 노출되
게 되었고, 외환위기로 인한 과잉생산을 해소하는 과정에서 많은 기업이
초국적자본에게 매각되어 주요 시장에서는 초국적자본이 시장쟁탈전에서
주도권을 잡게 되었다.[4]

　다른 한편 이러한 초국적자본의 산업진출과 함께보다 초국적자본의

---

　[3] 이러한 해외직접투자의 증가는 엄청난 속도라고 할 수 있다. 1962~1997년까지
30여 년 동안 한국에 유입된 해외직접투자는 246억 달러였다. 그러나 1998~2002년까지
5년간 유입된 액수는 약 600억 달러로 이전 30년간 유입된 자본보다 2배 이상이 컸다.
급속한 초국적자본의 유입이 준 충격을 이보다 잘 설명할 수는 없을 것이다.

　[4] 초국적자본의 한국기업 지배는 매우 광범위한 산업에서 전개되었다. 석유화학 부문에
서 BP(영국)는 초산 83.8%, 바스프(독일)·미쓰이화학(일본)은 폴리우레탄 73.6%, 데구사
(독일)·콜롬비언 케미컬(미국)은 카본블랙 69.0%의 생산을 점유했다. 기계금속 부문에
는 알칸(캐나다)과 알코아(미국)가 판박 알루미늄 80.0%를 생산하고 있으며, 팝코·보워터
(미국)는 신문용지 73.0%, P&G(미국)·킴벌리클라크(미국)는 종이기저귀 76.8%, 생리대
75.6% 등을 점유했다(유용주 외, 2000).

금융산업 진출도 매우 급격하게 진행되었다. 1997년 외환위기 이후 초국적
자본의 국내금융업에 대한 투자가 은행업을 중심으로 크게 증가했다.
1990~1997년 초국적자본의 투자규모는 연평균 2억 달러 수준이었으나
1999~2000년에는 연간 20억 달러 수준으로 급증했는데, 이 중 은행업에
대한 투자규모가 2000년 6월 약 20억 달러로 전체 금융업 투자액(54억
달러)의 1/3을 상회했다.

국내금융업에 진출한 외국투자자는 주로 M&A, 주식투자 등 자본시장
을 중심으로 전문화된 투자은행 및 투자펀드 형태로 사업을 전개했으며,
외환위기로 부실자산이 늘어나 순가치가 크게 하락한 국내금융기관을
자회사 형태로 인수하거나 합작하는 방식을 이용해서 사업을 확장했다.
또한 이러한 금융투자는 외환위기 이후 국내기업에 대한 경영참여 확대로
이어졌다.[5]

초국적자본의 금융시장 진출은 자본통제권의 행사과정에서 초국적자본
의 영향력이 강화되었다는 것을 의미한다. 초국적자본은 은행을 통해 직접
적으로 국내자본을 압박하고 국내자본과의 경쟁에서 유리한 위치를 확보
하는 데 결정적인 힘을 행사할 수 있게 된 것이다.[6]

게다가 주식시장에 대한 초국적자본의 참여가 허용되면서 주식시장을
통한 초국적자본의 개입도 강화되었다. 주식시장에서는 외국인 소유비중
이 외환위기 이전에는 10% 미만에 머물렀지만, 1997년 외환위기를 겪으면

---

5 초국적자본이 최대주주로서 경영에 참여하는 금융기관수를 보면, 외자계 은행은
26개로 전체 국내은행 비중의 21.3%를 차지했다. 이 중 외환위기 이후 진출한 외자계
금융기관은 16개로 전체의 62%를 차지했다.

6 이러한 의미에서 재벌이 국내은행의 소유제한 철폐를 주장하는 것은 의미심장하다.
재벌도 국내은행을 소유함으로써 초국적자본과의 경쟁에서 유리한 조건을 획득하기 위해
금융자본의 힘이 절대적으로 필요하기 때문이다.

서 이 비중은 1998년 21.9%, 2001년 5월 32.4%까지 확대되었다(Crotty and Lee, 2001).

이러한 초국적자본의 주식시장 진출은 기업지배구조에도 중대한 영향을 미쳤다. 특히 재벌기업에 대한 지분소유는 재벌의 경영권을 위협할 수 있을 정도로 심각한 지경에 이르렀다.[7] 외환위기를 거치면서 주식시장에서 초국적자본이 7대 기업에서 차지하는 지분은 평균 20.6%에서 47%로 증가했다. 세계적인 기업이라는 삼성전자의 국내자본 지분은 11.7%인데 반해 초국적자본의 지분은 56%나 된다. 이 밖에도 초국적자본은 POSCO의 지분 63%, SK텔레콤 지분의 다수, 그리고 현대자동차 지분의 57%를 소유했다.

3) 재벌의 대응

1997년 외환위기 이후 초국적자본의 대규모 진출과 함께 재벌은 두 가지 방식으로 위기에 대응했다. 한편으로 재벌은 외환위기의 원인 중 하나였던 과잉투자와 무분별한 다각화를 해소하기 위해 계열사를 매각하거나 경쟁력 없는 기업을 퇴출시켰다. 다른 한편 초국적자본의 급격한 유입으로 재벌은 초국적자본과 치열한 경쟁에 직면했다. 이에 따라 재벌은 경쟁력이 상실된 다른 기업을 인수하여 자본의 집중을 강화하고 집중 사업 부문을

---

7 재벌에 외국인 지분이 증가한 것만을 가지고 초국적자본이 한국기업을 점령했다고 표현하기는 어려울 것이다. 왜냐하면 논리적으로는 '기업의 경영권을 소유하거나 통제하기 위한' 해외직접투자와 '금융차익을 노린' 해외포트폴리오투자는 구분되기 때문이다. 따라서 일반적으로 말해서 재벌에 외국인 지분이 증가한 것은 '경영권을 위협할 가능성'으로 해석되어야 한다. 그러나 SK 사태에서 볼 수 있듯이 가능성은 언제든지 현실성으로 전환될 수 있다.

중심으로 재벌의 구조와 시장구조를 재편하는 것으로 대응했다.

우선 재벌의 과잉생산의 해소에 대해 살펴보자. 1997년 외환위기 이전 30대 재벌의 계열사는 821개에 달했지만, 외환위기 이후 계열사의 합병·매각·지분판매 등 구조조정을 거치면서 1999년 686개, 2000년 584개로 237개의 계열사가 사라졌다. 그런데 계열사의 매각은 주로 초국적자본에게 소유권을 양도하는 형태를 띠면서 진행되었다. 30대 재벌은 외환위기이후 1999년 10월 말까지 사업매각, 합작법인 설립, 자본참여 등의 형태로약 144억 달러의 외자를 유치했는데, 이 가운데 사업매각에 의한 외자유치금액이 79억 달러로 전체의 54.8%를 차지할 정도였다(전국경제인연합회, 1999).[8]

계열사 매각과 함께 구조조정 및 체질개선에 실패한 상당수 기업이 퇴출되었다. 1998년 30대 기업집단으로 지정되었던 그룹 중 2002년 4월 기준으로 대우·한라·동아 등 12개사가 탈락했고, 10대 기업집단 가운데 금호·현대·한화가 10위권 밖으로 밀려나고 쌍용·대우 등이 탈락하는 등

---

[8] 대표적인 예만 들어본다면 다음과 같다. 다임러 크라이슬러의 현대자동차 지분 참여, 대우자동차는 GM, 삼성자동차는 르노로 인수되었다. LG의 LG에너지·LG파워의 지분매각, 현대상선 차운반선 사업부 매각 및 '유코카 캐리어' 신설, 하이닉스 LCD 사업부매각, Reckitt의 옥시 인수, 해태의 해태제과 매각 등이 이루어졌다. 삼성중공업의 중장비사업은 볼보(스웨덴), 지게차 사업은 클라크(미국)로 매각되었으며 현대석유화학 발전설비는 사이티(미국), 폐수처리설비와 소각로는 비방디(프랑스), 공기분리설비는 BOC(영국)에판매되었다. 또한 한화기계 베어링사업은 FAG(독일), 현대전자의 이천 열병합발전소는사이티, 한화화학의 과산화수소 사업은 케미라(핀란드), 대상의 라이신 사업은 아이비티(캐나다), 한솔제지의 신문용지 사업은 아이비티(캐나다), 한화에너지의 발전 부문은 AES(미국), 두산의 음료산업은 코카콜라(미국), (주)효성의 인조대리석사업은 듀폰(미국), 플라스틱 사업은 로디아(프랑스), 아남반도체의 산전사업부는 르그랑(프랑스), 반도체 조립공장은 암코테크놀로지(프랑스), 새한의 PET사업은 도레이(일본)에 매각되었다.

재벌의 구조재편이 일어났다. 다른 한편 재벌은 구조조정을 통해 계열사를 초국적자본에 매각하면서 전자, 자동차, 기계, 조선, 중공업, 전자통신, 금융, 생명공학, 정유 등 주력산업을 육성하기 위해 노력했다(공정거래위원회, 각 호).

이러한 재벌의 구조조정과 주력산업의 육성은 자본의 재편에 따른 '재벌의 양극화'를 야기했다. 상장기업 전체에서 삼성, LG, SK 등 3대 기업집단의 시가총액이 차지하는 비중이 1998년 말 28%에서 2002년 6월 말 43%로 증가했다. 또한 삼성·LG·SK 등 3개 그룹 계열사의 순이익은 사기업이 벌어들인 순이익의 74.7%에 해당되며, 삼성전자·LG전자·SK텔레콤 등 3개 기업이 차지하는 비중도 갈수록 증가하여 2000년 상반기 이들 3개사의 순이익은 약 4조 원으로 12월 결산 상장기업 전체 순이익의 약 38%를 차지할 정도였다.

1997년 외환위기 이후 전면화 된 두 가지 위기에 대응하면서 재벌은 '급격한 자유화'에 대응하기 위한 새로운 축적전략을 꾀했다. 이미 1980년대 중후반부터 한국의 재벌은 자신들의 생산설비를 해외로 이전하면서 '글로벌 경영'을 추구했다.9 재벌이 초국적화를 꾀하게 된 것은 날로 치열해지고 있는 전 세계적 경쟁을 극복하기 위해 세계적인 차원에서 생산·유통·판매 등 기업조직망을 확장하고 자본의 초국적화를 꾀하여 이윤율 하락에 대응해야 했기 때문이다.10

이러한 재벌의 초국적화 전략은 1997년 외환위기 가 발생하자 좀 더

---

9 가장 대표적인 성과사례이자 실패사례는 '김우중식' 세계화를 추진한 대우일 것이다.

10 초국적기업의 초국적화하는 이유는 단일 요인으로 설명하기는 힘들다. 예를 들어 초국적화의 원인이 반드시 임금비용의 절감이나 노동조합의 약화만을 목적으로 한 것은 아니다. 전 세계적인 자본 간 경쟁 격화, 보호무역, 환율변화, 구매력이 존재하는 시장확보 등 매우 다양한 요인이 기업의 초국적화를 촉진하는 현실적인 이유이다.

대규모로 이루어졌다. 예를 들어 GDP에서 해외직접투자 잔액이 차지하는 비중은 1990년대 초반과 중반 각각 1% 미만, 2%대를 기록했으며 2000년에는 5.8%, 2002년 6.5%로 지속적으로 상승했다(한국수출입은행, 각 권호).[11]

결국 이러한 상황을 종합적으로 검토해본다면, 초국적자본의 대규모 유입은 초국적자본과 재벌의 경쟁을 격화시키고 재벌의 집중을 강화하며 재벌의 초국적화를 촉진하는 한편, 초국적자본과의 경쟁에서 재벌이 취약해지고 양극화되는 상황을 만들었다고 할 수 있다. 이는 1997년 외환위기 이전과는 달리 세계화의 압력으로 인해 한국경제가 질적으로 변화했으며 재벌의 자본축적도 크게 재편되었다는 것을 의미한다.

3. 재벌강화론과 이에 대한 비판

1) 재벌강화론의 논리와 반론

초국적자본의 대규모 유입과 재벌에 대한 초국적자본의 공세에가 현실화 되자 한국경제를 우려하는 사람들은 재벌을 강화해야 한다는 주장을 제기했다. 특히 이러한 주장은 'SK글로벌사태'를 기점으로 사회적 인정투쟁을 전개하며 사회적 공간을 확보하기 시작했다.

---

11 오늘날 재벌의 초국적화는 상당한 수준에 도달해 있다. 예를 들어 현대자동차의 경우, 동구, 아시아, 아중동, 중남미, 태평양 등 '지역거점'을 두고 미국, 인도, 중국, 터키에 '생산법인'을, 러시아, 말레이시아, 베네수엘라, 중국, 파키스탄 등에 '조립공장'을, 미국, 인도, 일본, 호주, 폴란드 등에 '판매법인'을 두고 전 세계적인 차원에서 자본축적을 꾀하고 있다. 이러한 현대자동차의 초국적화는 동종 산업에 속한 다른 나라의 자동차 초국적기업과 비교해도 손색이 없을 정도이다.

SK글로벌 사태는 소버린(Sovereign Asset Management)의 자(子)회사인 크레스트 시큐리티즈(Crest Securities Limited)라는 초국적자본이 SK그룹의 사실상의 지배회사인 SK(주) 주식 1,096만 8,730주(8.64%)를 장내매수해 기존 최대주주였던 SKC&C(8.49%)를 제치고 SK(주) 최대주주로 떠오르면서 촉발되었다. 문제의 핵심은 SK(주)가 SK텔레콤 20.85%, SK글로벌 37.86%, SKC 47.66%, SK해운 35.47%, SK언론 50%, SK제약 66% 등 주요 계열사 지분의 대부분을 장악하고 있다는 것이다. 이에 따라 만일 크레스트 시큐리티즈가 SK(주)의 경영권을 확보하면 SK그룹 전체에 대한 지배권을 확보할 수도 있게 된 것이다. 이러한 경영권에 대한 위협은 초국적자본의 경영권 공격에 재벌이 매우 취약하다는 것을 잘 보여주었으며, 재벌의 지배구조의 취약성을 방어하기 위한 사회적 대응의 필요성이 제기되었다.

이러한 상황에서 재벌강화론은 이찬근 교수 등 몇몇 학자들이 참여연대의 '시장주의적 재벌개혁론'을 비판하면서 제기되었다. 비록 논쟁의 구도는 '참여연대식 재벌개혁'과 '대안연대식 재벌개혁'이라는 대결구도 속에서12 참여연대의 지배구조 개선 문제를 비판으로 표적으로 삼기는 했지만, 이들의 주장은 재벌의 지배구조가 초국적자본에게 위협당하고 있는 현실을 대응하는 것이야말로 신자유주의적 세계화에 대응하는 '반(反)신자유주의' 운동의 일환이 될 수 있다는 것이었다. 이를 좀 더 이해하기 위해 재벌강화론의 주장 중 대표적인 논자인 이찬근 교수의 논의를 살펴보자.13

우선 이 교수는 "IMF 외환위기 전후 급격한 자본자유화로 재벌의 지배권이 위협받는 상황에 처해 있고 이를 방치할 경우 국민경제의 산업주권이 크게 위축되고 그 결과 지속적인 성장을 저해할 수 있다"는 주장을 하며 "……우리 경제가 성급하게 금융 주도형 경제의 논리인 주주가치 이념에 빠져드는 것을 심각하게 경계하지 않을 수 없다. ……참여연대가 추종하는 주주가치 논리를 맹종할 경우 기업의 중장기 투자를 가로막아 국민경제의 지속적 성장이 제약당할 수 있기 때문이다. 이것은 미국이 왜 주주가치 극대화 논리에 빠져들었고, 그 사회 경제적 귀결이 무엇인지를 따져 보면 분명해진다"라고 말하며 참여연대의 '시장주의적 재벌개혁론'을 비판했다(이찬근, 2003a; 2003b).

더 나아가 이 교수는 "IMF - 월스트리트와 DJ 정부 - 참여연대는 주주가치 원칙을 통해 재벌총수의 지배권을 압박하는 방식으로 재벌개혁에 박차를 가하기로 암묵적으로 합의에 도달했고…… 일사천리로 자본시장 개방 조치와 함께 초국적자본이 국민경제를 포위함에 따라 급기야 재벌은 초국적자본으로부터 지배권을 위협받기에 이르렀다. ……이번 SK 사태에서 드러났듯이 재벌은 국내시장에서 강력한 지위와는 극히 대조적으로 지배권 방어에 매우 취약하며, 현행 재벌개혁 방식을 일거에 추진할 경우 모든 재벌이 월스트리트에 바겐세일되고 마는 사태가 빚어질 것"이라고 주장했다(이찬근, 2003b).

이에 따라 그는 초국적자본의 한국경제 장악에 대응하기 위해서는 재벌개혁 과정은 "숨을 고르는 시간이 필요"하며 "경제발전론적 관점에서 볼 때, 재벌은 세계역사상 유례없이 성공적인 우리나라의 경제발전에 기여했으며, 이들이 키워온 우수한 역량은 해체 파괴할 대상이 아니라, 앞으로

읽어보면 알 수 있다. 또 이에 대한 간략한 소개는 장시복(2003)을 참조할 수 있다.

도 국민경제의 성장엔진으로 중요한 역할"을 맡겨야 한다고 주장했다.

또한 그는 재벌을 일정 수준의 '국적자본'으로 파악하고 "국적자본은 외국자본에 비해 국내환경에 대한 정보비대칭성 제약을 덜 받으므로, 국민경제를 기반으로 산업 플랫폼으로 키우는 데 상대적으로 적극적일 수 있다"며 재벌을 중심으로 초국적자본에 대항하고 경제발전을 통해 1인당 소득 1만 달러 덫을 돌파해야 한다고 주장했다(이찬근, 2003a).[14]

이러한 이찬근 교수의 주장에 대해 주요 공격대상이 되었던 참여연대 경제개혁센터 운영위원장인 장하성 교수의 반응은 상당히 공격적이다. 그는 "1,500억 원에 SK(㈜)만이 아니라 SKT까지 영향을 받았다. 비상식적 상황이 왜 발생했나. 상호 순환출자하면서 계열사 간 소유구조를 복잡하게 만들어 주가가 순자산가치보다 낮은 극단상황을 만들어놓았기 때문이다. 한 회사만 쓰러뜨리면 도미노처럼 줄줄이 영향을 받도록 재벌 스스로 만든 덫이다"라고 말하며 재벌의 전근대적인 지배구조가 이번 SK 사태의 본질이라고 파악했다.

따라서 그는 이찬근 교수의 주장에 대해 다음과 같이 원색적으로 비난한다. "재미있는 점은 내부문제는 안 보고 '정부 탓' 하는 재벌과 국내문제는 안 보고 '외국자본 탓' 하는 극좌가 시각을 공유하고 있다는 점이다. 이번 논쟁에서 정작 중요한 것은 이 점이다. 기득권적 보수집단과 민족자본주의를 주장하는 좌가 일맥상통했다는 것인데, 표피적으로는 출자총액제한이

---

14 이찬근 교수는 이에 대해 다음과 같은 전략까지도 언급하고 있다. "가장 현실적인 선택은 재벌기업군을 지렛대로 전통제조업을 세계 최강으로 키우는 데 주력하면서 정보기술(IT) 등 유망 첨단산업과 적극적으로 접목해가는 경로의존형 산업전략이 아니겠는가. ……성장엔진으로서의 재벌의 역할을 과감하게 인정하되 국가와 사회의 감시감독 네트워크를 강화함으로써 이들을 국적자본의 국민기업으로 키워내야겠다는 사고의 대전환이 필요하다."

라는 하나의 제도와 외국자본이라는 하나의 행위자로 포장되어 논쟁하고 있다"(참여연대, 2003).

이러한 장하성 교수의 반론은 이찬근 교수의 주장을 논리적으로 반박하기보다는 이데올로기적인 비판으로 폄하한 정도 수준에 이루어 진 것이다. 따라서 장하성 교수를 중심으로 한 참여연대에서는 이찬근 교수에 대한 논리적 비판이 제대로 수행되지는 않았다고 할 수 있다. 그러나 이찬근 교수의 문제제기와 장하성 교수의 반론은 오늘날 신자유주의적 세계화에 대한 인식의 차이와 한국경제와 관련해서 어떤 의제를 설정할 것인지에 대한 운동의 차이를 잘 보여준다.

좀 더 구체적으로 말하자면 이러한 두 주장은 신자유주의에 대안적인 의제설정이라는 측면에서 흥미로운 대립각을 이루고 있다. 우선 장하성 교수의 인식은 신자유주의에 대한 비판적 인식이 매우 결여된 상황에서 신자유주의적 세계화를 활용해서 재벌의 전근대성, 특히 재벌의 지배구조 문제를 타파해야 한다는 것으로 요약할 수 있다. 이와는 달리 이찬근 교수는 신자유주의를 반대한다는 대전제 아래, 신자유주의를 반대하기 위한 대안적 의제설정을 재벌을 통해 찾고 있다. 약간 거칠게 말한다면, 한쪽에서는 신자유주의를 활용한 재벌의 전근대성 타파, 다른 한쪽에서는 재벌을 활용한 신자유주의 타파라는 공존하기 힘든 주장이 대립하고 있는 것이다.

2) 세계화 시대 재벌논쟁에 관한 비판적 평가

이러한 대립적인 두 입장 중 이 글은 장하성 교수의 주장에 대해서는 깊이 평가하지 않는다. 그는 재벌의 전근대성에만 집중하여 기업의 투명성, 사외이사제도의 도입, 소액주주운동 등을 통한 재벌의 민주화만을 주장한다. 이러한 주장은 신자유주의적 세계화가 대세이고 거스를 수 없는 것이며 이 조류를 타고 국내의 전근대적 기업지배구조를 개혁해야 한다는 데만 초점을 맞추고 있기 때문이다. 그런데 이러한 장 교수의 입장은 신자유주의적 세계화가 가져오는 폐해에 대한 문제의식이 전혀 고려되지 않고 "시장이 모든 것을 판단하게 하라!"는 주장을 곳곳에서 무비판적으로 사용하면서 재벌의 전근대적 지배구조를 바꾸려는 주장으로 인식될 수 있다. 따라서이 글의 입장에서 신자유주의에 대한 무비판적 견해는 크게 비판을 해야할 만큼 필요성을 가지지 않는다.

오히려 이 글에서 중요하게 강조하려는 논의에서 보면 이찬근 교수등이 제기하는 재벌강화론이 중요한 담론이다. 왜냐하면 재벌강화론은 신자유주의의 반대를 기치로 걸고 있으면서 의제설정을 재벌을 활용해서관철시키려 하기 때문이다. 다시 말해 재벌강화론이 가진 논리가 훨씬현실적으로 논란을 많이 일으킬 수 있기 때문이다.

우선 지적해야 할 것은 이찬근 교수 등이 제기한 주장은 영미에서 신자유주의적 세계화에 비판적인 학자들이 공유하고 있는 것이다. 신자유주의 비판적인 영미학자들의 주장에 따르면, 한국의 경제성장은 영미식의 경제발전 경로와는 매우 상이한 형태를 띠었다. 특히 그들이 강조하는 것은국가 주도의 경제발전 전략과 제한된 자원을 집중적으로 투자해 재벌을 육성한 것이다. 이러한 한국의 경제발전 과정은 오늘날 신자유주의적 세계화에 대응할 수 있는 하나의 '이념형(ideal type)' 혹은 '현실 사례'로 제시되면서 영미식 신자유주의에 대한 비판과 대안수립에 활용되었다.

재벌강화론이나 신자유주의적 세계화에 비판적인 영미학자들은 모두오늘날 신자유주의적 세계화는 자본의 세계화를 의미한다는 것을 잘 인식하고 있다. 그런데도 이들은 현실에서 마치 재벌이 초국적자본과 상이한형태를 가지고 상이한 축적전략을 수행하는 자본으로 규정한다. 다시 말해 이들의 논의에 따르면 재벌은 초국적자본의 전 세계적 운동에 대립되는 어떤 다른 형태의 자본이라고 상정되며 재벌을 활용하는 것은 한국경제의 신자유주의화를 저지하거나 적어도 속도를 조절하는 데 중요한 지렛대가 된다.

그런데 이러한 주장의 근저에는 자본에는 국적이 있다는 기본 전제가 자리 잡고 있다. 흔히 '국적자본'에 관한 논리는 매우 혼란스러운 개념설정과 빈약한 근거를 가지고 있는데도, 세계화와 관련한 논의에서는 나름대로 사회적 공간을 확보하고 있다.

세계화 논의에서 자본에 국적이 있다는 주장은 세계화론자들(hyper-globalizers)에 대응하기 위해 세계화 회의론자들(scepticts)이나 변형론자(transformationlists)들이 만들어낸 논리이다. 이러한 주장 중 허스트와 톰슨(Hirst and Thompson, 1995)은 자본에 국적이 있다는 주장에 근거를 다음과 같이 제시했다. "초국적기업들도 전략수립, 연구개발, 브랜드 관리, 고부가가치 상품 생산 등 핵심 기능은 아직도 거의 전부가 본국에서 행해지고, 최고경영진도 대부분 본국인이라는 점이다."

이러한 근거는 재벌을 국적자본으로 전제한 이후 논의를 전개하는 재벌강화론에서도 매우 중요한 논리로 인정된다. 예를 들어 앞에서 살펴보았지만 이찬근 교수는 "국적자본은 외국자본에 비해 국내환경에 대한 정보비대칭성 제약을 덜 받으므로, 국민경제를 기반으로 산업 플랫폼으로 키우는 데 상대적으로 적극적일 수 있다"라고 주장한다. 또한 그는 재벌이 초국적자본에 비해 더 많은 정보를 가지고 있고 국내환경에 익숙하고 국내환경이 여의치 않을 경우, 이를 개선할 수 있는 정치적·사회적 네트워크를 확보하고 있기 때문에 국민경제를 이차적 투자대상지로 삼아 산업의 새로운 돌파구를 마련하려 한다고 주장한다(이찬근, 2003a).

그러나 오늘날 국적자본이라는 논리는 하나의 신화에 지나지 않는다.

자본의 세계화는 자본이 국민국가의 이해를 넘어서 전개되는 세계적 자본 축적의 경향을 표현한 말이다. 이것은 단순히 선진국 자본만의 경향은 아니며 재벌도 추구하려는 목표이다. 게다가 이러한 세계적 축적전략은 세계적인 경쟁에서 살아남기 위한 대응으로 자본 간 경쟁의 산물이다.

따라서 세계화 시기 자본의 축적 경향은 본국을 기반으로 하면서도 본국을 넘어서서 기업의 세계적 이윤을 극대화할 수 있는 초국적화로 대표된다. 이러한 초국적화 과정에서 본국은 한편으로 자본이 세계적 자본 축적을 수행하는 과정에서 발생하는 다양한 어려움을 해결해주는 중요한 배후세력으로 기능한다. 다른 한편으로 자본은 본국을 기반을 벗어나서 초국적화를 수행하는 과정에서 자본도피 위협이나 역차별론과 같은 다양 한 수단을 활용해서 본국에서의 자본축적 여건을 우호적으로 만들려고 한다. 물론 이 과정은 자본의 초국적화가 양면적으로 가져오는 결과이다(장 시복, 2004).

이러한 측면에서 재벌의 자본축적도 별반 다를 것이 없다. 앞에서도 살펴보았지만 재벌은 1997년 외환위기 이후 해외로의 진출을 통해 세계화 를 시도하고 있다. 이러한 재벌의 초국적화는 세계화 시기 세계적인 자본 간 경쟁에서 살아남기 위해서는 재벌도 한국경제를 넘어선 자본축적을 수행할 필요와 강제에 의해 진행되고 있는 것이다. 따라서 재벌은 한국에서 는 '국적자본'의 성격을 강조하면서 본국 정부의 적극적인 지원을 이끌어 내려고 노력한다. 그러나 이미 재벌의 자본축적의 성격은 일국적 축적을 넘어서서 세계적 축적으로 빠르게 전환되고 있는 것이다.

이러한 측면에서 보면 국적자본이냐 아니냐는 기준은 자본의 축적방식 의 변화를 기준으로 삼아야 하지 최고경영자의 국적과 같은 기준으로 삼을 수는 없는 것이다. 또한 재벌이 국적자본이라는 논리는 재벌이 오랜 동안 본국을 기반으로 자본의 집적과 집중을 수행하던 시기에는 어느 정도 부분적인 긍정성이 존재했지만, 오늘날 세계화 시기 초국적자본의 운동논리에서 보면 핵심을 찌르지 못한 것이라고 볼 수 있다.

다른 한편 재벌의 초국적화 과정은 국내경제의 자본축적에 유리한 조건을 만들기 위해 활용되고 있는 점을 지적할 필요가 있다. 이와 관련해서 2003년 6월에 발표된 전경련의 보고서(「우리나라 제조업의 해외이전 동향과 대응과제」)는 이를 잘 설명해주고 있다. 이 보고서는 중국경제의 성장에 따른 가격경쟁력 약화와 함께 국내의 강력한 임노동의 힘 때문에 재벌의 해외진출이 확대되고 있다고 주장한다. 대립적 노사관계, 노동시장 유연성의 부족, 높은 임금수준으로 인해 기업이 생산을 해서 세계적으로 경쟁하기에는 무리가 있다는 것이 보고서의 주장인 것이다. 따라서 이 보고서는 국내 고비용구조가 지속되고 첨단 고부가 신산업구조로의 전환이 여의치 않을 경우 2007년 이내 제조업 공동화 문제가 본격 우려된다고 밝히고 있다. 이러한 주장은 자본도피 위협을 통해 재벌의 국내자본축적 기반을 강화하려는 의도를 숨기지 않고 드러내고 있는 것이다(전국경제인연합회, 2003a).

또한 재벌은 정부의 초국적자본 유치정책에 대해서도 역차별이라는 논리로 대응하며 국내자본축적 기반을 자신들에게 유리한 방향으로 만들기 위해 다양한 요구를 하고 있다. 예를 들어 "국내기업의 지주회사 설립요건은 지나치게 엄격하고, 기업결합 제한형태에 기업신설이 포함되어 있으나 현존 외국계기업은 이러한 규제대상이 없다" "국내기업은 첨단업종이라도 성장관리지역인 수도권에서 공장의 신·증설이 자유롭지 못하지만 외국인 투자기업은 2001년까지 공장의 신·증설이 허용되었다" "국내 대기업은 고도기술 수반 사업이라도 차입금 이자가 손금 불산입되는 반면, 외국인 투자기업은 법인세·소득세·취득세·재산세 감면 등 세제혜택을 받는다" 등등(전국경제인연합회, 2003b).

따라서 재벌이 국적자본이라고 더 많은 도움을 주어 초국적자본과의 경쟁에서 승리하고 국민경제를 지키자는 주장은 뒤집어보면 재벌의 자본축적을 더욱 촉진하고 국내의 자본축적 여건을 자본에게 우호적으로 만들며 자본의 초국적화를 촉진하자는 주장과 동전의 양면이 되어버린다. 또한 이러한 상황에서 국적자본을 강조하면서 재벌의 자본축적 조건을 유리하게 한다면 이것은 결국 초국적자본의 자본축적 조건도 유리하게 하는 결과를 가져올 것이다(장시복, 2003).

한국경제는 이미 외환위기 이전과는 질적으로 다른 변화를 겪었다. 이를 신자유주의적 세계화로 규정한다면 오늘날 신자유주의를 반대하는 의제설정을 재벌에게서 가져오는 논의는 심각한 인식의 혼란을 초래할 수 있다. 다시 말해 '재벌은 국적자본이다'라는 주장을 근거로 재벌을 초국적자본과 대립시키는 구도는 오늘날 재벌이 '국민경제'에 기반을 두고 국민경제를 위해 자본축적을 수행한다는 그릇된 인식을 심어줄 수 있다.

4. 결론 ― 세계화 시대 재벌개혁이 나아갈 길

세계화는 1970년 이후 자본의 이윤율 하락과 이에 대한 대응으로서 전개된 새로운 자본축적 전략이다. 이 전략을 수행하기 위해 자본은 구조조정을 통해 노동을 약화시키고 생산조직의 유연화, 비정규직의 양산을 통해 노동을 분열했다. 자본의 초국적화는 이 과정에서 노동을 약화시키는 데 중요한 역할을 했다(김수행 외, 2002).

이러한 자본의 새로운 전략은 한국경제의 신자유주의적 구조조정 과정에서도 동일하게 작동했다. 1997년 외환위기가 발생한 이후 자본은 공황의 원인을 노동에 돌리면서 노동의 유연화, 노동조합에 대한 공세를 통해 노동의 힘을 약화시켰다. 다시 말해, 초국적자본과 재벌은 노동에 대한 공세에서는 동일한 이해관계를 가지고 있었으며, 이러한 이해에 기반을 두고 계급관계를 역전시키려 했다.

다른 한편 세계화는 세계적으로 치열해진 자본 간 경쟁의 산물이다. 따라서 자본은 일국적 축적만으로 치열한 경쟁에서 살아남기 힘들게 되었으며 세계적 축적을 통해 자신의 이윤을 극대화할 필요성이 점차 커져갔다. 이러한 경쟁전은 세계를 토대로 한다는 측면에서 본국과 본국 이외 나라들 어느 곳도 자본에게는 안전지대가 될 수 없다는 것을 의미한다.

이러한 측면에서 1997년 외환위기 이후 초국적자본이 한국경제에 급속하게 진출하고 재벌과의 경쟁이 격화된 측면과 재벌의 초국적화는 한국경제에서도 자본의 세계적 경쟁이 관철되고 신자유주의적 세계화가 한국경제를 규정하고 있음을 증명해주는 것이다.

그런데 이러한 분석에서 핵심은 신자유주의적 세계화의 성격을 명확하게 이해하는 것이다. 세계화는 자본의 세계화이며 자본이 국민국가의 이해를 넘어 세계적인 자본축적을 강화하는 것을 의미한다. 따라서 재벌개혁 논쟁이 자본의 국적성을 중심으로 전개되는 것은 세계화 시대 재벌개혁 문제의 핵심을 제대로 찌르지 못한 것이 된다.

따라서 오늘날 재벌개혁 문제는 상당히 복잡한 수준의 분석을 필요로 하게 되었으며 특히 재벌의 초국적화에 관한 분석을 바탕으로 전개되어야 할 것이다. 이 글에서는 논쟁을 비판적으로 평가하는 데 목적이 있기 때문에 재벌의 초국적화를 바탕으로 한 재벌문제를 심층적으로 다루지는 못했다.

이러한 한계를 극복하기 위해서는 이후 한편으로 신자유주의적 세계화가 한국에 관철되는 측면에 대한 연구와 함께 재벌의 초국적화라는 또 다른 측면에 대한 엄밀한 분석을 수행할 필요가 있을 것이다. 이러한 분석을 통해서 세계화 시대 재벌개혁 논쟁은 더욱 풍부해질 수 있을 것이다.

❖ 참고문헌

공정거래위원회. ≪대규모 기업집단 지정≫, 각 호. 공정거래위원회.

김수행·장시복·정 혁. 2002. 「1970년대 이후 장기불황과 자본의 대응」. ≪경제논집≫, 42호. 서울대경제연구소.

산업자원부. 2003. 「한국의 해외직접투자」. 산업자원부 웹사이트.

삼성경제연구소. 2003. 『외환위기 5년, 한국경제의 흐름과 과제』. 삼성경제연구소.

유용주 외. 2000. 『IMF 체제 3년간의 한국경제 변화』. 삼성경제연구원.

이병천 외 엮음. 1998. 『한국사회에 주는 충고』. 삼인.

이찬근. 2003a. 「유럽 소국의 기업지배권 방어기제: 국내재벌개혁에의 시사점」. 한국사회경제학회 7월 발표문.

_____. 2003b. 「좌파가 '보수기득'과 손잡다니요 장교수님, 이념 빼고 토론합시다」. ≪오마이뉴스≫.

이천표. 1997. 『한국의 외환자유화 및 자본자유화: 역정과 과제』. 경문사.

장시복. 2003. 「신자유주의와 재벌에 관한 괴이한 논쟁: 참여연대와 대안연대회의의 논쟁을 생각하며」. ≪이론과실천≫, 6월호. 민주노동당.

_____. 2004. 『세계화 시대 초국적기업의 실체』. 책세상.

전국경제인연합회. 1999. 『IMF 위기 이후 30대그룹의 외자유치 실태 조사』. 전국경제인연합회.

_____. 2003a. 『우리나라 제조업의 해외이전 동향과 대응과제』. 전국경제인연합회.

_____. 2003b. 『역차별적 규제, 어느 정도인가?』. 전국경제인연합회.

참여연대. 2003. 「장하성 교수와의 인터뷰」. ≪월간 참여사회≫, 78호. 참여연대.

한국수출입은행. 『해외투자통계연보』, 각 호. 한국수출입은행.

Amsden, A. 1989. *Asia's Next Giant: South Korea and Late Industrialization*, New York: Oxford University Press.

Chang, Ha Joon. 1997. "Transnational Corporations and Strategic Industrial Policy," R. Kozul-Wright and B. Rowthorn(eds.), *Transnational Corporations and the Global Economy*, WIDER.

_____. 1998. "Globalization, Transnational Corporations, and Economic Development." Dean Baker et al.(eds.). *Globalization and Progressive Economic Policy*. Cambridge University Press.

Chang, Ha-joon, Park, Hong-jae, and You, Chul-gyue. 1998. "Interpreting the Korean Crisis: Financial Liberalisation, Industrial Policy, and Corporate Governance." *Cambridge Journal of Economics* Vol. 22, no. 6.

Cho, Bokhyun and Kim, Soohaeng. 1999. "An Alternative Theory of Financial Crisis and A New Perspective for Financial Reform in Korea," *Studies in Political Economy*, No. 60.

Crotty, James and Lee, Kang Kook. 2001. "Economic Performance in Post-Crisis Korea: A Critical Perspective on Neoliberal Restructuring." *Seoul Journal of Economics,* Vol. 14.

Hirst, P. and Thompson, G. 1995. *Globalization in Question: The International Economy and Possibilities of Governance*. Polity Press.

Lee, Kang Kook. 2000. "Goodbye Capital Controls, Hello Capital's Controls: political Economy of Demise of Capital Controls in Korea." Mimeograph.

Mardon, Russe. 1990. "The State and the Effective Control of Foreign Capital: The Case of South Korea." *World Politics,* Vol. 43.

Weiss, L. 1998. *The Myth of the Powerless State: Governing the Economy in a Global Era*. Polity Press.

스웨덴의 발렌베리,
'한국 삼성에 주는 충고'*

장승규

1. 발렌베리는 어떤 곳인가?

　지난 2003년 여름, 이건희 회장이 그룹 핵심인사를 대동하고 지주회사 인베스터를 방문한 이후 발렌베리는 삼성의 미래와 관련해 가장 의미 있는 벤치마킹 대상으로 꼽히고 있다. 발렌베리는 가족경영의 대표적인 성공사례라고 할 수 있다. 1856년 설립된 이래 5대에 걸쳐 성공적으로 경영권을 유지하며 번창하고 있다. 지난 150년 동안, 2000년대 초반 IT 버블 붕괴로 잠시 주춤한 것을 제외하고는 줄곧 고속성장을 거듭해왔다. 영국의 경제전문지 <파이낸셜 타임스>는 발렌베리를 '유럽 최대의 산업 왕국'으로 평가하기도 했다. '창업자 세대는 기업을 설립하고, 2세대는 기업을 물려받고, 3세대는 기업을 파괴한다'는 유럽의 속담도 발렌베리에

---

　* 본 원고는 필자의 『존경받는 기업 발렌베리家의 신화』(2006, 새로운 제안)을 바탕으로 보완한 것이다.

계만은 예외였다.

발렌베리가 더욱 주목받는 것은 세계 최고의 경쟁력을 갖춘 뛰어난 기업들을 키워냈기 때문이다. 발렌베리는 모두 14개 핵심 자회사를 소유하고 있다. 에릭슨(Ericsson) 등 11개 기업은 지주회사인 인베스터를 통해, 스토라엔소(Stora Enso) 등 나머지 3개는 발렌베리 재단을 통해 직접 지배권을 행사한다. 우리에게도 잘 알려진 에릭슨은 통신장비 분야에서 세계 1위다. ABB는 발전설비, 일렉트로룩스(Electrolux)는 가전제품, 스토라엔소는 제지, SKF는 베어링 분야를 대표한다. 다른 자회사들도 이들 못지않게 명성을 떨치고 있는데 제약회사 아스트라제네카(AstraZeneca)는 단일 품목으로는 세계판매 1위 의약품인 위궤양약 '로섹(Losec)'을 개발했고, 사브(SAAB)는 차세대 전투기 그리펜(Gripen)을 생산한다. 삼성이 삼성전자 하나에만 위태롭게 의존하고 있는 반면, 발렌베리는 삼성전자에 버금가는 초일류기업을 여럿 거느리고 있는 셈이다.

발렌베리는 가족 중심의 소수 오너와 이들에게 충성하는 전문경영인 그룹, 업종을 불문하고 수많은 기업을 거느리고 있는 점 등이 우리나라의 재벌과 매우 비슷하다. 이는 서구에서는 좀처럼 찾아보기 힘든 희귀한 사례다. 물론 월마트(Walmart)와 포드(Ford), 피아트(Fiat), 까르푸(Carrefour), BMW, 카길(Cargill) 등 유럽과 북미에도 패밀리 비즈니스를 통해 세계적인 기업을 일군 명문가가 있기는 하지만 이들은 한두 업종에 특화된 전문기업으로, 발렌베리처럼 다각화된 사업 포트폴리오를 갖고 성공한 사례는 찾아보기 어렵다.

발렌베리는 스웨덴 경제에서 압도적인 위상을 차지하고 있다. 발렌베리의 자회사들이 스톡홀름 증권거래소 시가총액의 절반이상을 점유한 바 있으며(스톡홀름 증권거래소 자체도 발렌베리가 소유이다), 스웨덴 국내총생산(GDP)의 30%를 발렌베리가 차지하고 있다. 한마디로 발렌베리를 빼놓고

〈표 18-1〉 한국과 스웨덴의 시가총액 상위기업

\<한국\>

순위	종목명	시가총액 (원)	비중 (%)
1	**삼성전자**	**80조 5,178억**	**17.19**
2	한국전력	20조 3,117억	4.34
3	POSCO	15조 9,112억	3.4
4	국민은행	15조 8,266억	3.38
5	LG필립스LCD	15조 6,477억	3.34
6	SK텔레콤	14조 9,744억	3.2
7	현대차	14조 9,081억	3.18
8	KT	11조 9,638억	2.55
9	LG전자	9조 8,573억	2.1
10	S-Oil	9조 5,350억	2.04

주: 고딕체 표기는 삼성 계열사.

자료: 증권선물 거래소, 2005년 7월말 기준, 원).

\<스웨덴\>

순위	종목명	시가총액 (크로네)	비중 (%)
1	**에릭슨**	**3,426억**	**12.7**
2	노르디아 은행	1,899억	7.0
3	텔리아소네라	1,861억	6.9
4	H&M	1,691억	6.3
5	스벤스카한델스방켄	1,236억	4.6
6	볼보	1,150억	4.3
7	**SEB**	**904억**	**3.3**
8	**아스트라제네카**	**892억**	**3.3**
9	FSB	874억	3.2
10	샌드빅	706억	2.6

주: 고딕체 표기는 발렌베리 소유기업.

자료: OMX, 2004년 말 기준, 크로네, 1크로네＝134원.

는 스웨덴 경제를 이야기할 수 없다.

발렌베리의 영향력은 경제외적인 영역에서도 확인할 수 있다. 발렌베리 가문은 스웨덴 왕가, 집권당이던 사회민주당 지도부, 주요 노조지도자들과도 오랜 유대관계를 토대로 탄탄한 인적 네트워크를 형성하고 있다. 스톡홀름 경제대학('발렌베리 대학'이라는 별칭으로 불리기도 한다)을 세웠으며, 스웨덴 최대 상업방송 <TV4>와 스톡홀름 2대 일간지 가운데 하나인 <스벤스카 다그블라데트>(Svenska Dagbladet)를 한때 직접 소유하기도 했다.

스웨덴의 다른 재벌 가문들이 무거운 세금을 피해 스위스로 빠져나갔지만 발렌베리는 노벨재단보다 훨씬 큰 규모의 공익재단을 만들어 고국 스웨덴의 첨단 과학기술연구를 후원했다. 또한 발렌베리가 사람들은 두 차례의 세계대전 때 위기에 처한 조국을 구하기 위해 외무장관으로 활약했으며, 강대국과의 무역협상에서는 막후 협상자로 헌신했다. 1932년 처음 집권에 성공한 사회민주당은 이런 발렌베리를 정책적으로 적극 지원했다.

2. 삼성과 발렌베리, 작지만 큰 차이

1) 경영권 승계 과정

(1) 삼성

삼성의 경영권 승계는 항상 '편법' 논란을 불러왔다. 이병철 회장은 삼성문화재단을 이용해 아들 이건희 회장에게 경영권을 물려주었다. 상속세 부담을 피하기 위해 재단을 이용하는 방법은 당시로서는 국세청의 허를 찌르는 '신종 절세 기법'에 속했다. 이는 이건희 회장도 마찬가지였다. 이 회장은 1996년 비상장사와 전환사채(CB)라는 전혀 새로운 기법을 도입해 아들인 이재용 삼성전자 전무에게 큰 부담 없이 사실상 경영권을 넘겨주었다.

1995년 당시 27세이던 이 전무는 이건희 회장에게서 60억 8,000만 원을 증여받고 16억 원을 세금으로 냈는데 문제는 그다음이다. 이재용 전무가 손에 쥔 종자돈이 경이적인 속도로 불어나기 시작한 것이다. 물론 재테크 실력이 뛰어났기 때문은 아니었다. 이재용 전무는 60억 8,000만 원으로 대부분 삼성 계열사들의 주식을 사들였다. 그런데 희한하게도 이 전무가 주식을 산 기업들은 1~2년 뒤 하나같이 주식시장에 상장되었다. 비공개 기업이 기업공개(IPO)를 통해 주식시장에 상장되면 기존 주주들은 대부분 돈방석에 앉게 되는데 이재용 전무 역시 에스원(1996년), 삼성엔지니어링(1997년), 제일기획(1998년)이 잇따라 상장되면서 엄청난 수익을 챙겼다. 탁월한 투자 감각으로만 설명하기에는 뭔가 석연치 않은 구석이 있다. 어쨌든 삼성 계열사들이 이재용 전무를 '의도적'으로 지원했다는 증거는 아직 없다.

한편, 1996년 12월에는 '싼값'에 발행된 삼성에버랜드의 사모 전환사채(CB)를 대량으로 사들였다. 이 전무는 CB를 주식으로 바로 전환해 단숨에 31.9%의 지분을 가진 삼성에버랜드의 최대 주주로 단숨에 올라섰다. 이로써 삼성그룹의 경영권 승계는 싱겁게 끝이 났다. 왜냐하면 삼성에버랜드가 삼성그룹의 사실상의 지주회사이기 때문이다.

그동안 이재용 전무는 이미 1996년 일치감치 경영권 승계를 끝내고, 이를 공식화하는 절차만 남겨둔 것처럼 보였다. 하지만 지난 2005년 10월, 법원이 삼성에버랜드의 '저가' CB 발행에 대해 뒤늦게 유죄판결을 내리면서 분위기가 심상치 않게 돌아가고 있다. CB 발행 자체가 무효화될지는 미지수지만 경영권 승계의 정당성이 뿌리째 흔들리고 있는 것만은 분명하다.

앞으로 이재용 전무가 삼성에버랜드를 소유하게 된 과정이 최종적으로 합법적인 것으로 결론이 나더라도 문제는 여전히 남는다. 과연 이재용 전무가 삼성그룹 '총수'로서 제대로 리더십을 발휘할 수 있겠느냐는 의문이다. 창업자인 이병철 전 회장이나 창업 1.5세대라고 할 수 있는 이건희 회장과 이재용 전무는 평가 기준이 전혀 다를 수밖에 없다. 이병철 전 회장이나 이건희 회장은 '과(過)'도 있지만, 열정과 끈기로 기업을 일으키고 발전시킨 '공(功)'도 똑같이 인정받아야 한다. 하지만 재벌 3세인 이재용 전무는 그룹을 물려받은 것밖에는 없다. 물론 경영 능력을 입증하는 것도 중요하지만, 거기에 더해 스스로에 대한 자긍심과 정당성을 확보하지 못한다면 리더십의 유지가 힘겨울 수밖에 없는 것이다.

(2) 발렌베리

발렌베리는 3세 경영을 넘어 5세 경영 단계에 들어서 있다. 그럼에도 경영권 승계를 둘러싸고 '잡음'이 일었던 적은 없다. 3세 경영의 안착이 아직도 최대 고민거리인 이건희 회장 일가로서는 부러울 수밖에 없는 일이다. 물론 발렌베리의 5세 경영자들도 자신들의 경영 능력을 입증해야 하는 압력에서 자유로울 수는 없다. 하지만 발렌베리는 한 세대에 두 명의 리더를 두는 '투톱' 체제를 유지하고 있기 때문에, 후계자들끼리 상호보완적인 역할을 하면서 이러한 문제를 잘 극복해나가고 있다. 62개에 이르는 계열사를 '총수' 한사람이 책임져야 하는 삼성과는 큰 차이가 있는 것이다.

발렌베리의 후계자들 역시 경영능력과 관련된 부담을 안고 있지만, 경영권 승계 과정 자체는 매우 깔끔하다. '좌파' 정당인 사민당이 장기집권한 스웨덴에서 편법상속 자체가 가능하지도 않을뿐더러 발렌베리 또한 그럴 필요가 없기 때문이다.

발렌베리는 지주회사 인베스터가 모든 자회사를 거느리는 구조를 유지하고 있다. 따라서 인베스터만 발렌베리 왕국을 통째로 손에 넣을 수 있다(그런 점에서는 삼성에버랜드를 소유함으로써 삼성그룹 전체를 가질 수 있는 것과 유사하다). 하지만 인베스터 자체가 공개기업이라는 데서 결정적인 차이가 있다. 인베스터는 시가총액이 650억 크로네(약 8조 7,100억 원)에 이르는 거대한 기업으로 발렌베리 가문의 배타적인 소유물이라고 하기 어렵다. 발렌베리의 5세 마쿠스와 야콥 모두 인베스터의 지분을 상당량 보유하고 있지만, 경영권을 유지하는 데 있어 이것이 결정적인 역할을 하는 것은 아니다. 발렌베리가 인베스터를 통제할 수 있는 것은 발렌베리 재단이 인베스터의 지분 21.4%(의결권 46.1%)를 확보하고 있기 때문이며, 발렌베리 가문의 부는 대부분 발렌베리 재단에 넘겨져 있다. 편법상속이 가능하지도, 필요하지도 않은 것이다.

삼성이 상속과정에서 자식들이 제각각 한솔그룹, CJ그룹, 신세계그룹,

〈표 18-2〉 지주회사 인베스터의 주요주주

(2005년 7월 13일 현재)

순위	주주	의결권(%)	비중(%)
1	크누크 앤 앨리스 발렌베리 재단	40	18.6
2	EB 재단	4.9	2.3
3	스칸디아	4.0	3.0
4	노리디아 뮤추얼펀드	3.9	2.4
5	로버스 뮤추얼펀드	3.5	4.2
6	마리앤느 앤 마쿠스 발렌베리 재단	3.5	1.6
7	마쿠스 앤 아말리아 발렌베리 추모재단	2.6	1.2
8	커스토디알 신탁회사	1.9	0.9
9	AMF-p	1.9	5.2
10	SEB	1.6	1.0

*고딕체 표기는 발렌베리 재단들

새한그룹 등으로 분가(分家)해나간 반면, 발렌베리는 5세대 동안 기본골격을 그대로 유지하고 있다는 점도 큰 차이다. 발렌베리 가문은 후손 가운데 경영참여자를 엄격하게 제한했다. 리더십의 우선권은 장자에게 주어졌으며, 다른 한 축은 능력과 의지를 스스로 입증한 사람에게 주어졌다. 이는 기업을 가문의 사유물로 보지 않았다는 것을 뜻한다.

2) 핵심 의사결정 기구의 투명성

(1) 삼성

지분 구조로는 삼성에버랜드가 실질적인 지주회사의 위치에 있지만, 실제로 삼성을 움직이는 것은 삼성구조조정본부(현 삼성전략기획실)다. 하지만 구조본은 법적인 실체가 없다. 이건희 회장의 공식직함은 삼성전자 회장이며, 이학수 구조조정본부장 역식 공식적으로는 삼성전자 부회장이다. 구조본에서 일하는 직원들도 공식적으로는 계열사들에 적을 두고 있다. 더구나 구조본의 활동은 철저하게 베일에 싸여 있다. 삼성그룹의 핵심적인 경영 정책들이 아무런 외부의 견제장치나 검증절차 없이 소수에 의해 '비밀리'에 결정되고 추진되는 것이다. 공정거래위원회에서 한때 구조본에 정보공개의무를 부가하려고 시도했지만 결국 반발에 밀려 '권고사항'으로 그치고 말았다.

형식적으로 삼성그룹의 최고의사결정 기구는 계열사 사장 11명으로 구성된 삼성구조조정위원회(현 삼성전략기획위원회)이지만 여기서 결정된 사항은 이학수 구조조정본부장이 이태원 자택으로 이건희 회장을 찾아가 대표로 보고하고 최종재가를 받아야 한다. 물론 삼성에도 전문경영인들이 있다. 하지만 이들이 얼마나 실질적인 권한을 갖고 있는지는 의문이며, 실제로 삼성그룹을 지배하는 것은 이건희 회장의 '황제경영'이라고 할 수 있다. 그러다 보니 삼성 계열사의 전문경영인들은 이 회장의 생각을 읽어내는 데 목숨을 걸 수밖에 없다.

(2) 발렌베리

발렌베리의 컨트롤 타워는 지주회사 인베스터로 모든 활동내용은 투명하게 공개된다. 주식시장에 상장된 공개기업으로서 외부투자자들을 의식하지 않을 수 없기 때문이다. 의사결정이 잘못되었을 경우 인베스터의 주가에 그대로 반영될 수밖에 없다. 게다가 인베스터의 이사회는 자회사의 전문경영자들에게 개방되어 있어서 이들의 참여하에 보다 실질적인 토론이 이루어진다.

발렌베리 '왕국'은 실권을 가진 강력한 전문경영자 그룹에 의해 떠받쳐지고 있다. 발렌베리의 전문경영자들은 대개 자회사의 CEO와 이사회 의장으로 오랫동안 활동한 후, 인베스터의 이사회에 참여하게 된다. 이들은 3~4개 자회사의 이사를 함께 겸직하면서 발렌베리의 경영원칙과 경영철학을 구체화하는 역할을 한다. 이러한 이사 겸직제도의 바탕에는 개별 자회사에서 이사회 중심 투명경영이 이루어져야 한다는 발렌베리의 믿음이 깔려 있다. 또한 이러한 방식은 베테랑 경영자들의 한 차원 높은 경영 노하우가 자회사들에 고스란히 전수되는 효과가 있으며, 발렌베리의 14개 소유기업이 최적화된 상태에서 뛰어난 성과를 내는 원동력이 되고 있다. 발렌베리의 후계자들 역시 전문경영자들과 동등한 파트너로서 서로 손발을 맞추어가며 소유기업들을 이끌어나가고 있다.

이러한 발렌베리에 비추어보면 삼성의 경영방식은 상당히 모순적이다. 발렌베리의 경우 14개에 불과한 소유기업을 보다 효율적으로 경영하기 위해 막강한 전문경영자 그룹을 운영하며 개별 기업 이사회에 적극적으로 참여한다. 반면 삼성은 계열사가 무려 62개에 이르지만 통제수단은 오히려 느슨하다. 이건희 회장이 이사로 참여하고 있는 계열사는 삼성전자 단한곳밖에 없으며 이를 보완해줄 수 있는 전문경영자 그룹이 있는 것도 아니다. 그럼에도 불구하고 이건희 회장은 모든 것을 지시하는 '황제'로 군림하고 있다. 발렌베리의 관점에서 본다면 '적극적 오너십(Active Owner-ship)'[2]을 방기하고 있는 것이다.

3) 소유지배구조

(1) 삼성

삼성 계열사들은 공동운명체 의식이 강하다. 즉, 삼성그룹은 하나라는 의식이 강한 것이다. 이들은 실제로도 복잡한 순환출자에 의한 지분관계로 엮여 있는데, 이것이 때로는 그룹체제의 강점으로 강조되기도 한다. 개별 기업으로서는 엄두를 내기 어려운 대규모 투자를 그룹체제가 가능하게 해준다는 것이다. 이를테면 다른 계열사들의 고통분담이 없었다면 삼성전자의 반도체 투자는 불가능했다는 것이다.

문제가 생긴 기업은 다른 계열사의 도움을 받아 회생의 기회를 얻기도 한다. 얼마 전 삼성카드에 문제가 생겼을 때 삼성생명과 삼성전자가 이를 떠맡아주었는데 이러한 그룹체제는 동반부실화의 원인이 될 수도 있다. 특정 계열사의 부실이 순식간에 그룹 전체로 번져나갈 수 있다는 것이다.

순환출자는 이건희 회장이 5%에 훨씬 못 미치는 '쥐꼬리만 한' 지분으로 자산 200조가 넘는 삼성그룹을 '소유'할 수 있게 해주는 마술상자 역할을

---

2 발렌베리는 자신들의 경영 철학을 '적극적 오너십(Active Ownership)'으로 표현한다. 단순 투자자로 만족하기보다는 소유기업의 장기적인 경영책임을 떠안겠다는 뜻이다. 발렌베리는 이를 위해 소유기업의 이사회에 자신들의 이사를 파견하고, 주주총회에서 다른 주주들과 적극적으로 대화에 나선다.

〈그림 18-1〉 삼성의 소유지배구조

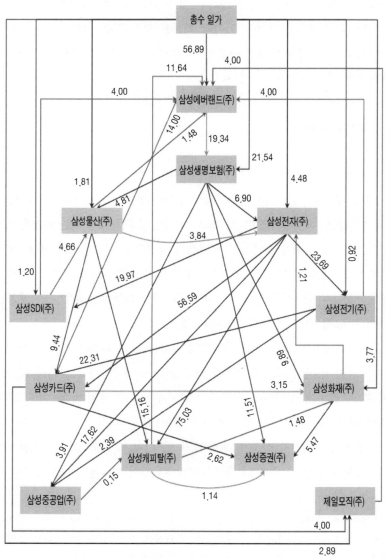

자료: 2003년 재경부 출자총액재선 방향 용역보고서, 2003년 9월 기준.

하기도 한다. 금융회사인 삼성생명이 순환출자의 핵심 고리로 끼어 있다는 점도 끊임없는 논란의 대상이 된다. 금융(삼성생명 등)과 산업(삼성전자 등)을 한 몸에 지니고 있는 삼성그룹의 형태는 금산분리의 원칙에 역행하는 것이다.

(2) 발렌베리

발렌베리는 모든 기업을 하나의 독립기업처럼 운영한다. 자회사들 사이에는 발렌베리의 투자기업이라는 막연한 연대의식만 있을 뿐, '발렌베리 그룹'이나 '발렌베리 왕국'은 존재하지 않는다. 삼성은 모든 계열사가 '삼성'이라는 이름과 똑같은 로고를 사용하지만 발렌베리의 자회사들은 기업마다 제각각이다. 이를 뒷받침하는 것이 바로 발렌베리의 소유지배구조다. 발렌베리는 인베스터를 중심으로한 지주회사 체제를 갖고 있다. 자회사들은 지주회사인 인베스터나 발렌베리 재단에만 지분관계를 갖고 있기 때문에, 다른 자회사의 부실을 떠맡거나 떠넘기는 행위 따위는 생각할 수도 없다.

물론 발렌베리도 차등의결권이라는 강력한 수단을 바탕으로 경영권을 행사한다. 실제 소유지분에 비해 더 많은 영향력을 갖게 해준다는 점에서는 순환출자나 차등의결권이나 큰 차이가 없지만 순환출자는 복잡한 출자관계를 통해 그룹 전체를 공동운명체로 만드는 반면 차등주는 개별 기업 차원에서만 영향을 미친다는 차이점이 있다.

또한 차등주는 생각처럼 엄청난 특권을 의미하지도 않는다. 차등주 제도를 채택한 기업은 1주 1표인 A주식과 1주 10분의 1표인 B주식을 발행하는데, A주와 B주 모두 증권거래소에서 자유롭게 거래되며 다만 A주의 경우 B주에 유통물량이 적은 편이다. 실제로 지주회사 인베스터의 주식은 모두 증권거래소에 상장되어 있으며, 주가도 A주 115크로네, B주 115.5크로네로 큰 차이가 없다(2005년 11월 말 기준). 발렌베리는 이러한

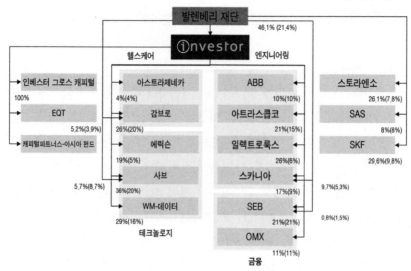

〈그림 18-2〉 발렌베리의 소유지배구조

(2004년 말 기준)

차등주 제도가 투자자들에게 선택권을 준다는 점을 강조한다. 기업에 더 많은 영향력을 행사하고 싶다면 A주를, 풍부한 유동성을 중시한다면 B주를 사라는 것이다. 더구나 자회사 가운데 아스트라제네카, SAS, ABB, OMX는 차등주제도를 채택하고 있지 않다.

발렌베리는 1856년 설립된 스톡홀름 엔쉴다 은행(현 SEB)을 기반으로 성장했다. 이 은행은 초기에 소유기업을 지배하는 핵심기구 역할을 해왔지만, 1934년 금융과 산업의 분리를 규정한 '스웨덴판 글래스-스티걸 법'이 만들어진 이후에는 그 자리를 지주회사 인베스터가 맡고 있다. 현재 SEB는 다른 자회사들의 지분을 전혀 갖고 있지 않으며, 14개 발렌베리 소유기업 가운데 하나일 뿐이다.

4) 사회적 책임

(1) 삼성

최근 삼성이 직면한 문제들은 모두 사회와의 갈등에서 비롯된 것이라는 공통점이 있는데, 지난 2005년 연이어 터진 '고대 사태'와 '삼성 X파일 사건'이 대표적인 사례에 해당한다.

고대 사태에서 문제된 것은 삼성의 '무노조 경영'이었다. 학생들은 이건희 회장의 명예철학박사 학위 수여에 반대하면서 삼성의 노조설립 방해, 노동 탄압을 격렬하게 비판했다. 과연 삼성의 무노조 경영은 시대착오적인 것인가? 삼성 노사정책의 제 1원칙은 이병철 전 회장이 남긴 '내 눈에 흙이 들어가기 전에 노조는 안 된다'는 지침이다. 삼성은 이를 노조를 필요로 하지 않는 경영을 하겠다는 뜻으로 설명한다. 회사에서 먼저 다 알아서 해주어서 굳이 노조가 필요 없도록 하겠다는 것이다.

만약 이것이 경영을 그만큼 잘하겠다는 굳은 의지의 표현이라면 문제될 것은 전혀 없다. 실제로 노조를 설립하고 말고의 문제는 어디까지나 노동자들의 선택사항으로 남아 있기 때문이다. 하지만 현실은 꼭 그렇지 많은 않다는 것이 문제다. 삼성은 '노조가 필요 없을 만큼' 경영을 잘하는 데서 벗어나 노조 설립 자체를 가로막아왔다.

지난 2005년 7월 이학수 삼성구조조정본부장과 홍석현 중앙일보 회장의 대화내용을 도청한 안기부의 테이프가 세상에 공개되면서 엄청난 파장이 일었다. 바로 '삼성 X파일 사건'이 터진 것이었다. 도청 테이프에는 두 사람이 정치권과 검찰에 '떡값'을 어떻게 배분할지를 상의하는 적나라한 내용이 담겨 있었다. 이를 통해 삼성이 정경유착의 희생자가 아니라 '설계자'였다는 사실이 드러났다. 또한 검찰의 주요 포스트 역시 치밀하게 '관리'해왔다는 것이 밝혀졌다.

최근 국민들이 삼성에 대해 느끼는 거리감의 배후에는 삼성의 경영성과가 국민경제 전체로 확산되는 연결고리가 약해졌다는 인식도 작용하고 있다. 더 이상 '삼성에 좋은 것이 한국경제에도 좋은 것'이라고 생각하기 어려워진 것이다. 삼성이 아무리 사상최고의 순이익을 남겨도 이는 주주와 오너 일가의 몫으로 귀속될 뿐이다. 범위를 더 넓히더라도 삼성에서 일하는 직원 20만 명을 넘어서지 못한다. 그룹 차원에서 자선기금도 내고 봉사활동도 하지만 어디까지나 비즈니스 이외의 부수적인 활동일 뿐이다.

(2) 발렌베리

발렌베리 '왕국'의 실질적인 주인은 가문의 후계자들이 아니라 발렌베리 재단이라고 할 수 있다. 150년 동안 일군 부의 대부분을 세 개의 발렌베리 재단이 소유하고 있기 때문이다. 실제로 발렌베리 후계자들의 개인 재산은 50~200억 원 규모로, 1조 원을 넘나드는 우리나라 재벌 2~3세들과는 비교할 수 없을 만큼 적다. 따라서 발렌베리가 스웨덴의 최고 부자가 아닌 것은 당연하다. 스웨덴의 최고 부자는 가구회사 이케아(IKEA)를 소유한 캄프라드다. 하지만 그는 스웨덴의 다른 부자들과 마찬가지로 무거운 세금을 피해 스위스로 옮겨가 살고 있다. 반면, 발렌베리는 스웨덴에 남아 자신들이 일군 부를 공익재단에 기부해 사회에 환원하는 길을 선택했다. 발렌베리 재단 가운데 가장 규모가 큰 크누트 앤 애리리스 발렌베리 재단은 자산규모가 300억 크로네(약 4조 200억 원)에 달한다. 물론, 발렌베리의 후계자들이 이사회 멤버로 참여하고 있지만 이들 재단은 발렌베리를 위해 일하는 것이 아니라 스웨덴 최대의 공익재단으로 과학·기술 연구의 든든한 후원자 역할을 하고 있다.

발렌베리 재단은 주주회사 인베스터의 최대 주주로서 결과적으로 발렌베리의 소유기업들이 거둔 경영성과는 배당을 통해 인베스터로 모이고,

이는 다시 배당을 통해 최종적으로 발렌베리 재단으로 간다. 발렌베리 재단은 이렇게 벌어들인 수익금의 대부분을 스웨덴의 과학·기술 발전을 위해 씀으로써 발렌베리 소유기업들의 경영 성과가 자연스럽게 스웨덴 사회 전체로 환원되는 구조이다. 이는 스웨덴 사회와 발렌베리, 그리고 소유기업들이 강하게 결속되는 기반이 된다.

발렌베리는 전통적으로 노조와의 긴밀한 대화를 중시해왔다. 발렌베리는 노조 지도자들과도 스스럼없이 만나 의견을 나누려고 노력했다. 스웨덴의 노조는 법에 따라 일정규모 이상의 기업에서는 이사회에 참여할 수 있는 권한을 갖고 있다. 실제로 에릭슨의 이사회 멤버 16명 가운데 6명이 노동자 대표로서 노조와 경영의 파트너 관계를 유지하고 있는데, 이는 삼성의 무노조 경영과 극명하게 대비되는 부분이다.

3. 위기의 삼성, 선택은?

1) 지주회사 전환 가능할까?

가장 바람직한 해법은 지주회사 전환이다. 이는 발렌베리가 채택하고 있는 소유지배구조이자 정부의 재벌정책과도 맞아떨어지는 것으로, 국내에서는 LG그룹과 동원그룹이 좋은 예이다. 문제는 과연 지주회사 전환이 현실적으로 가능하냐는 것이다. 복잡하게 얽혀 있는 지분구조를 정리하기 위해서는 엄청난 자금이 필요하기 때문이다.

우선 가장 문제가 되는 것은 삼성생명이 갖고 있는 삼성전자의 지분이다. 시가로 따져 5조 원을 훨씬 상회하는 엄청난 액수이기 때문에 인수자가 마땅치 않은 것이다. 또한 지주회사 체제로 가기 위해서는 그룹을 둘로 나누어야 한다. 일반 지주회사와 금융 지주회사는 각각 거느릴 수 있는 자회사의 성격이 엄격하게 구분되기 때문이다. 즉 금융계열사를 거느리는 금융지주회사와 기타 계열사를 통제하는 일반 지주회사를 따로 만들어야 하는 것이다.

더구나 지주회사는 자회사의 지분을 30%(비상장사 50%) 이상 보유하도록 되어 있기 때문에 지주회사 체제로 갈 경우 자회사에 대한 지분율을 대폭 끌어올려야 한다. 삼성전자의 경우 지분율 10%만 끌어올린다고 해도 무려 8조 원을 쏟아 부어야 하는데 이는 현실적으로 결코 쉽지 않은 일이다. 하지만 공정위에서 지주회사로의 전환 요건을 완화해주도록 요청해오면 검토할 수 있다는 입장을 취하고 있으므로 길이 전혀 없는 것은 아니다.

2) 삼성 이건희 장학재단을 '한국의 발렌베리 재단'으로?

발렌베리 재단 - 지주회사 - 자회사로 이어지는 발렌베리의 피라미드식 소유지배구조는 여러 가지 장점을 갖고 있다. 무엇보다 발렌베리 재단이 최상층부에 있기 때문에 경영권을 안정적으로 유지할 수 있고 자회사들의 경영성과가 자연스럽게 사회로 환원되는 구조도 구축할 수 있다.

이와 관련해 지난 2002년 설립된 삼성 이건희 장학재단을 살펴보자. 이건희 회장과 이재용 전무는 1500억 원어치의 삼성전자 주식을 재단에 출연한 이후 삼성전자, 삼성화재, 삼성SDI 등 계열사들이 매년 10억~500억 원까지 꾸준히 출연해오고 있다. 삼성은 이건희 장학재단의 자산을 5,000억 원까지 늘린다는 구상을 갖고 있는데, 그렇게 되면 이건희 장학재단은 국내 최대 규모의 공익재단이 된다.

그렇다면 이건희 장학재단이 삼성그룹에서 발렌베리 재단과 같은 역할을 할 수 있을까? 현재로서는 부정적이다. 발렌베리 재단은 인베스터를 비롯해 발렌베리 소유기업을 지분을 보유하고 있고, 또 여기에서 발생하는 배당 수익으로 운영된다. 반면 이건희 재단은 그나마 갖고 있던 주식도 팔아치우고 있다. 이건희 회장과 이재용 전무가 재단에 증여한 삼성전자 주식 44만 8,710주가 지금은 17만 주(2005년 9월 말 기준)밖에는 남아 있지 않은데다가 삼성의 소유지배구조에서 그러한 역할을 하기에는 자산규모가 너무 작다. 또한 발렌베리 재단은 발렌베리 가문의 기부로만 만들어진 반면 이건희 장학재단은 이건희 회장 일가뿐 아니라 계열사까지 출연하여 만들었다는 점에서 의미가 반감된다.

세법상의 난점도 있다. 발렌베리 재단은 출연자산에 대해 100% 면세혜택을 받고 있는 반면 이건희 장학재단은 그렇지 못하다. 공익재단을 통한 재벌들의 편법 상속 문제가 집중적으로 불거지면서 1993년 출연자산에 대한 면세혜택 범위를 발행주식 총액 또는 출자총액의 5%로 제한해놓았기 때문이다. 재벌들의 공익재단 설립에 대한 부정적인 인식이 가장 큰 걸림돌인 셈이다. 더구나 지난 2006년 2월 '8,000억 헌납'을 발표하면서 삼성은 여기에 삼성 이건희 장학재단 출연금을 포함시킴으로써 재단은 이제 삼성의 손을 떠났다. 하지만 재단설립을 통한 지배구조 개선과 사회환원은 여전히 삼성문제 해결의 유력한 대안이다.

3) 산업이냐 금융이냐?

장기적인 관점에서는 삼성도 산업 부문과 금융 부문을 분리해야 한다. 다만 그게 언제가 될 것인지에 대한 문제가 남아 있을 뿐이다. 삼성 내에서도 소유지배구조와 관련된 문제를 근원적으로 해결하기 위해서는 분리가 불가피하다고 보고 있는데, 그럴 경우 산업과 금융 모두에서 경영권을 확보하는 것은 현실적으로 쉽지 않을 것이다. 지분확보에 필요한 자금이 문제되기 때문이다.

따라서 산업과 금융 가운데 한쪽을 선택하는 것이 보다 손쉬운 해법이될 수 있다. 우선 금융계열사들의 계열을 분리해 떼어내는 방안을 생각할수 있다. 이는 모든 재벌이 공통적으로 금융에서 큰 실패를 경험했다는점에서 비교적 가능성이 높은 편이라고 할 수 있다. 삼성 역시 삼성카드문제로 크게 곤혹을 치른 적이 있는데, 이 때문에 금융계에서는 3세 경영으로 넘어가는 과정에서 삼성이 어떤 형태로든 금융 부문에서 손을 뗄 것으로보는 의견이 적지 않다. 금융계열사를 분리해낼 경우 삼성은 삼성전자중심의 전문그룹 형태로 가게 되는데, 여기서 문제는 삼성전자의 경영권을어떻게 확보할 것인가에 있다.

반대로 산업 부문을 떼어내고 금융그룹으로 가는 것도 방법도 있다.다만 삼성전자의 시가총액이 80조 원에 이르러 현실적으로 안정지분을확보하기가 간단치 않은 것이 문제인데, 삼성전자의 지분확보에 집착하는대신 우호지분과의 협력을 통해 조정하고 그룹의 중심을 금융으로 옮기는것도 가능하다.

하지만 여기에도 걸림돌은 있다. 금융에 집중할 경우 은행 소유가 전제조건이 되어야 하기 때문이다. 즉, 은행을 소유하고 있어야만 자금 조달코스트를 낮추고 금융계열사 간의 시너지 효과를 극대화해 경쟁력을 확보할 수 있는 것이다. 재벌의 은행 소유는 또 다른 핫이슈이지만 삼성이금융전업그룹으로 간다면 불가능한 일만은 아니다.

4) 삼성전자의 국민기업화?

삼성이 산업 부문과 금융 부문을 나눌 경우 가장 문제가 되는 것은역시 삼성생명이 갖고 있는 삼성전자의 지분 처리다. 삼성 입장에서는

삼성전자의 경영권 확보를 고민하지 않을 수 없는데, 그런 점에서 삼성전자
의 국민기업화는 또 다른 해법이 될 수 있다. 간단히 말해 삼성생명이
보유하고 있는 삼성전자의 지분을 국민연금이 인수하도록 하는 것이다.
이렇게 되면 국민연금은 삼성전자의 최대주주로 올라서게 되고, 이건희
회장 일가는 국민연금과의 협력을 통해 안정적으로 경영권을 보장받을
수 있다.

국민연금으로서도 초우량기업 삼성전자의 지분 보유를 꺼릴 이유가
없다. 마땅한 자산 운영처가 없어 골치를 섞이고 있는 국민연금 입장에서는
오히려 환영할 만한 일이라고 할 수 있으며, 일반 국민 입장에서도 삼성전
자의 경영성과를 함께 나눌 수 있는 통로가 자동적으로 갖추어지게 되는
셈이다. 하지만 이 회장 일가가 국민연금을 얼마나 신뢰할 수 있느냐의
문제는 여전히 남는다. 자신들의 경영권을 위협하는 존재로 받아들일 수도
있기 때문이다.

4. 발렌베리는 우리에게 무엇인가?

스웨덴은 겨우 900만 명의 인구를 가진 국가에 불과하지만, 에릭슨,
ABB, 일렉트로룩스, 사브, 아스트라제네카 등 이름만으로도 그 유명세를
알 수 있는 수많은 글로벌 리딩 컴퍼니를 가지고 있다. 그리고 이들 기업을
키워낸 것이 바로 발렌베리 가문이다. 이런 이유로 발렌베리는 '북유럽의
로스차일드(세계적인 유럽의 대은행가 가문)'로 불리기도 한다.

1856년 퇴역 해군장교 앙드레 오스카에 의해 시작된 발렌베리의 항해는
아직도 계속되고 있다. 지난 150년 동안 발렌베리 왕국은 몰라보게 확장되
었으며, 소유기업들은 한층 강해졌다. 5대에 걸친 발렌베리의 번영은 유능

하고 책임감이 있는 후계자들을 길러낸 그들만의 독특한 '양육 프로그램'
이 있었기에 가능했다.

  소수의 오너, 충성스런 전문경영자 그룹, 다양한 업종에 진출한 자회사
들로 구성되는 발렌베리의 외형은 우리나라의 재벌과 크게 다르지 않다.
하지만 발렌베리는 산업과 금융을 각각 나누어 맡는 두 명의 후계자를
둠으로써 왕국의 최상층부에서부터 '견제와 균형'의 원리를 도입했으며,
실권을 가진 전문경영자 그룹과 효율적으로 운영되는 이사회를 통해 소유
기업들을 성공적으로 이끌어왔다. 발렌베리 가문의 소유기업은 그 자신의
이사회와 그 자신의 투자자들을 가진 독립기업으로 운영되었으며, 복잡한
출자관계로 엮여 있지도 않았다. 발렌베리는 자회사의 이사회를 통해 자신
들의 경영철학을 구체화했으며, 기업의 장기 성장에 대한 책임을 떠맡아
'적극적인 소유주(Active Owner)'로서의 역할을 충실히 수행해오고 있다.
또한 발렌베리는 소유기업의 경영성과를 사유화하는 대신 공익재단을
통해 사회에 환원함으로써 스웨덴 사회에 단단하게 뿌리내릴 수 있었다.

  사실 발렌베리의 성공신화는 1932년 이후 장기 집권한 스웨덴 사민당
정부의 우호적인 산업정책이 없었다면 불가능했을 수도 있다. 사민당은
발렌베리를 비롯한 자본가들과의 타협을 통해 스웨덴을 세계 최고의 복지
제도를 갖춘 부국으로 발전시켰다. 하지만 1980년대 이후 이러한 '타협'에
대한 평가는 엇갈리고 있다.

  사민당의 대기업 정책의 핵심은 두 가지다. 우선 기업의 확장 국면에서
도 발렌베리를 비롯한 기존 오너들이 소유권을 유지할 수 있도록 차등주
제도를 허용했다. 또한 '발렌베리 재단 - 지주회사 - 자회사'로 연결된 기업
의 피라미드 구조도 인정해주었다. 그러나 1970년 이후 스웨덴 경제가
100년 동안의 고도 성장기를 마감하고 침체기에 들어서자 이러한 대기업
중심의 경제정책이 비판의 도마 위에 오르기 시작했다. 스웨덴은 가장

평등한 사회이면서 동시에 가장 불평등한 경제력 집중에 의존해왔으며, 철저하게 보호된 대기업의 소유주는 노조와 공존하면서 협력관계를 맺어왔다. 노조는 이 속에서 강력한 고용보호효과를 누렸으며, 이사회에 대표를 보낼 수도 있었다. 외부의 주주, 특히 해외투자자들은 이러한 노동 - 자본의 상호이익을 뒤흔들 수 있었기 때문에 기피되었다. 오랫동안 많은 스웨덴 기업들이 주식시장을 통해 필요한 자금을 조달하기보다는 은행대출과 내부유보에 치중해온 것이다. 내부유보와 재투자에 세금혜택을 주는 스웨덴의 조세정책도 이러한 경향을 더욱 부채질했다.

그러나 기업의 소유권은 기업들이 새로운 주주를 받아들일 때에만 분산될 수 있다. 또한 그래야만 시장에 의한 견제와 검증의 메커니즘이 작동하게 되고, 기업의 역동적인 성장의 가능성도 열리는 것이다.

철저하게 보호받는 소유권과 견고한 피라미드 구조 속에서 스웨덴 기업들은 점차 위험감수(risk taking)나 기업가 정신이 아니라 장기적인 생존과 안정적인 현금흐름에 초점을 맞춘 보수적인 투자전략을 선택했다. 그 결과 새로운 기업의 성장과 혁신의 길은 막히고 경제·사회적 역동성이 떨어지는 부정적인 결과를 초래했다. 실제로 스웨덴의 50대 상장기업 가운데 31개가 1914년 이전에 설립된 기업이라는 사실(2000년 기준)이 이를 입증해주고 있다. 특히 이 중 1970년대 이후 설립된 기업은 단 한곳도 없다. 결국 스웨덴은 기존 대기업의 비중이 지나치게 높은 '고령경제(ageing economy)'에 들어선 것이다.

1990년대 들어 이러한 문제의 심각성을 인식한 스웨덴 정부는 많은 개혁정책들을 추진했다. 이로 인해 주식시장이 활기를 되찾았으며, 외국인의 주식소유제한도 완전히 폐지되었다. 그동안 투자자들의 비판의 표적이 되었던 차등주 제도도 기존 1,000대 1까지 벌어졌던 의결권 차이를 10대 1로 대폭 축소하는 방향으로 개선되었다. 발렌베리는 이러한 변화까지도 적극적으로 받아들이며 앞서나가고 있다.

　물론 발렌베리 왕국이 완벽하다고는 할 수 없다. 또한 발렌베리 역시 아직까지 끊임없는 변화와 혁신의 소용돌이 속에 놓여 있기도 하다. 그럼에도 불구하고 발렌베리는 삼성을 비롯한 우리의 재벌기업들이 어디로 가야 하는지에 대한 몇 가지 해답의 실마리를 던져주고 있다.

　우선 투명성을 갖추지 않으면 안 된다. 투명성은 어떤 소유지배구조를 선택하든 상관없이 반드시 갖추어야 하는 전제 조건이다. 발렌베리 왕국에서는 이러한 원칙이 철저하게 관철되고 있다. 발렌베리의 톱 컨트롤 센터인 지주회사 인베스터에서부터 개별 소유기업에 이르기까지 모든 것이 투명하게 공개되어 있다. 투명성에 기초해야만 견제와 균형의 원리가 자리잡을 수 있으며 투자자들의 권리도 존중될 수 있다. 기업의 소유지배구조는 본래 소유주의 경영권 유지가 아니라 투자자들의 권리보호에 존재가치를 두고 있다. 이건희 회장 가문 역시 진정한 의미에서의 '적극적 소유주'가 되어야 한다. 권한만 있고 책임은 없는 '황제식 경영'은 더 이상 효율적이지도 않고 유지될 수도 없다. 계열사에 대한 경영참여도 이사회를 통해 정당하게 이루어져야 한다.

론스타 사태를 해부한다

이정환

나는 국제 투기자본 문제를 3년 이상 취재해왔다. 그 과정에서 외환은행 뿐만 아니라 제일은행과 한미은행, 그리고 브릿지증권과 오리온전기, 극동건설, 만도기계, KT&G 등 투기자본과 금융 세계화 문제, 그 한국적 상황을 예의주시하고 폭넓게 고민해왔다. 물론 나는 현장을 뛰어다니는 기자일 뿐 학자나 이론가는 아니다. 다만 이 지면을 통해 IMF 외환위기 무렵부터 지난 10년 동안 우리나라에서 무슨 일이 벌어져왔고 벌어지고 있는가 다시 정리해보려고 한다.

먼저 제일은행과 한미은행의 사례에서 출발해 그 두 은행과 외환은행 매각의 공통점, 그리고 그 상관관계를 살펴볼 계획이다. 마지막으로 이 모든 것들의 의미, 그리고 그 대안을 고민해보기로 한다.

1. 두 번씩 팔려나간 은행들의 비극

잘못된 역사는 반복되는 경향이 있다. IMF 외환위기 이후 은행 매각의 역사도 그렇다. 1999년에는 제일은행이 팔려나갔고 그 이듬해인 2000년에는 한미은행이 팔려나갔다. 그리고 2003년에는 외환은행이 팔려나갔다. 제일이나 한미은행은 부실은행이었고 상황이 급박했다고 치지만 외환은행 같은 멀쩡한 은행이 정체도 알 수 없는 투기자본에 팔려나가는 것은 좀처럼 이해하기 어렵다.

이 은행들은 결국 모두 살아났고 주가가 크게 뛰어올랐고 한 번씩 더 팔려나갔다. 세계 그 어느 나라에서도 이렇게 은행을 통째로 내다 팔지는 않는다. 그것도 정부가 나서서 정부 소유의 은행을 외국계 사모펀드에 넘겨주는 나라는 어디에도 없다.

먼저 제일은행은 1999년까지 100% 정부 소유의 은행이었다. 정부는 1998년 3월과 1999년 6월 두 차례에 걸쳐 각각 1조 5,000억 원과 5조 3,000억 원을 투입한 것을 비롯해 모두 8조 4,000억 원의 공적자금을 투입한 바 있다. 그렇게 엄청난 세금을 쏟아부어가며 살려낸 은행의 경영권을 단돈 5,000억 원에 그것도 외국계 펀드에 넘겨버린 것이다.

게다가 뉴브리지는 금융기관도 금융지주회사도 아니었다. 은행법에는 외국인이 국내 금융기관의 대주주가 되려면 기본적으로 금융회사거나 금융지주회사여야 한다고 규정되어 있다. 그런데 정부는 은행법 시행령의 예외 조항을 적용해 외국계 사모펀드에 정부 소유의 은행을 넘긴 것이다. 제일은행은 사모펀드에게 은행을 넘긴 첫 번째 사례였다.

정부는 뉴브리지에 풋백 옵션과 드래그 얼롱 계약까지 제공한 것으로 드러나 논란이 되기도 했다. 풋백옵션이란 매각 이후 3년 동안 발생하는 모든 부실 여신에 대해 정부가 손실을 보전해주기로 한 것이다. 이 옵션

덕분에 정부는 매각 이후에도 제일은행에 6조 6,780억 원을 더 쏟아 부어야 했다. 드래그 얼롱이란 최대주주가 일정 지분 이상을 매각할 때 매입자가 요구할 경우 2대나 3대 주주까지 동일한 조건으로 팔아야 하는 계약을 말한다.

제일은행의 경우 51%의 지분을 보유한 뉴브리지가 지분을 30% 이상 매각할 경우 49%를 보유한 정부도 같은 조건에 주식을 내다 팔아야 한다는 것을 의미한다. 더 어처구니없는 건 이런 계약을 체결했다는 사실이 2004년 11월까지 전혀 알려지지 않았다는 것이다. 결국 2005년 1월 뉴브리지가 스탠더드차터드 은행(SCB)에 지분을 내다 팔 때 정부 지분까지 한꺼번에 팔려나갔고 제일은행은 100% SCB 소유가 되었다. 이름도 SC제일은행으로 바뀌었다.

1999년 무렵 제일은행이 매우 어려운 상황이었던 것은 분명하다. 정부는 그래서 천문학적인 공적자금을 쏟아 부었다. 문제는 그렇게 가까스로 살려놓은 은행을 고스란히 외국계 사모펀드에 넘겨주었다는 것이었다. 더 큰 문제는 그 과정에서 뉴브리지의 대주주 적격성 심사조차 하지 않았다는 것이다. 정부 관료들은 외자 유치와 경영권 매각의 차이를 알지 못했거나 알면서도 무시했고 사모펀드가 은행의 대주주가 된다는 것의 의미도 신경 쓰지 않았다.

2000년 9월 한미은행이 칼라일펀드에 넘어가게 된 과정도 의혹투성이다. 칼라일 역시 사모펀드였을 뿐 금융기관이 아니었기 때문에 은행의 대주주가 될 자격이 없었다. 그런데 그해 9월 칼라일은 투자은행인 JP모건을 앞세워 금융감독위원회 승인을 받아낸다. JP모건과 50 대 50으로 투자를 하겠다고 한 것이다. 문제는 JP모건이 들러리만 섰을 뿐 실제로 인수주체는 칼라일이었다는 것이다.

컨소시엄에 참여한 펀드들의 지분 구성을 살펴보면 흥미로운 점을 발견할 수 있다. 가장 지분이 많은 펀드는 16.3%를 보유한 KAI(한미은행 투자펀드)였는데 이 펀드는 칼라일과 JP모건이 반반씩 투자한 게 맞다. 문제는 나머지 지분인데, 채드윅과 프리웨이라는 펀드가 각각 3.6%를 보유한 것을 비롯해 스칼렛이 3.4%, 이글이 2.5%, 코란드가 1.0% 등 9개 펀드에 분산되어 있었다. 이 펀드들은 모두 페이퍼컴퍼니로 칼라일이 의결권을 갖고 있었다.

이게 가능했던 것은 4% 미만의 보유 지분은 금융감독원에 신고하지 않아도 되기 때문이었다. 이들 페이퍼컴퍼니의 지분에 대해 아무런 통제권도 갖지 못했던 것이다. 결국 JP모건은 전체 지분 36.6% 가운데 8.2%만 보유하고 있었고 나머지 28.4%는 칼라일의 몫이었다는 이야기다. 표면적으로는 칼라일과 JP모건이 반반씩 투자한 걸로 되어 있지만 이미 칼라일이 한미은행의 대주주가 되어 있었던 것이다.

금감위는 이런 사실을 몰랐을까. 아니면 알면서도 묵인했던 것일까. 지금까지 드러난 사실을 종합하면 후자일 가능성이 훨씬 크다. 칼라일은 아예 홈페이지에 위장 계열사들 지분 비율을 버젓이 공개하기도 했다. 금감위가 이를 몰랐다는 것은 말이 안 된다. 비판과 비난이 쏟아졌지만 금감위는 끝까지 침묵했다. 칼라일은 2004년 5월, 보유지분을 모두 씨티그룹에 넘기고 7,000억 원 이상을 챙겨 유유히 빠져나간다.

결국 정리하면 이렇다. 제일은행 때는 제일은행이 부실금융기관이라는 이유로 은근슬쩍 사모펀드에 은행이 넘어갔고 한미은행 때는 JP모건이라는 들러리를 내세워 역시 사모펀드에 은행이 넘어갔다. 그리고 다시 살펴보겠지만 외환은행 때는 부실금융기관도 아니었고 들러리도 없었는데 론스타 단독으로 은행을 집어삼켰다. 이렇게 어처구니없는 일이 어떻게 가능했던 것일까.

2. 론스타는 어떻게 돈을 벌었나

론스타가 처음 우리나라에 이름을 알린 것은 IMF 외환위기 직후인 1998년 12월, 자산관리공사(당시 성업공사)의 부실채권을 무더기로 사들이면서부터다. 론스타는 4억 7,000만 달러(5,646억 원) 규모의 부동산 담보부 채권을 원금의 36%인 2,012억 원에 사들였다. 당시 담보로 잡혀 있던 부동산의 경매가격이 원금의 50~60%에 이르렀다는 사실을 돌아보면 그야말로 알짜배기 투자였던 셈이다.

론스타는 이 거래를 통해 거뜬히 100% 이상의 수익을 올렸을 것으로 추정된다. 론스타는 철저하게 부동산 담보부 채권에만 관심을 가졌다. 담보는 확실했지만 IMF 직후 부동산가격이 바닥을 치던 무렵이라 값은 터무니없이 쌌다. 자금만 끌어들일 수 있으면 무조건 먹는 알짜배기 장사였다. IMF 직후 국내기업과 금융기관들은 죄다 돈줄이 말랐고 덕분에 론스타는 쏟아져 나오는 부동산 담보부 채권을 헐값에 사들일 수 있었다.

론스타는 특히 자산유동화를 활용했다. 자산유동화란 가상의 서류회사를 만들어 그 회사가 부실채권을 인수하도록 한 뒤 그 채권의 운용수익을 회사에 투자한 지분비율만큼 주주들이 나누어 갖는 방식을 말한다. 론스타와 자산관리공사는 이 서류회사에 각각 70%와 30%씩 지분을 출자했기 때문에 론스타가 실제로 들인 돈은 원금의 25.2%에 지나지 않았다. 5,646억 원 규모의 채권을 1,409억 원에 사들였다는 이야기다.

론스타는 이 채권을 자회사인 허드슨어드바이저스에 맡겨 운용했다. 허드슨은 나중에 자산관리공사와 공동출자로 허드슨캠코라는 자회사를 설립하고 기업구조조정 사업에도 뛰어든다. 헐값에 쏟아져 나온 부실기업들과 부동산이 경기 회복 이후 이들 회사를 통해 비싼 값에 되팔려나간 것은 불을 보듯 빤한 일이다. 론스타는 이 기회를 놓치지 않고 국내 최대의 부실채권 인수주체로 부상했고 자산관리공사와도 돈독한 관계를 유지했다.

그 무렵 론스타가 사들인 부실채권은 그야말로 천문학적인 규모다. 1999년에 자산관리공사와 조흥은행의 부실채권을 각각 9,381억 원과 7,600억 원어치 사들인 데 이어 2000년에는 역시 자산관리공사와 예금보험공사의 부실채권 5,356억 원어치를 사들인다. 2001년에도 예금보험공사의 부실채권 4,099억 원어치를 사들인다. 이것만 해도 무려 3조 2,082억 원에 이른다. 이 밖에도 2003년에는 카드채권을 5조 원 가까이 사들인다.

자산관리공사나 예금보험공사의 경매 물건이 줄어들자 론스타는 은행을 직접 찾아다니면서 부실채권과 리스채권을 사들이기 시작했다. 산업은행에서 1조 2,000억 원어치, 조흥은행과 평화은행에서도 각각 5,360억 원과 4,500억 원어치의 부실채권을 사들였다. IMF 이후 쏟아져 나온 부실채권을 싹쓸이하다시피 한 셈이다. 뒤늦게 모건스탠리나 골드만 삭스 등 미국계 투자은행들도 뛰어들었지만 론스타에 크게 못 미쳤다.

론스타의 부실채권 사업은 그야말로 땅 짚고 헤엄치기처럼 간단했다. 론스타는 심지어 1999년 7월 자산관리공사 부사장 심광수 씨를 론스타코리아의 회장으로 전격 영입하기도 한다. 자산관리공사의 부실채권이 헐값에 넘어가는 과정에 그의 입김이 작용했을 가능성이 크다. 심 회장은 론스타가 외환은행을 인수하는 과정에서 외환은행장 후보로 거론되기도 했을 만큼 론스타의 한국 진출에 주도적인 역할을 했다.

이렇게 사들인 채권을 실제로 론스타가 얼마에 처분했는지 정확히 확인할 방법은 없다. 2003년 국정감사 자료에 따르면 론스타가 1997년부터 2003년까지 사들인 무담보 부실채권은 장부가 기준으로 1조 205억 원으로 집계되었다. 론스타는 이를 신용정보회사에 4,320억 원에 팔아넘긴 것으로 확인되었다. 장부가 대비 회수율은 42.3%, 인수가가 장부가의 20%

수준이라고 보면 수익률은 100%를 훨씬 웃돌았을 것으로 추산된다.

IMF 이후 외자유치에 혈안이 되었던 정부와 감독당국은 론스타가 부실채권을 마구 사주는 것에 그저 황송해서 어쩔 줄 모르는 분위기였다. 론스타는 신용카드 대란 이후 헐값에 쏟아져 나온 카드채권도 악착같이 사들였다. 천문학적인 금액의 공적자금이 고스란히 론스타에게 흘러들어갔다. 온 국민을 고통에 빠뜨린 신용카드 대란도 론스타에게는 기회였다. 론스타는 그렇게 사들인 카드채권을 채권추심기관 등에 팔아넘겨 엄청난 차익을 남겼다.

론스타는 1980년대 후반 미국 저축대부조합의 부실을 타고 우후죽순처럼 나타난 수많은 벌처펀드 가운데 하나였다. 벌처란 대머리독수리란 뜻으로, 벌처펀드는 경영위기에 처한 기업의 자산을 싸게 사들였다가 나중에 값이 오르면 팔아서 이익을 내는 펀드를 말한다. 저축대부조합은 원래 10~20년 만기의 주택담보대출을 주업으로 하는 서민금융기관이었는데 1980년대 후반 저금리 기조에 들어서면서 역마진이 발생하기 시작했다.

자금 조달에 어려움을 겪게 된 저축대부조합들이 잇따라 도산하기 시작하면서 미국의 서민금융은 파탄지경에 이르렀다. 미국 정부는 결국 우리나라의 자산관리공사와 유사한 정리신탁공사를 만들어 무려 2,273억 달러를 쏟아 붓고 6년 5개월 동안 747개의 부실 저축대부조합을 정리했다. 그때부터 1990년대 중반까지 미국은 벌처펀드의 천국이었다. 론스타의 전신인 웨스트코스트에퀴지션파트너스도 그때 설립되었다.

론스타는 그 틈을 타고 이른바 선진 금융기법을 터득하면서 빠른 속도로 몸집을 불려나갔다. 지금이야 세계를 넘나들면서 은행 2, 3개쯤 통째로 사고팔 만큼 규모가 커졌지만 1996년에 설립된 론스타펀드 1호는 4억 달러 규모에 지나지 않았다. 주주로는 미국의 연기금과 사립학교 재단, 유럽계 투자자 등 대형 투자기관이 참여하고 있다. 창립자 존 그레이켄

회장은 자금을 끌어 모으는 데 탁월한 재능을 가진 것으로 알려졌다.

미국의 부실채권시장이 침체기에 접어들 무렵, 때마침 터진 동아시아 금융위기는 이들에게 절호의 기회였다. 유동성 위기에 쫓긴 기업들의 알짜배기 자산이 헐값에 쏟아져 나왔지만 국내에선 매수 여력이 없었다. 론스타는 그 틈을 잽싸게 파고들었다. 론스타는 1998년 12억 달러를 모집해 론스타펀드 2호를 결성하고 아시아 시장에 본격적으로 뛰어든다. 이때부터 론스타의 두 번째 황금기가 시작되었다.

론스타는 산업은행과 협력해 KDB론스타(LSF-KDB)라는 구조조정 전문회사를 설립하기도 했다. 재정경제부 은행제도과 우병익 과장이 사장으로 부임해 눈길을 끌었다. 우 사장은 강경식 전 부총리의 비서관 출신이기도 하다. 여기서 짭짤한 재미를 본 론스타는 2000년 11월 22억 5,000만 달러를 조성해 론스타펀드 3호를 결성하기에 이른다. 론스타는 2004년 KDB론스타 지분을 모두 정리한다. 이 회사 이름은 그 뒤 KDB파트너스(K&P)로 바뀌었다.

부실채권에서 재미를 본 론스타는 부동산으로 눈을 돌린다. 1999년에 650억 원에 사들인 동양증권 서울 여의도 사옥과 660억 원에 사들인 SKC 여의도 사옥은 각각 850억 원과 800억 원에 호주 맥쿼리 은행에 팔려나갔다. 시세차익만 340억 원이었다. 론스타는 이 밖에도 청방의 본사 사옥이었던 서울 명동 청방빌딩을 300억 원에, 쌍용양회의 충남 아산 공장 부지를 1,000억 원에 매입하기도 했다.

론스타의 부동산투자는 서울 역삼동 스타타워(옛 아이타워)에서 진가를 보였다. 2001년 현대산업개발에게서 6,600억 원에 사들인 스타타워는 2004년 12월 싱가포르 투자청에 9,000억 원 이상에 팔린 것으로 추정된다. 구체적인 가격은 알려지지 않았지만 3년 6개월 남짓한 동안 3,000억 원 가까이 시세차익을 남긴 셈이다. 이때도 론스타는 세금 한 푼 내지 않았다.

주목할 것은 론스타의 자금 조달 방법이다. 국내기업들이 신용도가 낮아 자산유동화증권(ABS)를 발행하기 어려운 것과 달리, 론스타는 ABS를 발행해 구입자금의 대부분을 조달하고 덕분에 취득세, 등록세, 양도세를 면제받아왔다. 2003년 당시 재정경제부 자료에 따르면 국내에 들어온 외국자본의 부동산 매입 자금 가운데 30%만 외국에서 들어왔을 뿐, 나머지 70%는 높은 신용등급을 이용해 국내 은행에서 조달해온 것으로 밝혀졌다.

론스타는 일본과 대만에서도 비슷한 투자패턴을 보였다. 일본 니혼채권은행과 노무라 증권 등에서 5조 엔 규모의 채권을 매입했던 론스타는 2001년에는 도쿄스타 은행을 인수하기도 했다. 대만에서도 1조 1,920억 원어치의 부실채권을 사들인 데 이어 대만제일은행을 인수하는 등 일약 큰손으로 떠올랐다. 아시아시장에서 재미를 본 론스타는 2001년 11월 42억 5,000만 달러를 조성해 론스타펀드 4호를 결성하고 몸집을 키우기에 이른다.

이 론스타펀드 4호가 바로 외환은행의 실질적인 대주주가 된다. 론스타펀드 4호의 자본금은 42억 5,000만 달러에 이르는 것으로 알려졌다. 론스타펀드는 현재 7호까지 나와 있다. 론스타의 국내 진출 전략은 크게 3단계로 나누어볼 수 있다. 처음에는 부동산 담보부 부실채권 인수에 열을 올리다가 직접 부동산 인수에 손을 대기 시작했고 어느 정도 자리를 잡은 뒤에는 금융기관 인수에 목을 맸다.

론스타는 한때 평화은행과 서울은행, 조흥은행 등의 인수에 매달렸다가 잇따라 실패한 뒤 2003년 외환은행 인수에 뛰어들어 마침내 금융기관의 대주주가 되는 데 성공했다. 론스타 같은 사모펀드가 금융기관의 대주주가 된 것은 우리나라에서는 물론이고 미국에서도 상상도 할 수 없는 일이다. 특별한 경우가 아니고서는 법적으로도 금지된 일이다. 도대체 무슨 일이 벌어진 것일까.

3. 론스타의 외환은행 인수, 풀리지 않는 의혹들

은행법은 금융기관이나 금융지주회사가 아닐 경우 금융기관의 대주주가 될 수 없도록 제한하고 있다. 사모펀드인 론스타는 애초에 자격이 안 되었다는 이야기다. 다만 은행법 시행령에서는 부실금융기관 정리 등 특별한 사유가 있을 경우 예외를 인정하도록 되어 있는데 금감위는 이 조항을 끌어들여 외환은행 매각을 승인해주었다. 외환은행은 부실금융기관이 아니었지만 부실금융기관 정리 등의 특별한 사유에 해당한다고 본 것이다.

주목할 부분은 금감위가 이런 예외 조항을 적용한 것이 처음이 아니었다는 것이다. 1999년 7월 제일은행을 뉴브리지캐피털에 넘겨줄 때나 2000년 7월 한미은행을 칼라일펀드에 넘겨줄 때도 금감위는 비슷한 조항과 논리를 끌어들였다. 뉴브리지나 칼라일 역시 론스타와 마찬가지로 법적으로 금융기관의 대주주가 될 자격이 없었지만 금감위는 이를 허용해주었다. 흥미로운 것은 이들이 모두 김&장 법률사무소에게 법률자문을 맡겼다는 것이다.

김&장과 금감위의 관계를 추측하게 하는 자료도 발견되었다. 2000년 6월 금감위 내부 보고서를 보면 금감위가 김&장의 법률 자문을 인용한 부분이 있다. 당시 쟁점은 크게 두 가지였는데 첫째는 JP모건이 직접 주식을 취득하지 않고 다른 투자회사를 내세워 주식을 취득하는 것이 옳은가 하는 것. 두 번째는 금융기관이 아닌 칼라일이 JP모건과 공동 출자해 은행을 인수해도 좋은가 하는 것이었다.

김&장의 정계성 변호사 등은 첫 번째에 대해서는 외국계 금융기관의 관행을 감안해 인정 가능하다고, 두 번째에 대해서도 금융기관이 아닌 자의 은행 지배를 방지할 수 있는 장치가 마련되어 있기 때문에 역시 인정 가능하다고 견해를 밝힌다. 금감위는 이를 근거로 칼라일의 한미은행

인수를 승인해준다. 김&장의 의견이 곧 칼라일의 의견이었던 셈인데 금감위가 이를 가져다가 이들에게 은행을 넘기는 근거자료로 썼다는 이야기다.

실제로 한미은행의 인수 주체는 칼라일이었고 JP모건은 들러리만 섰을 뿐이지만 금감위는 이를 알면서도 눈감아주었다. 왜 그랬을까. 외환은행 불법 매각 사건을 둘러싼 모든 의혹의 중심에 이헌재 전 부총리가 있다. 외환은행이 론스타에게 넘어가던 무렵 이헌재 전 부총리는 김&장의 고문으로 있었다. 이른바 이헌재 사단이라고 불리는 재경부 인맥이 론스타와 만나는 지점이 바로 김&장이었던 것이다.

이헌재 전 부총리의 인맥은 재경부뿐만 아니라 금감원과 금감위, 그리고 금융권 곳곳에서 발견된다. 먼저 이강원 당시 외환은행장은 이헌재 전 부총리와 광주서중 선후배 사이다. 외환은행 매각을 결정하는 과정에 주도적으로 개입했던 정부 관료들, 변양호 당시 재경부 금융정책국장과 김석동 금감위 감독정책1국장 등도 모두 이헌재 사단의 핵심 멤버로 불리는 사람들이다.

변양호 전 국장은 김&장이 금감위에 주식 초과보유 승인신청서를 넣은 바로 다음날 금감위에 공문을 보내 론스타의 외환은행 인수를 적극 검토하라고 지시하기도 했다. 그는 론스타가 일본에서 4,000억 원의 세금을 탈루했다는 사실이 밝혀진 뒤에도 "외국에서 있었던 일이므로 국내 사정과는 무관한 것으로 보인다"라고 말하기도 했다. 금융기관의 대주주 적격성 문제에 아무런 관심이 없었던 것이다.

외환은행의 대주주였던 수출입은행의 이영회 행장도 역시 이헌재 전 부총리와 가까운 사이다. 이 전 행장은 재경부 기획관리실장 출신으로 재경부 시절 이 부총리의 오른팔 역할을 했다. 수출입은행은 주당 6,479원에 사들였던 주식을 5,400원씩에 넘겼다. 콜옵션을 감안하면 수출입은행의 손실은 2,483억 원에 이른다. 이 전 행장은 그 뒤 아시아개발은행사무총장으로 옮겨갔다.

론스타와 진념 전 부총리의 관계도 의혹을 불러일으킨다. 진념 전 부총리는 2002년 10월 론스타의 회계법인인 삼정KPMG의 고문으로 임명되었다. 한편, 론스타는 외환은행을 인수한 직후인 2003년 11월, 기존 회계법인과 계약을 해지하고 삼정KPMG와 계약을 체결해 눈길을 끌었다. 계약기간 만료 이전에 회계법인을 바꾸는 경우가 흔치 않았기 때문이었다.

주목할 부분은 진 전 부총리의 인맥이다. 먼저 이영회 당시 수출입은행장과의 관계가 눈길을 끈다. 그 무렵 진 전 부총리가 이 전 행장을 여러 차례 찾아가 만난 사실이 확인되기도 했다. 개인적인 만남이었을 수도 있지만 수출입은행이 외환은행의 대주주였고 핵심 열쇠를 쥐고 있었다는 점에서 그냥 넘기기 어려운 부분이다. 게다가 이 전 행장은 진 전 부총리가 부총리로 재직하던 무렵 임명된 사람이다.

진 전 부총리는 이강원 당시 외환은행장과도 연결된다. IMF 외환위기 직후 기아자동차 회장으로 일하던 그 무렵 이 전 행장은 계열사인 기아포드 할부금융의 사장으로 있었다. 금융권 경력이 없었던 그가 외환은행장으로 발탁되는 과정에서 진 전 부총리의 영향력이 작용했을 가능성이 크다.

이 전 행장은 전윤철 감사원장, 당시 청와대 비서실장과는 서울고 동문이고 행장 추천위원회 위원장을 맡았던 정문수 당시 외환은행 이사와는 아시아개발은행에서 함께 일하기도 했다. 전윤철 감사원장이 외환은행 수사의 한 축을 맡고 있는 것도 선뜻 납득하기 어렵고 수많은 논란 가운데서도 이 전 행장이 한국투자공사 사장 자리를 지키고 있는 것도 석연치 않은 부분이다.

정부 관료들, 특히 재경부 관료들의 회전문 현상도 주목할 만하다. 회전문 현상이란 정부 관료와 로펌, 회계법인, 금융권 등이 인맥을 주고받으면서 서로 밀고 당기는 현상을 말한다. 재경부와 금감원, 금감위의 회전문은 이미 자연스러울 정도다. 국정감사 때면 서로 '우리'라고 부르는 것이 어색하지 않을 정도다.

재경부 인맥은 금감원, 금감위는 물론이고 산업은행이나 수출입은행, 신용보증기금, 심지어 감사원까지 포진해 있다. 공기업뿐만 아니라 증권회사나 보험회사, 신용정보회사에서도 주요 요직은 모두 재경부 인맥이 독식하고 있다.

강경식 전 경제부총리의 비서관과 재정경제부 은행제도과장 등을 지낸 우병익 씨는 KDB론스타의 대표로 옮겨가기도 했다. 이 회사는 론스타와 산업은행이 합작해 만든 구조조정 전문 회사인데 2004년에 정리되었다. 이 회사는 KDB파트너스(K&P)로 이름이 바뀌었고 여전히 우 씨가 대표로 있다.

회전문 현상의 중심에는 김&장이 빠질 수 없다. 김&장은 이헌재 전 부총리뿐만 아니라 최경원 전 법무부 장관과 박정규 전 청와대 민정수석, 윤동민 전 법무부 보호국장, 김회선 전 법무부 기획관리실장 등 쟁쟁한 검찰 출신 법조계 인사들을 영입해왔다. 국무조정실장 출신의 한덕수 부총리 역시 김&장의 고문으로 활동한 적이 있다. 이 밖에도 원봉희 전 재경부 금융총괄국장, 전홍렬 전 금감원 부원장, 현홍주 전 주미대사, 김병일 전 공정거래위원회 부위원장, 구본영 전 경제협력개발기구 대사, 서영택 전 건설부장관, 한승수 전 외교통상부 장관, 황재성·이주석 전 서울지방국세청장, 최병철 전 국제조세관리관 등이 김&장을 거쳐갔거나 재직 중이다.

김&장 출신이 외환은행 경영진으로 합류하기도 했다. 론스타는 외환은행 인수 직후인 2003년 12월, 김&장의 김형민 자문위원을 외환은행의 상무로 전격 발탁하기도 했다. 이근영 전 금융감독위원장이 법무법인 세종의 고문으로 옮겨간 것도 주목할 만하다. 세종은 김&장과 함께 칼라일의 법률자문을 맡았던 곳이다. 칼라일의 한미은행 인수를 최종 승인하는 자리에 있었던 사람이 칼라일을 대리했던 곳으로 자리를 옮긴 것이다.

4. 팔려나간 은행들의 공통점

팔려나간 은행들 사이에는 몇 가지 공통점이 있다. 먼저 뉴브리지와
론스타는 뿌리가 같다. 뉴브리지의 지분 70%를 보유한 최대주주인 텍사스
퍼시픽 그룹의 데이비드 본더만 회장은 론스타의 공동 창업자이기도 하다.
박병무 뉴브리지 코리아 대표는 "두 사람이 업무적으로 서로 조언을 주고
받는 것은 물론이고 사적으로도 막역한 친분관계를 유지하고 있다"라고
말한 바 있다. 둘 다 미국 텍사스 주에 본사가 있고 석유재벌과 연기금
등이 주요 주주로 참여하고 있다.

칼라일과 론스타는 아예 혈연관계로 연결된다. 론스타 코리아의 대표였
던 스티븐 리와 칼라일의 이사로 있는 제이슨 리는 친형제인 것으로 알려졌
다. 제이슨 리는 칼라일이 아시아 부동산시장에 투자하기 위해 설립한
칼라일아시아리얼이스테이트의 대표이기도 하다. 스티븐 리는 하버드대
경영학 석사 출신으로 30대 초반에 론스타 본사 서열 3위까지 오른 인물이
다. 제이슨 리에 대한 정보는 거의 없다.

공교롭게도 이 펀드들은 모두 매각 주간사로 모건스탠리를 선정했다.
법률대리인도 모두 김&장이다. 이들 모두 금융기관의 대주주가 될 자격이
안 되었지만 금감위는 굳이 예외조항을 적용해가면서 이들에게 은행을
넘겨주었다.

제일은행과 외환은행을 50% 이상 사들일 때 드래그 얼롱 조항을 집어넣
은 것도 똑같다. 드래그 얼롱은 나중에 최대주주가 주식을 팔면 2대와
3대주주까지 같은 조건에 주식을 팔아야 하는 조항이다. 드래그 얼롱
조항 때문에 제일은행은 100% 외국인 소유 은행이 되었고 외환은행의
대주주였던 론스타는 14.1%의 지분을 더 사들여 시세차익을 2,483억
원이나 늘릴 수 있었다.

칼라일의 한국 인맥으로는 김병주 MBK파트너스 대표를 빼놓을 수 없다. 박태준 포스코 명예회장의 사위인 그는 칼라일아시아 대표를 지냈다. 김병주 대표와 스티븐 리는 하버드대 MBA 동문이기도 하다. 언론 접촉을 거의 하지 않는 그는 2001년 <파이낸스아시아>와 인터뷰에서 한미은행 인수 비화를 밝힌 바 있다.

이 인터뷰에 따르면 금감위가 대주주 자격을 문제 삼자 김 대표는 장인인 박태준 당시 국무총리를 비롯해 금감원과 재경부 인사들을 상대로 광범위한 로비를 벌였다. 박 전 총리는 금융산업에 필요하다면 외국인이라는 게 무슨 문제냐는 입장이었고 이헌재 당시 금감위원장은 주식 보유한도를 면제해주거나 관계법령을 개정하겠다는 의사를 보였다. 김 대표는 "한국 경제의 트로이카 3명의 동의를 얻어냈다"라고 밝히고 있다. 1998년 조지 부시 전 미국 대통령이 칼라일 고문 자격으로 방한했을 때 이헌재 당시 금감위원장이 그를 면담한 것도 눈여겨볼 만하다.

부시 전 대통령은 한미은행 인수를 앞둔 2000년 6월에도 제주도에서 열린 칼라일아시아 고문 회의에 참석하기도 했다. 이 회의에는 피델 라모스 전 필리핀 대통령과 제임스 베이커 전 미국 국무부 장관 등이 참석한 것으로 확인되었지만 한국 측 참석자는 공개되지 않았다. 박태준 명예회장을 따로 만난 것만 알려졌을 뿐이다. <파이낸셜타임즈>는 이날 서울발 기사로 칼라일이 한미은행을 인수할 계획이라고 보도했다.

윤영각 삼정KPMG 대표이사가 박태준 명예회장의 첫째 사위라는 사실도 주목할 만하다. 론스타와 삼정KPMG, 정치권을 연결하는 인맥이 여기에서도 발견되는 것이다.

뉴브리지나 칼라일, 론스타가 모두 같은 경로로 들어왔을 거라는 의혹이 제기되는 것도 이런 이유에서다. 자금 출처가 철저하게 베일에 가려져 있지만 이들의 국내 진출은 모두 동일한 네트워크를 활용했을 것이라는 이야기다. 특히 그 과정에서 스티븐 리 등의 '검은 머리 외국인'들이 주도적으로 개입했을 가능성이 크다.

뉴브리지의 제일은행 인수 때부터 살펴보면 이헌재 전 부총리는 끼지 않은 곳이 없다. 여기에는 스티븐 리와 제이슨 리 형제를 비롯해 김재록 등의 국내외 로비스트, 그리고 정치권과 재경부, 금감원, 금감위, 금융권에 걸친 광범위한 인맥, 김&장과 삼정 KPMG라는 국내 유수의 법무법인과 회계법인이 연루되어 있다. 그리고 이 모든 네트워크와 회전문 현상의 중심에 이헌재 전 부총리가 있는 것이다. 외환은행 불법 매각 사건을 론스타 게이트가 아니라 굳이 모피아 게이트라고 부르는 것도 그런 이유에서다.

새삼스럽게 이헌재 사단이 다시 주목받는 것도 그런 이유에서다. 이번에 외환은행을 론스타에게 사들인 국민은행의 강정원 행장 역시 이른바 이헌재 사단의 핵심 멤버로 분류되는 사람이다. 김재록 씨가 고문으로 있던 인베스투스글로벌의 대표로 있는 오호수 전 증권업협회 회장 역시 이전 부총리와 막역한 사이다. 이 밖에도 하나은행 서근우 부행장이나 박해춘 LG카드 사장, 정기홍 서울보증보험 사장, 이성규 전 국민은행 부행장, 이성남·이덕훈 금융통화위원, 황영기 우리금융지주 회장, 이강원 한국투자공사 사장, 하영구 한국씨티은행장 등이 이헌재 사단의 멤버로 거론된다.

당신이 만약 외국계 사모펀드를 운영하는 사람이고 우리나라에 들어와 은행을 인수하려고 한다면 누구를 먼저 접촉해야 할까. 그 답은 너무나도 분명하다. 정부 관료와 금융권, 투기자본, 법무법인과 회계법인을 가장한 로비스트들의 이 끈적끈적한 네트워크를 차단하고 도려내지 못하면 앞으로도 수많은 은행과 기업들이 팔려나갈 것이다.

5. 칼라일과 김&장의 공통점

미국에서의 칼라일과 우리나라에서의 론스타를 비교하는 것은 여러 가지로 흥미롭다. 주목할 부분은 사모펀드의 놀라운 성공에 퇴직 정부 관료들이 어떤 역할을 했는가다.

칼라일은 일찌감치 사모펀드의 성공에 정부 관료 인맥이 무엇보다도 중요하다는 사실을 간파한다. 그래서 칼라일은 정치권에 줄을 대는 데 모든 역량을 집중하고 결국 성공한다. 이 부분이 칼라일이 다른 사모펀드들과 다른 점이다. 기대 수익이 높으면 그만큼 높은 위험을 감수해야 한다는 것은 투자의 기본 원칙이다. 그러나 칼라일은 위험을 피하거나 줄이는 방법을 일찌감치 깨달았던 것이다.

칼라일이 가장 먼저 끌어들인 퇴직 관료는 닉슨 전 대통령의 인사담당관이었던 프레데릭 말렉. 공화당 전국위원회 부회장으로 일하고 있던 그가 닉슨 시절의 스캔들이 뒤늦게 문제되어 물러나자 칼라일은 그를 재빨리 영입한다. 말렉은 그 뒤 칼라일이 케이터에어라는 회사를 인수하는 과정에 주도적인 역할을 하게 된다. 이 회사의 인수는 칼라일 역사에서 매우 중요한 사건이 된다.

조지 부시 미국 대통령이 대통령의 아들이었던 무렵, 그러니까 아버지 부시가 대통령으로 재직 중이던 무렵인 1990년, 칼라일은 아들 부시를 케이터에어의 이사로 영입한다. 항공기 기내식을 납품하는 이 회사의 실적은 형편없었지만 칼라일은 이를 계기로 현직 대통령과 그의 아들을 사업 파트너로 끌어들이게 된다. 이들의 인연은 물론 아들 부시가 대통령이 된 지금까지도 이어지고 있다.

칼라일의 인맥 가운데 프랭크 칼루치 전 국방부 장관을 빼놓을 수 없다. 칼루치는 그 뒤 칼라일이 퇴직 관료들을 끌어들이는 데 다리를 놓은 것은 물론이고 칼라일이 군수산업에 진출하는 과정에서도 주도적인 역할을 한다. 칼라일은 1990년 군수회사인 BDM을 헐값에 사들여 칼루치를 회장으로 앉힌다. 전직 국방부 장관이 국방부에 납품하는 군수회사의 회장으로 옮겨간 것이다.

칼라일은 제임스 베이커 전 국무부 장관과 리차드 다르멘 전 예산관리국장도 끌어들인다. 세계적인 투자 전문가로 꼽히는 조지 소로스가 칼라일에 1억 달러 이상을 투자한 것도 그 무렵이었다. 칼라일은 이를 떠들썩하게 홍보했고 소로스의 뒤를 이어 씨티그룹과 공무원 퇴직 연금 같은 굵직굵직한 투자자들이 칼라일에 돈을 싸들고 왔다. 칼라일의 자금은 눈덩이처럼 불어났고 인맥도 거침없이 뻗어나갔다.

영국 수상이었던 존 메이저를 비롯해 우리나라의 박태준 전 국무총리, 필리핀의 피델 라모스 전 대통령, 태국의 아넬 파냐라춘 전 총리 등도 칼라일에 합류했다. 이들이 칼라일에서 맡은 역할은 무엇이었을까. 칼라일은 2000년 미국 대선에서 아들 부시를 대통령으로 만드는 데도 앞장섰고 결국 성공했다. 칼라일의 부회장으로 있던 베이커 전 장관은 아예 부시의 선거 캠프를 진두지휘하기도 했다.

칼라일은 심지어 9·11 테러의 주범으로 꼽히는 오사마 빈 라덴 집안과도 거래를 했다. 9월 11일 아침, 아버지 부시는 샤피크 빈 라덴과 한 자리에 있었다. 칼라일 연례 투자자 회의에서였다. 샤피크 빈 라덴은 오사마의 이복형제다. 그는 칼라일의 주요 투자자 가운데 한 명이고 아버지 부시는 칼라일의 고문이다. 테러 이후 미국 정부는 무기 구입 예산을 크게 늘렸고 칼라일의 자회사들은 덕분에 엄청난 돈을 벌어들였다.

전직 대통령이 테러리스트와 사업 파트너라는 사실, 그리고 테러와 전쟁 덕분에 이들이 함께 돈을 벌고 있다는 사실은 좀처럼 받아들이기 어렵다. 한때 칼라일의 자회사에서 일했던 아들 부시는 테러 직후 오사마

빈 라덴의 나라, 사우디아라비아를 공격하지 않고 엉뚱하게도 이라크를 공격했다. 이 모든 아이러니를 어떻게 이해해야 할까. 미국과 칼라일의 이해가 충돌할 때 이들은 어느 편에 서는 것일까.

칼라일의 투자자산 규모는 130억 달러에 이르는 것으로 알려졌다. 이들이 만들어낸 천문학적인 이익은 결국 대통령을 비롯한 퇴직 관료들의 광범위한 인맥과 영향력이 있었기에 가능했다. 겉으로 드러난 것이 전부인지, 그 이면에 더 거대한 음모가 있는지는 아직 확인되지 않았다. 분명한 것은 불가능을 모르는 이 엄청난 투자가 완벽하게 합법이고 또 아무런 제재도 받지 않고 있다는 사실이다.

놀랍게도 이건 미국만의 이야기가 아니다. 실체를 알 수 없는 거대 자본과 정부 관료의 결탁은 우리나라에서도 역사가 길다.

2003년 9월 무렵, 외환은행이 부실은행이었는가를 놓고 논란의 여지는 있지만 론스타는 정부의 승인을 얻어 합법적으로 투자를 했고 그 시세차익을 챙겼다. 애초에 헐값 매각이었을 수도 있지만 그것은 매각을 승인해준 정부의 잘못이지 엄밀히 말하면 론스타의 잘못은 아니다. 싸게 사들여 많은 돈을 벌었다고 해서 무작정 비난할 수는 없다는 이야기다. 문제는 정부가 왜 그런 결정을 했느냐다.

우리나라와 벨기에는 이중과세 방지협약을 맺고 있기 때문에 벨기에에 본사를 둔 론스타, 더 정확히는 론스타 펀드 4호의 자회사, LSF - KEB홀딩스는 우리나라에 주식으로 번 돈에 대한 세금을 낼 필요가 없다. 벨기에에만 세금을 내면 되는데 정작 벨기에는 주식을 비롯해 자본 이득에 대한 세금을 거의 받지 않는 나라다. 결국 합법적으로 우리나라와 벨기에, 어디에도 세금을 내지 않아도 된다는 이야기다.

론스타가 벨기에를 경유해 우리나라에 들어왔을 때부터 예견되었던 일이고 그 무렵 회의록을 보면 정부 관료들도 이런 내용을 충분히 알고 있었던 것으로 보인다. 론스타뿐만 아니라 뉴브리지나 칼라일 역시 우리나라 정부에 한 푼의 세금도 내지 않았다. 모두 말레이시아 라부안이나 버뮤다 등 조세회피 지역을 통해 들어왔기 때문이다. 이들은 우리나라뿐만 아니라 세계 어느 나라에도 세금을 내지 않는다.

이제 와서 세금을 내지 않는다고 이들을 탓해보아야 아무런 소용이 없다. 법에서는 사모펀드의 은행 소유를 금지하고 있는데 우리는 정부 소유의 은행을 벌써 세 번이나 사모펀드에 팔아 넘겼다. 문제의 핵심은 누가 왜 세금을 내지 않는 외국계 사모펀드에 은행의 경영권을 넘겨주었냐는 것이다. 우리는 론스타를 비난하는 데 그칠 게 아니라 정부 관료의 무지와 무능력, 그리고 도덕적 해이 또는 결탁을 문제 삼아야 한다.

6. 결론

외환은행 매각이 꼬박 3년이 지났지만 이 사건의 본질은 아직도 밝혀지지 않았고 어쩌면 영원히 밝혀지지 않을 수도 있다. 진실을 밝히는 것 못지않게 중요한 것은 앞으로 이런 불행한 일이 되풀이되지 않아야 한다는 것이다. 바야흐로 자본의 탐욕과 맞서 싸워야 하는 시대다. 외국자본이나 투기자본의 문제가 아니라 시스템과 게임의 룰이 문제고 더 구체적으로는 이 시스템을 장악하고 있는 권력과 자본의 결탁이 문제다.

신자유주의는 이익의 독점과 비용의 외부 전가라고 설명할 수 있다. 신자유주의는 결국 주주 자본주의고 투기는 주주 자본주의와 금융 세계화의 필연적인 병리 현상이다. 투자와 투기의 구분이 모호해지고 좋은 자본과 나쁜 자본, 건전한 자본과 투기자본의 경계 역시 사라질 수밖에 없다. 우리는 이런 교훈을 깨닫기까지 너무 비싼 수업료를 치러야 했던 것이다.

이제 중요한 것은 철저하게 과거를 복습하고 지나간 잘못을 되풀이하지 않는 것이다.

외국 자본에 맞서려면 감정적인 분노만으로는 부족하다. 금감위 승인 과정에서 정치권과의 유착이 드러나고 금품이 오간 정황도 밝혀졌지만 매물로 나온 주식을 싸게 사들여 시세차익을 받고 되파는 건 완벽하게 합법이다. 이들이 많은 돈을 벌었다고 무작정 비난할 수는 없다. 우리는 외환은행뿐만 아니라 제일은행과 한미은행을 함께 고민해야 한다.

우리는 이들이 세금을 내지 않는다고 분노할 게 아니라 세금을 내지 않아도 되는 시스템과 게임의 룰을 문제 삼아야 한다. 외국자본의 선악을 따질 게 아니라 국내외를 막론하고 자본의 투기적 속성을 폭넓게 경계해야 하고 대안을 고민해야 한다. 건전한 자본 또는 자본의 양심을 기대하거나 요구할 게 아니라 필요하다면 자본을 통제하고 규제해야 한다는 이야기다.

우리는 론스타와 소버린을 비난할 수는 있지만 이들을 막을 수는 없다. 소버린이 가면 또 다른 소버린이 오고 론스타가 가면 또 다른 론스타가 온다. 이게 우리가 딛고 있는 시장의 현실이다. 투기자본의 대안이 국내 자본이라는 발상이나 또는 국내 재벌의 해체를 위해 외국자본을 이용하자는 발상은 모두 문제가 있다.

시스템을 보완해야겠지만 시스템만으로 론스타를 막을 수 없다는 것도 분명하다. 모든 시스템을 넘어서는 것은 관료들의 의지다. 칼라일이나 론스타가 일찌감치 김&장과 손을 잡은 것도 그런 이유에서일 가능성이 크다. 외환은행은 물론이고 거슬러 올라가면 제일은행과 한미은행, 그리고 더 넓게는 IMF 외환위기 이후 부실 채권을 정리하는 과정에서 시작해 수많은 기업들이 사모펀드에 팔려나가는 과정에서 최종 결정은 정부 관료들이 했다.

김&장은 뉴브리지부터 시작해 칼라일과 론스타의 법률자문을 맡아왔다. 이들이 뉴브리지나 칼라일, 론스타를 위해 그들의 영향력을 행사하거나 부당한 압력을 넣었을까. 물론 아직까지 명확하게 드러난 바는 없다. 다만 분명한 것은 이들이 매우 적절치 못한 자리에 가 있다는 사실이다. 그리고 이들이 고문으로 있는 회사가 외국자본의 국내 진출과 관련, 의혹을 불러일으킬 만한 거래에 개입되어 있다는 사실이다.

이들의 영향력은 정부와 나라 전체의 이해와 상반되는 방향으로 행사될 가능성이 있고 충분히 그런 개연성과 정황도 있다. 다만 이들의 움직임은 거의 드러나지 않거나 드러나더라도 통제할 방법이 마땅치 않다. 결국 퇴직 관료들에게 도덕성을 요구할 게 아니라 쉽지 않겠지만 이들이 재직하는 동안 얻은 정보와 영향력을 재직 이후 활용할 수 없도록 제도적으로 차단하는 게 일차적인 관건이다.

한 발 더 나가 국민연금과 론스타는 어떻게 다른가 고민해볼 필요도 있다. 한국투자공사와 뉴브리지, 소버린, 헤르메스는 또 어떻게 다른가. 인정하고 싶지 않겠지만 본질적으로 거의 같다. 문제의 핵심은 자본의 투기적 속성과 탐욕이다. 우리는 론스타를 비판하는 것과 같은 맥락에서 주주 자본주의와 공적 연금의 금융화를 경계하고 비판해야 한다. 정부의 무분별한 자본시장 육성 정책을 비판해야 한다.

❖ **참여사회연구소**   http://www.ips.re.kr

참여사회연구소는 참여민주주의와 시민적 진보의 이념 및 대안 정책을 생산하고
참여연대의 중장기적인 운동방향을 지원할 목적으로 1996년에 창립된 참여연대
부설 연구기관이다. 시민사회, NGO, 재벌 등에 대한 공동 연구를 수행해왔으며,
진보적 공론 형성을 위한 일상 활동으로서 정기 심포지엄, 참여사회 포럼, 출판
활동을 계속해왔다. 연구소 기관지이자 시민사회 공론지로서 반년간 ≪시민과
세계≫를 발행하고 있다. "시민사회 현장이 우리의 연구실입니다"라는 기치를 내걸
고 있다.

❖ **지은이**

이병천 ㅣ 강원대학교 경제무역학부 교수, 참여사회연구소장
이정우 ㅣ 경북대학교 경제통상학부 교수
장상환 ㅣ 경상대학교 경제학과 교수
이 근 ㅣ 서울대학교 경제학과 교수
강수돌 ㅣ 고려대학교 경상대학 경영학부 교수
임원혁 ㅣ KDI 산업·기업경제연구부 연구위원
정준호 ㅣ 강원대학교 부동산학과 교수
박태주 ㅣ 한국노동교육원 교수
조흥식 ㅣ 서울대학교 사회복지학과 교수 겸 사회과학연구원장
박진도 ㅣ 충남대학교 경제무역학부 교수
조혜경 ㅣ 브라운대학교 국제연구소 객원연구원
김상조 ㅣ 한성대학교 무역학과 교수, 경제개혁연대 소장
장하준 ㅣ 영국 케임브리지대학교 교수
이찬근 ㅣ 인천대학교 무역학과 교수, 금융경제연구소장
신정완 ㅣ 성공회대학교 사회과학부 교수
김진방 ㅣ 인하대학교 경제학부 교수
장시복 ㅣ 한신대학교 국제경제학과 강사
장승규 ㅣ ≪한경비즈니스≫ 기자
이정환 ㅣ ≪미디어오늘≫ 기자

세계화 시대 한국 자본주의

진 단 과   대 안

ⓒ 참여사회연구소, 2007

기   획 • 참여사회연구소
엮은이 • 이병천
펴낸이 • 김종수
펴낸곳 • 도서출판 한울
편   집 • 김경아
초판 1쇄 인쇄 • 2007년 8월 30일
초판 1쇄 발행 • 2007년 9월 10일

주소(본사) • 413-832 파주시 교하읍 문발리 507-2
주소(서울사무소) • 121-801 서울시 마포구 공덕동 105-90 서울빌딩 3층
전   화 • 영업 02-326-0095, 편집 02-336-6183
팩   스 • 02-333-7543
홈페이지 • www.hanulbooks.co.kr
등   록 • 1980년 3월 13일, 제406-2003-051호

Printed in Korea.
ISBN 978-89-460-3797-7 93320

* 책값은 겉표지에 표시되어 있습니다.